Ouvrage publié sous le patronage du Conseil municipal de Vernon

LES PRUSSIENS DANS L'EURE

VERNON
ET SES ENVIRONS

PENDANT LA GUERRE DE 1870-71

PAR

Léo. BERTIN

> O morts pour mon pays,
> Je suis votre envieux !
> (Victor Hugo, *Année Terrible*).

VERNON
VICTOR PETIT, LIBRAIRE-ÉDITEUR
48, RUE CARNOT, 48

1898

VERNON ET SES ENVIRONS

Pendant la Guerre de 1870-71

TOUS DROITS RÉSERVÉS

Ouvrage publié sous le patronage du Conseil municipal de Vernon

LES PRUSSIENS DANS L'EURE

VERNON
ET SES ENVIRONS
PENDANT LA GUERRE DE 1870-71

PAR

Léo. BERTIN

> O morts pour mon pays,
> Je suis votre envieux !
> (Victor Hugo, *Année Terrible*).

VERNON
Victor PETIT, Libraire-Éditeur
48, rue Carnot, 48

1898

A MES COMPATRIOTES

C'est à vous que je dédie ce petit livre qui relate les événements survenus à Vernon et aux environs pendant la guerre de 1870-71.

J'espérais qu'une plume plus autorisée que la mienne ferait un jour le récit des combats livrés dans nos contrées, à Villegats et Hécourt, à Vernon, à Molu, etc., raconterait notre vie durant ces longs jours de l'invasion allemande, nos succès, notre espoir, parlerait aussi de nos souffrances et de nos peines. Mais déçu dans cette attente, je me suis mis à l'œuvre, car il m'a semblé — suivant en cela l'exemple donné par quelques villes voisines — qu'on ne pouvait laisser ainsi tomber dans l'oubli quelques belles pages de notre histoire locale.

En publiant les lignes qui suivent, je n'ai donc pas cédé à l'ambition de faire un livre ; mais j'ai pensé accomplir un travail utile en apportant quelques documents inédits au grand dossier de l'histoire générale de la Normandie, en 1870. J'ai voulu rendre hommage à la mémoire des modestes héros qui ont succombé pour la défense du sol natal, offrir un souvenir durable à ceux que la mort a épargnés.

Et c'est à vous, mes jeunes compatriotes, que s'adresse particulièrement cet ouvrage, rédigé simplement mais avec la plus grande loyauté; à vous qui ne connaissez que par ouï-dire les sombres jours de l'invasion. Puissiez-vous, à la lecture des récits qu'il contient, graver dans votre cœur les noms des braves qui sont morts pour la Patrie en cherchant à protéger notre foyer menacé, nos familles et conserver à jamais le souvenir des brillants faits d'armes accomplis par les mobiles, les gardes nationaux et les francs-tireurs. Qu'ils soient pour vous un noble, un salutaire exemple et un précieux enseignement à suivre quand sonnera l'heure de la revanche.

L. B.

PREMIÈRE PARTIE

PENDANT LA GUERRE

CHAPITRE PREMIER

Organisation de la garde mobile de l'Eure. — Son armement. — Son instruction. — Séjour du 3ᵉ bataillon à Évreux. — Le commandant Power. — Notes d'un mobile vernonnais. — Entrée en campagne (1ᵉʳ octobre). — Escarmouches près de Bonnières. — Les Prussiens à Pacy. — Panique à Évreux. — L'armée de l'Eure au 15 octobre. — Le 2ᵉ bataillon à Aigleville. — Dans le bois de Saint-Chéron. — Incendie de Bréval (31 octobre). — Le 1ᵉʳ bataillon à Bizy. — Nos forces au 17 novembre. — Abandon de Nonancourt. — Bombardement d'Évreux. — Le général de Kersalaün. — Retraite sur Gaillon et Conches (20 novembre).

Le décret de 1868 relatif à la création de la garde mobile avait primitivement pour but d'effectuer le service de garnison et de rendre toute l'armée active disponible en permettant la mobilisation des dépôts. Le ministre de la guerre, le maréchal Niel, s'occupa activement de cette organisation, mais son successeur dut l'arrêter par suite de l'opposition, du mauvais vouloir qu'il rencontrait de tous côtés. Il faut bien le reconnaître, cette loi militaire de 1868 était une loi manquée; du reste, « la disposition qui portait que la garde mobile ne pourrait être exercée plus de quinze jours par an, et que chaque exercice ne devrait pas donner lieu à un déplacement de plus de vingt-quatre heures, supprimait par cela même les moyens d'en faire une force sérieuse (1). »

Quand l'ennemi envahit nos frontières, on songea à

---

(1) *La Guerre dans l'Ouest*, par L. Rolin.

l'utilisation des gardes mobiles, sans se douter que le pays allait absolument compter sur eux pour sa défense et qu'avant un mois, malgré leur inexpérience de la guerre, la défectuosité de leur armement, ils allaient opposer aux envahisseurs ce que M. Emile Ollivier appelait un *rempart de poitrines humaines*. Dès le 12 août 1870, le ministre de l'intérieur adressait aux préfets une dépêche de laquelle nous extrayons les passages suivants :

« De concert avec le ministre de la guerre, je vous charge de l'organisation des gardes mobiles, y compris la classe de 1869. Télégraphiez ou envoyez immédiatement ordonnance ou estafette dans chaque commune. Les maires annonceront centralisation immédiate des mobiles aux chefs-lieux de département ou d'arrondissement. Pourvoyez d'urgence à leur logement provisoire chez l'habitant... Nous ne voulons que des hommes très solides... Exercez provisoirement avec fusils que pompiers prêteront volontiers. Action patriotique. Cent fusils peuvent exercer cent hommes, de cinq à sept heures du matin, cent autres de sept à neuf, et ainsi de suite... Occupez-vous jour et nuit de cette organisation. »

En vertu de ces instructions, le 3e bataillon des mobiles de l'Eure (commandant Power), dont faisaient partie les mobiles du canton de Vernon, se réunit à Evreux le 16 août. Une partie logea chez l'habitant, l'autre partie dans les casernes ou les établissements publics. Avec les deux autres bataillons centralisés, le 1er à Louviers, le 2e à Bernay, il formait le 39e régiment de marche sous la direction du lieutenant-colonel d'Arjuzon.

Dans son intéressant ouvrage *la Guerre dans l'Ouest* le commandant Rolin parle de l'organisation de la garde mobile :

« Cette milice, dit-il, qu'on se plaisait à comparer à la landwehr, à la « nation armée, » était bien la nation elle-même, et ce fut un spectacle mémorable que cette application, au milieu de nos revers, du service militaire obligatoire. Cette égalité devant le danger n'était point une chimère ; la plus étroite solidarité avait confondu sous le drapeau, dans un même sentiment, toutes les conditions et toutes les fortunes. La garde mobile, c'était la jeunesse française dans toute la richesse et dans toute la variété de ses éléments : on ne l'avait point appauvrie pour former les armes spéciales ou les corps d'élite ; les jeunes gens remplacés auparavant payaient comme les autres leur dette à la patrie, et bon nombre d'engagés volontaires venaient grossir les rangs et prendre leur part au péril commun. C'était un admirable recrutement, comprenant des jeunes gens de vingt et un à vingt-six ans, tous dans la force de l'âge, et bien supérieurs aux recrues de la ligne, non seulement par leur constitution physique, mais encore par leur intelligence et par leur instruction. Aussi la supériorité des bataillons de marche sur ceux de la garde mobile consistait surtout dans l'armement : la ligne avait des fusils chassepot, et la meilleure arme des mobiles était le fusil à tabatière. L'habillement était des plus défectueux, et nos braves jeunes gens se rappelleront longtemps leur premier uniforme, pour lequel l'Etat leur avait alloué la somme de dix francs, et qui se composait d'une simple casquette et d'une blouse de toile bleue. L'équipement consistait dans une mauvaise musette ou un bissac grossièrement cousu : plusieurs mobiles portaient même leurs effets serrés dans un mouchoir, et auraient plutôt ressemblé à des émigrants qu'à des soldats, si deux galons de laine rouge, ajustés sur leurs manches, n'eussent distingué ces nouveaux croisés de l'indépendance nationale. Si le choix de ses officiers avait été partout dicté par des considérations essentiellement militaires ; si elle avait été réunie et exercée, la garde mobile aurait encore rendu de meilleurs services ; « elle eût été peut-être le salut de la France (1) ; » mais quand

(1) Chareton, *Rapport sur la loi d'organisation de l'armée*, 1873.

après nos premiers revers elle fut appelée par décret à l'activité, elle passa subitement, sans transition, de l'oubli auquel on l'avait vouée à la vie active des camps et des champs de bataille. »

Durant leur séjour à Evreux, les mobiles du 3ᵉ bataillon se rendirent quotidiennement sur le terrain des manœuvres, où ils furent exercés, à tour de rôle, à l'école du soldat au moyen d'une centaine de fusils à piston empruntés aux pompiers; plus tard, ils reçurent un certain nombre d'armes à percussion dont la plupart — il faut le constater — étaient en mauvais état. Cependant grâce à ce nouvel armement, nos mobiles passèrent assez rapidement par toutes les phases dont se compose l'école du fantassin, si bien qu'au 9 septembre, ils purent commencer l'exercice des troupes en campagne. Ils établirent alors des postes autour d'Evreux, effectuèrent des patrouilles de jour et de nuit et des promenades à longues distances qui les initièrent à la marche et aux fatigues du soldat en temps de guerre. A partir du 16, ils se livrèrent au tir à la cible, ce qui compléta à peu près leur instruction. Il ne leur manqua bientôt plus que de bivouaquer en plein air à la belle étoile et de faire le coup de feu avec l'ennemi. L'occasion n'allait pas tarder à se produire.

Le 1ᵉʳ octobre, on distribua à nos mobiles des effets d'habillement et d'équipement, lesquels se composaient de : un pantalon, une vareuse, un képi, deux chemises, une cravate, deux paires de guêtres en toile, une paire de souliers, un ceinturon, une cartouchière, une musette et une gamelle; le lendemain matin, ils reçurent en échange de leurs armes, des fusils à tabatière et un approvisionnement de munitions de 56 cartouches. A midi, ils quittaient Evreux pour entrer en campagne.

A dater de ce jour, grâce à des notes journalières inscrites sur un carnet par un mobile vernonnais, nous allons suivre pas à pas, pour ainsi dire, le 3ᵉ bataillon dans ses marches et contremarches et signaler particulièrement les faits et gestes de la 8ᵉ compagnie, conduite par le capitaine de la Croy, et composée de jeunes gens appartenant au canton de Vernon. Sur l'ordre du lieutenant-colonel d'Arjuzon, ledit bataillon fut dirigé sur Pacy, avec mission de harceler les Allemands qui occupaient Mantes et de les empêcher d'opérer leurs déprédations journalières ; mais il devait se retirer devant des forces supérieures, en se conformant aux instructions contenues dans la circulaire ministérielle du 21 septembre sur l'emploi de la garde mobile. Le 3 octobre, il partit à Chaufour, où il se rencontra avec le 1ᵉʳ bataillon (Louviers) lequel, dès le 22 septembre, avait été envoyé à Vernon et occupait la forêt de Bizy. Ces deux bataillons poussèrent ensemble une reconnaissance jusqu'à Jeufosse, mais retournèrent ensuite sur leurs positions primitives sans avoir rencontré l'ennemi. Celui-ci, cependant, n'était pas éloigné, car le lendemain matin, la 2ᵉ compagnie du 1ᵉʳ bataillon de l'Eure (capitaine de Sainte-Foy), envoyée de Port-Villez en reconnaissance vers Bonnières, se trouva tout à coup en présence d'une forte colonne allemande que commandait en personne le général de Bredow. Cette troupe venait de Mantes ; à son passage à Bonnières, elle avait saccagé et incendié la gare sous le prétexte qu'on « avait tiré des coups de fusil sur ses éclaireurs du haut d'une locomotive blindée. »

Malgré la supériorité numérique de ses adversaires, le capitaine de Sainte-Foy fit ouvrir le feu et opposa pendant plus d'une heure la plus vive résistance ; mais l'artillerie prussienne ayant fait son apparition, il dut battre en retraite. Il se retira sur Vernon, tandis que le général de Bredow, n'osant s'aventurer davantage, se dirigeait vers Pacy-sur-Eure.

Quelques jours plus tard, nos mobiles, à leur tour, prenaient leur revanche. Le lundi 30 octobre, à l'embranchement de la route de Caen sur celle de Mantes à

— 6 —

Vernon, la 3ᵉ compagnie du 1ᵉʳ bataillon (lieutenant Bourrey), s'étant embusquée dans un petit bois à deux cents mètres de Bonnières, surprenait une patrouille prussienne composée de 14 hommes du 10ᵉ hussards. Cet engagement coûtait à l'ennemi trois prisonniers et *neuf blessés dont un mort.*

Lorsque le commandant Power, du 3ᵉ bataillon, qui occupait Pacy, apprit qu'il allait être l'objet d'une attaque prochaine, il donna aussitôt des ordres afin d'éviter toute surprise. Trois compagnies allèrent s'établir dans le village de Saint-Chéron, tandis que deux autres furent échelonnées dans le bois en avant de Pacy, le long de la route de Bonnières. Les deux dernières compagnies se tinrent en réserve dans la ville.

« Avant que les deux compagnies envoyées dans la forêt eussent le temps de prendre position, une trentaine de dragons prussiens arrivèrent jusqu'au poste établi en avant de Pacy, mais ils rebroussèrent immédiatement à la vue des mobiles. Dans la soirée, le commandant Power rassembla les deux compagnies restées en réserve et rejoignit celles qui se trouvaient déjà dans la forêt avec le lieutenant-colonel d'Arjuzon. Le 5, avant le jour, ces quatre compagnies, auxquelles s'étaient joints quelques volontaires des environs, furent postées à la lisière du bois, sur le territoire d'Aigleville. Vers dix heures, l'ennemi parut. Ce furent d'abord quelques éclaireurs qui tournèrent bride après avoir essuyé une décharge; puis une assez forte avant-garde de cavalerie, soutenue par un détachement d'infanterie dont le feu prenait en flanc nos tirailleurs. A plusieurs reprises les dragons se mirent en devoir de charger, mais ils essuyèrent une fusillade nourrie qui les força de tourner bride. Peu de temps après on entendit sur la route le roulement de l'artillerie qui arrivait avec le gros de la colonne. Le colonel d'Arjuzon, voyant qu'il avait affaire à un corps de toutes armes et supérieur en nombre, s'abstint de s'engager et donna le signal de la retraite, qui s'effectua par Ménilles et par le pont de Cocherel (1). »

Complétons ces renseignements par quelques notes prises sur le carnet du mobile vernonnais :

Dès 6 heures du matin (le 5), nous sommes debout et recevons l'ordre de barricader à l'aide de voitures et de branchages les chemins principaux du bois. Nous avons fait la soupe, mais hélas ! à 8 heures, il a fallu la quitter. L'estomac vide, nous partons avec notre lieutenant Roussel qui fait déployer en tirailleurs, à 250 mètres en avant du bois, les quatre escouades qu'il emmène. A peine sommes-nous installés dans nos positions, que nous voyons passer sur la route une trentaine de dragons qui chantaient... la Marseillaise !... oui, la Marseillaise ! mais avec quel accent !

> « *Allons enfants de la batrie*
> *Le chur te cloire est arifé...* »

On ne leur laissa pas le temps d'achever le couplet car nous tirâmes sur eux et, avec une telle précipitation, que pas un ne fut atteint ; ils s'enfuirent. C'était, il est vrai, notre premier coup de feu... en face de l'ennemi, et ma foi nous n'étions pas fiers. Nous le prouvâmes, du reste, un peu plus tard, lorsque nous dûmes nous replier sur Ménilles, poursuivis par l'artillerie prussienne. Nous continuâmes notre mouvement de retraite et arrivâmes à Evreux dans la soirée, exténués de fatigue, mourant de faim. Après un repas réconfortant, nous trouvâmes un gîte à la caserne Saint-Sauveur. Mais notre repos n'allait pas être de longue durée, car, à une heure du matin, nous recevions l'ordre de quitter Evreux et de nous diriger à pied sur Conches.

Cependant le général de Bredow poursuivait sa marche vers Pacy. Arrivé au sommet de la route de Paris, il

---

(1) *La Guerre dans l'Ouest*, par Rolin.

envoya sur la ville une dizaine d'obus qui balayèrent la voie formant la principale rue, les projectiles allèrent se briser contre les maisons, n'occasionnant, il est vrai, que peu de dégâts matériels; toutefois un habitant fut blessé par un éclat. Mais les Prussiens voulaient, à l'aide du canon, inspirer la crainte et la terreur. Cette tactique d'inaugurer leur marche en avant par le bombardement des pays qu'ils allaient traverser ou occuper se manifeste à chaque instant aussi bien sur la rive gauche que sur la rive droite de la Seine : il semble qu'un mot d'ordre ait été donné. Quoi qu'il en soit, on ne peut que flétrir ces odieuses vengeances que, malheureusement, nous aurons à constater plus d'une fois au cours de ces récits, lesquelles sont indignes d'une nation qui se prétend civilisée. En un instant, les magasins se fermèrent, les rues furent désertes. N'éprouvant aucun obstacle, les Allemands firent leur entrée en ville, envahirent les maisons, et, de préférence, les auberges où ils se firent servir à boire et à manger. Il va sans dire que la bière, le cognac, les liqueurs fines ne furent pas épargnés. Quelques-uns eurent l'audace de frapper de malheureux commerçants qui ne les servaient pas assez vite au gré de leur désir.

Des postes furent établis aux points d'intersection des routes aboutissant à Pacy et défense faite aux habitants de sortir de la ville. Le lendemain un jeune homme ayant voulu, sans doute, enfreindre la consigne fut tué sans pitié par un factionnaire.

Signalons que le colonel d'Arjuzon avait fait replier nos mobiles avec une telle précipitation qu'un certain nombre de volontaires, gardes nationaux et francs-tireurs, placés aux avant-postes, se virent tout à coup entourés et sur le point d'être faits prisonniers. Les pertes éprouvées de part et d'autre furent peu importantes. Un caporal des mobiles du 3e bataillon fut blessé par des cavaliers et emmené par eux à Pacy, soigné dans une pharmacie et gardé à vue ; un garde national d'Evreux, M. Fromager, fut pris et massacré. Trois habitants de Pacy, qui s'étaient avancés en curieux et sans armes, trouvèrent également la mort aux portes de la ville.

Lorsque le colonel Cassagne apprit simultanément l'occupation de Pacy, puis celle de Vernon, dans la même journée, il pensa qu'Evreux allait être menacé de deux côtés et donna des ordres pour l'abandon de cette ville et le désarmement de la garde nationale. Dans la nuit du 5 au 6, les divers services administratifs et le matériel de la gare furent évacués, et les troupes dirigées sur Serquigny et Bernay. « Le 6, dit le commandant Rolin, le général de Bredow lança dans la direction d'Evreux et de Vernon de forts détachements de réquisition qui ne rencontrèrent plus aucune résistance ; il réunit ainsi de grandes provisions consistant principalement en farines, bestiaux, avoine et fourrages qu'il dirigea aussitôt sur les magasins de l'armée d'investissement. »

Après une marche assez pénible accomplie au milieu de la nuit, le 3e bataillon de mobiles arrivait à Conches, vers sept heures du matin ; à neuf heures, il prenait le chemin de fer pour Serquigny, où son séjour fut de courte durée, car, le lendemain matin, de nouveaux ordres venaient lui enjoindre de retourner vers Evreux. Il lui fallut donc reprendre le chemin parcouru la veille, repasser par Conches et poursuivre sa route sur Evreux, puis, de là, se diriger sur le village de Prey. Le 8, nous retrouvons ces mobiles à Merey, à quelques kilomètres de Pacy, et, le 9, à Bosc-Roger où ils rencontrent les trois bataillons du Calvados.

Ce soir-là, dit le mobile vernonnais, la pluie qui ne cesse de tomber depuis quarante-huit heures est tellement intense que — quelques camarades et moi — nous cherchons un refuge pour y passer la nuit. Nous découvrons, au milieu d'un champ, un silo, dans lequel on avait déposé des betteraves pour les préserver des rigueurs de l'hiver, et, comme il est à peu près vide, chacun s'y blottit. Le 10 octobre, dans la soirée, fausse alerte; nous en sommes quittes pour exécuter une promenade au clair de lune jusqu'au bout du bois; arrivés sur les hauteurs, nous ne voyons absolument rien et rentrons nous coucher. Le 11, départ de Bosc-Roger. Nous allons à Fresney, à Grossœuvre et à Garel; le 13, nous cantonnons dans le château de Coulonges, et, le 14, nous partons dans la direction de Damville et Nonancourt. On se demande vraiment à quoi peuvent servir toutes ces marches militaires qui semblent n'avoir d'autre but que de nous fatiguer, car, depuis notre départ de Pacy, nous n'avons pas revu l'ennemi. Est-ce pour nous aguerrir? Peut-être bien. En tout cas, je constate que nous reculons au fur et à mesure que les Prussiens avancent. C'est ce qu'on appelle *se replier* en bon ordre.

Lorsque le général Gudin, commandant la 2e division militaire, à Rouen, apprit l'abandon d'une partie du département de l'Eure, il donna l'ordre à un escadron du 12e chasseurs (commandant Sautelet), stationné à Fleury-sur-Andelle, de se diriger sur Vernon. A cet escadron se joignirent quatre compagnies du 94e de ligne, le 1er bataillon des mobiles de l'Eure et des francs-tireurs de Louviers; le 6, ils étaient à Gaillon; le 8, ils réoccupaient Vernon que les Prussiens avaient abandonné. « D'autre part, des secours ayant été demandés par le département de l'Eure au commandant de la subdivision militaire du Calvados, le général Law de Lauriston, celui-ci s'était empressé d'y envoyer le régiment des mobiles de ce département (lieutenant-colonel de Beaurepaire). Le colonel Cassagne put donc faire réoccuper Evreux, le 7 octobre, et pousser le lendemain les mobiles du Calvados jusqu'à Pacy-sur-Eure. Il avait déjà reçu comme renfort, à la date du 3 octobre, le 1er bataillon de la garde mobile de l'Ardèche, qui allait être bientôt suivi des autres bataillons du même département, en sorte qu'à la date du 8 octobre, il avait des forces plus que suffisantes pour couvrir Evreux » (Rolin).

Le 11, le colonel Cassagne, laissant à Pacy le bataillon de l'Ardèche, se porte au sud d'Evreux, sur Avrilly, pour aller, le 13, occuper Damville; mais, quelques jours après, il est appelé au commandement de la place de Douai et remplacé par le colonel Rousseau qui, lui-même, est remplacé par le général de brigade de Kersalaün, du cadre de réserve (18).

Le 15 octobre, le commandant Sautelet avait été rappelé sur la rive droite avec les compagnies du 94e de ligne; mais les forces de l'Eure s'étaient accrues de deux nouveaux bataillons des mobiles de l'Ardèche (lieutenant-colonel Thomas) du 6e bataillon de la Loire-Inférieure (commandant Manet), du 1er régiment des éclaireurs de la Seine (colonel Mocquard) et de la 1re compagnie des éclaireurs de Normandie (capitaine Trémant). En y ajoutant les bataillons de mobiles de l'Eure et le bataillon de l'Ardèche, le général de Kersalaün pouvait disposer d'une petite armée de près de 8,000 hommes, sans cavalerie ni artillerie. Elle fut réunie, sous le commandement du colonel Mocquard et formait, de Vernon à Ivry-la-Bataille, le corps d'observation de la vallée de l'Eure.

Le 16 octobre, à midi et demi, le 3e bataillon prend le train pour Laigle, Conches, Serquigny et Brionne, où il arrive à six heures du soir. Après y avoir séjourné jusqu'au 25, il reprend le chemin d'Evreux et va cantonner à Plessis-Hébert; le 28, il occupe Saint-Chéron, Mérey et Breuilpont. A partir de cette date et jusqu'au 19 novembre, il conserve à peu près les mêmes emplacements. Disons que, pendant que le 3e bataillon se trouvait à Brionne, éloigné du centre des opérations militaires, le 2e, établi dans le bois d'Aigleville, en avant de Pacy, sous la direction du lieutenant-colonel d'Arjuzon, prenait part au glorieux combat d'Hécourt, le 22 octobre, appuyant les francs-tireurs Mocquard et les mobiles de l'Ardèche. Plus tard, le 3 novembre, il faisait partie d'une expédition dirigée contre Mantes, laquelle échouait malheureusement.

29 octobre. — **Bois de Saint-Chéron.** — Nous passons la nuit dans le bois. Je suis placé en sentinelle avancée. Notre poste est établi dans une meule de blé. Après la pluie de ces jours derniers, le sol est fortement détrempé et mes souliers — véritables éponges — sont bientôt imprégnés d'eau. Bien qu'un peu abrité, je grelotte sous ma vareuse et ai peine à tenir mon fusil; aussi, suis-je, sommes-nous tous, impatients d'avoir les capotes qui nous ont été promises et qui tardent bien à venir. L'hiver se fait déjà sentir; il sera rude, si j'en juge par la fréquence de ces phénomènes lumineux que nous apercevons depuis un mois, du côté du nord, et qui se nomment des aurores boréales.

31 octobre. — **Breuilpont.** — Nous sommes allés en reconnaissance jusqu'au bois de Villiers-en-Désœuvre et sommes revenus coucher à Breuilpont. Une de nos compagnies, commandée par le lieutenant Villette, a surpris, à Bueil, un détachement prussien venu de Mantes pour mettre ce village à contribution. Deux cavaliers ont été tués et deux autres, dont un sous-officier, blessés et faits prisonniers; plusieurs chevaux ont été capturés; trois sont restés sur place. Les prisonniers que je viens de voir appartiennent au 11e régiment de hussards.

1er novembre. — Le temps s'est remis au beau, mais il gèle. Nous campons dans le bois de Saint-Chéron.

2. — Il fait très froid. C'est le commencement de la misère. De garde à la lisière du bois, j'ai le temps de songer à l'affreuse nouvelle qui nous est parvenue : la reddition de Metz. Hélas! tout va mal! Ici nous souffrons de rester ainsi sur place dans une inaction décourageante. Qu'attend-on pour agir, pour marcher en avant?

6. — **Garennes.** — Depuis avant-hier nous cantonnons dans ce village de 600 habitants.

Nous avons fait ce jour une reconnaissance du côté de Bréval. Ce malheureux pays a été, en partie, incendié par les Prussiens, le 31 octobre, dans la soirée, après le départ de nos mobiles, sous le prétexte que ces derniers étaient commandés par un chef non revêtu d'un costume militaire. Un habitant, que j'interroge, me raconte les atrocités commises par les Allemands qui, non contents d'avoir assouvi une première fois leur vengeance par l'incendie de quelques maisons, sont revenus le lendemain pour en brûler un plus grand nombre. Et pendant que les flammes accomplissaient leur œuvre de destruction, les paysans étaient tenus à l'écart par un cordon de troupes les empêchant de se porter au secours de leurs habitations. Quelques Prussiens eurent la cruauté raffinée d'exiger que le feu fût mis par les habitants eux-mêmes à leurs propres demeures.

La gare de Bréval — ligne de Paris à Cherbourg, qui se trouve isolée dans les champs, à six minutes du village — et une trentaine de maisons furent incendiées; le curé et d'autres notables emmenés comme ôtages.

En parcourant la route principale du pays, nous apercevons, de distance en distance, des monceaux de ruines encore fumantes : c'est l'œuvre infernale de nos envahisseurs. Une belle maison, portant à sa façade le drapeau d'ambulance orné de la croix de Genève, a été brûlée; seul, le drapeau est resté intact. Il semble qu'un miracle se soit produit comme pour attester une fois de plus combien les Allemands faisaient peu de cas de cette convention admise et respectée par toutes les puissances.

10. — **Breuilpont.** — Il a neigé cette nuit. La terre est toute blanche, mais les arbres encore feuillus font des taches noires de place en place. Depuis hier nous campons dans le bois de Breuilpont, et, ce matin, nous sommes allés en reconnaissance à Villiers-en-Désœuvre, Bréval et Ménerville. Le retour s'est effectué par Saint-Chéron.

12. — Hier, nous avions dix centimètres de neige; aujourd'hui, le temps s'est remis au beau, mais le froid s'accentue. La marche devient pénible. Itinéraire : Villiers et Bréval.

16. — **Lorey.** — A quatre heures du matin, nous partons dans la direction de Bréval où, près de la gare, nous rencontrons la 7ᵉ compagnie. Cet après-midi, fait le coup de feu sur cinq éclaireurs prussiens qui passaient à une grande distance.

17. — Nous allons encore à Bréval, puis à Ménerville et à Boissy-Mauvoisin, et nous revenons à notre campement de Breuilpont.

19. — A la suite d'une reconnaissance faite à Bueil, nous sommes placés en sentinelles sur les hauteurs avoisinantes, lorsque, à quatre heures et demie de l'après-midi, un ordre émanant du général commandant la subdivision d'Evreux nous fait partir pour Pacy. Que se passe-t-il donc? Va-t-on concentrer les forces dont on dispose pour marcher vers Paris, ou bien est-ce encore la reculade perpétuelle?... Nous le saurons bientôt.

Il est à remarquer que, pendant cette première phase de la campagne, les mobiles de l'Eure ne firent qu'éclairer le pays et appuyer les opérations du colonel Mocquard et des bataillons de l'Ardèche.

Dans son ouvrage sur *l'Arrondissement de Louviers pendant la Guerre,* M. Gefrotin parle du séjour, à Vernon, du 1ᵉʳ bataillon, et s'exprime ainsi :

« ... Tout le temps se passa, pour ainsi dire, en marches et contremarches, entre Vernon, Gaillon et Louviers. La forêt de Bizy devint le point de repère habituel de nos mobiles, le centre de leurs opérations. C'est là qu'ils mangent, quand ils ont de quoi manger, ce qui n'arrive pas avec toute la régularité désirable. C'est surtout là qu'ils couchent lorsque les Prussiens menacent leurs lignes de trop près, ou que les habitants des communes environnantes, hésitant entre amis et ennemis, se montrent peu disposés à accorder l'hospitalité.

» Les fraîches nuits d'automne, qui les surprirent sans couvertures, ne tardèrent pas, malgré les gourbis et les feux de bivouac, à faire plus de ravage parmi eux que les obus de l'ennemi. Tous ont conservé le souvenir de ces campements sous les chênes et les châtaigniers, qui les initiaient si brutalement au pénible métier de la guerre, eux, pour la plupart des enfants de famille et de cultivateurs aisés... »

A la date du 17 novembre, le corps d'observation de la vallée de l'Eure se composait des régiments de l'Eure et de l'Ardèche, du 6e bataillon de la Loire-Inférieure, des éclaireurs de Normandie et des francs-tireurs de l'Eure, de Seine-et-Oise et du Puy-de-Dôme, formant un ensemble de 7,000 hommes environ, sous le commandement du lieutenant-colonel Thomas, des mobiles de l'Ardèche, qui venait de remplacer le colonel Mocquard, rappelé à Rouen avec son régiment.

Mais que pouvait faire ce petit corps d'armée, livré à lui-même, complètement isolé, et ne recevant d'instructions que du général commandant la subdivision d'Evreux et, quelquefois aussi, des comités de défense, lesquels donnaient parfois des instructions en contradiction avec les ordres militaires? Tandis que les armées du Nord, de la Loire se constituaient, s'organisaient, celle de l'Eure, à peine formée, restait dans l'inaction, sur ses positions, quand elle aurait dû agir de concert avec les troupes campées sur la rive droite de la Seine, à Fleury-sur-Andelle, et, d'autre part, avec le corps du général du Temple qui occupait Dreux et ses environs. Il convient, toutefois, d'en attribuer, en partie, la faute aux changements incessants qui se produisirent pendant la durée de la guerre dans le personnel du haut commandement : à chaque instant, en effet, pour un motif quelconque, nos généraux étaient déplacés. Il n'y avait donc rien d'étonnant à ce qu'il n'y eût aucune suite dans les opérations militaires. On en était réduit à faire la petite guerre, c'est-à-dire la guerre d'embuscades, laquelle, rarement heureuse, attirait presque toujours des représailles sur les communes qui en étaient le théâtre.

Pendant ce temps, l'ennemi s'avançait en nombre. Depuis sa défaite du 22 octobre, le général de Redern, qui occupait Mantes, n'osait s'aventurer et attaquer notre ligne de défense établie depuis Vernon jusqu'à Ivry-la-Bataille, en passant par Pacy-sur-Eure. Il se contentait d'envoyer chaque jour des reconnaissances et des patrouilles, lesquelles échangeaient des coups de fusil avec les nôtres, souvent à des distances fabuleuses. Mais, le 17 novembre, on signalait que les troupes prussiennes, sous les ordres du grand-duc de Mecklembourg, concentrées dans les environs de Chartres, se portaient en avant vers Rambouillet et Maintenon, pour marcher sur Dreux. On apprenait bientôt le combat de Berchères, dans lequel une poignée de braves mobiles et gardes nationaux avaient tenu en échec la 5e division de cavalerie allemande, puis l'abandon de Dreux par le général du Temple et sa retraite sur Nonancourt, et, le 18, au milieu d'un brouillard intense, la continuation de son mouvement de retraite sur Tillières, Verneuil et Laigle, ne laissant, toutefois, entre les mains de l'ennemi que quelques traînards.

L'abandon de Nonancourt causa dans le département de l'Eure la plus grande émotion; il devait avoir, du reste, de fâcheuses conséquences, car, de ce côté, la route était libre jusqu'à Evreux, et, cette ville, dépourvue de garnison, allait, sans nul doute, recevoir la visite des Allemands. En effet, dès le lendemain, 1,400 Prussiens faisaient leur apparition sur les hauteurs de la Madeleine et détachaient aussitôt sur Evreux des patrouilles qui avaient pour mission de détruire la voie ferrée. Grâce aux employés de la gare et à la ferme attitude des gardes nationaux, la ville fut préservée de l'occupation. L'ennemi battit en retraite non sans avoir envoyé sur Evreux une vingtaine d'obus. Dans cette affaire, il perdit sept ou huit hommes tant tués que blessés.

Mais le général de Kersalaün, commandant la subdivision de l'Eure, se croyant menacé par toute une armée et, craignant un retour offensif, quittait prudemment Evreux pour se mettre à l'abri et donnait l'ordre au colonel Thomas de concentrer ses troupes à Pacy et de se replier sans retard sur Gaillon. Le 20 novembre, toutes les troupes d'observation de la vallée de l'Eure se trouvaient réunies dans cette dernière ville; elles virent, pour la première fois, leur général, qui procéda lui-même à leur embarquement en chemin de fer. La mobile de l'Eure et quelques corps francs furent dirigés sur Conches, viâ Oissel et Serquigny; la mobile de l'Ardèche et les autres bataillons sur Louviers.

Ce mouvement de retraite qui amenait l'abandon d'une grande partie du département de l'Eure, souleva de si vives protestations auprès du gouvernement de Tours que le général de Kersalaün fut immédiatement relevé de son commandement. « Après son départ, le commandement de la subdivision de l'Eure fut réuni, mais seulement à titre provisoire, à celui du général Briand, qui venait d'être replacé à Rouen, à la tête de la 2e division militaire » (Rolin).

Reprenons maintenant les notes de notre mobile vernonnais :

21 novembre. — **Conches**. — Quelle déception ! Notre marche en avant n'était qu'un rêve; nous nous somme repliés, au contraire, abandonnant à la rapacité allemande tous les pays que nous occupions précédemment. La veille, dans la matinée, nous quittions Pacy, par une pluie battante, et, après une halte à Houlbec-Cocherel, nous arrivions à Gaillon pour dîner. A sept heures, on prenait le train à destination de Conches.

A peine étions-nous débarqués dans cette ville, qu'un paysan vint annoncer qu'une colonne de cavalerie prussienne se trouvait au hameau de Valeuil, à quelques kilomètres de Conches, et ordre fut donné de nous porter à sa rencontre. Nous aperçumes bientôt les cavaliers ennemis et les dispersâmes après une courte fusillade. A notre retour, nous trouvâmes, sur le bord de la route, le cadavre d'un enfant d'une douzaine d'années, transpercé d'un coup de lance. Nouvelle victime de cette guerre atroce. Que leur avait donc fait cet enfant?

22 novembre. — Notre lieutenant-colonel, M. d'Arjuzon, reçoit le commandement des troupes qui se trouvent à Serquigny et à Conches. Il a sous ses ordres les régiments de la mobile de l'Eure, le 6ᵉ bataillon de la Loire-Inférieure, les gardes nationaux de Conches (commandant Barbié du Bocage) et plusieurs compagnies de francs-tireurs, plus le 5ᵉ bataillon de marche de la ligne, venu de la rive droite de la Seine.

24. — Notre compagnie est placée en grand'garde, au château du Fresne.

27, dimanche. — Grand repos pour la 8ᵉ. Nous assistons à la messe en plein vent. Depuis deux jours, le temps est doux et superbe.

Le colonel d'Arjuzon vient d'être remplacé par le capitaine de frégate Vallon, par suite, dit-on, d'un désaccord avec la municipalité d'Evreux.

CHAPITRE II

Séjour à Conches et à Serquigny. — Le capitaine de Boisgelin. — Bernay. — Le général de Guilhermy. — Incident grave (17 décembre). — Départ pour Bourgtheroulde (27 décembre). — Le général Roy. — Attaque des hauteurs de Château-Robert et d'Orival (30 décembre). — Poursuite de l'ennemi vers Moulineaux. — Mort du lieutenant Conrad de Champigny. — Journée du 31 décembre. — La forêt de la Londe. — Combats de Château-Robert et de la Maison-Brûlée (4 janvier). — Défense de Bourgtheroulde. — Retraite des mobiles sur Brionne. — Bourgachard et Pont-Audemer. — Le général Saussier. — Lisieux. — Flers. — Caen. — Désarmement de la mobile. — Son renvoi.

1er décembre. — Depuis notre arrivée à Conches, nous faisons presque journellement des reconnaissances vers le hameau du Fresne. Il a gelé cette nuit à 8 degrés.

3. — Le froid augmente et devient cruel (10 degrés). Ce matin, nous avons poussé une pointe sur Nogent-le-Sec (6 kilomètres) où, il y a quelques jours, des francs-tireurs ont attaqué et mis en fuite une patrouille prussienne venue pour reconnaître nos avant-postes. Dans cette affaire, un cavalier a été tué, un autre blessé et les deux chevaux pris. Une compagnie de nos mobiles de l'Eure les a poursuivis et s'est emparée d'un des leurs.

4. — Il neige, mais peu importe! Nous venons de recevoir des capotes, les fameuses capotes que nous attendons depuis si longtemps. On nous a distribué également des havresacs dans lesquels on pourra placer le linge et les effets... ceux qui en ont encore! On nous comble donc maintenant?... Et si nos chaussures étaient en bon état, nous pourrions certainement affronter, sans trop de souffrances, les rigueurs de la température actuelle. Mais voici encore un point noir : depuis quelques jours les vivres manquent; aussi n'est-il pas rare, le soir, de se coucher l'estomac vide, mettant ainsi en pratique cet axiome si connu des pauvres : *Qui dort dîne!*

7. — Le bataillon est allé s'établir au hameau de Nanteuil et la 8ᵉ compagnie est de grand'garde. Le poste est installé dans la cabane d'un cantonnier.

8. — La neige tombe encore. Cette nuit, à deux heures, vive alerte. Des Prussiens auraient été aperçus rôdant dans le voisinage. Déployés en tirailleurs, nous avons marché pendant deux heures les pieds dans la neige et nous en avons été pour nos frais.

En rentrant à Conches, nous apprenons une triste nouvelle à laquelle tout d'abord nous refusons de croire : Rouen, la capitale normande, est entre les mains des Allemands, qui s'en seraient emparés sans coup férir. Cette nouvelle se trouve malheureusement confirmée. Notre situation, de plus en plus critique, va devenir désespérée, aussi l'ordre est-il arrivé de quitter le pays. A quatre heures de l'après-midi nous prenons le train à la gare, où se trouvent déjà prêtes à partir deux locomotives blindées et nous filons dans la direction de Serquigny ; mais arrivé à ce village, notre convoi fait « machine en arrière » jusqu'à la station de Beaumont-le-Roger, où nous débarquons. De là, nous partons à pied et faisons halte au Chesnay, hameau situé non loin de Beaumesnil.

10. — **Serquigny.** — Depuis hier, nous cantonnons ici. Les Prussiens cherchent à tourner nos positions. On les signale à Conches et à Brionne. Nous sommes donc serrés d'assez près et la bifurcation de Serquigny, devenue tête de ligne et qu'on avait d'abord résolu de défendre, semble menacée sérieusement des deux côtés. Le capitaine de frégate Gaude, qui avait pris depuis peu de jours le commandement de la subdivision de l'Eure, en remplacement de son collègue, M. Vallon, est lui-même remplacé par le capitaine de vaisseau de Guilhermy, major de la marine à Brest, qui vient d'arriver et établit son quartier à la gare. Il va s'adjoindre notre ancien commandant, M. Power, nommé récemment lieutenant-

colonel, en qualité de chef d'état-major. Remarquons que c'est le *septième* commandant de l'Eure depuis le mois d'octobre.

11. — Il gèle fortement. Les Prussiens s'avancent de plus en plus, mais ils vont payer cher leur audace. Ce matin, les francs-tireurs de Breteuil (capitaine Glaçon) ont surpris et attaqué dans Beaumont-le-Roger une avant-garde qui venait d'y pénétrer pour s'occuper du cantonnement et se sont emparés de trois cavaliers et de leurs chevaux. Un peu plus tard, les mobiles du 6° bataillon de la Loire-Inférieure, établis sur les hauteurs de la Risle, à Tilleul-Othon et à Goupillières, ont reçu à coups de fusil un escadron de dragons et les ont dispersés. Ils se sont enfuis dans la direction de Beaumont où, dans l'après-midi, une forte colonne prussienne a fait son entrée. Ma compagnie est placée en grand'garde à Launay, aussi sommes-nous sur le qui-vive, car l'ennemi est à deux pas.

Complétons ces notes un peu brèves par les renseignements suivants que nous trouvons dans l'excellente brochure du commandant Rolin, *La Guerre dans l'Ouest* :

« Les travaux entrepris au début de la campagne pour couvrir Serquigny étaient restés inachevés ; la situation de ce village au fond d'une vallée en rendait la défense difficile, et ce point avait d'ailleurs perdu toute importance stratégique depuis la prise de Rouen. Le commandant de Guilhermy, après s'être concerté avec le général de Lauriston (1), résolut donc de concentrer ses troupes à Bernay, en occupant une série de positions défensives en avant de cette ville, sur les hauteurs qui dominent la rive gauche de la Risle. Ce mouvement s'exécuta le 12, de grand matin. Le bataillon de la mobile des Landes fut établi à Grandchain et à Fontaine-l'Abbé ; le 1er bataillon

---

(1) Commandant supérieur des mobiles du Calvados et de l'Eure.

de l'Eure à Rôtes; le 3ᵉ à Carsix et le 2ᵉ autour de Malbrouck, à l'intersection de la route de Rouen avec celle de Paris à Cherbourg. Le bataillon de la Loire-Inférieure alla occuper les côtes d'Aclou. En même temps, plusieurs corps francs furent poussés en avant pour reconnaître les positions de l'ennemi.

» Dans cette même journée, le colonel prussien de Legat, à la tête d'un détachement fort d'environ un bataillon, deux escadrons et une batterie, se dirigea par Tilleul-Othon sur Serquigny. Le pont du chemin de fer n'était alors que faiblement gardé, et la seule résistance que l'ennemi rencontra aux abords du bois de Nassandres fut celle des francs-tireurs de l'Eure (capitaine Lortie), qui durent se replier après une courte, mais vive escarmouche, dans laquelle ils eurent leur sergent-major tué et quelques hommes blessés, dont un mortellement. Après cette affaire, le colonel de Legat venait de rentrer à Beaumont, lorsqu'il fut forcé d'en sortir de nouveau pour soutenir ses avant-postes qui étaient attaqués. Voici ce qui s'était passé dans cette direction :

» Le commandant de Guilhermy avait envoyé dans la matinée le capitaine de Boisgelin, de la mobile de l'Eure (2ᵉ bataillon), de Bernay à Beaumont-le-Roger, pour s'éclairer sur les forces qui occupaient cette ville; il lui avait adjoint, pour l'accomplissement de sa mission, une cinquantaine de francs-tireurs de la compagnie d'Evreux (capitaine Thionet). Arrivé aux environs de Beaumont, le capitaine de Boisgelin, qui se trouvait justement sur ses terres, reconnut les positions avancées de l'ennemi, et se mit en devoir de faire, dans sa propre forêt, une véritable chasse à l'homme. Guidés par ses gardes-chasse, les francs-tireurs enlevèrent, au lieu dit Mont-Rôti, un petit poste isolé de huit fantassins; ils s'avancèrent ensuite sur la gare, mais un second poste, fort d'une trentaine d'hommes, prit la fuite à leur approche. Au bruit de la fusillade, le colonel de Legat mit aussitôt son infanterie en ligne; les francs-tireurs l'accueillirent par un feu nourri, et, après avoir conservé leurs positions pendant trois quarts d'heure, ils se replièrent par la forêt sans avoir subi aucune perte. A Nassandres et à Beaumont, le 3ᵉ régiment de la Prusse orientale avait eu six grenadiers blessés et un autre fait prisonnier.

» Le 13 décembre, le colonel de Legat, sachant que la bifurcation de Serquigny était définitivement abandonnée par nous, y envoya une section de pionniers et un détachement d'infanterie pour enlever les rails et faire sauter le pont du chemin de fer. Mais, de son côté, le commandant de Guilhermy avait dirigé sur ce point les 1ʳᵉ et 5ᵉ compagnies de mobiles du 1ᵉʳ bataillon de l'Eure; dans l'après-midi, nos soldats surprirent l'ennemi dans son opération et l'attaquèrent vivement, aidés par les francs-tireurs de Louviers, qui étaient accourus au bruit du combat; après une fusillade qui dura environ une heure, les pionniers du 1ᵉʳ bataillon et les grenadiers du 3ᵉ régiment de la Prusse orientale prirent la fuite, laissant sur le terrain cinq hommes tués; en outre, sept blessés, dont un officier et une dizaine de prisonniers restèrent entre nos mains. Mais, tandis que les mobiles de l'Eure et les francs-tireurs se retiraient sur Bernay avec leur capture, l'ennemi revenait en force et occupait Brionne. »

Reprenons le carnet de notes du mobile de la 8ᵉ compagnie du 3ᵉ bataillon.

14 décembre. — **Bernay.** — Avant-hier, à trois heures du matin, nous abandonnions le bourg de Serquigny qui, paraît-il, était par trop menacé, pour nous retirer sur Bernay. Bien que la distance à franchir soit peu considérable, notre marche fut lente, paralysée qu'elle était par le verglas; mais arrivés dans cette ville, on nous donna l'ordre d'aller cantonner à Carsix, village situé à 8 kilomètres, puis de là, nous poussâmes une pointe dans la direction de Serquigny, où nous rencontrâmes des

mobiles du 1er bataillon qui ramenaient neuf prisonniers dont ils venaient de s'emparer après un combat assez vif.

Aujourd'hui nous sommes retournés à Bernay, par Malbrouck, pour recevoir, en échange de notre fusil à tabatière, un très bon fusil Snider et 55 cartouches.

17. — Ce matin, à six heures, nous avons quitté Carsix par une pluie battante, pour nous diriger sur Thiberville où tout le régiment va rejoindre les mobiles de l'Ardèche, que le lieutenant-colonel Thomas doit faire replier sur Lisieux. C'est encore une fois la retraite. Bernay va donc à son tour être découvert, et l'ennemi, c'est certain, ne tardera pas à l'occuper. Mais, heureusement, un contre-ordre survint; nous retournâmes sur nos pas et reprîmes nos positions respectives.

18. — Un incident grave s'est produit hier à Bernay. Vers dix heures du matin, le général de Guilhermy descendait de l'hôtel de la sous-préfecture pour se rendre sur la place où son cheval et son escorte l'attendaient. La population exaltée, surexcitée par le départ des troupes et par nos récents revers, l'accueillit par des huées et le bouscula; néanmoins, il s'avançait au milieu de la foule pour expliquer sa conduite, lorsqu'un coup de feu retentit : une balle venait de l'atteindre et de le blesser grièvement à la main et à la cuisse gauche. Nous ne pouvons que déplorer les faits de ce genre.

Quelques heures plus tard, le général de Lauriston qui avait établi son quartier général à Lisieux, prévenu par le télégraphe, arrivait à Bernay et procédait à une enquête. Il confirmait l'ordre donné aux troupes de ne pas s'éloigner de cette ville et désignait, pour les commander, le lieutenant-colonel Roy, commandant la 1re légion des mobilisés du Calvados.

22. — **Feuguerolles**. — Il gèle à 12 degrés. Nous avons quitté Carsix et, depuis quatre jours, nous allons en reconnaissance tantôt à Chrétienville, tantôt à Harcourt.

Le nouveau commandant de l'Eure vient de recevoir le titre de général de brigade. Il semble vouloir aller de l'avant et a le ferme espoir, dit-il, de chasser les Prussiens du département; en attendant, il va établir son quartier général à Brionne où se trouvent déjà le régiment des mobiles de l'Ardèche et quelques corps francs.

25, dimanche. — **La Rivière-Thibouville.** — Cette nuit j'étais de garde au château de Chrétienville. Un vent violent, glacial, nous cinglait le visage. J'ai passé là, je ne l'oublierai jamais, une triste veillée de Noël, un pauvre réveillon. Aujourd'hui, le bataillon est allé en reconnaissance à Périers, retour à Chrétienville, puis départ pour La Rivière-Thibouville.

27. — **Bourgtheroulde.** — La neige est tombée en abondance. Partis ce matin de Marcouville, nous avons fait notre entrée à Bourgtheroulde, après avoir mis en fuite une patrouille prussienne, qui eut un sous-officier et deux hommes tués dans cette escarmouche. Les 1er et 2e bataillons sont campés non loin de nous, à Berville.

30. — Encore de la neige. Depuis deux jours nous explorons les abords de la forêt de la Londe et nous échangeons fréquemment des coups de fusil avec les avant-postes ennemis qui y sont installés.

Le général Roy, accompagné du colonel Power, son chef d'état-major, est arrivé ici pour surveiller de près l'exécution de mouvements qu'il prépare. Il s'agissait, aujourd'hui, d'enlever les hauteurs de Château-Robert et d'Orival et d'en chasser les Prussiens.

Ce matin, dans ce but, notre bataillon, flanqué de plusieurs compagnies de francs-tireurs, se mit en marche, sous la direction du capitaine de Rostolan, faisant les fonctions de commandant par intérim. La neige tombait fine et serrée. Formant le centre de trois colonnes distinctes, nous eûmes pour mission de nous diriger vers la Londe et de gravir les flancs du coteau sur lequel se trouvent les ruines de l'antique demeure féodale des ducs de Normandie, connue sous le nom de château de Robert-le-Diable ou simplement Château-Robert. La colonne de gauche, commandée par le lieutenant-colonel Thomas, devait agir à l'ouest de la forêt de la Londe et déloger les Prussiens fortement établis au carrefour de la Maison-Brûlée ; celle de droite devait se porter à l'est de cette même forêt et s'emparer des positions d'Orival qui dominent la Seine et la ville d'Elbeuf.

Vers une heure de l'après-midi, nous atteignîmes les hauteurs de Château-Robert, sur lesquelles les Allemands avaient établi un de leurs postes. A notre approche, les fantassins qui l'occupaient déchargèrent leurs armes et opposèrent quelque résistance ; mais, sur le point d'être cernés, ils s'enfuirent, abandonnant sur le terrain trois de leurs camarades. Devant ce succès, le commandant donna l'ordre de les poursuivre ; nous les vîmes bientôt se réfugier à Moulineaux où se trouvaient déjà, paraît-il, un certain nombre des leurs.

Le 3º bataillon reçut l'ordre de descendre dans Moulineaux et se mit en marche dans cette direction. Chemin faisant, nous rencontrâmes un brave homme du pays qui interpella notre commandant en ces termes : « Mais ce n'est pas en bas qu'il faut aller, les Prussiens sont en grand nombre à Grand-Couronne et ont beaucoup d'artillerie, vous allez vous trouver pris entre la Seine et la côte ! » N'écoutant que ses instructions, le commandant poursuivit sa route et bientôt nous entrâmes dans le village des Moulineaux, que l'ennemi venait d'abandonner ; puis, après avoir franchi deux barricades établies par les Prussiens, nous avançâmes vers Grand-Couronne en colonne serrée et sur quatre rangs. On pensait que les cavaliers qui servaient d'éclaireurs nous avaient précédés sur cette route et on était rempli de confiance, mais on sut plus tard qu'ils s'étaient trompés de chemin dans Moulineaux. Ils tournèrent à gauche, vers la Bouille et se trouvèrent à un moment donné derrière la colonne.

Nous marchions dans cet ordre, lorsqu'à l'endroit où la route fait un coude, une formidable détonation déchira l'air. Une batterie ennemie, embusquée dans une tranchée à mi-côte, au sud de Grand-Couronne, à 500 ou 600 mètres de nous, tirait à mitraille sur le 3ᵉ bataillon.

Après un instant de surprise justifiée et de désarroi, notre premier mouvement fut de nous porter en avant, à travers champs, vers la batterie prussienne; mais que pouvions-nous faire contre elle puisque nous n'avions pas de canons à lui opposer? Néanmoins, nous allâmes par bonds successifs et, lorsqu'on apercevait la manœuvre de l'ennemi et la lueur des pièces, on se couchait à plat ventre dans la neige, de sorte que la plupart des obus passaient au-dessus de nous. Cependant, malgré cette mesure, une cinquantaine de mobiles furent atteints, quelques-uns grièvement; parmi ces derniers, notre lieutenant, le marquis Conrad de Champigny (1). Blessé à la troisième décharge, d'un éclat d'obus, il fut relevé et transporté dans une ferme située sur la côte de Château-Robert, par les sergents Millet et Étienne, en même temps que l'on y conduisait un de mes amis, originaire de la Garenne, tombé à quelques pas de moi. Ce qui était pénible à voir, c'est que les blessés ne recevaient de secours que par leurs camarades et le brave aumônier des mobiles du 3ᵉ bataillon, M. l'abbé Odieuvre, car le service d'ambulance faisait totalement défaut.

Le commandant jugeant inutile d'exposer plus longtemps ses hommes à une mort certaine, donna le signal de la retraite. On se replia vers la forêt. En chemin, je ramassai un débris de projectile que je mis dans ma poche... comme souvenir! et, pour éviter la mitraille qui commençait à pleuvoir abondamment, je dus fran-

(1) Le marquis de Champigny fut conduit dans sa famille au château de Normanville (Eure), où il expira huit jours après, des suites de l'amputation d'une jambe. Il repose près de ce château, dans le modeste cimetière du village et son tombeau est l'objet d'un pieux pèlerinage.

chir le mur d'une ferme, bien que gêné dans mes mouvements par mes armes et mon havresac. Il était temps : deux obus éclataient non loin de moi, de l'autre côté du mur.

Enfin, tant bien que mal, nous gravîmes les hauteurs de Château-Robert où les compagnies du 3ᵉ bataillon se rassemblèrent et nous rentrâmes ensuite à Bourgtheroulde à la tombée de la nuit, très fatigués, — cela va sans dire, — et mourant de faim. Les mobiles de l'Ardèche nous remplacèrent aux avant-postes et ceux des Landes en deuxième ligne.

Disons que la colonne de gauche (colonel Thomas) arriva sans encombre à la Maison-Brûlée. Les Prussiens, prévenus de notre approche, avaient évacué la position. Le 1ᵉʳ bataillon de l'Eure se porta sur la gare de la Londe et rencontra un poste établi dans la maison d'un garde-barrières; il y eut là un léger engagement dans lequel un Prussien fut blessé et un autre fait prisonnier. La colonne de droite s'empara sans grande difficulté des positions d'Orival. Vers dix heures du matin, les francs-tireurs de Louviers et du Neubourg, déployés en tirailleurs en avant de la colonne, canonnèrent ces hauteurs et débusquèrent l'ennemi qui occupait le Pavillon.

En résumé, dans la soirée du 30 décembre, toutes les positions convoitées étaient enlevées, depuis le château de Robert-le-Diable, jusqu'au plateau d'Orival, en suivant la ligne du chemin de fer.

Lorsque le général de Manteuffel, qui se trouvait à Amiens, apprit le succès de nos troupes et le danger que courait la division de Bentheim à Rouen, il fit expédier des renforts et se rendit lui-même à Rouen, le 31 décembre, par train spécial, pour mieux juger de la situation. Ces renforts arrivèrent à destination les 2 ou 3 janvier. Il donna l'ordre aussitôt au général de Bentheim de faire une reconnaissance sur la rive gauche de la Seine dans le but de connaître la composition et l'importance du petit corps d'armée de l'Eure.

Dans la matinée du 31, le 41ᵉ régiment prussien, qui avait été repoussé la veille, attaque le village de Moulineaux, qu'occupait une grand'garde des mobiles de l'Ardèche, laquelle est forcée de se replier pour ne pas être enveloppée. Le colonel baron Meerscheidt qui commande ce régiment continue sa marche et surprend l'un des deux postes installés sur les hauteurs de Château-Robert. Malgré la plus vive résistance opposée par les mobiles des Landes et par les francs-tireurs de l'Eure, ceux-ci sont bientôt cernés par les Allemands qui débordent sur le plateau et forcés, pour la plupart, de mettre bas leurs armes.

A ce moment, le général Roy, accompagné du colonel Power, visitait les positions conquises la veille, lorsqu'il apprit que le Château-Robert venait de tomber au pouvoir de l'ennemi. Il donne l'ordre aussitôt de rassembler des troupes et lance sur ce point une compagnie des mobiles de l'Ardèche (capitaine Tournaire) et une compagnie du 3ᵉ bataillon des Landes, commandée par le capitaine de Behr; celles-ci partent à travers la forêt.

« Alors se passe un incident peu connu et qui montre toute la duplicité allemande qui se manifesta maintes fois pendant ces combats autour de Moulineaux. Quelques Prussiens, accompagnés du lieutenant-colonel Hullingen et d'un capitaine, s'avançant sous bois, tombèrent tout à coup au milieu des deux compagnies des mobiles des Landes et de l'Ardèche envoyées par le général Roy.

» Se voyant surpris, les Prussiens lèvent la crosse en l'air et font mine de se rendre. Nos soldats les abordent et, les considérant comme prisonniers, s'amusent à échanger leurs coiffures d'ordonnance — casques et képis. Le capitaine français de Behr s'avance alors à la rencontre du lieutenant-colonel et lui demande ses armes :

« — Vous êtes trop jeune pour me rendre à vous,
» réplique injurieusement le Prussien, et c'est vous qui
» êtes, au contraire, mon prisonnier! »

» Outragé, furieux, le capitaine de Behr se jette sur la croix que porte sur la poitrine le lieutenant-colonel prussien. Il la lui arrache, mais essuie deux coups de revolver. Toute cette scène n'avait qu'un but : donner le temps au reste du bataillon prussien d'arriver et de forcer la compagnie des mobiles des Landes à se replier (1). »

Mais nos troupes, fortement ébranlées un instant, reprennent l'offensive, renforcées par deux nouvelles compagnies du 2ᵉ bataillon de l'Eure, la 2ᵉ, capitaine de Saint-Vulfran, et la 6ᵉ, capitaine de Bonnechose ; elles s'élancent à l'assaut des ruines de Château-Robert, alors occupées par deux compagnies prussiennes du 41ᵉ.

« Au bout d'une demi-heure d'une fusillade extrêmement nourrie, les talus sont enlevés à la baïonnette et la position reprise. Les ennemis, obligés de redescendre la côte sous un feu roulant, laissent la moitié au moins de leur effectif dans leur trajet jusqu'à Moulineaux. » (Rapport du commandant Ferrus du 2ᵉ bataillon.)

Tandis que ces événements se passaient à Château-Robert, 500 à 600 Prussiens attaquèrent les mobiles de l'Ardèche et les francs-tireurs établis à l'est de la forêt de la Londe au plateau d'Orival, mais sans aucun succès.

Voici comment s'exprime le général Roy rendant compte du combat du 31 décembre :

« Les Prussiens ont attaqué ce matin les positions que nous leur avions prises hier. 300 Prussiens avaient entouré le château de Robert-le-Diable, occupé par 100 hommes, qui domine Moulineaux et la Maison-Brûlée. Ils avaient repris cette position après un combat acharné, lorsque j'ai pu envoyer des secours suffisants pour reprendre nous-mêmes notre première position.

» Je signale encore une fois la déloyauté des Prussiens, dont un officier est venu se rendre, offrant son sabre détaché à un capitaine de mobiles : Quand le capitaine eut donné l'ordre de ne pas tirer, les Prussiens ont fait feu à bout portant sur la compagnie à laquelle ils se rendaient.

(1) Dubosc, *Journal de Rouen* du 5 janvier 1896.

» Dans la défense du château de Robert-le-Diable et dans sa reprise, nous avons eu 5 morts, 36 ou 40 blessés, dont 10 gravement. Un certain nombre de disparus, prisonniers ou égarés. Les pertes des Prussiens doivent être assez considérables, puisqu'ils ont été repoussés de partout.

» Signé : Général ROY. »

« Après s'être maintenu sur les positions d'Orival et de Château-Robert, le général Roy prit quelques mesures défensives; il prescrivit au colonel Thomas de couper la route dans la côte de Moulineaux et de faire garnir de tranchées et d'abatis les abords de Château-Robert, où un poste d'un bataillon devait être maintenu en permanence; il sollicita en même temps l'appui des mobilisés qu'il avait eus précédemment sous ses ordres et qui étaient restés sous ceux du commandant de la subdivision du Calvados, le général de Lauriston. Celui-ci ne possédait en tout que treize bataillons de mobilisés d'une organisation très incomplète et manquant de tous les services; prévoyant, d'ailleurs, l'échec qui attendait le général Roy, il refusa de l'appuyer ou de le suivre, et il persista à rester sur la défensive derrière la ligne de la Risle. Ce conflit fut porté devant la délégation de Bordeaux, qui jugea utile de réunir toutes les troupes de la rive gauche de la Seine sous un même commandement. Par dépêche du ministre de la guerre, parvenue dans la nuit du 1er au 2 janvier, le général de Lauriston reçut, sur sa demande, un congé de santé, et le commandement supérieur de l'Eure et du Calvados passa aux mains du général Roy (1). »

1er janvier 1871 (dimanche). — **La Londe.** — Nous sommes allés hier à la gare de La Londe et avons rencontré une batterie de quatre pièces Armstrong, des mobiles des Basses-Pyrénées. Avec deux autres batteries de pièces de montagne, c'est là, je crois, toute notre

(1) *La Guerre dans l'Ouest,* par Rolin, page 330.

artillerie. Ce matin, le bataillon a quitté Bourgtheroulde pour se rendre sur les côtes d'Orival, au Pavillon, près Elbeuf, où il va renforcer, avec le 2ᵉ bataillon, les mobiles de l'Ardèche (commandant de Montgolfier). Là venait d'avoir lieu un petit combat d'artillerie soutenu avec avantage par une section de canons de montagne, commandée par le lieutenant Rabeille, des Côtes-du-Nord. A notre arrivée, quelques obus sont lancés sur les Prussiens qui occupent les environs de la gare de Saint-Aubin. Nous en apercevons quelques-uns qui se promènent à cheval sur la Seine complètement gelée.

2 janvier. — Après avoir passé la nuit à la Londe, nous sommes retournés au Pavillon d'Orival; mais un ordre du général Roy nous fait repartir sur Bourgtheroulde où, paraît-il, nous formerons, avec le 1ᵉʳ bataillon, le corps de réserve.

3 janvier. — **Bourgtheroulde.** — Il gèle à 14 degrés. Nous inaugurons bien mal la nouvelle année.

« Dans la journée du 3 janvier, dit le commandant Rolin, les troupes du général Roy étaient établies dans les positions suivantes : A droite, au pavillon d'Orival, le commandant de Montgolfier, avec le 3ᵉ bataillon de l'Ardèche, le 2ᵉ de l'Eure, une section de canons de montagne, une de pièces Armstrong et plusieurs corps francs ; en tout, un peu plus de 2,000 hommes avec quatre canons, occupant Orival, Saint-Ouen et la Londe, aux abords de la forêt de ce nom. A gauche, à la Bouille, le colonel Thomas ayant sous ses ordres : au Château-Robert, une fraction du 2ᵉ bataillon de l'Ardèche et une partie du 3ᵉ des Landes; à la Maison-Brûlée, le reste de ces deux bataillons; au Chouquet et à Saint-Ouen-de-Thouberville, le 1ᵉʳ bataillon de l'Ardèche, avec plusieurs compagnies franches occupant des postes d'observation aux abords de la forêt, un peloton de chasseurs à cheval, quatre pièces de 4 et deux pièces Armstrong : total, un peu plus de 3,000 hommes et six canons. Au centre et en réserve, à Bourgtheroulde, le général Roy, avec les 1er et 3e bataillons de la mobile de l'Eure, un peloton de chasseurs à cheval et quelques gendarmes, environ 1,500 hommes. Enfin d'autres corps, détachés à l'extrême droite, paraissent placés sous les ordres directs du quartier général, ce sont : à Caudebec-lès-Elbeuf, le 1er bataillon des Landes; à Elbeuf, le 5e bataillon de mobilisés de la région de Rouen, qui devait remplacer au Neubourg le 6e bataillon de la mobile de la Loire-Inférieure. »

D'autre part, le corps du général de Bentheim, destiné à opérer contre la petite armée de l'Eure « se composait de la 1re division d'infanterie, commandée, en l'absence du général de Falkenstein, par le général d'artillerie de Bergmann et renforcée par le 44e régiment et le 1er bataillon de chasseurs, avec l'artillerie correspondante et un régiment de cavalerie; en tout, seize bataillons et quatre escadrons, ce qui pouvait former un effectif de 14,000 à 15,000 hommes » (Rolin).

C'est avec une partie de ces forces, concentrées à Grand-Couronne, que l'ennemi attaquait, le 4 janvier, à quatre heures du matin, par une nuit épaisse et un froid des plus vifs, les mobiles de l'Ardèche et le 3e bataillon des Landes, qui occupaient les hauteurs de Château-Robert et de la Maison-Brûlée. Plus loin, dans un chapitre spécial aux Mobiles de l'Ardèche, nous raconterons en détail les différentes phases de ce combat terrible, dans lequel nos mobiles, surpris, luttèrent désespérément, écrasés par le nombre.

Lorsque le général Roy voulut se porter à leur secours, il n'était plus temps : la retraite s'effectuait sur Bourgachard et dans plusieurs directions.

Mais reprenons le carnet de notes du Vernonnais.

5 janvier. — **Brionne.** — Depuis hier, hélas! c'est la déroute, c'est la débâcle... et quel chemin parcouru!

Le 3, dans l'après-midi, un parlementaire prussien se

présenta aux avant-postes de Moulineaux et demanda à parler au colonel des mobiles de l'Ardèche. On le conduisit sans difficulté auprès de cet officier supérieur et lui remit une missive allemande et quelques lettres adressées par nos prisonniers à leurs familles. Mais cette entrevue n'était, à mon avis, qu'un prétexte pour savoir quelles étaient les forces réunies à Château-Robert, car, hier matin, vers quatre heures, les Prussiens attaquaient nos avant-postes et cernaient les mobiles de l'Ardèche et des Landes, tandis que nous dormions tranquillement sur la paille dans l'ancienne gendarmerie de Bourgtheroulde. On ne se doutait certainement pas alors qu'à peu de distance de nous, nos camarades, nos frères d'armes étaient assaillis par l'ennemi.

On commençait l'appel des compagnies, lorsqu'un éclaireur de l'Ardèche vint exposer la situation désastreuse dans laquelle se trouvaient les défenseurs de Château-Robert et demander du secours ; quelques instants après, le 3ᵉ bataillon de mobiles de l'Eure se portait en avant sur la route de Rouen. Mais il était trop tard. L'ennemi, maître de la forêt de la Londe, nous avait séparé des colonnes formant les deux ailes et s'avançait vers Bourgtheroulde, l'artillerie par la route de la Londe, l'infanterie par celle d'Elbeuf et la cavalerie par la plaine.

Déployés en tirailleurs, à la sortie du village, nous ouvrîmes le feu, tirant un peu au hasard, car le brouillard était épais, et nous avancions lentement, lorsque nous reçûmes l'ordre de nous replier. Vers dix heures, le général Roy, son peloton de cavalerie et une partie de la brigade, commencèrent à se retirer ; nous restâmes deux cents hommes environ, des 1ᵉʳ et 3ᵉ bataillons, sur la place de Bourgtheroulde, pour protéger la retraite, décidés que nous étions à lutter encore, à prolonger la résistance jusqu'au bout ; nous formions ainsi l'extrême arrière-garde.

Retranchés derrière l'église, sous le commandement du commandant Guillaume (1er bataillon) et de plusieurs officiers, nous disputâmes chèrement à l'ennemi la route suivie par la colonne de retraite et l'entrée du village. Assaillis de tous côtés par une vive fusillade, à laquelle nous répondions de notre mieux, nous tenions ferme, malgré les pertes éprouvées et quelques défections qui se produisirent à la dernière minute; mais nous restâmes encore une cinquantaine, prêts à succomber plutôt que de nous rendre. J'entends encore les voix de notre brave lieutenant Roussel, du sergent Thoret et du caporal Blot, nous excitant à la défense et apostrophant les Prussiens qui n'étaient plus qu'à vingt mètres de nous et n'osaient pas nous aborder corps à corps. Pendant ce temps, grâce à notre attitude énergique et au brouillard qui, en ce moment, redoubla d'intensité et les empêcha de discerner le petit nombre d'adversaires qui les tenaient en échec, la colonne du général Roy se retirait sans être inquiétée ni poursuivie. Notre situation devenait de plus en plus critique, car nous étions cernés de toutes parts, lorsque le commandant Guillaume, dans le but de nous dégager, usa d'un stratagème en commandant à haute voix *au bataillon* de charger à la baïonnette. Ce coup d'audace réussit. Profitant d'un recul momentané de la part des Allemands, nous parvînmes à nous frayer un passage et à leur échapper des mains. Nous laissions sur place, il est vrai, quelques victimes, mais notre but principal était atteint, puisque la retraite de l'armée du général Roy était assurée.

Nous rejoignîmes une partie de la colonne à Saint-Martin-du-Parc, hameau dépendant du Bec-Hellouin, célèbre par sa fameuse abbaye, construite par Hellouin, au commencement du XIe siècle, et passâmes la nuit en cet endroit. Cet après-midi, nous partîmes pour Brionne, où se trouvaient déjà le général Roy et un grand nombre de mobiles.

A l'affaire de Bourgtheroulde (1), ma compagnie (la 8ᵉ du 3ᵉ bataillon) fut assez éprouvée. Le mobile Duval reçut une balle dans une jambe; Guillaume Petit fut blessé en deux endroits; Bouvier, Ruy (Édouard), Allais, Bossu, Damême, Loubinou et Bréauté furent faits prisonniers; Joly, Leroux, Barthe et Lambin (ce dernier malade à l'ambulance) tombèrent également entre les mains de l'ennemi, mais furent assez heureux de s'en échapper et de nous rejoindre.

« Ainsi finit cette chaude journée qui, depuis trois heures du matin jusqu'à la nuit, ne fut qu'un long combat sur les côtes boisées de la Seine, depuis Elbeuf jusqu'à la Bouille, et sur la lisière supérieure de la forêt, depuis la Londe jusqu'à Bourgachard. Nous étions 7,000 mobiles et francs-tireurs, ils étaient 25,000 hommes de vieilles troupes, composées non pas de ces Allemands de pacotille, tels que les Saxons, les Wurtembergeois ou Bavarois, mais de régiments Poméraniens qui, ils le disaient eux-mêmes, n'avaient pas vu, depuis Metz, une affaire aussi sanglante.

» Tel a été tout le secret d'une victoire, chèrement achetée d'ailleurs, puisque l'ennemi avoue lui-même

---

(1) Pour perpétuer le souvenir de la défense de Bourgtheroulde, un monument a été élevé sur la place de l'Hôtel-de-Ville, près de l'église. Inauguré le 11 mai 1875, il se compose d'une colonne de granit entourée de chaînes et porte comme inscription ces mots :
Aux Français morts pour la Patrie
Honneur et Patrie
Érigé par la commune.
1875.
Le 4 janvier 1896, la Société du *Souvenir Français* fit placer sur ce monument une plaque de bronze sur laquelle on lit :
Aux combattants du 4 janvier 1871
à Bourgtheroulde (Eure)
Les Mobiles de l'Eure, de l'Ardèche, des Landes,
de la Loire-Inférieure, Gardes à cheval
du Calvados, Peloton du 12ᵉ Chasseurs, Batterie
des Mobiles des Basses-Pyrénées, du Calvados
et des Côtes-du-Nord.
A nous le souvenir, à eux l'immortalité.

avoir perdu 1,400 hommes, tandis que nos pertes ont été évaluées à 800, tant tués que prisonniers... (1) »

Complétons ces renseignements par la relation suivante d'un des mobiles vernonnais fait prisonnier et envoyé en Allemagne :

«...La 8ᵉ compagnie était rassemblée sur la place de Bourgtheroulde et attendait des instructions, l'arme au pied. Déjà des compagnies de francs-tireurs se repliaient de notre côté tout en tenant tête à l'ennemi, lorsque l'ordre fut donné aux 7ᵉ et 8ᵉ compagnies de se porter à l'entrée du village, sur la route de la Maison-Brûlée, afin de ralentir, coûte que coûte, la marche des Prussiens. Pour éviter les balles qui commencent à pleuvoir, nous nous jetons dans les fossés qui bordent la route et le commandant Guillaume, à cheval au milieu du chemin, est obligé de se retirer après nous avoir recommandé de résister le plus longtemps possible. Mais les assaillants avancent, la place n'est plus tenable; quelques hommes sont blessés. Nous quittons alors ce poste périlleux, traversons la route en rampant et allons nous embusquer — plusieurs camarades et moi — derrière le mur du jardin d'une maison bourgeoise, mur que surmonte une grille, et de cet endroit, nous continuons la fusillade. Un brouillard intense nous empêche d'apercevoir les Allemands qui, ayant tourné la position, nous entourent bientôt de tous côtés. 50 à 60 arrivent sur nous en hurlant comme des sauvages, et nous forcent à rendre nos armes; nous étions 7. Grâce à un sergent prussien du 41ᵉ d'infanterie, on nous laisse la vie sauve, mais nous assistons à des scènes de destruction indescriptibles sur la place de Bourgtheroulde où on nous conduit, pendant que nos camarades soutiennent encore la retraite, derrière l'église. Nous sommes témoins d'un fait qu'il convient de citer : Un soldat allemand sort de l'hôtel de ville en poussant des cris de joie ; il brandit trois drapeaux qu'il vient de découvrir dans la

(1) *Souvenirs d'un mobile du Vexin*, par le capitaine Sainte-Foix.

mairie et qui semblent, pour lui, des trophées pris sur le champ de bataille !

On nous dirige ensuite sur la Maison-Brûlée, où se trouve le général prussien. En route, un officier me fait approcher et me demande :

— Où avez-vous été pris ?
— A Bourgtheroulde.
— Combien étiez-vous ?
— 4,000 à 5,000 au plus.
— Vous mentez ! A la façon dont il leva les épaules, il avait l'air de douter qu'un nombre aussi restreint d'adversaires ait pu les tenir en échec aussi longtemps.

Dans le parcours, je pus compter trente-six pièces d'artillerie et six régiments d'infanterie massés, sans parler des troupes qui occupaient Bourgtheroulde ; plus le train et les ambulances. A mon avis, on pouvait évaluer à 20,000 hommes le corps d'armée dirigé contre nous.

Après avoir quitté la Maison-Brûlée, nous prenons la route de Grand-Couronne, sur laquelle nous remarquons les cadavres de quelques camarades ensevelis à demi dans un linceul de neige et les cadavres beaucoup plus nombreux de nos ennemis. Nous rencontrons un major prussien qui fait faire halte à la colonne de prisonniers (nous étions 19, dont 2 blessés qui ne voulurent pas rester à l'ambulance allemande) et, comme notre décrocheur de drapeaux marchait en tête, il lui fit déployer ses trophées. Sur le premier, il lut à haute voix : *Compagnie des sapeurs-pompiers de Bourgtheroulde (Eure)*, sur le second : *Société musicale...*, le troisième était sans doute le drapeau de la mairie. Puis, se tournant vers nous, il s'écria d'un ton burlesque : Français, regardez votre gloire ! un de nous répondit : Ah ! c'est trop fort ! Vraiment si la situation n'avait été aussi cruelle, il y aurait eu de quoi rire. Et cette comédie ne se termina que plus tard. Les trois drapeaux volés à la mairie de

Bourgtheroulde furent portés à Berlin, où je les vis descendre, toujours accompagnés de celui qui les avait soustraits.

Le soir du 4 janvier, nous étions environ 300 prisonniers dans l'église de Grand-Couronne. Nous mourions de faim, car depuis quarante-huit heures on nous avait laissés à peu près sans manger. Le 5, à Rouen, on nous fit entrer dans des wagons à bestiaux et nous fûmes expédiés sur l'Allemagne. Chaque wagon contenait de 40 à 50 hommes, de sorte qu'il fut impossible de se coucher, pas même de s'asseoir, et le trajet dura huit jours et neuf nuits!

Après un séjour de trois semaines à Stettin, on nous envoya par la route, à Alt-Damm, sur la ligne de Dantzig.

Je n'ai pas besoin de vous dire les mauvais traitements dont on gratifia les prisonniers français, ces faits sont assez connus. Pendant nos quatre mois de captivité, j'avais fait connaissance de plusieurs Ardéchois qui, apprenant que j'étais Vernonnais, témoignèrent leur vive reconnaissance envers les habitants de Vernon... »

Parmi les morts et les blessés, signalons : le capitaine Pascal, des francs-tireurs du Calvados, tué à l'entrée de Bourgtheroulde; le garde Jobin, de la 2ᵉ du 1ᵉʳ bataillon de l'Eure, tué d'une balle au bas-ventre; le capitaine de Sainte-Foy (2ᵉ du 1ᵉʳ), qui fut d'abord blessé d'une balle au cou-de-pied. Il se traîna jusqu'à une étable où il se barricada, mais les Prussiens étant survenus le firent prisonnier après l'avoir blessé à nouveau de deux coups de baïonnette qui l'atteignirent à la main et à la cuisse (1). Citons également : le capitaine de la Brière, blessé; le garde Renou, tué; le clairon Brière, tué; le garde Ledoigt, blessé grièvement au genou (7ᵉ du 3ᵉ).

En résumé, cet engagement de Bourgtheroulde nous

(1) Le chien de la 2ᵉ compagnie, dit M. Grenest, le fidèle Bizy qui tenait son nom de la forêt de Bizy, où on l'avait trouvé, a été tué par une balle prussienne, dans cette chaude journée. « Pauvre Bizy! il n'a pas voulu survivre à son capitaine fait prisonnier. »

coûtait huit hommes tués, une douzaine de blessés et un certain nombre de prisonniers.

De Brionne, le général Roy envoyait au Gouvernement de Bordeaux plusieurs dépêches pour annoncer les événements du 4 janvier et se justifier. Voici la fin de celle qu'il adressait le 5, à midi vingt :

« ...Je suis replié complètement sur la Risle et j'ai peine à croire que l'ennemi force nos positions. Néanmoins j'ai prescrit la mobilisation des sédentaires dans le Calvados et dans l'Eure jusqu'à quarante ans. »

Le 8, nouveau télégramme dont voici la teneur :

« L'attaque des positions occupées par nos troupes en avant de Grand-Couronne par des forces supérieures, au nombre de 20 à 25,000 hommes, nous a forcés à nous reporter sur notre seconde ligne, qui occupait la rive droite de la Risle. La retraite s'est opérée en bon ordre sur Brionne; mais sur Pont-Audemer il y a eu quelques fuyards, ce qui m'a forcé à y aller moi-même le lendemain pour rassurer les troupes. — Dans la journée du 4, nous avons fait subir à l'ennemi des pertes que j'estime à 3,000 hommes, tandis que nous n'avons pas eu plus de 500 à 600 hommes hors de combat. »

Ce chiffre de 3,000 est évidemment exagéré, il ne concorde pas du reste avec le chiffre de 2,000 qui figure au rapport du général Roy. Quoi qu'il en soit, « il paraît incontestable que les Allemands se tuèrent à eux-mêmes beaucoup de monde, ayant plusieurs fois tiré les uns sur les autres dans les mouvements tournants qu'ils exécutaient simultanément dans le brouillard à travers les bois, sur des lignes parallèles et concentriques » (Baron Ernouf).

10 janvier. — **La Rivière-Thibouville.** — Depuis plusieurs jours la température a changé. Le dégel est survenu, mais le 8, la gelée et la neige ont fait leur réapparition.

Un officier supérieur vient d'arriver à Brionne, pour remplacer le général Roy, relevé de ses fonctions de commandant des forces réunies de l'Eure et du Calvados. C'est le colonel Saussier, du 41ᵉ de ligne, évadé de Metz et nouvellement promu général de brigade.

15. — M. Saussier va s'occuper, paraît-il, de la réorganisation du 19ᵉ corps d'armée, dont les 20,000 hommes de troupes qu'il a sous sa direction feront partie. Mais il a reçu l'ordre d'abandonner les positions que nous occupons sur la Risle et d'établir son quartier général à Lisieux. Le malheureux département de l'Eure va donc complètement se trouver abandonné et livré aux incursions ennemies. Quel effet fâcheux cela produira sur les populations décidées à la résistance.

Ce matin, le général Saussier, qui semble avoir pour ses soldats de la sollicitude, nous a fait distribuer des provisions de campagne, lesquelles se composent de : viande, sel, riz, café, sucre et pain-biscuit, plus 0 fr. 25, ce qui est préférable assurément aux 0 fr. 65 alloués journellement et avec lesquels on avait mille difficultés pour arriver à se nourrir; puis nous partîmes pour Saint-Aubin-de-Scellon, par 0ᵐ30 de neige !

16. — **Lisieux.** — C'est par un temps épouvantable — pluie et grêle — que nous sommes arrivés ici, fatigués et trempés jusqu'aux os. Cette première étape doit être suivie de plusieurs autres, car de nouvelles instructions sont survenues. Il est question de se diriger sur Argentan pour, de là, aller renfoncer l'armée de Chanzy.

22. — **Flers.** — Le 17, au matin, nous quittions Lisieux pour nous rendre à Crèvecœur et Mézidon, le 18, prenions le train pour Argentan; le lendemain, arrivée à Flers, où nous séjournons depuis.

30. — **Condé-sur-Ifs.** — *Alea jacta est !* De mauvaises nouvelles nous arrivent : Paris, la capitale de la France, n'ayant plus de vivres, a capitulé et un armistice de vingt et un jours serait conclu avec la Prusse. C'est la fin de la guerre. On s'y attendait un peu, mais, c'est égal, le coup est dur pour ceux qui ont conservé dans

leur cœur la lueur d'espérance qui les soutenait encore.

A dater de cette époque, la 3e division (général Saussier), dont le 3e bataillon de l'Eure fait partie, après s'être réunie à la 2e division (général Saurin) pour renforcer la gauche de l'armée de Chanzy, vers Flers, n'exécute plus que des mouvements sans importance que lui prescrit le général Dargent commandant le 19e corps d'armée. Nous passerons donc rapidement sur les menus faits qui ont surgi depuis l'armistice jusqu'à la conclusion de la paix.

Parmi ces faits il en est un que nous signalerons, c'est que l'inactivité de nos mobiles, leur suprême désir d'être licenciés le plus vite possible engendrèrent des actes d'indiscipline que des prescriptions sévères essayèrent vainement de réprimer. Malgré la défense la plus formelle, nombre de soldats, pour occuper leurs loisirs, se livraient au plaisir de la chasse et gaspillaient ainsi une partie de leurs cartouches.

Lors du licenciement, le général Roy, commandant la brigade, lança une proclamation dans laquelle il disait à ses hommes :

« Braves mobiles ! vous allez retourner dans vos foyers, revoir vos mères, vos femmes, vos enfants… portez la tête haute, etc… »

Quelques compagnies furent en effet désarmées et partirent ; mais ce général, qui était allé à Versailles pour appuyer des propositions de récompenses en faveur de la brigade, voulut à son retour, par une nouvelle proclamation, retenir les troupes qu'il avait encore sous ses ordres pour les diriger sur Paris, contre les communards. L'effet produit fut déplorable. On vit des compagnies de mobiles commandées par un sous-officier ou un caporal se rendre à Caen, sur la place d'Armes et se désarmer elles-mêmes.

Pour terminer, disons que le 3e bataillon séjourna à

Vimont, du 4 au 23 février, et qu'il y fut passé en revue par le général Saussier. De là, il fut dirigé sur Cléville, Rocquancourt, Evrecy, Villers-Bocage; puis, le 1er mars, à Caumont-l'Eventé. Le 9, nous le retrouvons à Caen et, le 12, à Mondeville. Le 23, il assiste au service funèbre en l'honneur des mobiles morts pour la défense de la Patrie et va rendre ses armes au vieux château de Caen. Les 1er et 2e bataillons sont également licenciés.

Le lendemain, vers midi, les mobiles vernonnais quittaient Caen pour rentrer dans leurs foyers. Les uns accomplirent le voyage par la voie ferrée; les autres prirent le bateau pour le Havre, quittèrent cette ville quelques heures plus tard, et arrivèrent à Vernon dans la soirée; tous heureux de retrouver la famille après une absence de sept mois.

Chaque année, dans les premiers jours de janvier, une foule considérable se rend en pèlerinage au monument de la Maison-Brûlée, élevé à la mémoire des braves qui sont morts dans les sanglantes journées des 30 et 31 décembre 1870 et 4 janvier 1871 et inauguré le 18 juin 1873.

Une belle statue en bronze, œuvre de A. Millet, représente un mobile au repos. La main droite posée sur la douille du fusil supporte le coude du bras gauche sur lequel la tête est inclinée. La capote est retroussée, le pantalon dans les guêtres, le sac sur le dos.

Sa figure, où se dessine de fortes moustaches, présente l'attitude sombre et énergique d'un homme qui a combattu sans avoir la consolation d'un succès, qui n'a d'autre appui que le sentiment de son devoir accompli, mais n'est pas abattu, voulant venger ses frères tombés autour de lui en défendant leur sol.

Les inscriptions suivantes sont faites sur la pyramide qui supporte cette statue. Sur la façade on lit :

Honneur et Patrie
Ardèche — Gardes Mobiles
Élevé par souscription
Ce monument est élevé à la mémoire de ceux
qui sont venus mourir ici
pour la défense de la Patrie. 1870-71.
Et renferme leurs restes mortels.
Requiescant in pace !

Sur le côté droit : Landes — Gardes Mobiles. Loire-Inférieure — Gardes Mobiles.

Sur la face de derrière : Charente-Inférieure — Calvados — Francs-tireurs Eure-et-Loir — Seine — Eure — Seine-et-Oise.

Sur le côté gauche : Gendarmerie — Douaniers et Marins — 12e Chasseurs à cheval — Seine-Inférieure — Mobilisés d'Elbeuf.

Enfin, sur des plaques de marbre, sont gravés en lettres d'or les noms des 98 soldats tués à Moulineaux, à Château-Robert et à Saint-Ouen-de-Thouberville, parmi lesquels figurent 42 mobiles de l'Ardèche, 22 des Landes, 17 de l'Eure.

CHAPITRE III

Formation de la garde nationale de Vernon. — Armement. — Instruction. — Etablissement de postes. — Les volontaires de Bizy. — Dépêches du Gouvernement de Tours. — Rencontres de Gasny, de Vernonnet. — Mort de Clément Pantin. — Départ pour Bernay. — La garde nationale des cantons de Vernon et de Gaillon.

Comme si un sentiment instinctif ou de défiance semblait prévoir de tristes catastrophes, on se préoccupa, dès l'origine de la guerre, des moyens à employer pour repousser l'ennemi, s'il venait à envahir notre territoire, et, dans ce but, un décret du 12 août réorganisait sur de nouvelles bases la garde nationale sédentaire, dissoute depuis 1852. Chargée de la défense locale et du maintien de l'ordre, elle se composa des hommes valides de vingt à soixante ans; mais, peu de temps après, elle vit son effectif diminuer par suite du départ des *mobilisés* pour Cherbourg, lesquels étaient pris parmi les citoyens célibataires ou veufs, sans enfants, âgés de vingt et un à quarante ans. D'autre part, des comités dits « comités de défense » furent créés et fonctionnèrent dans le département de l'Eure, à Evreux, et dans les chefs-lieux des arrondissements.

En conséquence de la loi précitée, la municipalité de Vernon s'empressa de procéder à la formation de la garde nationale urbaine et constitua six compagnies qui, avec la compagnie des sapeurs-pompiers, présentaient un effectif de 700 à 800 hommes. Le commandant et les officiers furent élus le dimanche 4 septembre, et, quelques jours plus tard, le commandant, M. Bertin du Château, ancien lieutenant-colonel d'infanterie de marine, était reconnu par les gardes nationaux, rangés en bataille.

L'organisation de la garde nationale se fit avec autant d'empressement que de spontanéité; mais lorsqu'elle fut constituée et ses cadres formés, il fallut l'armer, l'équiper et l'instruire; tout d'abord faire face aux premiers frais d'organisation, notamment en ce qui concernait les postes à établir. A cet effet, dans sa séance du 9 septembre, le Conseil municipal votait une somme de 1,000 francs, à titre de provision, et, dans cette même séance, décidait que, pendant la durée de la guerre, un éclairage supplémentaire serait fait depuis onze heures du soir jusqu'à cinq heures du matin, pour faciliter la surveillance et la police de la ville. Plus tard, le 25 septembre, il approuvait un vote tendant à obtenir qu'il fût immédiatement procédé à l'habillement, par la ville, de quinze hommes par compagnie et choisis de préférence parmi les mobilisables de vingt et un à quarante ans. De cette façon, la garde nationale pourrait fournir, au premier appel, un contingent de 90 hommes en uniforme. Enfin, le 29 du même mois, le Conseil votait une nouvelle somme de 3,500 francs destinée à l'habillement et à l'armement, ainsi qu'au payement de dépenses diverses faites en vue de la défense.

Mais la mesure de l'armement fut celle qui causa le plus grand embarras, car, à la chute de l'Empire, les pompiers seuls étaient armés. Et, pour se procurer des fusils, il fallut faire demandes sur demandes, multiplier les démarches et encore n'obtint-on que quelques fusils rayés modèle 1842 transformés, presque tous en mauvais état, qui venaient d'être rendus par les mobiles, après leur nouvel armement. A mesure de l'envoi de ces armes, on s'empressait de les distribuer aux gardes nationaux habillés, et de préférence aux mobilisables; et, lorsque ces derniers furent appelés à Cherbourg, il n'en resta plus entre les mains des gardes nationaux sédentaires qu'un nombre tout à fait insuffisant, ce qui paralysa les efforts. Combien d'entre eux murmuraient d'être constamment forcés de manœuvrer avec des armes empruntées, ou même sans armes? Ils en réclamaient avec instances mais ne pouvaient en obtenir. Quelques-uns prirent le parti de se rendre à l'exercice avec un fusil de chasse ; d'autres firent l'acquisition de chassepots, de Snider, etc., de sorte que l'armement du bataillon devint bientôt hétérogène.

L'équipement fut celui de la ligne ; l'habillement se composa d'une vareuse et d'un pantalon bleu marine, avec bande passe-poil garance et d'un képi de même couleur.

L'instruction fut menée rapidement. Plusieurs fois par semaine les compagnies se réunissaient aux différents endroits de la ville qui leur avaient été assignés et se livraient aux exercices de l'école de peloton. Il convient ici de féliciter sans réserve tous ces citoyens dont l'entrain, la tenue, la discipline ne laissaient rien à désirer. Ils n'hésitaient pas à quitter les ateliers, les bureaux, les magasins, pour se consacrer, pendant quelques heures, au maniement des armes. Petits et grands, jeunes et vieux, riches et pauvres, accomplissaient ainsi modestement leur devoir, confondus dans un même sentiment, mûs par une même pensée : servir et défendre la patrie !

Cependant cette instruction se trouva suspendue le 6 octobre, par suite de la visite des Prussiens qui s'emparèrent d'une partie des armes des gardes nationaux. Disons, toutefois, que sur les instances du maire ils en laissèrent une soixantaine pour le service du poste de l'hôtel de ville.

A cette époque, les communes du canton de Vernon formaient ensemble un bataillon, et chaque village avait son poste. Comme au chef-lieu les exercices avaient lieu régulièrement, chacun tenait à s'instruire et le plus rapidement possible.

Par une circulaire datée du 18 octobre, le préfet de l'Eure donnait l'ordre de monter la garde la nuit et de redoubler de vigilance.

Quelques jours plus tard, le 24, un arrêté préfectoral mobilisait la garde nationale de l'Eure, à l'exception des hommes de cinquante-cinq à soixante ans, et l'appelait au secours d'Evreux, menacé par la marche des Prussiens sur Vernon; l'avertissait en outre que vu l'état de guerre du département et la convocation du général de Kersalaün, commandant ledit département, la garde nationale passait sous le régime militaire à dater de ce jour.

Le départ des mobilisés de Vernon pour Evreux, le 6 novembre, amena, en partie, la désorganisation de la garde nationale, laquelle devint bientôt un fait accompli, ce qui n'empêcha pas un certain nombre de Vernonnais de se grouper entre eux, sous les ordres d'officiers ou de sous-officiers et de se livrer à la chasse aux Prussiens sur les routes et dans les forêts environnant la ville, ou de se joindre aux troupes régulières qui séjournaient dans nos parages. Ils agissaient ainsi en volontaires, à leurs risques et périls, sans aucun souci des dangers qu'ils couraient.

On verra plus d'une fois, à la lecture de cet ouvrage, que ces volontaires n'hésitèrent pas, en maintes circonstances, à se dévouer pour la défense de la patrie, et que quelques-uns même surent se sacrifier pour elle; on verra la conduite qu'ils tinrent le 22 octobre et la part glorieuse qu'ils prirent les 22 et 26 novembre, en se joignant à nos braves défenseurs, les mobiles de l'Ardèche, et en combattant à leurs côtés. Les gardes nationaux de Vernon et ceux des communes voisines fournissaient ainsi, chaque jour, un fort contingent d'hommes. « Tous, a dit un témoin oculaire de ces scènes, tous, se sentant soutenus, n'avaient qu'un désir : marcher à l'ennemi. Les officiers de mobiles étaient parfois obligés de calmer leurs patriotiques impatiences. Le souvenir de ces heures d'enthousiasme est doux; il dédommage un peu des tristesses de l'occupation. Pour moi, je verrai toute ma vie, au rond-point des châtaigniers, dans la forêt de Bizy, affluer les paysans, le fusil de chasse en bandoulière; toute ma vie je les entendrai s'appeler les uns les autres, s'exciter à de mutuels sacrifices, et flageller de fines et mordantes saillies ceux qui manquaient au rendez-vous. Faut-il le dire? On a généralement trop décrié l'attitude du paysan en face des envahisseurs... Nous ne pouvons énumérer ici les causes déterminantes de son inaction; contentons-nous de rappeler quelle fut, au 22 octobre, la conduite des villages environnant Vernon : tout travail abandonné à l'appel du tocsin, et de hardis braconniers couchant, sur la route de Tilly, l'officier qui, au mépris du droit des gens, avait bombardé la ville (1). »

Au commencement de décembre, après la publication de cette fameuse dépêche annonçant la sortie du général Ducrot et le passage sur la Marne, le Gouvernement de Tours donnait des ordres pour la concentration des troupes en vue de marcher sur Paris, et adressait aux préfets et sous-préfets le télégramme suivant destiné à être affiché dans toutes les communes :

« *Tours, 3 décembre* 1870.

» Au moment où la résistance nationale doit se livrer à un immense et suprême effort sur toute l'étendue du territoire, le Gouvernement de la République invite les gardes nationaux sédentaires de toutes les communes appelés à prendre part à des combats contre l'ennemi, de quelque importance qu'ils soient, à se considérer comme soldats et à s'inspirer de tous les devoirs de la vie militaire. Le premier service que les gardes nationaux doivent rendre, c'est de se montrer prévoyants pour eux-mêmes. Ils ne devront quitter leurs foyers qu'avec leurs armes en bon état, leurs munitions soigneusement mises à l'abri, et pourvus de chaussures de chasse ou de route susceptibles de résister à de longues marches, et d'un sac contenant des provisions de vivres. Ceux de nos concitoyens qui voudraient faire de leur fortune ou de leur aisance

---

(1) Edm. D..., *Echo de Vernon* du 11 déc. 1871.

un noble et patriotique usage, penseront à leurs voisins plus pauvres, en les aidant de leur bourse et de leurs conseils. Il s'établira ainsi, entre tous les habitants d'une même contrée, une confraternité militaire qui contribuera puissamment à la bonne attitude des troupes, et ces précautions qui ne sauraient coûter à l'initiative individuelle aucun effort, seront pour l'administration de l'intendance un concours et un soulagement précieux. MM. les Préfets sont invités, d'ailleurs, à prendre toutes mesures dans le sens de cet avis, et à rendre compte au Ministre de l'intérieur et de la guerre. »

Parmi les faits d'armes qu'il convient de porter à l'actif du bataillon de Vernon, signalons le suivant qui marqua le début de l'invasion :

Le 6 novembre, une section de volontaires se trouvait cantonnée sur la rive droite, aux environs de Gasny, dans le bois de Saint-Eustache, quand elle aperçut, dans l'après-midi, cinq éclaireurs prussiens se dirigeant vers Vernonnet, par la route de Magny. Elle les laissa passer et, à leur retour, les attaqua avec une telle *furia* qu'elle s'empara de trois uhlans et de leurs chevaux, dont un fut tué. Bien que blessés, les deux autres cavaliers prirent la fuite vers Limetz. Se voyant poursuivis, ils traversèrent l'Epte à la nage, puis toute la prairie qui s'étend entre les deux bras de cette rivière et débouchèrent aux moulins de Giverny. Là, ils traversèrent le second bras de l'Epte sur le pont qui fait communiquer Giverny avec Limetz et réussirent, enfin, à rejoindre leur détachement stationné à Gasny.

Les trois prisonniers pris dans cette affaire furent conduits à Vernon, escortés de nos volontaires satisfaits de leur capture.

Puisque nous parlons de la rive droite, signalons également la belle conduite des gardes nationaux de Vernonnet qui, sous les ordres de M. Eugène Lecœur, ancien militaire nommé sergent sur le champ de bataille de Magenta, partaient chaque jour de ce faubourg et fouillaient avec soin les bois qui en couronnent les hauteurs. Ces volontaires devinrent, à un moment donné, de précieux auxiliaires pour les mobiles de l'Ardèche et la compagnie des francs-tireurs de Seine-et-Oise.

« Le 5 décembre, les gardes nationaux de Vernonnet étaient dans la forêt, aux abords de la fontaine de Tilli. Ils s'étaient divisés en quatre sections échelonnées jusqu'à Saulseuse, et il avait été convenu que le poste le plus proche de Vernonnet commencerait le feu, afin que le dernier pût couper la retraite à l'ennemi, s'il poussait ses reconnaissances jusque-là. Vers une heure et demie de l'après-midi, 30 cavaliers prussiens apparurent sur la route ; 7 d'entre eux, qui ouvraient la marche, s'étaient engagés dans la côte, qui descend avec une pente assez prononcée, entre les bois, et avaient dépassé le premier poste, lorsque tout à coup, hésitant peut-être à aller plus loin, ils tournèrent bride et revinrent au galop sur leurs pas.

» Les trois habitants de Vernonnet qui se trouvaient les plus avancés commencent immédiatement le feu, blessent mortellement un cavalier et se précipitent à la baïonnette sur les six autres : un second Prussien est démonté. Les autres cavaliers reviennent à la charge, pour enlever leurs camarades; ils sont accueillis à coups de fusil, plusieurs sont blessés, et ils prennent enfin la fuite, laissant entre les mains des gardes nationaux deux chevaux tués et deux Allemands qui furent transportés à l'hôpital. L'un d'eux respirait encore, l'autre était mort, et tous deux étaient criblés de coups de baïonnette.

» Malheureusement, l'un des volontaires, Clément Pantin, paya de sa vie cet acte de bravoure. Il avait été blessé mortellement et mourut le lendemain; un de ses compagnons essuya quatre coups de revolver et reçut une légère blessure.

» Les mobiles et les francs-tireurs qui se trouvaient dans les mêmes parages s'étaient dirigés vers le lieu du combat, au bruit de la fusillade, mais, au moment où ils y allaient arriver, ils reçurent la nouvelle de la prise de Rouen et l'ordre de se replier immédiatement. Les volontaires restèrent seuls, et comme le dit fort bien l'un des acteurs de ce drame, si l'ennemi eût été plus nombreux, ils eussent pu être écrasés (1). »

Le brave Clément Pantin mourut à l'hôpital, où il avait été transporté, des suites de ses blessures. Il avait trente et un ans et laissait une veuve et une enfant. Son corps repose maintenant dans le petit cimetière de Vernonnet et sa tombe, qui disparaît sous les couronnes et la verdure, est l'objet chaque année d'un pèlerinage (2). On va ainsi rendre hommage à la mémoire de ce vaillant, saluer ce modeste héros qui n'hésita pas à faire le sacrifice de sa vie pour la défense du sol natal.

L'occupation de Rouen devait amener des conséquences désastreuses pour la Normandie. La lutte devenait difficile, sinon impossible, car nos troupes, notamment celles de l'Eure, allaient se trouver entourées de tous côtés par l'ennemi. Néanmoins, dans nos contrées, malgré cette situation critique, on voulait résister, mais l'autorité militaire en décida autrement. Dans la journée du 5 décembre, ordre fut donné au lieutenant-colonel Thomas, commandant les mobiles de l'Ardèche, d'abandonner Vernon et de se retirer avec la garnison vers Louviers et Serquigny.

Par suite d'une fausse interprétation de la circulaire ministérielle du 25 novembre, les gardes nationaux vernonnais, mariés ou non jusqu'à quarante ans, reçurent

---

(1) *Histoire de Vernon*, par E. Meyer, p. 320.
(2) Sur cette tombe, élevée par souscription, on a gravé ces mots :

A
Pantin Clément
Mort en défendant son pays
Le 7 décembre 1870.
A l'âge de 31 ans.
Les Habitants de Vernonnet.

également l'ordre — on ne sut jamais de qui — de se joindre aux troupes qui allaient quitter la ville : tous s'y conformèrent. Les volontaires de Vernonnet qui avaient combattu dans le courant de la journée et ne rentrèrent dans ce faubourg que vers quatre heures et demie du soir, ne manquèrent pas non plus au rendez-vous. A six heures, ils étaient au Parc de construction où se trouvaient réunis déjà les mobiles de l'Ardèche, les francs-tireurs, une batterie d'artillerie de quatre pièces et 500 gardes nationaux, le tout formant un ensemble de 4,500 hommes environ.

Vers sept heures, la colonne se mettait en marche et arrivait à Gaillon à dix heures. Après un moment de repos, elle partait pour Louviers où elle passait le reste de la nuit, campée à la belle étoile, par un froid des plus rigoureux. A huit heures du matin, elle prenait la route du Neubourg, séjournait dans cette localité jusqu'au lendemain 6 heures et se rendait ensuite à Serquigny.

A peine arrivées dans ce bourg, les troupes reçurent de nouvelles instructions : elles prirent le chemin de fer et se dirigèrent, les unes (les gardes nationaux de Vernon) sur Bernay, les autres, poursuivant leur route, sur Lisieux.

On trouvera plus loin, dans la deuxième partie de ce livre, les péripéties de ce voyage et l'accueil plus ou moins bienveillant fait à nos Vernonnais.

Dans son ouvrage sur *l'Arrondissement de Louviers pendant la Guerre,* M. Gefrotin indique quelle était l'attitude de nos voisins, les gardes nationaux du canton de Gaillon, vers la fin de novembre :

« Dans l'arrondissement de Louviers, que la Seine protégeait sur une très grande étendue, principalement contre les attaques des Prussiens, qui occupaient Gisors, les soins de la défense se portaient sur la partie comprise entre Gaillon, Vernon et Pacy. Mantes et ses environs recélaient des bandes remuantes qui donnaient fort à faire à toute la contrée. Mais ce fut surtout après le coup de main du 19 novembre, tenté sur Évreux, que les gardes nationales exercèrent une surveillance qui ne laissait pas d'être dangereuse.

» Le maire de Gaillon, M. Leblanc, quoiqu'il n'eût aucune mission spéciale, s'inspirait de son patriotisme, et, d'accord avec le commandant du bataillon, M. Malide, de Saint-Pierre-de-Bailleul, tirait le meilleur parti possible des services des gardes nationaux de cette circonscription. Il avait constamment des éclaireurs sur toute la lisière. Des postes étaient entretenus sur les points reconnus importants; des colonnes, au besoin, étaient dirigées sur ceux qui étaient menacés d'une attaque imminente... »

« On verra plus tard que les gardes nationales, si incomplet et si défectueux que fût leur armement, étaient susceptibles de rendre des services réels. Pendant près de deux mois, leur vigilance fut extrême. Tout le canton de Gaillon fut sur pied, jour et nuit, à la suite de l'entrée des Prussiens à Vernon et à Pacy. »

Plus loin, dans cette même brochure, M. Gefrotin fait le récit émouvant d'un épisode qui démontre avec quelle ténacité nos gardes nationaux voulaient lutter jusqu'à la fin.

« ... Malgré les ordres du commandant Malide, une vingtaine de gardes nationaux retournèrent s'embusquer dans les bois de Réanville, Mercey et Sainte-Colombe. Le 7 décembre, rien ne parut; mais le 8, une colonne d'éclaireurs prussiens, partie le matin de Douains, se dirigea tout entière sur Réanville. De là, les uns se portèrent sur Gaillon directement, les autres prirent par Saint-Pierre-de-Bailleul et par le Goulet. Tout se passa bien en allant; mais, au retour, ceux qui étaient allés par la route d'en haut, essuyèrent une décharge dans le bois de Sainte-Colombe. Un cheval resta sur la place. L'officier commandant paraissait fort inquiet; il se mit sous la protection du maire de Réanville et envoya deux éclaireurs en avant de Mercey; mais, en sortant du premier bois, ils furent reçus à coups de fusil; un homme tomba mort; l'autre, se sauvant vers les maisons, fut salué par le feu des gardes nationaux, à l'entrée même du village. Démonté et blessé à la main, il fut fait prisonnier. Comme il souffrait beaucoup, on le mit dans une voiture et on le transporta à la maison centrale de Gaillon, où il resta environ six semaines. Ses compatriotes, qui vinrent fréquemment le visiter, furent témoins des soins assidus dont il était l'objet. »

Que bien différent fut le sort réservé aux pauvres gardes nationaux qui tombèrent entre les mains de l'ennemi!

« Bourgeois (Louis-Thomas) et Clément (Alexandre), qui faisaient partie de cette guérilla, furent délogés des bois où ils s'étaient réfugiés après l'affaire du 8 décembre, par les balles prussiennes qui arrivaient de toutes parts, à travers le taillis. En sortant du bois, à la vue même des Prussiens disséminés dans la plaine, ils cachèrent leurs fusils sous la neige, et continuèrent à marcher sur la tuilerie de la Cailleterie. A 500 mètres environ de cet établissement, deux cavaliers fondirent sur eux, le sabre à la main. Dans cette course rapide, Bourgeois fut renversé par le poitrail d'un cheval, et reçut, en se relevant, un coup de plat de sabre en travers des épaules. Au moment même de leur arrestation, ils furent fouillés *jusque dans leurs chaussures*. Conduits à Douains, avec quatre autres paysans arrêtés dans le parcours, ils couchèrent au poste, parmi les soldats, tous les six liés ensemble par les pieds. Pour leur attacher les cordes, on les avait fait placer debout, le long de la muraille du poste. Pendant cette opération, un sous-officier, se tenant à distance, avec un revolver d'une main et *un fouet* de l'autre, leur criait : *Vous, francs-tireurs; vous capout!*

» Puis on leur jeta une botte de paille, et on leur fit signe de se coucher. Je n'ai pas besoin d'ajouter qu'ils dormirent peu.

» Le lendemain matin, ils demandèrent la permission d'acheter un peu de cognac. « Du cognac! de l'eau, c'est assez pour vous. » Sur cette réponse, on les mena devant un officier supérieur. « Où alliez-vous, dit-il à Clément et à Bourgeois, quand on vous a pris? — Nous allions tous les deux acheter des tuiles dont nous avions besoin. — Vous n'aviez pas de papiers? — Non, dans un pays si près du nôtre, nous n'avons pas pensé en avoir besoin. »

» Aussitôt après l'interrogatoire des six prisonniers, fait séparément, on réquisitionna des voitures pour les conduire à Pacy, puis à Bueil et à Berchères (Seine-et-Oise). On coucha là, comme la nuit précédente, *sans souper*. Seul, un vieillard de 72 ans, le sieur Renoult, reçut un morceau de pain qu'il voulut partager avec ses compagnons d'infortune... Tous refusèrent. Au réveil, on leur dit qu'ils allaient partir pour Chartres; mais, vers 10 heures, Bourgeois et Clément furent mis en liberté, avec les sieurs Renoult et Langlois.

» Ce drame, qui finit là si à propos pour ces gens, se continua bien tragiquement pour deux de leurs camarades de Villez-sous-Bailleul, pris les armes à la main, dans la même embuscade. C'étaient Pierre Langlois et Alexandre Potdefer. De Berchères, ils furent dirigés sur Nogent-le-Rotrou et Chartres, où ils séjournèrent un mois. Conduits à Houdan, ils furent condamnés, par un conseil de guerre, à dix années de travaux publics, sans appel. Le lendemain, il fallut partir pour la Prusse. À Corbeil, une de leurs étapes, ils réussirent à tromper la surveillance de leurs gardiens et à s'évader, grâce au dévouement d'un conducteur de voitures chargées de réquisitions. Nantis d'habits d'emprunt et cachés d'abord sous un tas de paille, que les soldats escaladaient à chaque instant, ils purent sortir, séparément, avec leur sauveur, sans être remarqués. Une fois hors de leur prison, ils entrèrent dans une auberge et se mirent à manger parmi les Prussiens. Ils eurent le bonheur d'échapper à tant de dangers et de regagner leur pays en suivant toujours les bois et ne voyageant que la nuit. Au bout de cinq jours, ils étaient rendus à leurs familles. Mais ils durent se tenir cachés tant que dura l'occupation.

» Telle fut la triste fin de la campagne du bataillon de Gaillon (1). »

Le 26 décembre, le général Roy, commandant les forces de l'Eure, faisait appel à tous les gardes nationaux sédentaires, âgés de moins de 40 ans. « Le général, dit sa proclamation, les prévient qu'ils doivent concourir à la défense du département et recevoir telles directions militaires qu'il lui permettra de prendre dans l'intérêt de la défense. — Le comité militaire pourvoira... à l'entretien et à la subsistance des gardes nationaux sédentaires convoqués. — Le général leur rappelle qu'à dater du jour de la convocation, ils seront placés sous le régime des lois militaires. »

Mais les événements qui survinrent ne permirent pas au général Roy d'appliquer ces prescriptions. Du reste, à cette époque, dans nos contrées, les Prussiens régnaient en maîtres, de sorte que la plupart des bataillons de la garde nationale, en réalité, avaient cessé d'exister.

(1) *L'Arrondissement de Louviers pendant la Guerre,* par Gefrotin.

CHAPITRE IV

La garde nationale mobilisée du canton de Vernon. — Formation des cadres. — M. Berger, commandant du 1ᵉʳ bataillon. — Départ pour Bernay et Portbail. — Le colonel Goujon, commandant supérieur de la 1ʳᵉ brigade. — Séjour à Portbail. — Le capitaine Lagarde. — Travaux de défense. — Licenciement des mobilisés.

Un décret du Gouvernement de la Défense nationale, en date du 29 septembre 1870, ordonnait la mobilisation de tous les citoyens célibataires ou veufs sans enfants, âgés de 21 à 40 ans. Lorsque Gambetta prit en mains les fonctions de ministre de la guerre, il s'occupa de régulariser cette formation par une circulaire du 11 octobre, puis, le 2 novembre, il décréta une sorte de levée en masse par l'appel aux armes de tous les hommes valides de 21 à 40 ans.

Par sa lettre du 2 octobre, le préfet de l'Eure invitait le maire de Vernon à dresser d'urgence la liste des mobilisables résidant dans la commune à quelque titre que ce soit.

A l'égard des jeunes gens étrangers à la localité, ils étaient tenus de se faire inscrire, dans le délai de trois jours, sous peine de poursuites.

Un conseil de revision était constitué par arrondissement pour statuer sur les cas d'exemption ou de dispense prévus par l'article 8 de la loi du 13 juin 1851, titre II, section Iʳᵉ.

Plus tard, le 25 octobre, le maire de Vernon recevait un exemplaire d'un arrêté préfectoral pris à la date du 24 de ce mois, pour l'organisation en compagnies et bataillons de gardes nationales mobilisables du département de l'Eure.

« Aux termes de cet arrêté, disait le préfet, les gardes nationaux mobilisables doivent se trouver réunis le 28 octobre courant, à l'heure de midi, au point fixé pour la réunion de leur compagnie, à l'effet de procéder à l'élection de leurs officiers, sous-officiers et caporaux, ainsi que de délégués pour la nomination du chef de bataillon... »

En vertu de cette décision, les gardes nationaux mobilisés du canton de Vernon, formant un effectif de près de 200 hommes, se réunirent au chef-lieu et procédèrent à la nomination des officiers, sous-officiers et caporaux et de six délégués pour l'élection du chef de bataillon. Un ancien officier de marine, M. Berger, qui résidait à Vernon, fut nommé capitaine en premier ; un ex-sergent aux voltigeurs de la garde impériale, M. Lagarde, régisseur du château de Brécourt, capitaine en second.

Le 4 novembre, une nouvelle circulaire du préfet invitait les gardes nationales sédentaires et les pompiers à céder d'urgence leurs armes aux compagnies mobilisées, en conformité du décret du 11 octobre dernier. Deux jours après, les mobilisés de Vernon se rendaient au chef-lieu du département, où devait se faire la reconnaissance des officiers. Ils firent partie du 1er bataillon (Evreux) qui nomma comme commandant M. Berger, le capitaine choisi par les Vernonnais et formèrent la 8e compagnie, sous la direction de M. Lagarde, capitaine en second.

Ce bataillon était à peine organisé qu'il recevait l'ordre de se replier après la tentative du coup de main sur Evreux (19 novembre). Il commençait la série de retraites qui signalèrent les derniers jours de novembre et les premiers jours de décembre et se trouvait à Bernay, lorsque le colonel Goujon, commandant la garde nationale de cette ville, prit le commandement des troupes mobilisées auxquelles il adressa la proclamation suivante :

« Aux Gardes nationaux mobilisés du département de l'Eure.

» Appelé par le Gouvernement de la Défense nationale à l'honneur de commander les gardes nationaux du département de l'Eure, je vous apporte mon expérience et mon dévouement. En échange, je vous demande et j'exigerai une discipline rigoureuse, première condition de succès et sans laquelle il n'y a pas de troupe possible, même de garde nationale. Vous êtes la réserve de l'armée, qui dit réserve dit troupe d'élite.

» Vous vous élèverez donc à la hauteur de votre mission et vous justifierez et la haute opinion que j'ai de vous et la confiance absolue que je mets en vous. Je compte sur le concours éclairé et patriotique de messieurs les chefs de corps, tous hommes d'élite à tous égards, je compte sur le zèle, l'activité et la fermeté des officiers de tous grades, sur l'entrain et la vigueur de vous tous, sous-officiers et gardes nationaux. Que chaque compagnie soit une grande famille où règne l'union qui fait la force.

» Enfants de l'Eure ! Elevez vos âmes. Dieu et la France sont avec vous !

» Au quartier général à Bernay, le 30 novembre 1870.

» *Le colonel commandant supérieur,*

» Signé : A. GOUJON. »

Le 9 décembre, les mobilisés de l'Eure quittaient Bernay pour se diriger sur la presqu'île du Cotentin où ils devaient séjourner jusqu'à la conclusion de la paix. Subdivisés en deux légions, la première — dont faisait partie le bataillon d'Évreux — se rendait à Portbail, sous les ordres du lieutenant-colonel d'Orvilliers ; la deuxième à Bricquebec (lieutenant-colonel de Petiteville).

Ces deux légions formées de cinq bataillons allaient grossir le contingent des troupes appelées à occuper le vaste camp régional qui s'étendait depuis Carentan et la Haye-du-Puits jusqu'à Cherbourg, établi en vertu du décret de Tours du 25 novembre 1870 et créé pour l'instruction et la concentration des gardes nationaux mobilisés appelés sous les drapeaux le 2 novembre; mais y étaient également admis les soldats de l'armée régulière et les gardes mobiles présents dans les dépôts, ainsi que les corps francs en formation. En raison de sa situation géographique et de ses facilités exceptionnelles de ravitaillement et de communication, le camp de Cherbourg faisait partie de ceux dénommés *camps stratégiques* et pouvait recevoir 250,000 hommes en provenance des départements ci-après :

Eure, Calvados, Manche, Orne, Eure-et-Loir, Seine-et-Oise, Mayenne, Sarthe, Loir-et-Cher, Seine.

Pendant quelques jours, le 1er bataillon s'établit au camp de Varville, que le capitaine Lagarde, de la 8e compagnie, fut chargé de commander, puis il alla cantonner dans les batteries du sémaphore, afin de concourir à la défense de ces points s'ils étaient menacés.

A partir de cette époque, les officiers de ce bataillon eurent à étudier sur le terrain les moyens à employer pour la défense et à instruire et exercer leurs hommes. Nos mobilisés menèrent la vie des armées en campagne et furent soumis à la discipline et aux lois militaires. En peu de temps leur instruction fut assez avancée pour qu'ils pussent passer à l'école de tirailleurs; ils apprirent ainsi à se déployer et à se servir de tous les accidents que le terrain pouvait présenter. Vers le 20 décembre, ils commencèrent l'exercice du tir à la cible au moyen de cinq cartouches par homme prélevées sur l'approvisionnement.

A cette date du 20 décembre, le général Briand, commandant en chef les troupes de Carentan, avait établi son quartier général à Saint-Sauveur-le-Vicomte et le colonel Goujon, commandant supérieur à Pont-l'Abbé.

Un ordre de la division, du 26 décembre, prescrivait l'organisation et le fonctionnement immédiat des cours martiales destinées à remplacer les conseils de guerre, suivant les prescriptions du décret du 2 octobre 1870 et celles de la circulaire du 4 du même mois.

Ces cours martiales au nombre de trois seraient installées à Carentan, à Portbail et à Valognes. Celle de Portbail, qui nous intéresse, avait sous sa juridiction les troupes établies dans les localités suivantes : Portbail, la Sangsurière, la Haye-du-Puits, Saint-Sauveur-le-Vicomte, Besneville, Rouville-les-Yons, Barneville, Varville.

M. le capitaine de vaisseau Mottey était chargé d'assurer l'exécution de cet ordre. Plus tard, M. Berger, chef de bataillon, fut nommé président; M. Humblot, capitaine, juge; M. Mauduit, sergent-major, greffier.

Le 30 décembre, en vertu d'instructions émanant du commandant supérieur, le chef du 1er bataillon faisait diriger sur Caen les anciens militaires sous ses ordres, qui avaient servi : 1° dans la cavalerie, le train d'artillerie et l'artillerie; 2° dans l'infanterie; 3° dans les équipages militaires; 4° sections d'ouvriers d'administration; 5° commis aux écritures; 6° infirmiers militaires. Le lendemain, un nouvel ordre prescrivait l'envoi à Cherbourg, pour être occupés dans les ateliers de la marine, de tous les militaires exerçant les professions de forgerons, selliers et bourreliers.

Le 1er janvier 1871, le brave colonel Goujon adressait la proclamation suivante aux troupes placées sous ses ordres; elle mérite d'être citée :

« Le colonel commandant supérieur, à l'occasion de la nouvelle année, s'empresse de saluer Messieurs les officiers supérieurs, les officiers de tous grades, les sous-officiers, caporaux et gardes de la brigade de l'Eure, et de leur adresser ses vœux pour eux et leur famille.

» En votre nom, Messieurs, c'est pour la France que je fais surtout des vœux, pour notre pauvre France battue depuis six mois par la tempête, submergée par le flot de ses désastres, mais non engloutie et cherchant à se cramponner à l'ancre du salut.

» Il ne s'agit pas seulement de faire des vœux, mais il faut savoir les traduire en action ; aussi, j'en suis persuadé, la brigade de l'Eure, si elle marche à l'ennemi, comme elle a l'ordre de s'y préparer, saura s'élever à la hauteur des circonstances et de son dévouement patriotique.

» Au quartier général, à Pont-l'Abbé. »

A cette date, le 1ᵉʳ bataillon était passé par toutes les phases de l'école du soldat, et, bien armé, bien équipé, il était prêt à marcher au feu, conformément, du reste, au désir exprimé par le général en chef qui avait accordé jusqu'au 10 janvier — délai maximum — pour l'organisation définitive des bataillons mobilisés. Ce bataillon reçut, plus d'une fois, les félicitations d'officiers supérieurs pour son instruction et sa bonne tenue. C'est qu'il avait à sa tête un excellent chef, M. Berger, qui, « à ses connaissances militaires, joignait une grande énergie et un ardent patriotisme (1). » Enfant de l'Alsace, il se trouvait à Vernon lorsqu'il apprit avec peine l'invasion de sa belle province par les Allemands et les désastres des premiers jours. Dans la pensée de servir utilement son pays, il reprit son épée et fut appelé, comme on l'a vu, au commandement du 3ᵉ bataillon des mobilisés de l'Eure. Au lieu de l'envoyer sur le théâtre de la guerre, on le dirigea avec son bataillon sur Bernay, puis sur Portbail, dans la presqu'île de la Manche, où il devait rester à se morfondre jusqu'à la fin des hostilités. Et certes, ce n'était pourtant pas faute d'avoir souvent manifesté le désir de marcher à l'ennemi ; « mais ses aspirations patriotiques vinrent toujours se briser contre la résistance passive du chef de légion et des officiers supérieurs, qui refusèrent de lui accorder l'autorisation qu'il demandait et la batterie d'artillerie dont il sollicitait le commandement (2). »

(1) *Histoire de Vernon*, par E. Meyer.
(2) *Ibid.*

Le 5 janvier, le commandant Berger eut cependant une lueur d'espérance. Un ordre émanant du lieutenant-colonel d'Orvilliers, chef de la 1re légion, lui prescrivait de prendre toutes les mesures nécessaires pour quitter Portbail le lendemain 6, et de se rendre avec son bataillon par les voies rapides à Bernay, où il serait mis à la disposition du général Roy, et ce, en vertu des instructions contenues dans une dépêche du ministre de la guerre.

Il fit aussitôt ses préparatifs de départ, mais bientôt un nouveau télégramme survint qui contremanda le voyage.

Dans le but d'arriver à la prompte organisation de ses troupes et de faciliter la marche des services administratifs, le général Briand avait, dès le 3 janvier, transporté son quartier général à Cherbourg. C'est là qu'il apprit qu'il était relevé de son commandement, par raison de santé, et remplacé par le général de brigade Sée, qui entrait en fonctions à partir du 7. A cette date, le colonel Goujon, commandant supérieur des mobilisés de l'Eure, était établi à Coutances.

Par suite de la bataille du Mans, le général commandant le 19e corps d'armée, avait reçu l'ordre de diriger d'urgence sur Alençon toutes les troupes organisées tant bien que mal dans la presqu'île du Cotentin. Elles devaient y rejoindre les débris de l'armée de la Loire. Dans la matinée du 15 janvier, de nouvelles instructions prescrivirent de les expédier jusqu'à Domfront seulement, au lieu d'Alençon qui se trouvait menacé sérieusement par la marche du grand duc de Mecklembourg, et de les débarquer à la station la plus voisine de Domfront, celle de Flers.

Malgré les difficultés occasionnées par un parcours de 183 kilomètres à effectuer presque constamment sur une voie unique (35 seulement à double voie) on se mit à l'œuvre, dans la soirée du 15, et on embarqua à la gare de Cherbourg 16,616 hommes (chevaux et artillerie non compris), à celle de Valognes 14,702 et à Carentan 1,761 hommes. En vingt-quatre heures, « on était parvenu à faire partir 17 trains, portant ensemble 16,515 hommes et 971 chevaux, quand de nouveaux incidents surgirent dans la soirée. On reçut aux gares d'embarquement l'ordre de tout suspendre; à Argentan, celui d'arrêter la marche des trains qui n'avaient pas dépassé ce point. Ce temps d'arrêt était déterminé précisément par des avis venus d'Argentan; on redoutait une tentative des Prussiens, maîtres d'Alençon, pour couper la communication entre Cherbourg et Granville. On était avisé, le même soir, que Sées, à 17 kilomètres seulement d'Argentan, était sérieusement menacé. Le 17, de grand matin, on recevait successivement l'ordre de faire couper la voie et sauter le pont d'Almenèches, à 11 kilomètres dans la même direction, puis celui de continuer néanmoins les transports, en débarquant quelques troupes à Argentan, pour garder le passage.

» Mais on n'était pas encore au bout de ces péripéties, dont nous abrégeons le détail. A onze heures du matin, le commandant du 19ᵉ corps annonçait, à Cherbourg, que le restant des troupes allait être dirigé sur Domfront, non par Argentan et Flers, mais par *Saint-Lô*. Après en avoir conféré avec le général, l'un des chefs de service se rend à Lison, point d'embranchement de la ligne de Saint-Lô, pour veiller à la réexpédition des trains. Là, il reçoit, à cinq heures de l'après-midi, une nouvelle dépêche qui lui prescrit de considérer ce qui venait d'être arrêté comme non avenu, de tout diriger sur Flers, comme précédemment. Il fallut encore une fois tout défaire, tout contremander, pour rentrer dans le programme primitif!

» Le commandant du 19ᵉ corps s'était décidé à transporter son quartier général à Argentan, pour couvrir la marche des trains. Il y débarqua dans la matinée du 18, avec deux régiments de marche et quelque artillerie. Mais l'on apprenait, en même temps, que les Prussiens étaient en grand nombre à Sées; on en signalait d'autres du côté de Laigle, ce qui semblait l'indice d'un mouvement concentrique contre Argentan... Cependant, le transport des troupes sur Flers continua le 18 et le 19, avec des hésitations, des appréhensions continuelles... Enfin, le 19, au soir, le général crut nécessaire de se replier sur Falaise. Il donna l'ordre de refouler sur Caen les sept derniers trains de troupes qui n'avaient pas encore atteint Argentan, et d'évacuer à la suite cette gare et les autres jusqu'à Mézidon (1). »

Pendant que toutes ces troupes accomplissaient ainsi des mouvements désordonnés, une partie de la brigade des mobilisés de l'Eure était restée dans la presqu'île du Cotentin. A la date du 21, elle se massait dans les lignes de défense de la mer, de Portbail à Saint-Sauveur de Pierrepont.

Le colonel Goujon établissait son quartier général à Portbail.

« C'est sur ce terrain que les mobilisés de l'Eure, dit M. Gefrotin, au nombre de 5,000, attendaient l'ennemi. Des défenses importantes, à l'établissement desquelles ils avaient coopéré, étaient protégées par des batteries de marine au nombre de 13, représentant 90 bouches à feu de fort calibre. La plupart se chargeaient par la culasse, et toutes étaient servies par des marins. Une autre batterie se construisait qui devait recevoir 30 pièces de montagne.

» Certes, de pareils préparatifs auraient donné fort à faire aux Prussiens. Mais ne peut-on pas se demander pourquoi tant de canons et de canonniers se trouvaient croupir dans ce coin, tandis que, chez nous, les troupes

---

(1) *Histoire des Chemins de fer français pendant la Guerre franco-prussienne*, par le baron Ernouf.

en lutte avec l'ennemi depuis cinq mois en avaient presque constamment manqué ? »

On ne pouvait que regretter que ces canons et les armes perfectionnées mises entre les mains de nos mobilisés ne fussent pas mieux utilisés. Et pourtant, ce n'était pas leur faute; ils eussent certainement préféré prendre une part active à la guerre dans nos contrées que de rester inactifs et entassés dans les baraquements d'un camp, où ils contractèrent, pour la plupart, des maladies de toutes sortes.

En effet, beaucoup de jeunes gens, et particulièrement ceux du 2e bataillon cantonnés à la Haye-du-Puits, furent atteints de la variole. Malgré les soins empressés dont ils furent entourés par M. le médecin-major Guindey et par MM. Isambard et Védie, médecins de la 1re légion, bon nombre succombèrent à cette affection, aux atteintes de la fièvre et aux rigueurs de l'hiver. Le 1er bataillon fut le moins éprouvé; pour sa part, « la compagnie des mobilisés vernonnais, bien commandée, dit M. E. Meyer, ne perdit qu'un seul homme (le caporal Picard), et ce résultat doit être attribué, en grande partie sans doute, aux manœuvres continuelles et aux exercices fortifiants ordonnés par le capitaine Lagarde qui, en quelques mois, avait su faire des soldats. Il est à remarquer que les compagnies les plus éprouvées par la maladie furent celles dont le désœuvrement fut le plus complet (1). »

A la date du 26 janvier, le général en chef Sée avait établi son quartier à Saint-Sauveur-le-Vicomte. Le colonel Goujon lui rendit visite et prit ses ordres pour la défense des lignes de Portbail.

Les trois bataillons de la 1re légion devaient se maintenir dans leurs positions respectives de combat :

Le 1er au Sémaphore;

Le 2e à Varville, au centre;

Le 4e au camp d'Yon, à gauche.

---

(1) *Histoire de Vernon*, p. 309.

Peu de jours après, on apprit qu'un armistice de vingt et un jours était conclu, ce qui n'empêcha pas toutefois leur mise en application, en conformité de la dépêche ministérielle du 31 janvier disant que « le temps de l'armistice devait être employé à continuer l'œuvre de la défense et non à disséminer les forces; que toutes les permissions d'absence devaient être rigoureusement interdites, à moins d'un cas d'extrême urgence dont le général en chef devait se réserver l'application. »

Le 5 février, un nouvel ordre du général en chef rappelait qu'en vertu des deux décrets du 31 janvier, les élections pour l'Assemblée nationale auraient lieu le mercredi 8 février et invitait les chefs de compagnie, de corps et de détachement à recueillir les votes des troupes sous leurs ordres.

Le vote eut lieu au jour indiqué dans chaque bataillon en présence d'un bureau composé :

Du chef de bataillon, président, de trois officiers, d'un sous-officier, d'un caporal et d'un garde, choisis parmi les plus anciens comme âge, en tout sept membres.

Chaque militaire déposa dans l'urne son bulletin de vote préparé à l'avance. On procéda par compagnie et par ordre de bataille en commençant par la première compagnie. Les hommes de service furent relevés pour qu'ils pussent à leur tour venir voter et remplir ainsi leur devoir de citoyen.

Le dépouillement du scrutin s'opéra ensuite et le résultat, certifié et signé par les membres du bureau, fut porté au commandant supérieur par un officier assisté d'un sous-officier et d'un garde. Ce résultat fut transmis télégraphiquement à l'autorité municipale de l'Eure.

Le 6 février, le colonel Goujon faisait connaître à la brigade la décision prise par le Conseil d'administration, relativement à la gestion de la masse individuelle et à la retenue des 0 fr. 10 par homme et par jour pour l'entretien de cette masse. Quelques jours après, le 16, il lui notifiait que, par décision ministérielle, une indemnité de rassemblement était accordée aux sous-officiers, caporaux et soldats, en augmentation de la solde journalière et conformément aux chiffres suivants :

    Adjudant sous-officier........ 0 fr. 15
    Sous-officiers.............. 0   08
    Caporaux et soldats 0   05

Le 22, le colonel commandant supérieur passe en revue la brigade de l'Eure représentée par les 1er, 2e, 4e et 5e bataillons. Il constate avec plaisir la régularité et l'excellente tenue des troupes avec lesquelles, dit-il, il marchera avec confiance partout où le devoir l'appellera.

Le 23, on apprend que le général de division de Pointe de Gévigny, est nommé commandant supérieur de toutes les forces réunies dans la presqu'île du Cotentin. Il établit son quartier général à Valognes, et prend comme chef d'état-major le général Farre, en remplacement du colonel Riu, lequel cependant reste attaché comme chef de cabinet.

Au commencement de mars, une note circulaire émanant de la division informait les mobilisés qu'ils allaient être incessamment désarmés et renvoyés dans leurs foyers. En conformité de cet avis, le colonel Goujon prescrivait de prendre toutes dispositions utiles pour que l'armement et les munitions soient versés à l'artillerie aussitôt la réception de l'ordre, et les effets d'équipement entre les mains d'un fonctionnaire de l'intendance. Il ajoutait : « La remise des armes, des munitions, de l'équipement et des effets de campement, est une opération administrative qui demande du temps, et qui doit être faite avec beaucoup de soin, sous la responsabilité de Messieurs les commandants de compagnie.

» Les gardes mobilisés comprendront qu'on ne licencie pas 6,000 hommes aussi rapidement qu'on envoie un seul homme en congé. Ils sauront donc prendre en patience les quelques jours de service qui leur restent à faire et prouveront jusqu'à la fin le bon esprit et la discipline qui les distinguent.

» Au moment donné, les bataillons, sous la direction de leur chef, seront successivement dirigés sur leur arrondissement respectif avec une feuille de route remise au chef du détachement, et voyageront par les voies ferrées. » (Ordre de la brigade du 5 mars 1871).

Dans la première quinzaine de mars, les mobilisés étaient désarmés et rentraient dans leurs foyers.

CHAPITRE V

La Garde nationale de Rouen. — Séjour à Vernon. — Général Estancelin. — Reconnaissance dans la forêt de Bizy. — Excursion à Mantes et aux Mureaux. — Rentrée à Rouen.

Le 28 septembre, Vernon reçut inopinément la visite d'une colonne venant de Rouen, ayant à sa tête le général Estancelin, et composée du 1er bataillon de la garde nationale de cette ville (commandant Rondot), du dépôt de la garde mobile de la Seine-Inférieure et d'un piquet de cavalerie (1).

Appelé depuis peu au commandement supérieur des gardes nationales de trois des départements de l'ancienne Normandie : la Seine-Inférieure, le Calvados et la Manche, l'ancien député — il faut le reconnaître — fit de son mieux pour organiser la défense. L'armement fut l'objet de ses premières préoccupations, mais la pénurie

---

(1) La lettre suivante, adressée à la mairie de Vernon, le 26 septembre, n'y parvint que le 30, à 9 heures du matin, c'est-à-dire longtemps après l'arrivée des troupes annoncées.

COMMANDEMENT GÉNÉRAL	ÉTAT-MAJOR GÉNÉRAL
—	des
CABINET	GARDES NATIONALES
DU	des départements
Chef d'état-major général.	de la Seine-Inférieure, du Calvados
	et de la Manche.

Rouen, le 26 septembre 1870.

« Monsieur le Maire,

» J'ai l'honneur de vous informer que mercredi prochain, vers midi, une colonne composée d'un millier d'hommes, appartenant à la garde nationale de Rouen et de la garde mobile, arrivera dans votre ville.

» Je vous prie de vouloir bien faire préparer les vivres et le logement, ainsi que pour 20 chevaux environ.

» Recevez, etc.

» *Le Commandant Général,*
L. ESTANCELIN.

financière paralysa en partie ses efforts, car il n'obtint, au commencement, que le dixième des armes nécessaires à la garde nationale, et seulement en fusils d'ancien système. Plus tard, le 5 novembre, il pouvait annoncer au Gouvernement de Tours que cette organisation faisait des progrès sérieux. A cette date, il évaluait à 34,000 hommes l'effectif net des mobilisés pour les trois départements. Leur armement était complet, il est vrai, mais avec des fusils à percussion.

Le général Estancelin s'occupa également avec activité de la création des batteries d'artillerie qui provinrent, les unes, des arsenaux de l'Etat ou des ateliers de construction, les autres, d'acquisitions faites en Angleterre.

Mais s'il fit son possible pour organiser la défense avec les faibles moyens dont il pouvait disposer, il ne sut pas, malheureusement, en tirer parti et laissa notamment, lors de son séjour à Vernon, une assez triste renommée.

On se souvient encore de l'illustre chef des gardes nationaux, de son brillant uniforme et de son képi à sextuple galons. Paradant sur nos boulevards et dans nos rues, escorté de ses cavaliers, il menait grand tapage. Il ne devait quitter la ville et ne repartir à Rouen que lorsqu'il aurait poussé une reconnaissance au delà de Mantes, après en avoir chassé les Prussiens, etc.; il se faisait fort de diriger cette opération avec la plus grande rapidité et sans le secours de personne.

Dans sa brochure, *la Vérité sur les événements de Rouen*, le général Estancelin fait connaître le but de sa visite; il s'exprime ainsi :

« Pour habituer la garde nationale à entrer en campagne et à s'engager avec l'ennemi, je pensais que l'on pouvait profiter du chemin de fer et essayer de surprendre quelques-uns des corps détachés qui battaient la campagne autour de Mantes. C'était incontestablement une expédition aventurée. Nous pouvions rencontrer des forces infiniment plus considérables que les nôtres, mais il était à espérer que nous n'aurions affaire qu'aux détachements qui couraient habituellement le pays et qui n'étaient composés que de quelques centaines d'hommes d'infanterie, d'un escadron de cavalerie et d'une section d'artillerie.

» Il est des circonstances où il faut savoir se risquer, et, à divers points de vue, il me paraissait indispensable que la garde nationale de Rouen, qui avait fait ses preuves pour le maintien de l'ordre, donnât l'exemple d'une courageuse volonté de lutter contre l'envahissement de la patrie. »

Les gardes nationaux de Rouen furent logés et hébergés chez l'habitant. Le jour même de leur arrivée, le général Estancelin leur fit faire en grande pompe une reconnaissance dans la forêt de Bizy, où se trouvaient déjà nos mobiles de l'Eure.

« On ne peut s'imaginer, dit M. S. Guilbert (1), avec quelle circonspection ces braves rouennais marchaient : point de bruit, une précaution extraordinaire, on aurait cru que les Prussiens étaient campés à 200 mètres, et qu'ils allaient les surprendre; là où les barrières fixes fermaient le passage à la troupe, une petite hachette servait à couper la lisse. C'était toujours autant que les Prussiens ne seraient pas obligés de faire.

» M. Estancelin, accompagné de deux lanciers, poussa une reconnaissance jusqu'au poste avancé des mobiles; à son retour, la colonne se remit en marche pour Vernon, où ils logèrent la nuit.

» Notons en passant un détail comique :

» Pendant que M. Estancelin rendait visite au poste des mobiles, deux jeunes gens étaient occupés à couper un petit chêne destiné à porter la malle d'un chef, fardeau pesant qu'un pauvre diable de garde national portait sur son dos depuis Vernon. Cette malle était

(1) *Les Prussiens en Normandie.*

probablement d'une grande utilité, puisqu'elle faisait aussi un tour de reconnaissance (environ 6 kilomètres).

» Son propriétaire était peut-être fier de la promener ainsi, mais celui qui la portait s'en serait bien passé. »

Un témoin oculaire, M. Frère (1), rappelle que « cette excursion dans la forêt de Bizy lui a laissé l'impression d'une magnifique promenade par le plus beau temps du monde. Quant aux détails de l'expédition, dit-il plaisamment, j'aurais quelque peine à les préciser. Ce dont je me souviens le mieux, c'est du poids de mon sac. Il était plein de vêtements et de vivres, comme s'il se fût agi de marcher sur le Rhin. Par surcroît, j'avais glissé sous mes chemises une vieille longue-vue marine, aussi lourde que longue, une vraie lunette d'amiral suisse. Cet instrument, curieux comme document artistique, avait toutes les qualités, excepté une, on y voyait beaucoup plus mal en s'en servant qu'en regardant à l'œil nu, sans compter que, pour la mettre au point, il fallait la croix et la bannière. En cas d'attaque subite, ma lunette m'eût rendu les plus grands services, à la condition de l'utiliser comme massue.

» Elle eut nonobstant l'honneur de jouer son petit rôle à la reconnaissance de Bizy. Vers quatre heures, le général Estancelin nous avait arrêtés à mi-côte. De loin nous apercevions la gare de Bonnières, incendiée par l'ennemi, huit jours avant. On croyait distinguer des casques à pointe aux environs. Monté sur son grand cheval, le capitaine adjudant-major, M. Homais, fouillait l'horizon à l'aide d'une excellente jumelle de campagne et il déclarait qu'il n'y avait rien de suspect. Nos lieutenants soutenaient poliment le contraire : le commandant Rondon attendait.

» Une inspiration de génie me suggéra de déboucler mon sac, d'atteindre ma longue-vue et de la présenter à M. Rondon.

---

(1) *Journal de Rouen* du 3 février 1895.

» — Qu'est-ce que c'est que ça, me dit-il, étonné?

» Et comme je déboîtais victorieusement tous mes tubes.

» — Renfoncez, mon ami, renfoncez! Elle n'est pas chargée surtout?

» Jugez si cet incident me cota par la suite au bataillon. »

Le lendemain (29), par une belle matinée, la petite troupe du général Estancelin prenait le train à destination de Mantes. Chacun pensait que toute la mobile de l'Eure disponible allait se joindre à cette colonne, mais celle-ci partit seule. Avec mille précautions, le convoi traversa Bonnières et bientôt le tunnel de Rolleboise, sans qu'ils se doutassent, les braves Rouennais, que plusieurs siècles auparavant, dix mille de leurs compatriotes, gens de cœur et de bonne volonté, ayant à leur tête Jacques Le Lieur, avaient tenu en échec pendant quelque temps le château-fort de Rolleboise — dont on aperçoit encore quelques vestiges — que défendaient 30,000 Anglais et Navarrais réunis, commandés par un capitaine habile, au service de Charles-le-Mauvais. Comme le siège traînait en longueur, Du Guesclin, alors en Normandie, vint joindre sa petite armée à celle des Rouennais et la présence d'un tel chef électrisa si puissamment les assiégeants, que la place fut emportée d'assaut. — C'était un bel exemple à suivre.

A partir de Rosny, le train modéra de plus en plus sa marche. Toutefois, quelques minutes après, il entra en gare de Mantes-Embranchement et les gardes nationaux descendirent de wagon. Ces derniers avaient quitté Vernon joyeusement et avec l'espoir tant désiré « de faire le coup de fusil; » mais — faut-il l'avouer, — ils virent leur ardeur se ralentir au fur et à mesure qu'ils approchaient du danger.

« On riait moins, dit M. Frère, quand le commandant nous aligna sur le chemin de fer, en donnant l'ordre de charger les armes. De sa plus belle voix, en vingt mots clairs, fermes et éloquents, il nous annonçait enfin que le moment était venu d'ouvrir l'œil. Nous fîmes bonne contenance, mais il y eut une minute gênante ! On a prétendu depuis que nous ignorions de quel côté s'armaient nos fusils à piston, c'est pure calomnie. La vérité est que quelques-uns d'entre nous se sentaient sans prestige, n'ayant que le képi pour tout uniforme. Pris les armes à la main, l'ennemi les eût fusillés comme de vulgaires rentiers. Ils le savaient fort bien, les pauvres, et ils n'en étaient pas plus fiers pour ça. Au nombre de ceux-ci nous comptions notre ancien professeur de droit, resté notre ami, presque notre camarade. En partant de Rouen on avait dû se presser, le maître s'était donc embarqué dans le train dare dare, vêtu d'un paletot vert bouteille et d'un pantalon fantaisie.

» A Mantes, quand les choses semblèrent se gâter, nous nous précipitâmes chez un mercier, et vite, boutons de cuivre, bandes de flanelle rouge, une aiguille, du fil, en cinq minutes nous avions attaché tant bien que mal sur la couture du pantalon, aux manches et au collet du paletot vert bouteille des insignes suffisants pour lui donner d'un peu loin l'illusion d'un uniforme. Désormais, notre excellent maître pouvait espérer aller en Prusse si nous étions vaincus et vivants.

» Cette éventualité consolante... relativement, n'avait alors rien de jovial. Heureusement, quand nous eûmes fait le guet pendant une heure derrière le pont de la station, et assisté à l'atterrissement du premier ballon venant de Paris, on nous donna l'ordre de remonter dans le train et de filer à toute vapeur sur Vernon... » (1).

Complétons ces renseignements par le récit d'un épisode sensationnel survenu pendant cette reconnaissance. Dans sa brochure *La Vérité sur les événements de Rouen*, M. Estancelin en parle en ces termes :

(1) *Journal de Rouen*, 10 février 1895 (M. S. Frère).

« Il se passa un incident trop honorable pour la garde nationale de Rouen pour que je le passe sous silence. On vint me prévenir qu'une machine envoyée en reconnaissance vers Poissy avait aperçu auprès de Meulan, à la station des Mureaux, un détachement prussien qui, après avoir fait des réquisitions aux environs, avait fait halte pour déjeuner et qu'il était possible de le surprendre et de l'enlever. Le chef de gare de Mantes mettait à ma disposition un train spécial pour y conduire le détachement que j'y enverrais. Je m'approchai de la 1re compagnie du 1er bataillon pour demander des volontaires. « Tous! Tous! » répondirent les gardes nationaux, et la compagnie entière partit pour les Mureaux. »

Ce n'est pas à la 1re compagnie du 1er bataillon que cet appel fut adressé, mais à la 2e. Celle-ci fut placée dans des wagons de 3e classe, que remorquait la locomotive soi-disant blindée n° 132 et que montait le mécanicien anglais John White. En arrivant aux Mureaux, on apprit que les Prussiens venaient d'évacuer la station une demi-heure avant, pour se retirer vers Maule; néanmoins on descendit sur la voie et l'on prit ses dispositions de combat.

« Soudain des cris se font entendre, dit M. Frère, c'est le convoi vide qui fait machine en arrière, abandonnant la garde nationale à son légitime étonnement et à ses appréhensions justifiées. A force d'appels et de signaux, on finit par arrêter la noble ardeur de la locomotive n° 132 et à la faire rentrer en gare. Inutile d'ajouter que la 2e du 1er remonte promptement dans les wagons et que le train disparaît sur Mantes sans s'attarder à la contemplation du paysage. »

Le général Estancelin ayant décidé de ne pas prolonger plus longtemps son excursion, fit replier sa troupe sur Vernon où elle arriva dans la soirée; mais les railleries commençaient tellement à pleuvoir sur cet officier supérieur que les Vernonnais surnommaient le général :

Reste-en-chemin que celui-ci prit le sage parti de retourner à Rouen. Le 30 septembre à cinq heures du soir il arrivait à Louviers; le lendemain était à Elbeuf et le 2 octobre faisait sa rentrée à Rouen. Les municipalités de ces villes trompées par ses allures guerrières lui adressèrent leurs félicitations lorsqu'elles apprirent qu'il avait poussé une reconnaissance jusqu'à Meulan, *en chassant devant lui les détachements prussiens qui infestaient le pays*; qu'il apportait de bonnes nouvelles reçues de Paris par un ballon tombé à 3 kilomètres de Mantes (1), etc. Un journal de Rouen n'annonçait-il pas que le général Estancelin et les gardes nationaux avaient soutenu victorieusement un combat contre les Allemands, mais qu'à la fin ils avaient dû céder devant le nombre et se replier sur Rouen?

C'était se replier à une jolie distance!

Dans la brochure dont nous avons cité plus haut quelques extraits, M. Estancelin a soin de faire remarquer la hardiesse avec laquelle il a dû opérer sa reconnaissance et les dangers auxquels sa troupe et lui s'étaient exposés.

« En marchant à la tête de la colonne qui, le 29 septembre, espérait rencontrer l'ennemi, je ne me faisais aucune illusion sur les nécessités que la situation m'imposait; mais, après avoir parcouru au delà de Mantes dans la direction de Paris plusieurs villages, la veille encore occupés par les troupes prussiennes, les gardes nationaux rentrèrent sans avoir eu l'occasion, vivement désirée par eux, de faire le coup de fusil avec l'armée ennemie. Peu d'heures après notre départ, un corps de *20,000 hommes* était réuni, avec une nombreuse artillerie, sur les positions que nous venions de quitter. »

Or, le danger fut beaucoup moindre que ne l'indique M. Estancelin, et les 20,000 hommes dont il parle n'existèrent... que dans son imagination. Il n'ignorait pas,

(1) Déjà, le 25 septembre, un autre ballon renfermant de nombreuses dépêches avait atterri à Vernouillet.

du reste, que le 1ᵉʳ régiment des éclaireurs de la Seine (colonel Mocquard), ainsi que les francs-tireurs havrais avaient quitté Mantes une heure avant son arrivée et se trouvaient dans les environs, prêts à le couvrir et à le secourir au besoin.

En consultant les relations allemandes, nous savons que les forces ennemies qui opéraient à cette époque dans la vallée de la Seine, se composaient uniquement de la plus grande partie de la 3ᵉ brigade du général de Bredow, appartenant à la 5ᵉ division de cavalerie prussienne (13ᵉ régiment de dragons et deux escadrons du 16ᵉ uhlans), de six compagnies d'infanterie bavaroise et d'une batterie d'artillerie, le tout formant un effectif de 2,200 hommes au maximum.

Cette colonne avait reçu l'ordre de s'avancer par la rive gauche de la Seine jusqu'à Mantes et de se mettre en communication avec la 4ᵉ division de cavalerie, établie sur la ligne de l'Epte. « Leur mission commune était de réquisitionner à outrance, dans le plus large rayon possible, pour garnir et tenir incessamment garnis les magasins de Corbeil, servant à l'approvisionnement des troupes employées au blocus de Paris (1). » Disons également que ces deux colonnes étaient destinées à purger la contrée des francs-tireurs qui l'occupaient.

Le général de Bredow arrivait aux Alluets le 30 septembre, où il fut arrêté, pendant quelques heures, par les éclaireurs de la Seine qui durent se replier devant le nombre, comme on le verra plus loin dans le chap. VIII. Il était à Maule dans la soirée et, le lendemain matin, faisait son entrée dans la ville de Mantes, deux heures après le départ des francs-tireurs, lesquels s'étaient dirigés vers Dammartin.

Dans sa brochure, le commandant général Estancelin a tort de rappeler que sa troupe fut de tous les corps

---

(1) Rustow, *Guerre de 1870-71*, IV, p. 108.

français celle qui s'approcha le plus près de Paris pendant les hostilités, car il ne peut revendiquer comme un titre de gloire une simple reconnaissance dans laquelle il n'eut pas à combattre et qu'il eut soin, du reste, de ne pas pousser jusqu'aux avant-postes prussiens. Il nous semble aussi qu'il eût dû passer sous silence ce passage où il dit que : « le Gouvernement se rendant compte de l'utilité de la démonstration que venait de faire la garde nationale de Rouen m'envoya ses félicitations et, en annonçant dans ses dépêches l'énergique initiative que nous venions de prendre, la signala au pays comme un exemple à suivre. Le maire de Rouen m'envoya aussi l'expression des sentiments du Conseil municipal de cette ville pour la garde nationale et pour moi. »

Voici le texte des deux dépêches dont il est question :

Directeur général à Estancelin (n° 3399).

Tours, 30 septembre.

« Le Gouvernement vous remercie et tout le monde compte sur votre énergie et votre initiative courageuse. »

Maire de Rouen à commandant général Estancelin.

Vernon (n° 311).

« Reçu dépêche communiquée au Conseil municipal.

» L'Assemblée vote des remerciements au commandant général et au 1er bataillon.

» 29 septembre.

» NÉTIEN, *maire de Rouen.* »

Or, à la lecture de ces télégrammes, il est facile de voir que le général recevait des félicitations pour l'initiative qu'il avait prise en organisant l'excursion de Mantes et en se mettant à sa tête, et non pour le succès obtenu, lequel fut absolument nul, puisque le 1er bataillon de la garde nationale de Rouen était rentré dans la capitale normande dans le même état où il se trouvait au départ, sans avoir tiré un seul coup de fusil. Y avait-il là de quoi se vanter ? Nous ne le pensons pas.

CHAPITRE VI

La mobile de l'Ardèche. — Séjour à Evreux. — Combat de Villegats-Hécourt. — Notes et impressions d'un Ardéchois. — Retraite sur Gaillon et Louviers. — Combat de Vernon. — Le commandant de Montgolfier. — Combat de Molu. — Mort du capitaine Rouveure et du lieutenant Leydier.

> Ils ont su fixer la victoire,
> Hécourt, Blaru, Bizy, Vernon,
> Auront leurs pages dans l'histoire,
> Plus d'un y trouvera son nom !
> (*Journal d'Annonay*, 18 déc. 1870).

De toutes les troupes qui séjournèrent dans nos contrées, la mobile de l'Ardèche fut celle qui sut acquérir la meilleure réputation. Et quoi qu'il arrive, on se souviendra toujours de ces intrépides jeunes gens venus dans l'Eure pour défendre notre pays, nos foyers menacés. « A peine habillés, mal armés, d'apparence généralement chétive, ces alertes montagnards du Vivarais, après quelques semaines de campagne, avaient déjà l'aplomb de vieux soldats, joint à l'ardeur de la jeunesse. J'ai vu rarement, il est vrai, des troupes mieux commandées. Un de leurs chefs, ancien officier instructeur dans la troupe de ligne, me disait après la guerre que jamais il n'avait rencontré d'aussi remarquables aptitudes que parmi ces jeunes gens pour toutes les évolutions des combats de tirailleurs. Ils savaient d'instinct, sur les terrains couverts, discerner à propos les moindres objets pouvant servir de protection et d'affût; en rase campagne, utiliser leurs sacs en manière d'abri, puis soudain se relever, bondir sur l'ennemi (1). » Sobres, courageux à l'excès, disciplinés, infatigables, on les vit partout au premier rang, à la voix de leurs chefs, disputer pas à pas le sol de nos campagnes, délivrer Vernon de ses envahisseurs

---

(1) *Souvenirs de l'invasion prussienne en Normandie,* par le baron Ernouf.

et le défendre jusqu'au jour fatal où s'effondra toute possibilité de prolonger la lutte, par suite de la prise de Rouen.

Si ces braves Ardèchois accomplirent ainsi modestement leur devoir, faisant avec abnégation le sacrifice de leur vie, c'est que, sous leurs vareuses en lambeaux, battait un cœur dominé par ce noble sentiment qui, de tout temps, a formé des héros : l'amour de la Patrie !

A la fin de septembre, un ordre ministériel enjoignait à la mobile de l'Ardèche appelée à constituer le 41e régiment de marche (lieutenant-colonel Thomas), de se diriger le plus tôt possible sur le département de l'Eure dans le but de coopérer à la défense de la Normandie. Elle se composait de trois bataillons divisés chacun en huit compagnies et formant un effectif de 3,600 hommes; mais il fallait déduire de ce nombre les 8es compagnies de ces bataillons qui restaient en dépôt à Privas. Le 1er bataillon (commandant de Guibert) arrivait à Evreux le 30 septembre; le 2e (commandant Bertrand) le 9 octobre; enfin, le 3e (commandant A. de Montgolfier) le 13 du même mois.

Pendant une quinzaine de jours, le 1er bataillon fut placé avec les mobiles de l'Eure, sous les ordres du colonel Cassagne, qui venait de remplacer le général Delarue dans le commandement de la subdivision, et ne fit que marches et contremarches autour d'Evreux, sans utilité appréciable, dont le seul résultat fut de causer aux troupes une fatigue extrême. Ces promenades incessantes avaient pour but, paraît-il, d'observer les mouvements des Prussiens tout en restant cependant sur la défensive, ce qui n'empêcha pas ces derniers de s'avancer jusqu'à Pacy-sur-Eure et de l'occuper pendant une journée entière (5 octobre).

Du 17 octobre au 3 novembre, le 1er bataillon fut envoyé à Gaillon et chargé de la surveillance des rives de la Seine jusqu'à Vernon. Il se trouvait relié au 1er bataillon de la mobile de l'Eure qui occupait la forêt de Bizy, tandis que le régiment des éclaireurs de la Seine (colonel Mocquard) campait dans le bois d'Hécourt, au-dessous de Pacy-sur-Eure. Le 4 novembre, il quittait Gaillon et venait s'établir à son tour dans la forêt de Bizy, pendant que les mobiles de l'Eure prenaient position à la pointe de Jeufosse, à Notre-Dame-de-la-Mer, à Blaru, etc., exerçant une surveillance active sur la route de Mantes à Vernon. Il se maintint dans ce cantonnement jusqu'au 19 novembre.

Le 2e bataillon séjourna une dizaine de jours à Évreux; puis, dirigé sur Pacy à la date du 22 octobre, il fut placé, comme le 1er bataillon, du reste, sous le commandement du colonel Mocquard, qui couvrait cette ville. Deux jours après, il s'établissait dans le bois de Garennes, près de Bueil, et y restait jusqu'au 19 novembre, se contentant d'envoyer quelques compagnies à Ezy et à Ivry-la-Bataille pour surveiller les ponts de l'Eure et empêcher les incursions et déprédations journalières des Allemands.

Le 3e bataillon se rendait à Pacy, le 19 octobre, pour renforcer le corps d'occupation du colonel Mocquard. Dans une reconnaissance faite le 21, de concert avec quelques Eclaireurs de la Seine, il rencontrait à Illiers-la-Ville un détachement prussien, lui tuait un homme et en blessait un autre qui fut fait prisonnier. Le lendemain, le commandant Montgolfier allait occuper le village d'Hécourt avec les 1re (capitaine de Canson) et 6e compagnies (capitaine Rouveure), tandis que la 7e (capitaine Frachon) se rendait à Merey, et que la 5e, sous les ordres du capitaine Luce Catinat se dirigeait sur les hauteurs boisées d'Aigleville, pour surveiller la route de Mantes. La 4e compagnie (capitaine Couturier) restait à Pacy pour servir de réserve et être utilisée au besoin. Disons également que les 2e et 3e compagnies avaient été envoyées dans la nuit à Ivry-la-Bataille.

Telles étaient les dispositions prises par le 3ᵉ bataillon, à la date du 22, lorsque, dans la matinée, il reçut l'ordre de se tenir prêt à passer l'Eure pour soutenir les troupes du colonel Mocquard, en cas d'attaque. Vers onze heures, les compagnies disponibles montent dans le bois et font partie de deux colonnes organisées dans le but d'exécuter une forte reconnaissance et de faire un mouvement tournant pour se réunir à un point désigné à l'avance. A midi, les colonnes s'ébranlent et se dirigent vers leurs positions; mais à peine sorties du bois, elles sont assaillies par une grêle de projectiles. Les Prussiens sont venus de Mantes pour attaquer le camp. Après un moment de surprise, nos troupes se dispersent en tirailleurs et le canon ennemi qui vomit la mitraille devient alors impuissant. Bientôt les gardes mobiles de l'Ardèche suivant l'exemple des éclaireurs et excités par leurs officiers, s'élancent bravement sur les pièces prussiennes, s'abritant dans tous les petits bois qui couvrent le pays. Devant une marche aussi rapide, aussi menaçante et probablement imprévue, les Allemands craignant pour leur artillerie, songent à la retraite, mais ce n'est pas sans avoir subi de nombreuses pertes, lesquelles furent estimées à près de 200 hommes, tant tués que blessés. Après ce succès et cette leçon infligée à l'ennemi, le colonel Mocquard n'ayant pas de cavalerie ne crut pas devoir le poursuivre, et donna l'ordre de rentrer au camp.

Le combat de Villegats-Hécourt, dont nous relatons toutes les phases à la 2ᵉ partie, a été un glorieux début pour le 3ᵉ bataillon de l'Ardèche et a produit sur les braves soldats qui le composent un excellent effet moral. Toutefois, ceux-ci eurent à déplorer la perte de deux hommes tués et de sept blessés, dont voici les noms :

1ʳᵉ compagnie. — Brias, mobile, tué d'un éclat d'obus.
1ʳᵉ   —   Pourrat, mobile, tué d'un éclat d'obus.
1ʳᵉ   —   Luquet, caporal, blessé d'un éclat d'obus qui lui a brisé la jambe.

1ʳᵉ compagnie. — Biennier, sergent, blessé d'un éclat d'obus à la mâchoire (1).
1ʳᵉ — Bruyat, mobile, blessé.
1ʳᵉ — Filouze, —
1ʳᵉ — Murol, —
7ᵉ — Liverset, —
7ᵉ — Chirol, —

Les quelques notes brèves mais intéressantes qui suivent sont prises sur le carnet d'un officier du 3ᵉ bataillon :

27 octobre. — Depuis le 22, nous campons à Aigleville. Nos hommes couchent dans les taillis, sur les feuilles sèches, sans capotes, sans couvertures, et, le plus grand nombre heureusement, sous des *gourbis* que notre commandant, qui a servi en Afrique, a fait préparer. Nous pouvons donc dire avec Voltaire :

> C'est ici que l'on dort sans bruit
> Et qu'on prend ses repas par terre...

Mais le mauvais temps commence : il pleut à verse, et depuis quelques jours le froid se fait sentir, et nous entrons en campagne. Pourvu qu'après la chaleur exceptionnelle de l'été nous n'ayons pas un hiver atroce !

28. — M. de Montgolfier prend le commandement des troupes en l'absence du colonel Mocquard qui se rend à Evreux. Il a sous ses ordres sept bataillons échelonnés de Vernon à Ivry.

30. — Aujourd'hui dimanche, l'aumônier du régiment, M. l'abbé du Sert, a dit la messe à Villegats, en avant de nos lignes. Les Prussiens sont venus rôder autour du camp et n'ont dérangé personne. Nous retournons à Pacy.

31. — La capitulation de Metz vient comme un coup de foudre tomber sur nos têtes. Nous sommes tous cons-

---

(1) A été décoré de la Légion d'honneur après la guerre.

ternés, et perdons la confiance qui nous soutenait. On parle de paix signée par Bazaine, mais le Gouvernement nous présente cette reddition comme une trahison infâme.

1er novembre. — **Pacy.** — Les Prussiens ont incendié hier soir Bréval, où des mobiles de l'Eure leur ont tué quelques hommes.

2. — **Aigleville.** — Il fait très froid; nous n'avons pas d'automne. Comme nos soldats vont souffrir! car ils ne sont pas suffisamment vêtus et les chaussures commencent à faire défaut. M. de Montgolfier remet le commandement au colonel Mocquard, rentré hier soir.

3. — Nous partons à midi pour nous joindre à l'expédition dirigée contre Mantes par le colonel Mocquard et formons une des trois colonnes d'attaque.

4. — Nous sommes à Boissy-Mauvoisin, mais n'irons pas plus loin, car les Prussiens que nous devions surprendre ont été mis en éveil et se retirent vers Mantes. Nous rentrons au camp.

5. — On apprend qu'un armistice de 25 jours aurait été conclu. Nous ne pouvons que regretter cette mesure. Nous avons enfin les fusils Snider et les cartouches.

6. — Calme complet. On s'occupe de la distribution des vivres et des fournitures. Nous attendons toujours des capotes.

7. — Il fait un froid terrible. L'armistice est rejeté, tant mieux. C'est la guerre à outrance. Préparons-nous à vaincre ou mourir. On annonce l'arrivée prochaine de 12 canons. Nous allons donc avoir de l'artillerie.

8. — Nous reprenons confiance. Hier, à Evreux, on a amené 7 hussards allemands faits prisonniers.

11. — Il neige déjà! la terre est toute blanche. Nous partons à Illiers-la-Ville.

12. — Nous sommes à **Lommoye.** — Ce matin, quelques francs-tireurs de Caen et 10 hommes de la 7e compagnie de notre bataillon, commandés par l'adjudant des francs-tireurs Mocquard, ont attaqué 60 fantassins et

10 cavaliers. 10 hommes ont été tués ou blessés et un de ces derniers fait prisonnier ; l'officier prussien a été tué.

On parle d'un joli succès : Orléans est repris par nous ; l'ennemi est en fuite, poursuivi par les mobiles, qui se sont bien battus ; la ville s'est défendue courageusement. Pourvu que tout cela soit vrai ! Il a fait bien froid ce matin, les chevaux glissaient à chaque pas. A part cela, beau temps.

13. — **Aigleville.** — Nous changeons de commandement : le colonel Mocquard part pour Rouen avec sa troupe et est remplacé par le lieutenant-colonel Thomas, commandant notre régiment.

15. — Nous avons été en route toute la journée d'hier, le bataillon ayant fait une forte reconnaissance.

La compagnie du capitaine Rouveure, aidée de francs-tireurs de Caen, a tué 2 prussiens et blessé une dizaine d'hommes.

18. — D'après une dépêche, Dreux aurait été attaqué par les Allemands, Ivry-la-Bataille serait menacé. Une partie de la 1re compagnie du 2e bataillon a été assaillie à Berchères par un escadron de uhlans ; nous aurions un tué et plusieurs blessés.

19. — On envoie une compagnie à Saint-André. Les Prussiens tâtent le terrain du côté d'Ivry et de Nonancourt et semblent vouloir avancer. Dreux nous a été repris, malgré le courage de l'infanterie de marine et des mobiles du Calvados.

20. — La nuit dernière, nous avons reçu l'ordre de nous replier sur Gaillon, car, paraît-il, Évreux serait menacé par des forces considérables venant de Dreux et d'Anet. Le général de Kersalaün nous y avait précédé et, ce matin, nous a fait embarquer pour Louviers, à destination de Beaumont-le-Roger, tandis que la mobile de l'Eure devait se rendre à Conches. On part là-bas pour défendre Serquigny, où viennent se bifurquer la ligne

de Rouen, la seule qui nous reliât encore avec le nord de la France, et la ligne de Paris à Cherbourg ; mais il n'est plus question de ce pauvre Evreux ni de Pacy, ni de Vernon, qui vont se trouver complètement abandonnés à la merci des Allemands.

Complétons ces renseignements en disant que le lieutenant-colonel Thomas réunit toutes ses forces à Pacy et les dirigea rapidement sur Gaillon. A Louviers, le 21, le général de Kersalaün procéda de nouveau à l'embarquement des hommes jusqu'au moment où le général Briand, commandant la 2e division militaire à Rouen, qui venait d'arriver dans cette ville, donna l'ordre de surseoir au départ ; mais déjà les mobiles de l'Eure, le 1er bataillon et les trois premières compagnies du 2e bataillon de l'Ardèche étaient partis.

Le général Briand prit alors le commandement des troupes en remplacement du général de Kersalaün, destitué, pour avoir abandonné sans coup férir Evreux et la vallée de l'Eure, et donna l'ordre au colonel Thomas de se porter en avant.

23. — Depuis quarante-huit heures, quel chemin parcouru, quelles fatigues endurées, mais aussi quel beau succès nous venons de remporter !

Le 21, à notre arrivée à Louviers, vers les deux heures de l'après-midi, nous pûmes enfin prendre un modeste repas et nous reposer, mais, à six heures, il fallut repartir. Nous reçûmes l'ordre de nous rendre immédiatement à Vernon, où nous arrivâmes au milieu de la nuit et fûmes dirigés sur les hauteurs de la forêt de Bizy, qui dominent la ville.

A 4 heures du matin, par une nuit profonde, le commandant de Montgolfier, chargé de garder la route principale de Vernon à Evreux, disposait ainsi les compagnies de son bataillon : la 3e et la 4e à l'avant-garde, sur les hauteurs de la forêt de Bizy au sud-ouest ; les 6e, 7e et 1re compagnies formant l'arrière-garde et couvrant Vernon sur les limites au nord de cette même forêt ; la 5ᵉ en tirailleurs aux abords de la ville et la 2ᵉ en réserve.

Le commandant Bertrand, avec les 4 compagnies du 2ᵉ bataillon et la compagnie des francs-tireurs de Seine-et-Oise (capitaine Poulet), eut pour mission d'observer les hauteurs et les défilés du Petit-Val, ainsi que la grande route de Paris.

Toutes ces troupes furent guidées dans la forêt par quelques personnes dévouées du pays.

Vers 7 heures, les Prussiens débouchent à portée de fusil de l'avant-garde et, sans défiance, traversent la forêt, escortés d'un long convoi de vivres et de munitions, et pénètrent dans la ville. Ils s'aperçoivent bientôt qu'ils sont tombés dans une embuscade et veulent battre en retraite, mais il est trop tard, ils sont cernés de tous côtés, et lorsqu'ils se présentent pour fuir, les nôtres les accueillent par une vive décharge ; les 3ᵉ et 4ᵉ compagnies du 3ᵉ bataillon ouvrent leur feu sur les derrières de la colonne. A un moment donné, le combat devient terrible, car l'ennemi cherche à se frayer un passage : on le fusille à vingt pas. Le commandant de Montgolfier, au plus fort de la mêlée, a son cheval tué sous lui ; mais quelques instants après, un lieutenant de cavalerie prussienne est abattu par un mobile, qui offre alors à son chef le cheval superbe, magnifiquement harnaché, de cet officier. Au cri poussé par nos soldats : « à la baïonnette ! » l'infanterie ne tient plus, la cavalerie fuit, la musique demande à se rendre... On s'empare d'une vingtaine de fourgons et l'on rentre triomphalement à Vernon, où les habitants font à nos troupes, harassées de fatigue et privées de vivres depuis 30 heures, une réception enthousiaste. Ils ne leur ont pas laissé le soin de préparer leur dîner, chaque habitant s'est fait un devoir et une fête de réconforter nos mobiles après ce combat, qui n'a pas duré moins de 9 heures (1). Nos pertes sont de 2 hommes

---

(1) Voir combat de Vernon, 2ᵉ partie.

tués et 6 blessés; celles de l'ennemi sont importantes. Nous avons fait 4 prisonniers, dont 1 officier.

La ligne de retraite des Prussiens, au sud-ouest de Vernon, laisse croire que nous avons toujours devant nous ces colonnes de ravitaillement qui rayonnent autour de Mantes, Dreux, Evreux, Pacy, et non à l'avant-garde de Manteuffel, trop occupée à Amiens et dont on ignore encore la direction après l'occupation du chef-lieu de la Somme.

24. — **Vernon.** — Hier, dans la journée, les Allemands sont venus rôder autour de la forêt de Bizy; ils ont été mis en fuite par nos avant-postes, qui ont blessé un landwehrien du 1er régiment de la garde. Cet après-midi, on les signale de l'autre côté de la Seine. Alerte. On craint un bombardement. On prend les armes, mais sans résultat.

25. — Trochu va, paraît-il, faire une sortie et se joindre à l'armée de la Loire. Une action décisive autour de Paris paraît donc imminente. Ce matin, les deux bataillons ont fait une reconnaissance. Les Prussiens ont tiré sur la forêt et blessé un des nôtres. Nous venons de recevoir le 1er bataillon de l'Ardèche et quelques troupes restées en arrière. Le régiment se trouvant au complet, nous allons pouvoir défendre la ville d'une façon sérieuse.

26. — Ce matin, vers 9 heures, nous avons eu à soutenir une vigoureuse attaque des Prussiens dans la forêt de Bizy. Il sont venus en nombre, avec cavalerie, infanterie et artillerie. Notre bataillon était de grand'garde, avec de forts avant-postes aux hameaux de Molu et de Normandie. L'ennemi porta son principal effort sur Molu, qui fut vivement canonné. Les mobiles qui l'occupaient résistèrent avec énergie, mais bientôt, sur le point d'être cernés, ils durent battre en retraite jusqu'à la lisière du bois. Après avoir reçu du renfort des 1er et 2e bataillons, le commandant de Montgolfier fit porter ses troupes en avant, lesquelles se jetèrent résolûment sur la batterie

ennemie. Celle-ci fit rage, mais ne put résister devant cette avalanche soudaine et se retira précipitamment, tandis que cavaliers et fantassins à leur tour durent abandonner la lutte. Nous réoccupâmes alors le plateau de Molu et poursuivîmes les Allemands, qui se retirèrent dans la direction de Chaufour.

Malheureusement, dans cette affaire nos pertes sont sensibles. On parle de 8 à 10 tués dans notre bataillon et d'un certain nombre de prisonniers, parmi lesquels le capitaine Rouveure et le sergent-major Belle, tous deux grièvement blessés (6ᵉ compagnie). Le lieutenant Leydier, de la 1ʳᵉ du 1ᵉʳ bataillon, aurait été tué par un obus (1).

27. — Nous venons de recevoir deux petites pièces de quatre, traînées par un seul cheval. Nous avons enfin de l'artillerie !

28 (lundi). — M. le Curé de Vernon, accompagné de notre aumônier, se rend au camp ennemi pour avoir des nouvelles des prisonniers et ramener si possible le capitaine Rouveure, que les Prussiens ont enlevé pendant le combat du 26. Le mobile Duret a fait savoir qu'il était prisonnier, ainsi que plusieurs de ses camarades; tous sont sains et saufs et assez bien traités.

29. — Le général prussien n'a fait aucune difficulté pour la remise du corps de notre ami Rouveure, mort des suites de ses blessures, mais il a retenu l'abbé du Sert jusqu'à ce que l'on ait rendu les dépouilles mortelles du capitaine von Kleist, tué dans la journée du 22.

30. — L'aumônier a été mis en liberté ce jour. Il vient de rentrer à Vernon et apporte des nouvelles des prisonniers. Le corps de notre regretté Rouveure, après avoir été escorté jusqu'à nos avant-postes par une garde d'honneur prussienne, est depuis ce matin à l'hôpital militaire. Son père et son oncle sont arrivés; ils viennent le chercher pour le conduire et l'inhumer à Annonay. La mort de ce malheureux capitaine est un deuil pour tous, car il était aimé et estimé de tout le régiment.

(1) Voir combat de Molu, 2ᵉ partie.

CHAPITRE VII

Les mobiles de l'Ardèche se retirent sur Gaillon, Louviers et Serquigny. — Leur séjour à Bernay et Brionne. — Attaque de la Maison-Brûlée et de Château-Robert (30 décembre). — Défense de ces positions. — Combats du 4 janvier 1871. — Retraite sur Pont-Audemer et Brionne. — Lignes de défense de la vallée de la Risle et de la Touques. — Licenciement des Ardéchois. — Visite au commandant de Montgolfier.

1er décembre 1870. — Des nouvelles venues de la rive droite nous apprennent que le général Briand s'est mis à la tête d'une expédition dirigée contre Gisors, a surpris nuitamment l'ennemi à Étrépagny et lui a fait subir des pertes sérieuses.

3. — Quel beau jour au milieu de notre désespoir. Paris a fait, nous dit-on, une sortie magnifique. Le général Ducrot, occupe la Marne et tend la main aux troupes de l'armée de la Loire. On pense déjà à la capitale débloquée, à l'ennemi en déroute. Nous recevons l'ordre de faire nos préparatifs pour marcher sur Paris.

Ce matin, nous sommes rentrés de garde après une nuit glaciale passée dans la forêt. Heureusement que nos mobiles couchent, un jour sur trois, dans les vastes bâtiments de l'arsenal, si convoités par les Prussiens et sur de la paille qui, bien que réduite en poussière, leur paraît plus douce que le plus moelleux édredon. Mais leurs pantalons et leurs vareuses sont en loques. Les draps qui ont servi à les confectionner, dépourvus de toute solidité et acceptés sans contrôle, tombent en lambeaux, et l'on peut juger de la situation de nos pauvres soldats, obligés d'aller en cet état et par une température pareille bivouaquer dans les bois.

L'arrivée de lourds ballots venant de l'Ardèche, accompagnés par M. l'abbé Faure, a permis d'apporter cependant quelque allègement à cet état de choses. Les flanelles,

les gilets tricotés, les caleçons, les nouvelles verbales des familles, des amis, tout cela a été reçu avec des transports de joie non équivoques.

Disons également que les dames de Vernon ont fait distribuer à nos mobiles des objets de première nécessité parmi lesquels de la chaussure. On en avait fait venir de Cherbourg mais la moitié était trop petite.

4 décembre (dimanche). — Il fait atrocement froid. La neige épaisse et collante empêche de marcher. Nous ne sommes pas encore partis et restons au contraire à notre poste. Qu'est-ce que cela veut dire ? Depuis la sortie de Ducrot, il faut bien cependant arriver à un résultat. Il paraît qu'on avait beaucoup exagéré le succès; et si les dépêches que nous attendons impatiemment tardent tant à nous parvenir, c'est qu'elles sont sans doute décourageantes. La joie ne sera pas de longue durée.

5. — Encore plus froid, et nos soldats couchent dans la neige ! Dans la matinée, rien ne paraissait changé à la situation de la petite garnison qui occupait Vernon; la forêt de Bizy était pourvue de ses postes ordinaires de grand'garde, quelques compagnies poussaient des reconnaissances en vue des avant-postes prussiens et notamment de Chaufour occupé par eux. Rien ne faisait pressentir un mouvement de retraite quand, vers quatre heures, l'ordre arrivait au Commandant de place de se replier sur Gaillon, Louviers, et en dernier lieu sur un point qui nous est encore inconnu.

C'est que le corps d'armée prussien placé sous les ordres du général Manteuffel qui, croyait-on, se dirigeait sur Paris à marches forcées, s'était porté au contraire sur Rouen, qu'il occupait depuis hier. Cette évolution inattendue changeait l'intention du général Briand de s'acheminer vers Paris à la tête des troupes qu'il commandait; bien plus, la défense de la rive gauche de la Seine, depuis Vernon jusqu'à Rouen, était gravement compromise.

7 décembre. — Nous arrivons au Neubourg après

avoir fait 70 kilomètres presque sans arrêt. Le régiment de l'Ardèche a quitté Vernon hier soir, suivi des gardes nationaux sédentaires de cette ville, de francs-tireurs et de mobilisés d'Elbeuf. Nous allons à Serquigny. Qu'y ferons-nous, si nous abandonnons Vernon, Gaillon, Louviers ? Rouen s'est rendu et les nouvelles de l'armée de la Loire sont mauvaises : Orléans est de nouveau aux Prussiens. Que penser de tout cela ?

8. — **Lisieux.** — Après un parcours de 38 kilomètres, nous sommes entrés à Serquigny vers quatre heures, ayant fourni dans un court espace de temps, avec une température rigoureuse et de très courtes haltes, près de 100 kilomètres de marche. En quelques heures, le chemin de fer nous rendait à Lisieux, où venait d'arriver le général de Lauriston qui prend le commandement des départements de l'Eure et du Calvados. Quand prendra donc fin cette reculade perpétuelle accomplie sans utilité ?

Le 9 décembre les trois bataillons de l'Ardèche sont à Pont-l'Évêque. Nous les retrouvons le 15 à Bernay, où, dès leur arrivée, ils sont envoyés en observation dans la vallée de la Risle. Le 18, ils occupent Thiberville et Brionne, et, quelques jours plus tard, Routot, Bourgtheroulde, Bourgachard et Saint-Georges-du-Vièvre.

C'est à cette époque que le général Roy qui commande depuis peu les troupes de l'Eure, les fait porter en avant malgré leur infériorité numérique. Elles forment à peine un effectif de 9,000 hommes et sont divisées en deux colonnes. La première sous les ordres du lieutenant-colonel Thomas, est placée à gauche de la forêt de la Londe. Elle comprend les 1er et 2e bataillons des mobiles de l'Ardèche, un bataillon des Landes et 6 compagnies de francs-tireurs, 4 pièces de quatre, des mobiles des Côtes-du-Nord et 2 pièces de sept dites Armstrong. La 2e colonne, sous la direction du commandant de Montgolfier, établie à droite de la forêt se compose : de son bataillon (3e), de la compagnie de francs-tireurs de Caen, de mobilisés de Louviers et de 4 pièces de quatre. Quelques jours plus tard (2 janvier), elle est augmentée du 2ᵉ bataillon des mobiles de l'Eure, du 6ᵉ bataillon des mobiles de la Loire-Inférieure, de la compagnie des francs-tireurs de Seine-et-Oise et de celle des francs-tireurs de Louviers, puis, comme artillerie, de 2 pièces Armstrong de sept. Un bataillon des mobiles des Landes occupe Caudebec-lès-Elbeuf.

Le 30 décembre, dans la matinée, la première colonne se rendait maîtresse des positions de la Bouille, Maison-Brûlée et Château-Robert, tandis que la 2ᵉ s'emparait de la Londe, des hauteurs d'Orival qui dominent la Seine, pourchassant les Prussiens qui abandonnèrent Elbeuf, après avoir fait sauter les ponts pour se retirer vers Grand-Couronne.

Le lendemain le poste de Château-Robert, qui était faiblement défendu, est assailli par l'ennemi au nombre de 1500 avec cavalerie et une batterie d'artillerie; mais le général Roy donne les ordres nécessaires pour la reprise immédiate de ce poste. Le 1ᵉʳ bataillon de l'Ardèche, sous les ordres du commandant de Guibert, avec l'aide de deux compagnies de l'Eure, s'acquitte admirablement de cette mission, car la position est reprise, malgré la résistance énergique de nos adversaires.

Dans ces diverses rencontres, les mobiles de l'Ardèche n'eurent à déplorer la mort que d'un seul homme; mais 12 des leurs furent blessés et 9 faits prisonniers.

Le 4 janvier, vers quatre heures du matin, par une nuit des plus épaisses et par un froid de 12 degrés, les Prussiens, formés en plusieurs colonnes, s'avancent en silence et attaquent presque simultanément tous nos avant-postes. « Le premier choc fut subi par trois compagnies du 2ᵉ bataillon de l'Ardèche, placées en grand'-garde sur le mamelon qui domine Château-Robert du côté de Rouen. Le poste avancé, assailli par la fusillade serrée d'une nombreuse infanterie qui, à la faveur de l'obscurité, avait pu s'avancer par les deux versants de la crête, fut forcé de se replier sur les compagnies de soutien qui accouraient à son secours. Il y eut alors une mêlée générale dans laquelle on ne reconnaissait son adversaire qu'à la lueur des coups de feu; l'ennemi continuait de s'avancer en masses profondes, et, après une énergique résistance, les trois compagnies de l'Ardèche durent se retirer sur Château-Robert pour rallier le reste de leur bataillon. La pente de la montagne, naturellement très rapide, était rendue plus difficile encore par l'effet de la neige et de la gelée; aussi les nôtres eurent-ils beaucoup à souffrir d'un feu plongeant auquel ils ne pouvaient répondre. D'autres postes, placés sur la crête du ravin qui longe le chemin de fer, furent attaqués en même temps et refoulés soit sur le château, soit sur la Maison-Brûlée.

» Dès lors la défense se concentre sur le plateau de Château-Robert. Cette position est attaquée par une colonne secondaire qui débouche par la forêt et le ravin du chemin de fer, tandis que la colonne principale s'avance par la rampe de Moulineaux, sous le feu rasant des défenseurs abrités derrière les retranchements du château. Là, 200 ou 300 mobiles du 2e bataillon de l'Ardèche avec une partie du 3e bataillon des Landes, sous les ordres du commandant Bétat, opposent aux assaillants les plus héroïques efforts; mais, après avoir disputé le terrain pied à pied pendant une heure, ils sont presque complètement enveloppés et forcés de se retirer sur le carrefour de la Maison-Brûlée, où s'est réuni le 1er bataillon de l'Ardèche (commandant de Guibert). A ce moment, le jour commence à poindre, mais on n'y voit pas assez pour distinguer les nôtres de l'ennemi, et cette circonstance empêche la réserve d'ouvrir le feu pour protéger la retraite des défenseurs du château, position désormais perdue (1). »

(1) *La Guerre dans l'Ouest*, par Rolin.

Le lieutenant-colonel Thomas, après avoir rallié ses deux bataillons, les établit à droite et à gauche de la route de Rouen et fait ouvrir un feu roulant de mousqueterie sur les colonnes prussiennes qui s'avancent, tandis que deux pièces de montagne de la batterie des mobilisés du Calvados enfilent cette route. Il reçoit à ce moment une section de canons Armstrong des Basses-Pyrénées et la fait placer à plusieurs centaines de mètres sur notre droite, « en face d'une avenue de la forêt où apparaît l'ennemi; mais les artilleurs, qui croient déjà leurs pièces prises, s'enfuient au galop sans avoir même ouvert le feu; bientôt la rapidité de la course fait sauter un caisson, et cette explosion tue ou blesse plusieurs conducteurs qui s'en seraient peut-être tirés sains et saufs s'ils étaient restés à leur place de bataille. Malgré cet incident fâcheux qui les découvre sur leur droite, et malgré la disproportion du nombre, les nôtres soutiennent cependant la lutte avec acharnement pendant près d'une heure, jusqu'à ce que les masses ennemies ne soient plus qu'à quelques pas (Rolin). » Le colonel Thomas, sur le point d'être cerné sur sa droite et menacé sur sa gauche par une colonne qui monte par la Bouille, fait battre en retraite sur Saint-Ouen-de-Thouberville, abandonnant aux mains de l'ennemi nos deux pièces de montagne, que les mobiles ont défendues héroïquement jusqu'à la dernière minute. Les pertes sont sérieuses des deux côtés et les Prussiens s'établissent fortement à la Maison-Brûlée, ne cherchant pas à poursuivre les nôtres, qui vont se rallier à Bosgouet, village situé en arrière de Saint-Ouen-de-Thouberville. Là, le colonel Thomas reforme les débris de sa colonne, qui est renforcée d'une batterie de 12 rayé, servie par des mobiles du Morbihan et d'un bataillon de mobilisés du Calvados, venus de Bourgachard. Vers midi, il déploie ses hommes en tirailleurs, à droite et à gauche de la route, sur laquelle il fait avancer son artillerie et se porte en avant. A son commandement, les mobiles se précipitent avec impétuosité

3*

sur les Allemands qui, surpris par cette attaque imprévue, abandonnent Saint-Ouen-de-Thouberville qu'ils occupaient, pour se replier en arrière de ce village. Nous ouvrons sur eux des feux à volonté, tandis que notre artillerie placée en batterie sur la route les canonne. Pendant une heure, nous gagnons du terrain; notre droite serre fortement l'ennemi et menace de l'envelopper sur sa gauche. Le résultat sans doute nous sera favorable? Hélas, non! tandis que nos braves petits mobiles ont à peu près épuisé toutes leurs munitions, l'ennemi en reçoit de nouvelles; de plus, des sections d'artillerie viennent d'arriver et se mettent rapidement en ligne. Le combat reprend avec intensité, mais la lutte devient inégale. Nos malheureux soldats, criblés de mitraille, ne peuvent résister, néanmoins ils ne songent à battre en retraite que lorsqu'ils ne sont plus qu'à 300 mètres des pièces et sur le point d'être entourés de toutes parts; ils se retirent alors à Bourgachard, puis vers Routot et Pont-Audemer, où ils arrivent vers onze heures du soir. Le lendemain, ils poursuivaient leur route sur Pont-l'Évêque.

« Dans les combats successifs de Château-Robert, de Maison-Brûlée et de Saint-Ouen-de-Thouberville, notre colonne de gauche avait perdu une quarantaine d'hommes tués, à peu près 80 blessés et environ 250 prisonniers, parmi lesquels 7 officiers. Ces pertes portèrent pour la plus forte partie sur les bataillons de l'Ardèche et des Landes, qui avaient soutenu presque seuls le principal effort du combat et contenu jusque vers neuf heures du matin treize des bataillons du général de Bentheim, luttant ainsi dans la proportion de un contre quatre ou cinq, défendant le terrain pied à pied et opposant à l'ennemi la plus admirable résistance. Voilà les mobiles que tant de gens avaient intérêt à décrier! Il est certain qu'aucune troupe de ligne ne se fût mieux conduite que ces soldats improvisés; non seulement ils sauvèrent l'honneur de la journée, mais ils firent payer cher à l'ennemi les positions de Château-Robert et de Moulineaux. Dans ces diverses attaques, les 3ᵉ et 41ᵉ régiments, ainsi que le 1ᵉʳ bataillon de chasseurs prussiens, perdirent une trentaine d'hommes tués, dont deux officiers, et une centaine de blessés. Le 3ᵉ régiment fut celui qui eut le plus à souffrir : il eut à lui seul une vingtaine de tués, parmi lesquels les seconds lieutenants Dallmer et Liebe, et en outre un officier avec plus de quatre-vingts hommes hors de combat (Rolin). »

Dans cette même journée (4), la deuxième colonne (commandant de Montgolfier) établie sur les hauteurs qui commandent la Seine, au pavillon d'Orival, à droite de la forêt de la Londe était assaillie par un détachement prussien venant de Pont-de-l'Arche, commandé par le lieutenant-colonel de Massow, pendant que le 43ᵉ régiment d'infanterie, sons les ordres du colonel Meerscheidt, partait de la Maison-Brûlée pour se diriger à travers la forêt, sur le village de la Londe. Ces colonnes devaient se réunir et attaquer simultanément Elbeuf, où se trouvaient le 1ᵉʳ bataillon des Landes, 6 compagnies de mobilisés, les francs-tireurs de Louviers et des gardes nationaux volontaires, et le plateau d'Orival, mais la vigilance de nos troupes fit échouer ce projet.

En arrivant à la Londe, le colonel Meerscheidt se trouva tout à coup aux prises avec la compagnie des francs-tireurs de Seine-et-Oise (capitaine Poulet-Langlet) et une section du 3ᵉ bataillon de l'Ardèche, chargée de la garde des bagages. « Grâce au brouillard, qui ne permettait de voir qu'à quelques pas, l'ennemi fut trompé sur la force des nôtres; chaque fois qu'il se présentait au débouché d'une rue, il essuyait des coups de feu, en sorte qu'il crut le village fortement occupé (1). » Nos mobiles se défendirent énergiquement, mais ils auraient sans doute succombé sous le nombre, si le commandant de Montgolfier, au bruit de la fusillade, n'avait envoyé à leur secours

---

(1) Rapport de la compagnie des francs-tireurs de Seine-et Oise.

deux compagnies du 2ᵉ bataillon de l'Eure et une de la Loire-Inférieure. A l'arrivée de ces renforts, les Prussiens se replièrent dans la forêt, emmenant avec eux une quarantaine de prisonniers. Ils eurent dans cette affaire une vingtaine d'hommes mis hors de combat; de notre côté nos pertes s'élevèrent à 7 hommes tués, dont un officier le sous-lieutenant Joigneau, des francs-tireurs de Seine-et-Oise, et douze blessés.

D'autre part, les avant-postes placés au pont d'Orival furent assaillis par l'ennemi. Ce pont était gardé par les éclaireurs de Normandie (capitaine Trémant) et par une compagnie du 2ᵉ bataillon de l'Eure (capitaine de Bonnechose) et, plus en arrière, par une autre du 3ᵉ bataillon de l'Ardèche (capitaine de Canson). De onze heures à deux heures, les Prussiens renouvelèrent plusieurs fois leur attaque, mais ils durent renoncer à leur entreprise. Dans cet engagement, ils perdirent deux tués et quinze blessés, dont un officier, tandis que, grâce aux excellentes positions que nous occupions, nous n'eûmes que trois hommes hors de combat, parmi lesquels le capitaine de Bonnechose.

Cependant, malgré ses succès, la deuxième colonne ne pouvait se maintenir au plateau d'Orival, d'autant plus que le commandant de Montgolfier venait d'apprendre par le maire d'Elbeuf, qui le tenait au courant des faits et gestes de l'ennemi, que ce dernier occupait Bourgachard. Non seulement cette colonne était isolée, sans nouvelles du général Roy, mais elle se trouvait aux trois quarts enveloppée, c'est-à-dire dans une situation des plus critiques. Après avoir pris l'avis de ses officiers, le commandant de Montgolfier résolut par une marche de nuit de se soustraire aux mains des Allemands. Choisissant pour se retirer le chemin vicinal allant par la forêt d'Elbeuf au Gros-Theil, il partit à minuit par un froid des plus vifs (15 degrés) et par 30 centimètres de neige, après avoir au préalable fait jeter des arbres sur les feux de bivouac pour en augmenter l'intensité et tromper l'ennemi. La retraite s'opéra dans le plus grand silence et sans incident. Après avoir traversé la ville d'Elbeuf et un mauvais chemin taillé entre deux rochers, la colonne entrait sous bois, traversait le bourg de Thuit-Auger et arrivait au Gros-Theil vers six heures du matin. Elle fit halte pendant une heure et repartit pour Brionne où elle pénétra vers midi (5 janvier), sans aucune perte. On apprit que, vers trois heures du matin, les Prussiens avaient bombardé le camp abandonné et qu'ils se trouvaient au nombre de 4,000 avec dix pièces de canon à Bosc-Roger, à 2 kilomètres du Gros-Theil, pour attendre nos mobiles et leur barrer la route. Le général Roy fit à la colonne un chaleureux accueil, car il la croyait absolument perdue, et il félicita le commandant de Montgolfier de son heureuse retraite.

A dater de ce moment, le régiment de l'Ardèche ne se trouva plus en contact avec l'ennemi. Le 7 janvier, les 1er et 2e bataillons, sous la direction du lieutenant-colonel Thomas, quittaient Pont-l'Evêque pour se rendre à Brionne où se trouvaient réunis le 3e bataillon et un certain nombre d'hommes. Le général Saussier vint prendre dans cette ville le commandement supérieur des troupes de l'Eure et du Calvados, en remplacement du général Roy, appelé à une autre mission. Chargé de l'organisation du 19e corps de l'armée de la Loire, il divisa son camp en deux brigades dont l'une, la première, fut placée sous les ordres du lieutenant-colonel Thomas, la seconde sous ceux du colonel de Gouyon, commandant les mobilisés du Calvados. Ces deux brigades formaient la 3e division, dont le commandement fut confié au général Dargent, qui établit son quartier général à Argentan; mais, plus tard, cette division, détachée du 19e corps, fit partie de l'armée de Bretagne.

Du 7 au 13 janvier, les mobiles de l'Ardèche concoururent à la défense de la vallée de la Risle, puis à celle de la vallée de la Touques. Le 17, ils étaient à Lisieux, le 21 se reportaient en arrière, établissant leur ligne de défense à Falaise, Ecouché et Vire, dans le but de couvrir Caen. A Vire, le général Saussier reçut l'ordre d'aller prendre le commandement des troupes en Algérie et son départ fut unanimement regretté, car il avait su, pendant son trop court passage parmi nos soldats, réorganiser bien des services qui avaient fait jusqu'alors presque entièrement défaut. C'est ainsi que, notamment, la paye des hommes fut modifiée : ils touchèrent la solde de campagne au lieu de ne recevoir que 1 fr. par jour. Les chaussures qui avaient fait à peu près défection pendant toute la campagne arrivèrent en abondance. Enfin, les capotes, les fameuses capotes si désirées, si impatiemment attendues, parvinrent aux mobiles de l'Ardèche; mais il était trop tard, l'armistice survenait, suivi bientôt de la conclusion de la paix.

Le 10 mars, les trois bataillons étaient réunis à Caen, où ils furent désarmés. Ils partirent à pied successivement les 23, 24 et 25 pour se rendre à Bourges, et, dans cette ville, prirent le chemin de fer à destination de l'Ardèche, où ils arrivèrent vers le 10 avril, heureux de retrouver le foyer, la famille, après une absence de six mois. Mais combien manquaient à l'appel? D'après la statistique établie par le lieutenant-colonel Thomas, les pertes totales pour les trois bataillons étaient de 365 hommes se répartissant comme suit :

Officiers	tués.......................	2	
	blessé......................	1	10
	prisonniers ou disparus .	7	
Troupe	tués.......................	33	
	blessés.....................	101	355
	prisonniers ou disparus .	221	

En terminant, rendons un juste hommage à la valeur de ces braves soldats, auxquels la vigueur, le courage, l'attitude militaire n'ont jamais fait défaut. Dans nos contrées ils avaient su se faire apprécier autant qu'ils savaient se faire craindre des Allemands qui les appelaient les *mobiles noirs*. Dans une séance du Conseil général de l'Ardèche, (6 novembre 1871), M. le comte Rampon, député, disait à leur sujet :

« En Normandie, l'on se souviendra toujours des mobiles de l'Ardèche. Quelques-uns de mes collègues m'ont parlé avec enthousiasme de leur courage, de leur patriotisme, et l'un d'eux me disait il y a quelques jours : Ah ! si tous avaient fait leur devoir comme eux, peut-être la France eût-elle pu être sauvée.

» Si quelques-uns de vous, mes chers collègues, appelés par leurs affaires ou leurs plaisirs à traverser les départements où tant de sang généreux a été versé, ils pourraient voir dans une bonne ville, une modeste avenue, grande par le souvenir, s'appelant : *Avenue de l'Ardèche*, témoignage éclatant de l'admiration et de la reconnaissance des populations. Ecrasés par le nombre, ils n'ont pu réussir, la France devait succomber. Malheureux mais non vaincus, ils sont revenus la tristesse dans le cœur, mais non découragés, parce qu'ils conservaient l'espoir de l'avenir.

» De ces braves enfants, beaucoup sont restés ensevelis, dans une terre amie, mais éloignée, et aucun monument ne rappelle encore leur héroïque souvenir... »

La municipalité de Vernon, désireuse de perpétuer le souvenir des brillants faits d'armes accomplis par les mobiles Ardéchois pendant leur séjour dans cette ville et aux environs, a, par délibération du conseil en date du 14 avril 1871, dénommé : *Avenue de l'Ardèche*, la voie principale qui conduit à la forêt de Bizy, près de ces bois où ils campèrent, où ils luttèrent si vaillamment. Elle fit plus : voulant donner un témoignage d'estime et d'affection aux malheureux mobiles tués dans les combats des 22 et 26 novembre, elle fit appel à la générosité des habitants et, au moyen des subsides recueillis, édifia un monument destiné à rappeler aux générations futures la mémoire de ces braves. Ce monument, élevé au centre de l'avenue de l'Ardèche, fut inauguré le 26 novembre 1873, jour anniversaire, au milieu d'une affluence considérable de populations accourues de toutes parts (1). Le désir exprimé par M. le comte Rampon, député de l'Ardèche, se trouvait donc réalisé.

Rendons également hommage à la bravoure des officiers des mobiles de l'Ardèche et constatons que, si les soldats ont droit à toute notre reconnaissance, la plus large part en revient aux vaillants chefs qui les dirigeaient. On a pu reprocher au lieutenant-colonel Thomas d'avoir manqué d'aptitude sur les dispositifs en temps de guerre, en un mot sur la tactique de combat, mais il faut reconnaître qu'il laissait à ses chefs de bataillons la plus grande initiative, dont ils savaient profiter. En sa qualité d'ancien officier du génie, il fit exécuter quelques travaux de fortification passagère appréciables, notamment autour de Vernon. Tous les officiers étaient aimés, estimés de leurs soldats, courageux et modestes en même temps, et comme exemple de la modestie avec laquelle chacun des jeunes et vaillants officiers tenaient à décliner des hommages qui étaient bien dûs cependant à leur courageuse conduite, citons la lettre suivante adressée au *Journal d'Annonay* (11 décembre 1870), par le lieutenant Vachon de Lestra, de la 6ᵉ compagnie du 3ᵉ bataillon, après le combat de Molu :

MONSIEUR LE RÉDACTEUR,

Veuillez me permettre de rendre à mon jeune et valeureux capitaine M. Régis Rouveure, tout l'hommage d'une gloire qu'il a rendu sienne et qu'il a largement payée, hélas ! en succombant sur le champ de bataille. Trois fois avant d'être frappé il s'était élancé à la tête de sa compagnie pour la ramener contre l'ennemi qui nous serrait et nous enveloppait. Si j'ai pu rassembler ensuite les débris de notre pauvre compagnie pour la conduire de nouveau au feu, quand des renforts nous sont

(1) Voir : Monument de l'Ardèche, 2ᵉ partie.

arrivés, c'est certainement grâce au concours de mon brave sous-lieutenant M. Etienne Seguin et au généreux élan de tous nos mobiles qui voulaient venger leur capitaine.

Agréez, etc.   VACHON DE LESTRA,
Lieutenant de la 6ᵉ compagnie.

Lors d'un récent voyage accompli dans l'Ardèche, j'ai eu l'occasion d'aller rendre visite à M. de Montgolfier, en sa charmante propriété de Varagnes-lès-Annonay. Sur mon simple titre de « Vernonnais, » il m'accueillit de la façon la plus charmante et m'offrit l'hospitalité. Bien qu'il eût dépassé la soixantaine, le petit-fils des inventeurs de l'aérostat paraissait jeune encore ; sa démarche était assurée, son regard énergique. Ses cheveux et sa barbe grisonnants encadraient merveilleusement une figure franche et loyale. Sanglé dans sa redingote noire, ornée à la boutonnière de la rosette d'officier de la Légion d'honneur, il avait la tournure martiale de l'ancien militaire ; et de fait, il avait servi, non seulement durant la guerre de 1870, mais aussi en Afrique et pris part aux campagnes d'Italie et du Mexique. Lorsqu'il démissionnait, en 1868, il connaissait fort bien la Normandie et notamment nos contrées, car il avait tenu garnison à Evreux et à Rouen ; aussi le commandement du 3ᵉ bataillon des mobiles de l'Ardèche ne pouvait-il être placé en de meilleures mains.

Notre conversation roula sur les événements de 1870 survenus en Normandie, et particulièrement sur les combats livrés autour de Vernon : Hécourt, Bizy, Molu. M. de Montgolfier me conta les difficultés qu'il éprouva pour obtenir des armes en remplacement des mauvais fusils à piston que ses mobiles possédaient. N'obtenant pas satisfaction à ses demandes, il profita de l'envoi de son bataillon sur Evreux pour se rendre à Tours, auprès des délégués de la Défense nationale. Il vit M. Steenacker et lui fit part de la situation déplorable dans laquelle allait se trouver ses braves montagnards appelés à combattre l'ennemi avec des armes en lesquelles ils n'avaient nulle confiance. Après de vives instances, M. de Montgolfier partait heureux, car il avait la promesse que ces armes seraient prochainement échangées contre de nouvelles. En effet, quelques jours après, le régiment de l'Ardèche recevait à Evreux un certain nombre de fusils Snider, qui furent immédiatement distribués. Mais on s'aperçut alors, au dernier moment, que les cartouches ne figuraient pas à l'envoi, elles avaient été oubliées! Lorsque les mobiles de l'Ardèche quittèrent Evreux pour se rendre à Pacy, le 19 octobre, ils durent, au moment même de leur entrée en campagne, reprendre leurs anciennes armes, et ce n'est que le 5 novembre qu'ils possédèrent enfin les fusils Snider et les cartouches tant désirées.

Plein de sollicitude pour ses soldats, peu initiés dans l'art de camper, M. de Montgolfier leur apprit à établir des *gourbis* avec des branchages et de la terre, et à creuser dans le sol des fourneaux pour la cuisson des aliments. Comme ils ne pouvaient se procurer, même avec de l'argent, la nourriture quotidienne, il fit installer une boucherie destinée à alimenter les hommes de son bataillon. En un mot, il sut, par tous les moyens en son pouvoir, adoucir les souffrances de ses compatriotes.

Je pris congé de M. de Montgolfier et, comme je le remerciais de son aimable réception, il me dit :

— « Je suis très heureux d'avoir accueilli de mon mieux un enfant de Vernon en souvenir de la dette de reconnaissance contractée envers vos compatriotes pendant la guerre. Personne de nous, combattants de 1870, n'a en effet oublié votre excellente ville natale, ses habitants et le cordial accueil qui nous y a été accordé. »

Mais la mort cruelle, inexorable, vint le surprendre en sa propriété de Varagnes le 11 janvier 1897. Bien que sa famille soit originaire des environs d'Annonay, il était né à Paris le 2 juillet 1831. Comme nous l'avons indiqué plus haut, il avait fait les campagnes d'Italie et du Mexique. Dans cette dernière expédition, il fut fait chevalier de la Légion d'honneur pour sa brillante conduite (13 août 1863).

Au début de la guerre, M. Alphonse de Montgolfier, ancien élève de l'Ecole de cavalerie de Saumur, capitaine démissionnaire du 5e hussards (1868), fut nommé commandant du 3e bataillon des mobiles de l'Ardèche. Le 13 octobre, il reçut l'ordre d'aller rejoindre à Evreux les deux premiers bataillons, appelés à coopérer à la défense du département de l'Eure. A partir de cette date, il accomplit à la tête de son bataillon cette mémorable campagne de Normandie, prenant une part des plus actives aux combats d'Hécourt, de Bizy, de Molu, de la Maison-Brûlée et d'Orival.

Nous avons énuméré d'autre part les péripéties de ces divers combats dans lesquels M. de Montgolfier sut rester constamment à la hauteur de sa tâche et donner l'exemple de l'abnégation, du courage et du plus pur patriotisme. Rappelons seulement qu'à l'affaire du 22 novembre, il battit vaillamment les Prussiens dans la forêt de Bizy, où au plus fort de l'action il eut son cheval tué sous lui; qu'au plateau d'Orival (4 janvier), il soutint énergiquement pendant plusieurs heures l'attaque des assaillants et que, cerné de toutes parts, il trouva le moyen de se retirer avec sa troupe sans être poursuivi ni inquiété, de traverser nuitamment Elbeuf et de se rendre à Brionne, où il surprit agréablement le général Roy qui le croyait resté entre les mains des Allemands, ainsi que ses hommes.

Les lignes suivantes, extraites du journal *l'Ardèche* (26 novembre 1870), et relatives au combat de Bizy, indiquent jusqu'à quel point les Ardéchois avaient en haute estime le commandant du 3e bataillon :

..... « Les mobiles de l'Ardèche se distinguent, on le voit, et il ne se passe guère de semaine sans qu'on ait à signaler quelque avantage remporté par eux. Honneur leur soit donc rendu. Mais honneur surtout à leur commandant, M. de Montgolfier, qui, toujours à leur tête, montre à ses jeunes soldats le chemin de la victoire. Sous un tel chef, peut-on s'étonner de la valeur et des succès de nos mobiles! »

Citons également les deux strophes qui suivent, dédiées par M. Henri Bomel (1) à M. de Montgolfier et aux mobiles de l'Ardèche :

> ... « Oui, que de pages d'or à notre antique histoire
> Donnèrent ces six mois d'un martyre caché,
> Où la défaite même était une victoire,
> Où chaque pas était pris, repris, arraché!...
> Le nom des Montgolfier, si grand pour notre ville,
> Pour partage, dès lors, a vraiment bien choisi
> La gloire militaire et la gloire civile :
> Honneur au Commandant si vaillant à Bizy.

> » Pour ses hommes toujours plein de sollicitude,
> Sa bonté rehaussait ses talents éclatants;
> Il s'oubliait lui-même et sa plus chère étude
> Fut d'adoucir pour eux ces trop cruels instants.
> Son bataillon l'aimait ainsi qu'on aime un père;
> Il donnait mille soins au plus humble blessé,
> Son cœur sentait combien l'absent se désespère,
> N'avait-il pas comme eux au foyer tout laissé ? »

Après la campagne, le Gouvernement reconnut ses éclatants services et l'en récompensa par la rosette d'officier de la Légion d'honneur. Il rentra à Annonay et trouva dans le calme et le bonheur du foyer une consolation aux douloureuses épreuves que venait d'endurer son patriotisme.

Plus tard, en 1875, lors de la formation des troupes de seconde ligne, il fut nommé lieutenant-colonel et reçut le commandement du 119e régiment territorial d'infanterie, à Privas.

En 1888, il fut appelé à un commandement important dans le service des chemins de fer et des étapes et, deux ans après, terminait sa longue et brillante carrière militaire.

En ces dernières années, M. de Montgolfier s'occupait d'œuvres patriotiques, de bienfaisance, etc., recherchant

---

(1) *Les Mobiles de l'Ardèche*, Annonay (1880).

toutes les occasions de se rendre utile à ses concitoyens. En 1893, le 22 octobre — jour anniversaire du combat d'Hécourt, — il présidait le banquet des mobiles du 3ᵉ bataillon et y prononçait un discours très applaudi, sur les combats livrés en Normandie. En voici la péroraison :

« Mes chers amis, vous le voyez, nous avons payé bien cher nos petits succès et le renom que nous avons acquis. Malgré cela, tout en rendant hommage du fond du cœur aux nobles victimes qu'a semées sur tout le territoire envahi cette guerre meurtrière et inique, nous devons nous féliciter d'avoir accompli notre devoir envers la Patrie....

» L'alliance franco-russe qui se cimente en ce moment avec tant d'éclat et d'enthousiasme à Paris, après Cronstadt et Toulon, mettra un terme, il faut l'espérer, à l'ambition prussienne, et permettra même peut-être un jour de reconquérir pacifiquement les provinces qui nous ont été volées... »

Ses funérailles ont été célébrées à Annonay, au milieu d'une foule innombrable, accourue de tous les points de la région pour rendre un dernier hommage au vaillant officier.

Comme conclusion à ce chapitre, citons encore les strophes suivantes de M. Henri Bomel, sur les mobiles de l'Ardèche :

Pour scène à ces combats, nés de grandes colères,
Il fallait bien ce sol tout durci par les froids,
Pour décors, ces forêts normandes séculaires
Où l'on croit voir encore errer quelque gaulois !
Devant nos Ardéchois, s'élevant dans l'histoire,
Au fond de leurs tombeaux, aux souvenirs si grands,
Elles ont dû frémir, atteintes dans leur gloire,
Les ombres des Rollons, des fameux conquérants !...

Sous le sol de l'Ardèche et sous le sol de l'Eure,
Sol arrosé d'un sang généreux répandu,
Dormez en paix, martyrs !... On vous aime, on vous pleure
Au pays que vos bras ont si bien défendu !
Votre nom est resté, marquant une avenue,
Acquise à tout jamais à votre grand renom,
Et, comme un souvenir de douce bienvenue,
L'étranger le découvre aux portes de Vernon.

CHAPITRE VIII

Les corps francs. — Terreur des Prussiens. — Le 1ᵉʳ régiment des éclaireurs de la Seine. — Le colonel Mocquard. — Mézières. — Mantes. — Le capitaine Guillaume. — Les Alluets. — Barbarie prussienne. — Départ pour Vernon. — Combat d'Hécourt et Villegats. — Sur la rive droite. — Buchy.

Nous ne ferons pas l'historique des compagnies de francs-tireurs qui ont stationné dans nos contrées, nous nous contenterons d'indiquer sommairement les principaux faits et gestes qui ont marqué leur passage.

Disons tout d'abord que la création des corps francs fut une faute du gouvernement impérial qui en autorisa la formation sous la condition *sine qua non* qu'ils feraient partie de la garde mobile en qualité d'auxiliaires. Et chacun sait que ces compagnies de volontaires, de même que la garde mobile, n'existaient en fait que sur le papier.

Après ses premiers désastres, l'Empire fit appel au dévouement des populations et les encouragea à former des compagnies de gardes nationaux volontaires ou de francs-tireurs (11 août). Elle mit en demeure les communes de leur voter des fonds et donna des ordres pour que les armes des pompiers fussent placées entre leurs mains. Le gouvernement de la Défense nationale favorisa également le recrutement des francs-tireurs et les fit mettre, par un décret du 29 septembre, à la disposition du ministre de la guerre. Un peu plus tard (4 novembre), il reconnut que « tout en respectant l'autonomie et les allures des corps de francs-tireurs et volontaires, il convenait d'établir des garanties de discipline et de prévenir des actions isolées, qui pourraient, en certains cas, préjudicier à l'action commune » et les rattacha d'office aux corps d'armée ou aux divisions militaires dans le territoire desquels ils opéraient.

Les compagnies de francs-tireurs étaient généralement composées d'anciens militaires, hommes vigoureux, résolus et maniant le fusil avec habileté. Bien organisées, bien disciplinées, soutenues par des troupes régulières, elles eussent fait un mal immense aux Allemands qui redoutaient à un suprême degré ces luttes de *guérillas*, où la ruse, l'intelligence, l'audace luttaient victorieusement contre la force. Et cette terreur folle que les Prussiens avaient d'une guerre de surprises ou d'embuscades faite par les populations, se manifeste dès le premier jour de l'invasion quand ils annoncent que les paysans français « n'étant pas organisés comme leurs landwehriens seront passés par les armes s'ils essaient de résister. »

Malheureusement les corps-francs ne se trouvèrent pas dans les conditions favorables pour faire la guerre de partisans telle qu'on la pratiquait autrefois; d'autre part, il est à remarquer que, pendant la plus grande partie de la campagne, ils furent contraints de lutter isolément, à leurs risques et périls, et « réduits à agir devant le front de l'ennemi, à l'aiguillonner mal à propos, à harceler ses éclaireurs et à faire, en un mot, ce que l'on a si justement appelé « la chasse aux Prussiens (1). » Ainsi livrées à leurs seules ressources, ces milices ne pouvaient soutenir longtemps une lutte sérieuse et attiraient sur tous les points où elles se montraient les représailles de l'ennemi. Il s'ensuivait que de petites villes ou des bourgades étaient bombardées, livrées au pillage et souvent mises à contribution, quelques-uns de ses habitants battus cruellement et même fusillés sous le prétexte qu'ils avaient abrité des francs-tireurs, ou qu'ils devaient être de connivence avec eux. C'est ainsi que l'on vit de malheureuses populations punies, comme celles de Mézières, près de Mantes, Bréval, Longchamps, Hébécourt, Bazincourt, Fontenay, Guitry, Mouflaines, Forêt-la-Folie et d'autres encore, pour des faits de guerre qu'elles ne pouvaient ni mora-

(1) *La Guerre dans l'Ouest*, par Rolin.

lement, ni matériellement empêcher. Les représailles des Prussiens étaient iniques, abominables, indignes d'une nation civilisée, et ils le reconnurent plus tard; mais il convient de remarquer aussi que les corps francs eurent tort d'exposer ainsi à la fureur de ces Teutons les localités qu'ils ne pouvaient défendre, sachant bien les conséquences qui en résulteraient pour elles.

Il faut cependant pour être juste, tenir compte à ces francs-tireurs de leur dévouement à la patrie, de leur bonne volonté, et se rappeler qu'ils avaient tout quitté : foyer, famille, etc., pour défendre nos contrées envahies. « Ils ne trouvaient pas toujours chez leurs compatriotes l'accueil auquel ils avaient droit. Il est arrivé plus d'une fois qu'après une marche difficile, ils se virent refuser le pain et le feu. De là quelques excès qu'on exagéra. » (Ch. Dehais).

Les francs-tireurs « ne peuvent pas être rendus responsables, au moins dans un grand nombre de cas, des suites de leurs périlleuses expéditions. Leur mission était de battre le pays, non en espions, mais en soldats qui se servent de leurs armes quand ils en trouvent l'occasion.

» Ce sont les Prussiens qui doivent porter, moralement, la peine des atroces représailles qu'ils exercèrent contre des populations innocentes. Ils affectaient de s'acharner après les francs-tireurs auxquels ils refusaient la qualité de belligérants.

» Mais dans la pratique, peu leur importait d'où venait la résistance. N'ont-ils pas canonné Mantes, Vernon, Pacy, Évreux, pour ainsi dire sans aucun motif que leur bon plaisir ?

» Le 31 décembre, un mois après les combats de Bizy et de Blaru, ne frappèrent-ils pas la ville de Vernon d'une contribution de 20,000 francs, payable dans les vingt-quatre heures, à cause de la conduite hostile de ses habitants envers les troupes allemandes...

» Lorsque le général Briand reprit Étrépagny, il avait

une petite armée; il était donc dans une situation aussi régulière que possible. Cela n'empêcha pas les Saxons d'y mettre le feu, de sang-froid, le lendemain de leur défaite, sous le prétexte que la population les avait trahis...

» Je ne cite que des exemples que nous avons eu sous les yeux; mais l'histoire de cette guerre en fourmille. Bref, nos implacables ennemis étaient arrivés à ce point d'aveugle surexcitation qu'ils nous déniaient le droit de nous défendre et imputaient à crime toute espèce de résistance, de quelque part qu'elle vînt (1). »

Le 1er Régiment des Éclaireurs de la Seine.

Parmi les corps francs qui ont stationné ou guerroyé dans la contrée, il faut citer : les francs-tireurs du Havre, de Seine-et-Oise (capitaine Poulet), de Caen, d'Ivry-la-Bataille, la compagnie des guérillas rouennais, les éclaireurs de l'Eure, de Normandie et le 1er régiment des éclaireurs de la Seine (colonel Mocquard), lequel laissa parmi nous des souvenirs qui méritent d'être recueillis, car il a fait preuve de qualités militaires remarquables et d'un admirable dévouement.

Organisé à Paris par décret du 11 août 1870, ce régiment se composait, au début, de deux bataillons à six compagnies de cent hommes chacune; mais après Sedan, les épaves du 1er bataillon, soit une centaine d'hommes, allaient rejoindre le second, qui se trouvait à Charleville, sous le commandement du chef de bataillon Fabry.

Le lieutenant-colonel Mocquard qui avait pris la direction des deux bataillons se rendit ensuite à Mézières, où il séjourna une quinzaine de jours; mais ennuyé de rester sans combattre, il résolut de se rapprocher de Paris. Profitant de ce que Mézières avait conclu un armistice afin de permettre l'évacuation des blessés sur la Belgique, il quitta cette ville le 18 septembre pour se rendre à Rouen

(1) *L'arrondissement de Louviers pendant la guerre de 1870-71*, par Gefrotin.

et y arriva le 20. Le lendemain, les éclaireurs de la Seine, prenant le chemin de fer, firent leur entrée à Mantes vers huit heures du soir.

A cette date, les Prussiens battaient la campagne aux environs de cette ville; on les signalait au bourg de Mézières, situé à 7 kilomètres sur la route de Paris, faisant main-basse sur des voitures chargées des fusils de la garde nationale qu'on voulait précisément leur soustraire, et les laissant, toutefois, jusqu'au lendemain entre les mains du maire de cette bourgade, qui en assumait la responsabilité. Le 22, dans la matinée, ils revinrent chercher les armes, mais dans l'intervalle elles avaient été enlevées par des francs-tireurs de Mantes et des environs. De plus, lorsqu'ils se présentèrent, ils furent reçus à coups de fusil et durent s'enfuir en emmenant deux des leurs mortellement atteints.

L'ennemi revient bientôt en force, ayant à sa tête le général de Bredow, et commence à *fouiller* le village avec son artillerie. Pendant une heure il canonne ce malheureux pays, le traverse, pille une vingtaine de maisons, met le feu à plusieurs endroits et se dirige vers Mantes. La moitié du village devient la proie des flammes. Le lendemain, sous les décombres d'une maisonnette située à gauche de l'église, on retire six cadavres entrelacés les uns dans les autres : le père, la mère et quatre enfants. Ces malheureuses victimes de la barbarie prussienne avaient trouvé la mort dans la cave où elles s'étaient réfugiées.

A Mantes, on apercevait les lueurs de l'incendie qui embrasait l'horizon; aussi, les éclaireurs de la Seine voulaient-ils voler au secours des habitants de Mézières, mais les autorités locales vinrent les supplier de n'en rien faire, et, bien plus, de rétrograder au plus vite hors la ville pour ne pas attirer sur elle les mêmes représailles qu'au pays voisin. En présence de dispositions aussi pacifiques, le lieutenant-colonel Mocquard prit le parti de quitter Mantes et de diriger ses hommes sur Vernon, avec l'espérance d'un prochain retour.

Vers cinq heures du soir, les Allemands sont aux portes de Mantes et lancent sur la ville une douzaine d'obus, tandis qu'un détachement d'infanterie bavaroise se dirige vers les deux gares pour les saccager. A la gare de bifurcation, plusieurs employés sont blessés, d'autres sont emmenés comme ôtage. La population affolée s'enfuit dans le bois de Rosny, certaines personnes vont même se réfugier à Vernon. Satisfait sans doute d'avoir bombardé une cité ouverte, le général de Bredow se retire et retourne à son cantonnement installé dans la forêt des Alluets; il traverse les ruines fumantes du bourg de Mézières et peut contempler à son aise son œuvre de destruction.

Le 23, les éclaireurs de la Seine quittent Vernon et vont s'établir dans la forêt de Rosny; le 25, ils occupent le parc du château de Magnanville, et le 28 entrent à Mantes, chassant devant eux les fourrageurs ennemis. Ce jour-là, un des leurs, le capitaine Guillaume, accomplit seul une promenade à cheval pour explorer les environs; il aperçoit à Epône, dans la cour d'une auberge, quatre uhlans qui avaient mis pied à terre et absorbaient un verre de cognac. Sans hésiter et prompt comme l'éclair, il se jette sur eux, fait feu de son revolver et les disperse. Il s'empare alors des quatre chevaux et les ramène à Mantes aux applaudissements des habitants qui le voient rentrer dans cet équipage.

Le 29, les éclaireurs vont cantonner à Maule, en arrière de la rivière de la Mauldre et de la forêt des Alluets. Ils s'approchent de Paris, mais ne peuvent aller plus loin, car la ligne d'investissement — très forte en ce moment de Saint-Germain à Versailles — est impénétrable. Pendant ce temps, les Prussiens avaient levé le camp des Alluets pour se retirer vers Saint-Germain, sur la lisière de la forêt de Marly; et cette retraite avait pour but, comme on le verra plus loin, de préparer une nouvelle expédition contre Mantes, non seulement afin de chasser les francs-tireurs qui devenaient de plus en plus entreprenants, mais encore de s'emparer de cette ville et de s'y établir.

Cependant les deux bataillons des éclaireurs de la Seine se répandent aux environs « notamment à Ecquevilly, où ils tirent sur une patrouille du 10ᵉ hussards, à laquelle ils prennent un homme et deux chevaux, et aux Alluets, où deux cents des leurs passsent la nuit : aucune troupe française ne devait s'approcher aussi près de Paris pendant l'investissement » (Rolin), puisqu'elle ne se trouvait plus qu'à huit lieues à peine de la capitale. Le 30, dès le petit jour, les troupes sont échelonnées sur une étendue de plusieurs kilomètres et embusquées dans des bouquets de bois, de façon à former un carré ouvert du côté des Prussiens et attendent l'ennemi, qui ne tarde pas à paraître. Une première patrouille composée de 3 dragons du 13ᵉ régiment se présente aux Alluets, elle est assaillie par les francs-tireurs qui blessent mortellement un cavalier et tuent un cheval; d'autres reconnaissances viennent successivement à la découverte, elles reçoivent le même accueil que la première et sont en partie détruites. A un moment donné, on aperçoit des chevaux sans cavaliers fuyant dans toutes les directions. On ne fit que deux prisonniers et on sut par eux qu'ils précédaient une forte colonne de cavalerie, d'infanterie et d'artillerie.

En effet, vers onze heures, une avant-garde prussienne était signalée à deux kilomètres en avant des Alluets. Il n'y avait plus à en douter, nos troupes allaient avoir affaire à forte partie, aussi fallut-il en toute hâte changer la disposition de combat des compagnies, afin de présenter plus de résistance à des forces qui paraissaient devoir être considérables. Bientôt l'artillerie ennemie décela sa présence en envoyant des obus sur le village des Alluets et dans les bois où les francs-tireurs s'étaient réunis, et pendant plusieurs heures, elle ne cessa de tonner, mettant le feu à quelques habitations du pays, mais ne causant en somme que des dégâts matériels. Faute d'artillerie, les nôtres ne pouvaient riposter utilement; cependant, par des feux de salve bien nourris, ils maintenaient à distance l'infanterie bavaroise qui s'efforçait de se mettre en ligne.

Les éclaireurs de la Seine résistèrent vaillamment jusqu'au moment où, sur le point d'être enveloppés par la cavalerie ennemie, ils durent abandonner la lutte pour se retirer vers Mantes, en passant par Ecquevilly et par Mareil-sur-Mauldre; mais leur retraite ne s'effectua que très lentement, car ils ne cessèrent de tirailler pour contenir l'ennemi et n'arrivèrent à Mantes qu'à dix heures du soir. De leur côté, les Prussiens s'avancèrent jusqu'à Maule et y passèrent la nuit. Dans cette journée, les Allemands perdirent un certain nombre d'hommes; aussi à dater de ce jour, vouèrent-ils une haine féroce aux éclaireurs de la Seine, qu'ils appelaient communément *les grandes capotes* (1). Grâce à leur façon intelligente de combattre, les nôtres ne comptèrent que quatre blessés : le capitaine Delamonta et trois hommes.

Les deux bataillons du colonel Mocquard quittèrent Mantes le 1er octobre, dans la matinée, et se retirèrent vers Soindres et Dammartin, suivis par les francs-tireurs du Havre et les guérillas rouennais. Deux heures après leur départ, le général de Bredow faisait son entrée en ville, à la tête d'une colonne composée du 13e régiment de dragons, de deux escadrons du 16e uhlans, de 6 compagnies d'infanterie bavaroise et d'une batterie d'artillerie.

Les francs-tireurs étaient arrêtés près du village de Soindres pour faire la soupe, lorsqu'un employé de la gare de Mantes vint à cheval annoncer l'entrée des Prussiens dans cette ville. Dans le but de surveiller les mouvements de l'ennemi, le lieutenant-colonel Mocquard envoya immédiatement une compagnie d'éclaireurs et

(1) Au départ de Paris, les francs-tireurs avaient été affublés d'une capote longue et large.

une partie des francs-tireurs de Rouen et du Havre occuper les hauteurs de Magnanville. Cette petite troupe eut à subir l'attaque d'une forte reconnaissance venue pour explorer ces parages. Elle se défendit si énergiquement que les Allemands, bien que très supérieurs en nombre, n'osèrent pas s'aventurer davantage et se replièrent. De notre côté, il n'y eut qu'un blessé.

Mais malheureusement cinq francs-tireurs de la Seine qui s'étaient avancés imprudemment furent surpris et fusillés.

« Les Prussiens, furieux contre ces hommes qui, dans cette contrée, leur avaient fait déjà tant de mal, ne tinrent aucun compte de la qualité de troupes régulières qui les couvrait une fois prisonniers. Par la suite, ils ne leur firent aucun quartier, et tous les éclaireurs qui leur tombèrent entre les mains furent passés par les armes. » (Raspail).

On apprit également que près de Mantes, sur la route de Magny, ils firent prisonnier un éclaireur qui s'était réfugié dans une auberge où il se défendit à outrance. Ils se saisirent de sa personne, le pendirent et, pour couronner leur œuvre, mirent le feu à l'auberge !

Ces actes infâmes de lâcheté méritent d'être signalés ; mais ne trouvent-ils pas leur sanction dans ces fameuses proclamations prussiennes des 17 août et 28 septembre 1870, émanant du roi de Prusse et de ses lieutenants :

« — Sera punie de mort toute personne qui, sans appartenir à l'armée française, détruira les ponts, les canaux, rendra les chemins impraticables... ou prendra les armes contre les armées allemandes.

» — Les communes où le crime aura été commis payeront une amende équivalente à leurs impôts annuels. »

La proclamation de Clermont-sur-Argonne, du 28 août, est à signaler également ; nous la trouvons reproduite dans les « *Souvenirs de l'invasion prussienne en Normandie*, de M. le baron Ernouf :

« Le général en chef porte à la connaissance des habitants, que tout individu tombé au pouvoir de nos troupes ne sera traité en prisonnier de guerre que s'il justifie, par pièces probantes, qu'il appartient à un corps régulier. Il faut, de plus, que la qualité de militaire soit constatée nettement par des détails d'uniforme qui puissent être facilement distingués à l'œil nu et à portée de fusil. Les individus armés qui ne rempliront pas toutes ces conditions ne seront pas considérés comme prisonniers de guerre. Ils passeront en conseil de guerre et seront condamnés, pour le moins, à la peine de dix ans de travaux forcés qu'ils subiront en Allemagne, à moins qu'ils n'aient commis quelque crime qui mérite un châtiment encore plus sévère. »

Plus tard, dans l'Eure, le colonel prussien de Rosemberg écrivait (23 novembre) : « Tout individu habillé en civil qui sera surpris armé, ne sera pas traité en soldat, mais en assassin et puni de mort. »

La proclamation du général von Goeben, commandant le 8ᵉ corps d'armée, affichée à Rouen, lors de l'occupation de cette ville, est la reproduction plus ou moins textuelle des proclamations ci-dessus. Elle débute ainsi : « En vertu de l'article 18, partie 2, du Code pénal militaire prussien, il sera établi pour le district du 8ᵉ corps d'armée des conseils de guerre qui jugeront tous ceux qui auront sciemment porté préjudice aux troupes de la confédération de l'Allemagne du nord et des États alliés, ou qui auront secondé avec préméditation l'armée française. »

Les éclaireurs de la Seine établirent leur camp dans un bois situé à 800 mètres environ en arrière du village de Dammartin (13 kilomètres de Mantes). La grand'garde fut placée dans le pays même, malgré la protestation des autorités locales qui ne voulaient pas la recevoir dans la crainte de représailles de la part de l'ennemi.

On devait passer la nuit dans ces conditions, mais,

vers 11 heures du soir, on apprenait qu'une avant-garde prussienne, venue de Mantes, se trouvait à un kilomètre du village. Sans nul doute, l'ennemi allait prendre ses dispositions pour attaquer ou plutôt pour cerner le camp français. « Du bord du bois, des officiers, aux écoutes, distinguaient dans le calme de la nuit le roulement des pièces d'artillerie sur les routes, à droite et à gauche du bois. » (Raspail.)

En peu de temps, les hommes furent réveillés sans bruit, et une demi-heure après le camp était levé. Les francs-tireurs se replièrent sur Vernon, où ils arrivèrent dans la matinée exténués de fatigue. Ils ramenaient avec eux le maire de Dammartin, ses deux fils et l'adjoint, qui avaient refusé d'obéir aux injonctions du colonel Mocquard, relativement à une réquisition de chevaux et voitures, et, chose plus grave, ils étaient accusés de trahison. Disons, de suite, que cette accusation sembla dénuée de fondement, puisque les quatre personnes en question furent remises en liberté le lendemain (2 octobre), par ordre de l'autorité supérieure

A cette époque, le général Delarue, commandant la subdivision territoriale, était chargé de la défense de l'Eure. Il se trouvait sous les ordres du général Gudin, commandant la 2e division militaire à Rouen, mais, en réalité, se trouvait sous la dépendance des Comités de défense du département. Il n'avait à sa disposition que le 39e régiment de la garde mobile de l'Eure (lieutenant-colonel d'Arjuzon), auquel vint s'adjoindre le 1er régiment des éclaireurs de la Seine, soit un ensemble de moins de 4,000 hommes, sans cavalerie ni artillerie.

Lorsque les francs-tireurs Mocquard firent leur entrée à Vernon, ils allèrent renforcer le 1er bataillon de mobiles de l'Eure (commandant Guillaume), qui, depuis le 22 septembre, occupait la forêt de Bizy; mais, le 4 octobre, ils reçurent l'ordre de quitter cette ville et de se retirer vers Rouen. Après différents voyages à Heudebouville, à Louviers, à Pont-de-l'Arche, nous les retrouvons à Gaillon, le 15, procédant à la réorganisation du régiment, qui ne possédait plus qu'un contingent de 720 hommes. On le forma de 3 bataillons à 4 compagnies de 60 hommes chacune. M. Mocquard fut nommé colonel, le commandant de Fabry, lieutenant-colonel, et les capitaines Guillaume, Lamy et Halbout, chefs de bataillon. Puis on convint d'augmenter l'effectif des compagnies, en recrutant des volontaires dans les localités où le régiment passerait.

Le 16, les éclaireurs de la Seine étaient à Vernon et, le 17, à Pacy-sur-Eure, où quelques jours auparavant les Prussiens avaient séjourné; le 19, ils s'établissaient au centre du bois d'Hécourt, dans le but de couvrir Evreux, fortement menacé, et de mettre un terme aux nombreuses réquisitions faites par l'ennemi; trois jours après (le 22), ils prenaient la plus large part au combat de Villegats-Hécourt où, avec l'aide des mobiles de l'Eure et de l'Ardèche, ils infligeaient aux Allemands une sanglante défaite. On trouvera plus loin, dans la deuxième partie, le détail des péripéties de cette lutte, dans laquelle nos soldats se comportèrent vaillamment, malgré l'infériorité du nombre et des armes.

Le combat de Villegats avait calmé l'ardeur belliqueuse des Prussiens qui, à dater de ce jour, ne manifestèrent plus contre nous aucune intention agressive, et restèrent à Mantes, se contentant d'envoyer quelques reconnaissances de cavalerie réquisitionner dans les environs. Mais le colonel Mocquard ne pouvait rester ainsi dans l'inaction; il résolut, par un coup de main habilement combiné, de déloger l'ennemi de Mantes et de s'emparer de son artillerie. La colonne partit le 3 novembre, mais malgré toutes les précautions possibles elle ne put éviter les engagements de Boissy-Mauvoisin et de Ménerville, et lorsqu'elle arriva en vue de Mantes, elle apprit que le général de Redern qui l'occupait s'était replié dans la direction de Vert, laissant son artillerie sur les hauteurs de Magnanville et menaçant de bombarder la ville si les nôtres continuaient leur mouvement en avant. Dès lors, le colonel Mocquard crut devoir renoncer à pousser plus loin son expédition et regagna ses cantonnements (1).

Le 13 novembre, après un séjour de près d'un mois, les éclaireurs de la Seine recevaient l'ordre de quitter le camp d'Hécourt et de se retirer vers Rouen. Les habitants de Pacy et des environs les virent partir à regret, car ils avaient une grande estime en ces hommes courageux, résolus, qui les protégeaient contre les entreprises de l'ennemi et « s'ils s'en vont, disaient-ils, les Prussiens ne tarderont pas à reparaître. » En effet, trois jours après, ces derniers renouvelaient leurs démonstrations, en commençant par Evreux, que par suite le général de Kersalaün abandonnait sans coup férir.

Le 25, nous retrouvons les Mocquards sur la rive droite de la Seine, à Ménesqueville, faisant partie de l'armée du général Briand établie dans la vallée d'Andelle; le 27, ils sont à Lyons-la-Forêt et, le 29, à Longchamps. Ils prennent part à l'expédition de nuit dirigée contre Gisors et forment l'une des trois colonnes d'attaque : elle est la seule qui arrive au poste qui lui est assigné, entre Trie-Château et Gisors, après beaucoup de difficultés et une marche de 25 kilomètres.

Le 4 décembre, le colonel Mocquard est à Buchy; il soutient avec ses francs-tireurs et le 5ᵉ bataillon de marche l'effort de l'armée de Manteuffel, qui s'avance vers Rouen; mais, après un combat très meurtrier dans lequel il perdit 70 hommes, tant tués que blessés, il dut battre en retraite. Le lendemain, par suite de l'abandon de la capitale normande, il prend la direction de Pont-Audemer, Honfleur, et gagne le Havre par bateau (7 décembre). A dater de ce jour, et jusqu'au 7 mars, il

(1) Voir, 2ᵉ partie, expédition contre Mantes.

fit partie de l'armée du Havre, et son régiment ne fut pas le dernier à courir aux avant-postes.

A la fin des hostilités, les Mocquards reprirent le chemin de fer pour Paris, laissant en route les volontaires de la Seine-Inférieure et de l'Eure. Ils avaient quitté la capitale au nombre de 1,200; à leur rentrée, ils n'étaient plus que 392.

De tous les corps francs qui prirent part à la défense de la Normandie, les éclaireurs de la Seine étaient de ceux dont la bravoure fut souvent mise à l'épreuve. Sous leurs longues capotes, nous les vîmes affronter les rigueurs de la saison sans proférer une plainte, sans récriminations. Excellents compagnons de route, ils offraient le type du Parisien des faubourgs, gouailleurs, débrouillards, à la repartie vive, toujours gais, mais aussi toujours prêts à marcher, à combattre.

Celui qui les commandait était un homme de 35 ans environ, aux cheveux grisonnants, à la physionomie sympathique, mais dont l'ensemble respirait l'énergie froide et calculée. On devinait en lui une nature tenace. Huit décorations étalées sur sa poitrine indiquaient suffisamment ses états de service. Il avait refusé le grade de général pour se consacrer à l'organisation de son régiment de volontaires. Et, chose rare à cette époque, le fils de l'ancien secrétaire particulier de Napoléon III avait laissé de côté toute politique pour ne s'occuper que de la défense de notre pays envahi.

Le colonel Mocquard (Victor-Dominique-Camille-Ernest), officier de la Légion d'honneur, était un ancien commandant de spahis. Il avait pris part aux expéditions de Crimée, d'Italie et de Chine.

Il est mort le jeudi 24 décembre 1896, en son château de Lapouche, près Eauze (Gers), à l'âge de 62 ans.

Avant de clore ce chapitre, disons un mot de la gendarmerie de l'Eure, qui prit une part active aux opérations militaires. Mobilisée dès le début de la guerre, elle fournit un capitaine, un lieutenant et 13 gendarmes aux prévôtés de l'armée du Rhin. En outre, elle envoie 15 hommes pour contribuer à la formation des régiments à pied et à cheval de Paris.

Au commencement d'octobre, les brigades de l'arrondissement de Louviers sont dirigées sur Vernon où, sous les ordres du capitaine Riffard, elles sont employées au service d'éclaireurs sur la rive gauche de la Seine, tandis que les autres brigades sont attachées à la division Duval, qui occupe Chartres et Houdan, ou aux bataillons des mobiles de l'Eure et de l'Ardèche chargés de la défense de la ligne de l'Eure.

Le 17 novembre, la compagnie du département fournit de nouveau 2 officiers et 33 gendarmes pour la formation du régiment de gendarmerie à pied et du 2e régiment à cheval de l'armée de la Loire (21e corps), si bien que le chef d'escadron Chable, commandant la compagnie ne dispose plus que de 127 gendarmes, qui fournissent au corps d'armée du général Roy des éclaireurs précieux lors des affaires de Château-Robert et Bourgtheroulde (4 janvier). On verra, d'autre part, la belle conduite tenue par un gendarme lors du bombardement de Vernon et, s'il fallait citer tous ceux qui furent mis à l'ordre du jour de la Légion pour leur belle et courageuse conduite, nous irions au delà du but que nous nous sommes assigné dans cet ouvrage. Bornons-nous à indiquer la mise à l'ordre du gendarme Lambrecht (plus tard appariteur à Vernon), qui avec le concours de ses collègues Leclerc, Dreillard et Baillat, enlèvent et font prisonniers un sous-officier et deux cavaliers ennemis venus en reconnaissance à Pitre; puis celle du brigadier Roth, des gendarmes Martin et Suzarrini « pour leur belle conduite devant l'ennemi, en décembre 1870, dans un engagement près de Vernon ».

CHAPITRE IX

Administration municipale de Vernon. — Renouvellement du Conseil (6 août 1870). — Commission administrative. — Délibérations diverses. — Comités de défense. — Leurs pouvoirs. — Mesures incomplètes. — Armes et munitions.

En dépit des circonstances graves que nous traversions, la municipalité vernonnaise se montra toujours à la hauteur de sa tâche. Toute dévouée aux intérêts de la ville, elle ne faillit pas un seul instant, et resta courageusement à son poste, malgré la situation difficile — parfois pénible — que lui firent les événements. Nous sommes d'autant plus heureux de rendre ici hommage à nos dignes représentants qu'ils surent demeurer constamment unis lorsqu'il s'agit de lutter pour la défense de notre pays menacé, bien que professant en politique des opinions différentes.

Le 6 août 1870, les électeurs de Vernon furent appelés à procéder au renouvellement du Conseil municipal, lequel, le 26 du même mois, s'installait à l'hôtel de ville. Il se composait ainsi : MM. d'Albuféra, *maire*; Roycourt, Garnuchot, *adjoints*; Morin, Le Marchand, Duval, Hurel, Hurlot, Loyer, Lemercier, Lock, Pichou (Amand), Prévost, Renoult, Vattier, Prieur, Blin, Gaumont, Dumesnil, Pichou (Désiré) et Bailly, *membres du Conseil*.

Quelques jours après la déchéance de l'Empire, un décret du gouvernement de la Défense nationale (16 septembre) convoquait les électeurs, au 25 septembre, pour le renouvellement des conseils municipaux. La nomination des maires et adjoints par les conseils élus devait avoir lieu le 29. Les élections pour l'Assemblée constituante étaient fixées au 2 octobre. Mais la marche des Prussiens vers Paris, son investissement survenu quelques jours après la date de ce décret, ne permirent pas d'y donner suite. Un autre décret de la délégation de Tours, du 24 septembre, ajourna les élections et admit le principe du remplacement des administrations actuelles par des commissions municipales de trois ou cinq membres nommés par le Préfet.

Par suite du départ momentané de M. le duc d'Albuféra, qui avait fixé sa résidence à Paris, le Conseil municipal de Vernon, dans sa séance du 14 septembre, procéda à la nomination de trois membres chargés d'exercer les fonctions attribuées au maire. Furent désignés : MM. Morin, Garnuchot et Pichou (Amand). Un arrêté du Préfet de l'Eure, du 16 septembre, approuvant ce choix, nommait maire de Vernon, M. Morin et adjoints au maire, MM. Garnuchot et Pichou.

Lors du renouvellement des conseils municipaux, en mai 1871, la plupart des membres de l'ancienne municipalité vernonnaise furent réélus, comme on le remarquera par les noms suivants : MM. Morin, *maire*; Bourdet et Dubois, *adjoints*; Garnuchot, Blin, Lemercier, Bailly, Hurel, Renoult, Lock, Vattier, Prieur, Le Marchand, Saintard, Laniel, Dumesnil, Prévost, Suchet duc d'Albuféra, Gallotti et Liénard, *membres*.

Voici quelques extraits des délibérations du Conseil municipal, relatives à la question de la Défense nationale, depuis le 25 juillet 1870 jusqu'à fin décembre 1871 :

Séance du 25 juillet 1870. — *Souscription nationale pour l'armée.* — Le Conseil décide qu'une souscription sera ouverte à Vernon, que le produit de celle-ci sera envoyé moitié à la Société Internationale en faveur des blessés de l'armée et l'autre moitié au Ministre de la Guerre, dans le but de secourir les familles qui vont se trouver privées de ressources par suite du départ des militaires de la réserve et des gardes mobiles.

Séance du 9 septembre. — *Eclairage de la ville.* — Autorise, pendant la durée de la guerre, éclairage supplémentaire depuis 11 heures du soir jusqu'à 5 heures du matin pour faciliter la surveillance et la police de la ville.

Garde nationale en formation. — Reconnaît qu'il est de toute nécessité de faire face aux premiers frais d'organisation, notamment en ce qui concerne les postes. Vote une somme de 1,000 fr., à titre de provision.

Séance du 25 septembre. — *Habillement des gardes nationaux*. — M. le Maire propose qu'il soit immédiatement procédé à l'habillement par la ville de quinze hommes par compagnie de la garde nationale (de 20 à 40 ans). De cette façon, en cas de mobilisation, la garde nationale pourra fournir de suite un contingent de 90 hommes en uniforme. Le Conseil approuve et vote à cet effet 2,500 fr. Il vote également 500 fr., pour secours imprévus.

Séance du 29 septembre. — Par suite des circonstances graves qui nécessitent des dépenses urgentes à faire par la ville pour coopérer dans la mesure de ses ressources à la défense nationale, le Conseil vote les sommes suivantes :

3,500 fr., pour habillement, armement et dépenses diverses de la garde nationale ;

1,000 fr., pour secours au bureau de bienfaisance ;

3,000 fr., à titre d'avance à M. le Maire, afin de pourvoir à ses dépenses imprévues et urgentes et dans la prévision d'une impossibilité de se procurer des fonds à la caisse municipale.

Séance du 13 octobre. — Nomme commission chargée de procurer du travail aux ouvriers nécessiteux.

Séance du 18 octobre. — Approuve établissement de six réverbères à Vernonnet, par suite de la destruction du pont.

Séance du 28 octobre. — *Défense nationale*. — M. le Maire donne lecture d'une lettre, en date du 24 octobre, par laquelle M. le Préfet l'informe que déjà plusieurs communes ont voté des fonds pour des achats d'armes et de munitions ; mais qu'elles ne sauraient effectuer directement ces achats, soit à l'intérieur, soit à l'étranger, sans entraver l'action du Gouvernement, auquel elles créeraient ainsi une sorte de concurrence. « Que dès lors les fonds que la commune serait disposée à voter, ou aurait déjà votés, pour participer à la défense nationale, doivent faire l'objet d'un crédit spécial à intituler : Dépenses occasionnées pour la Défense nationale. » — En conséquence, c'est donc à ce titre que le Conseil municipal vote une somme de 1,000 fr., sauf à l'Administration à statuer ultérieurement sur le mode d'emploi. Cette somme sera prélevée sur celle de 3,000 fr., votée le 29 septembre.

Nomme commission pour l'établissement de fourneaux économiques.

Séance du 31 octobre. — Le Conseil vote, jusqu'à concurrence de 24,000 fr., les sommes qui deviendraient nécessaires pour solder les dépenses. Le tout à prendre par virements de fonds sur l'article 101 du budget de 1870.

Séance du 2 novembre. — Nomination de M. Charbonnier, comme commissaire de police.

Séance du 6 novembre. — *Adresse au Gouvernement en présence du vote de la population parisienne.* — Au nom des habitants de Vernon et en attendant le vote universel de la France,

L'Administration et le Conseil municipal s'empressent de s'associer à la manifestation de l'immense majorité de la population parisienne en faveur du Gouvernement de la Défense nationale.

La France en péril sera heureuse de penser que sa chaleureuse adhésion apporte au pouvoir toute la force nécessaire pour que son énergie doublée puisse à la fois vaincre l'ennemi et réprimer les criminels attentats dirigés contre la liberté de tous.

Séance du 9 novembre. — Approuve souscription à titre d'avance pour procurer à la ville les sommes dont elle a besoin.

Séance du 26 décembre. — Porte à 50,000 fr. le chiffre de la souscription.

Nomme commission chargée de l'examen des réclamations relatives aux réquisitions prussiennes.

Séance du 19 janvier 1871. — A cause des événements de la guerre qui ont imposé à la ville des charges nouvelles, la somme de 50,000 fr. précédemment fixée, au prêt volontaire de la part des habitants, sera élevé à 100,000 fr.

Les plus imposés seront convoqués pour régulariser cet emprunt.

Paiement de diverses fournitures faites aux Prussiens.

Séance du 22 janvier. — Le Président du Conseil fait savoir que, selon ses informations, les thalers reçus par la ville pourront être changés à 4 % à Beauvais et peut-être plus avantageusement à Rouen. M. Blin n'ayant pu obtenir à Saint-Germain qu'un change de 6 %, MM. Hurlot, Hurel et Lemercier sont chargés de cette négociation.

M. Pérignon, de Brécourt, fait don d'une somme de 500 fr. pour le soulagement des femmes et des enfants privés, par suite de la guerre, de leurs maris et de leurs pères.

Les membres de la Commission des fourneaux économiques, adjoints aux administrateurs du bureau de bienfaisance emploieront sur le champ cette somme selon sa stricte affectation.

Vote des remerciements à M. Pérignon.

Séance du 30 janvier. — *Réquisition prussienne*. — M. le Maire communique au Conseil un ordre de réquisition de denrées, chevaux, etc., qu'il a reçu du Préfet prussien et qui frappe le canton de Vernon. Le produit de cette réquisition doit être rendu aux magasins prussiens à Evreux dans le délai maximum de huit jours. Les maires du canton ont été convoqués pour demain mardi afin de s'entendre sur la part contributive de leur commune. M. le Maire propose d'y adjoindre une commission de six membres pour ce qui concerne la ville de Vernon. — Approuvé.

Vote une somme de 200 fr. destinée à venir en aide aux mobilisés et aux engagés volontaires de Vernon.

Lecture d'une lettre d'un mobilisé de Vernon qui expose le dénûment dans lequel se trouvent la plupart des mobilisés et engagés volontaires.

Séance du 8 février. — *Réquisition prussienne*. — Le 13ᵉ corps de l'armée allemande ayant sommé la ville de payer le douzième du principal des contributions et celle-ci ne pouvant se soustraire à cette exigence accompagnée de menaces, le maire est autorisé à verser, le 10 février, le montant de cette réquisition de guerre.

Séance du 19 février. — *Perception d'un droit de stationnement au profit de la commune*. — M. le Maire expose que depuis la rupture du pont de pierre qui reliait Vernon à Vernonnet, il n'existe plus de communication entre les deux rives de la Seine ; que le passage en bateau est le seul moyen employé actuellement pour communiquer rapidement.

Le Conseil décide d'établir un droit de stationnement à raison de 1 fr. par jour, basé sur une surface de 10 mètres superficiels pour chaque bateau, soit pour un bateau 7 fr. par semaine, et à la condition expresse que chaque bateau sera mis à la disposition du public tous les jours.

Le produit de ce droit sera versé en entier à la caisse du bureau de bienfaisance de Vernon. Ce droit ne serait perçu que momentanément jusqu'au rétablissement des communications entre Vernon et Vernonnet.

La présente délibération sera soumise à l'approbation de M. le Préfet.

Séance du 25 février. — *Contribution de guerre.* — M. le Maire expose que l'autorité prussienne avait imposé au département de l'Eure une contribution de guerre de quinze millions payable dans des délais si rapprochés qu'il était impossible de l'acquitter, qu'une délégation du Conseil général ayant été chargée de faire les démarches à Versailles pour demander l'annulation de cette contribution, elle a pu obtenir la suspension provisoire des mesures de rigueur et une réduction qui avait fixé cette contribution à cinq millions dont un million devrait être acquitté le 23 courant.

Que par suite de nouvelles démarches faites par la délégation, une autre réduction fixant la contribution de guerre à trois millions a été obtenue sous la condition d'acquitter le dernier million le 4 mars prochain.

Que ledit jour (23 février) une somme de 18,000 fr. a été versée par la ville de Vernon à valoir sur cette contribution de guerre ainsi réduite à trois millions et qu'il y a lieu aujourd'hui d'examiner s'il faut obtempérer à la demande prussienne et compléter la somme qui sera fixée pour la part à la charge de la ville.

Après délibération, il a été décidé de verser entre les mains du Conseil général la somme qui sera demandée et de faire de nouveau appel à la bonne volonté des habitants pour obtenir d'eux des avances.

Perception des impôts. — M. le Maire explique que pour faire face aux impôts directs et indirects exigés par l'autorité prussienne, il serait utile de percevoir à la Mairie les quatre contributions. — Autorisé.

SÉANCE DU 21 MARS. — *Établissement d'un bac sur la Seine.*
Autorise achat d'un bac à M. l'Ingénieur de la navigation pour le transport des lourds fardeaux, moyennant 3,000 fr.

Lecture est faite de deux lettres de M. le Préfet, qui demande la production des chiffres des réquisitions prussiennes. Ces chiffres se montent à 80,217 fr. 80.

La seconde lettre demande la somme totale des dégâts, pertes et exigences légales ou autres qu'à subis la commune.

On peut estimer à 300,000 fr. le chiffre des pertes totales que Vernon a eu à essuyer.

SÉANCE DU 4 AVRIL. — *Fourneaux économiques.* — M. Bourdet, membre trésorier de la Commission des Fourneaux économiques rend compte que 1,812 fr. 87 sont nécessaires pour couvrir les frais de cette administration.

Les dépenses se sont élevées à 5,420 fr. 32, tandis que les recettes n'ont été que de 3,607 fr. 45.

Le Conseil autorise le paiement de cette différence.

Pétition des prisonniers civils en Allemagne. — M. le Maire communique pétition d'habitants de Vernon récemment prisonniers civils en Allemagne, lesquels réclament le paiement à chacun d'eux :

1º de la somme de 6 fr. allouée aux mobilisés qui ont été déplacés de Vernon à Bernay ; 2º le remboursement à chacun d'eux du prix du voyage de Paris à Vernon après la libération des prisonniers.

Prenant en considération la situation douloureuse où ces concitoyens se sont trouvés pendant plus de trois mois et la gêne qui est résultée de leur absence pour la famille de la plupart d'entre eux ; considérant aussi que ces prisonniers sont revenus dans un état de santé qui ne permet pas au plus grand nombre de reprendre activement les travaux,

Le Conseil s'associe cordialement aux souffrances des victimes de ce malheureux événement et décide, à l'unanimité, que pour réparer, autant que possible, les effets matériels de cette calamité, une somme de 1,500 fr., prélevée sur les fonds extraordinaires, sera partagée entre les prisonniers.

MM. Blin, Bailly, Dumesnil, Masurier, Le Marchand sont chargés de procéder au partage de cette répartition.

SÉANCE DU 12 AVRIL. — *Situation financière de la ville.* — Étude d'un projet d'emprunt.

La commission chargée de l'étude d'un projet d'emprunt a examiné avec soin les nombreux mémoires, réquisitions et pièces de toute espèce.

Il reste à solder pour dépenses relatives à la guerre	44.873ᶠ »
Montant des avances volontaires faites par les habitants....................................	128.800 »
	173.673 »
A déduire en caisse à ce jour.....	21.770 85
	151.902 15

Il convient d'ajouter :
1° Le déficit présumé du budget de 1870................... 38.597ᶠ 85
2° Le déficit de 1871.......... 20.000 »
3° Les frais relatifs à l'emprunt que la ville devra contracter, etc. 12.000 »
4° La somme nécessaire pour solder les travaux de l'égoût 12.000 »

} 82.597 85

Total de la dette de la ville occasionnée par les événements.......................... 234.500ᶠ »

Dépenses de la garde nationale. — M. le Préfet réclame le contingent de la commune dans les dépenses de la garde nationale mobilisée qui s'élève à 26,627 fr.

Séance du 14 avril. — *Avenue de l'Ardèche.* — Pour perpétuer le souvenir de l'action du 22 novembre 1870 et en considération de la bravoure et de la belle conduite des bataillons des mobiles de l'Ardèche pendant leur séjour à Vernon, le Conseil décide, à l'unanimité, qu'à l'avenir, l'avenue de la Maisonnette, depuis le pont du chemin de fer jusqu'à la forêt de Bizy, portera le nom de : *Avenue de l'Ardèche.*

Une expédition de la présente délibération sera adressée à M. le Préfet du département de l'Ardèche avec prière d'exprimer aux courageux soldats qui ont défendu Vernon les sentiments de reconnaissance des habitants de cette ville.

Séance de 24 avril. — M. Manuit demande le remboursement de 501 fr. 80 qu'il a partagés à ses compagnons de captivité en Prusse, laquelle somme, selon lui, était une avance sur une allocation de la ville aux prisonniers de guerre. M. Suchet duc d'Albuféra, présent à cette séance, saisit cette occasion pour apporter son concours personnel aux exigences imposées par cette douloureuse circonstance et offre de verser cette somme de 501 fr. 80, ce qui est accepté avec empressement.

Séance du 23 mai. — Lecture d'une lettre de M. le Préfet de l'Ardèche, adressée à son collègue du département de l'Eure, pour remercier la ville de Vernon d'avoir bien voulu dénommer une de ses rues : *Avenue de l'Ardèche.*

Séance du 4 juin. — Vote d'un emprunt de 250,000 fr. et d'une imposition extraordinaire de 0 fr. 20 pendant les années de 1875 à 1882.

(Ce vote reçut l'approbation préfectorale le 14 juillet 1871).

Séance du 12 septembre. — M. le Président annonce officiellement le décès de M. Morin, maire de Vernon, survenue le 1er septembre.

Cette mort si prématurée et présumablement préparée par les événements néfastes auxquels en vain M. Morin a opposé un louable dévouement, impressionne vivement le Conseil municipal dont les regrets sont unanimes.

Plus tard, dans la séance du 5 novembre, M. Le Marchand est élu maire.

Séance du 27 novembre. — Proposition d'un service commémoratif en l'honneur de ceux qui ont succombé pour la défense de Vernon.

Un membre du Conseil propose qu'un service religieux soit célébré en l'honneur des mobiles de l'Ardèche qui ont glorieusement succombé le 26 novembre 1870 pour la défense de Vernon, et en souvenir de nos concitoyens que la mort nous a ravis dans ces temps infortunés.

Le Conseil, à l'unanimité, décide qu'il assistera à cette solennité qui aura lieu dans l'église de Vernon, à dix heures du matin, le 5 décembre 1871.

Séance du 28 décembre. — Présidence de M. Le Marchand. — M. le duc d'Albuféra a la parole et dit que sur les 100 millions affectés par l'État à la réparation des désastres de la guerre, une somme de 28,953 fr. 35 est attribuée à la commune de Vernon.

Il explique que cette ville a avancé une grande partie des réquisitions faites par l'ennemi aux habitants et qu'elle se trouve ainsi en leur lieu et place. Il lui paraît toutefois qu'il y a lieu d'accorder des dédommagements à quelques personnes se trouvant parmi les plus obérées et qui ont subi soit des réquisitions, soit des pillages ou dévastations ou dont les propriétés ont été atteintes par le bombardement ; comme aussi d'acquitter le prix des fournitures ou travaux qui auraient été faits, sur la demande de l'autorité municipale, par suite des réquisitions de l'ennemi.

Après un examen sérieux, le Conseil décide que les indemnités fixées au tableau qui lui a été soumis seront payées aux personnes y désignées.

Comités de défense. — Leurs pouvoirs. — Mesures incomplètes.

Après le désastre de Sedan, les esprits furent frappés de la facilité avec laquelle les Allemands s'acheminaient vers Paris, sans rencontrer aucun obstacle, sans que leurs convois même soient inquiétés. Il devenait évident que, n'éprouvant aucune résistance de la part des populations, ils seraient en quelques jours aux portes de la capitale, l'entoureraient d'un cercle de batteries, de lignes armées et étendraient ensuite leurs opérations afin de s'approvisionner et de se nourrir. Notre belle et plantureuse Normandie, véritable grenier d'abondance, allait être, à n'en pas douter, l'objet de leurs convoitises et les plaines fertiles du Vexin, les villes de Vernon et de Gisors, situées sur la frontière normande, se trouveraient sous peu à la merci des vainqueurs.

Afin d'opposer une digue à cet envahissement, il se forma à Evreux, dans les premiers jours de septembre, un comité de défense sous la direction de M. d'Orvilliers, ancien capitaine. Des sous-comités se créèrent dans les arrondissements. Certes, l'idée était excellente et les membres de ces comités faisaient acte de patriotisme, mais les instructions qu'ils donnaient manquaient parfois de cohésion et étaient en partie irréalisables. On conseillait, par exemple, aux habitants des campagnes, d'émigrer en masse à l'approche de l'ennemi, « attendu que celui-ci épargnait de préférence les maisons inhabitées, » ce qui était absolument inexact, et d'emmener les chevaux, les bestiaux et les voitures; de couper les routes, de les couvrir d'obstacles de toute nature, etc. On terminait ces instructions par cette péroraison : « Comment l'ennemi emmènera-t-il vos grains, puisqu'il ne trouvera aucun moyen de transport, ni chevaux, ni voitures, ni routes? Le vide devant l'ennemi, c'est la victoire; la victoire dans quinze jours, *sans coups de fusil, par la famine...* »

De plus, le comité d'Evreux eut la prétention d'assigner aux fugitifs de chaque canton des lieux de refuge pour eux et leurs bestiaux. C'est ainsi que les fermiers du canton d'Ecos reçurent l'ordre immédiat de disperser et placer dans la forêt de Vernon leurs bestiaux, voitures, fourrages; ceux des Andelys dans la forêt des Andelys; ceux de Fleury-sur-Andelle dans la forêt de Longboël..., défrichée depuis plusieurs années!!

Ajoutons que les habitants des campagnes n'obéirent pas à ces injonctions. Ils préférèrent rester chez eux, protéger leurs fermes, que de suivre l'exemple de ces émigrés qu'ils hébergeaient, lesquels n'avaient qu'un seul désir au milieu de leurs angoisses : regagner au plus vite leur pays.

Un décret du 14 octobre 1870, organisait plus sérieusement la défense locale et mettait en « état de guerre » tout département dont la frontière se trouvait par quelque point à moins de 100 kilomètres de l'ennemi. Un *Comité militaire* composé de cinq membres au moins et de neuf au plus, fut institué sous la présidence du général commandant le département. Il eut pour but « de donner un point d'appui à l'action des gardes nationaux pour les mettre en état de résister », de retirer les approvisionnements hors de la portée de nos adversaires, et de mettre ces derniers dans l'impossibilité de s'éloigner de leur base de ravitaillement, en somme « de créer autour de l'armée allemande une sorte d'investissement comparable dans ses effets à celui qu'elle-même avait créé autour de Paris... »

« Ce Comité avait tout pouvoir pour organiser la défense dans le périmètre du département. Il désignait les points à défendre, barrait les routes, élevait des fortifications de campagne, en un mot disposait tout pour disputer le passage à l'ennemi. Il avait droit de réquisition sur les personnes et les choses et convoquait les gardes nationaux sur des points désignés... (1) »

Dans nos contrées, ces mesures de défense reçurent une application incomplète, par suite de la rapidité avec laquelle les Allemands y firent leur apparition. Adoptées dans un but des plus louables, elles parurent cependant bien rigoureuses, car les gardes nationaux, les francs-tireurs arrêtaient souvent, sans discernement, des voitures chargées de provisions destinées à l'alimentation de nos villes, de nos campagnes. Faut-il l'avouer, on se prêtait difficilement à ces obligations qui étaient pour la vie sociale une gêne incontestable. Mais il n'y avait pas à discuter, il fallait se plier aux exigences de la guerre en acceptant tous les moyens possibles, imaginables, pour arrêter la marche de l'ennemi, quand bien même le principe choisi pour la défense eût été fort médiocre.

Armes et munitions.

L'infériorité numérique de notre armement a été sans contredit l'une des causes principales de nos défaites. Au début de la campagne, le manque d'armes et de munitions se faisait déjà sentir et on se demandait avec inquiétude quels seraient les moyens à employer pour faire face aux prochaines batailles. Un grand nombre de fusils chassepot

---

(1) *La Guerre en Province,* par Ch. de Freycinet.

et de cartouches fabriquées par l'Empire se trouvaient emmagasinés dans plusieurs villes assiégées, notamment à Strasbourg, à Metz; Paris et Sedan en avaient également, mais le reste du pays n'en possédait pas.

Lorsque les jeunes gens appelés pour former le 3e bataillon des mobiles de l'Eure, dont faisaient partie ceux du canton de Vernon, se rendirent à Evreux, le 16 août, ils furent tant bien que mal équipés et reçurent une *centaine* de fusils à piston avec lesquels chaque compagnie dut s'exercer à tour de rôle. A la fin de ce mois, M. Oscar de Vallée, conseiller d'Etat, envoyé en mission dans le département de l'Eure pour activer les préparatifs militaires, vint passer le bataillon en revue. Il fut satisfait de la tenue des hommes, mais constata avec surprise la pénurie des armes et en informa sur-le-champ le Ministre de l'Intérieur par la dépêche suivante :

» Conseiller d'Etat en mission à Intérieur. — 30 août 1870.

» La mobile (de l'Eure), excellent esprit; pas un fusil; demande des armes; il est inouï qu'elle n'en ait pas. »

Une circulaire qu'il fit afficher commençait ainsi :

« Habitants de l'Eure,

» En arrivant au milieu de vous pour travailler de toutes mes forces, au moyen des pouvoirs qui me sont délégués, à l'armement de vos gardes mobiles et sédentaires, j'apprends avec douleur que vous n'avez pas d'armes. Vous allez en avoir! Je ne quitterai pas Evreux sans que vous en ayez... »

En effet, quelques jours après, soit coïncidence, soit que M. Oscar de Vallée eût donné des ordres, nos mobiles reçurent un millier de fusils à percussion, lesquels — il faut bien l'avouer — se trouvaient dans un fâcheux état. Heureusement qu'ils furent remplacés au commencement d'octobre par des fusils dits à tabatière, à l'époque même où nos soldats quittaient Evreux pour se mettre en campagne. Et plus tard (14 décembre), ils furent échangés à leur tour contre des fusils Snider.

Les gardes nationaux de Vernon, ainsi que ceux des environs reçurent également des armes, mais en nombre insuffisant. Ils durent manœuvrer la plupart du temps avec celles des pompiers ou avec des fusils de chasse ; quelques-uns cependant se procurèrent des chassepots ou des armes étrangères, Snider, Remington ou autres. Mais la situation de l'armement devenait critique au 6 octobre, date à laquelle la cité vernonnaise fut envahie pour la première fois par les Prussiens : ceux-ci firent main basse sur toutes les armes qu'ils purent trouver et ne laissèrent que 60 fusils aux pompiers pour assurer la police de la ville.

De plus, un décret du 11 octobre, relatif à l'organisation de la garde nationale mobilisée, invitait les gardes nationales sédentaires et les pompiers à céder d'urgence leurs armes aux compagnies mobilisées. Par sa circulaire du 4 novembre, adressée aux Sous-Préfets, Maires et chefs de bataillons de la garde nationale du département, le Préfet de l'Eure disait à ce sujet :

« Cette mesure ordonnée par le Gouvernement de la Défense nationale dans une pensée de salut public, doit être appréciée par les populations conformément à la nécessité qui l'a dictée.

» Il ne s'agit point, en effet, de retirer à une partie des citoyens les armes qu'ils possèdent pour les confier à d'autres ; l'unique but du décret a été d'en procurer à ceux qui, les premiers, sont appelés à prendre part à la lutte contre l'étranger, pour que l'armement des mobilisés s'effectue le plus rapidement possible.

» Je comprends, Messieurs, l'importance du sacrifice demandé aux gardes nationaux sédentaires ; mais s'il n'a pas été possible jusqu'ici de pourvoir à un armement complet, j'ai au moins le droit de compter que, grâce aux efforts énergiques du Gouvernement, je pourrai dans un délai très prochain, recevoir de nouvelles armes, en nombre suffisant pour en pourvoir toutes nos populations... »

Cette décision eut pour conséquence de réduire l'effectif — hommes et armes — des compagnies, aussi fut-elle le commencement de leur désorganisation, laquelle devint complète un peu plus tard, par suite des événements.

Signalons que, parmi les troupes qui stationnèrent à Vernon ou aux environs, les francs-tireurs Mocquard (1er régiment d'éclaireurs de la Seine) étaient munis de chassepots. Bien que cette arme fût défectueuse, elle était de beaucoup supérieure au fusil à aiguille prussien et elle fut entre leurs mains fort redoutable. Le général allemand prince de Salm, chargé de relever les décès de l'armée prussienne dans nos contrées, disait un jour : « C'est effrayant, voyez-vous, le mal que nous ont fait les *grandes capotes* autour de Mantes : ils nous ont fait perdre 1807 hommes. » (Raspail).

Anciens soldats, pour la plupart, les francs-tireurs Mocquard étaient non seulement expérimentés mais aguerris. Il se trouvait parmi eux d'adroits tireurs. On raconte qu'au combat d'Hécourt, un de ces soldats apercevant un Bavarois qui fuyait à toutes jambes, fit le pari de lui loger une balle dans son casque. Il ajusta, le coup partit et le Prussien tomba la face contre terre, le crâne fracassé et la coiffure trouée. — Le curé de Gadencourt posséda plus tard ce casque.

Mais à côté de ces excellents tireurs, combien, parmi d'autres, savaient à peine se servir de leurs armes et ignoraient même l'effet de projection d'une balle tirée à bout portant ou à une certaine distance. Dans son opuscule sur l'*Invasion des Prussiens en Normandie*, M. Guilbert cite à ce sujet l'exemple suivant :

« Entre le *Chêne-Godon* et *Notre-Dame-de-la-Mer*, sept gardes nationaux étaient embusqués et attendaient le passage de l'ennemi, dont la présence à cet endroit se renouvelait assez fréquemment : tout à coup se présentent deux cavaliers qui s'approchent à dix pas de l'embuscade ; une décharge générale les accueille, les gardes nationaux croient voir tomber les deux hommes ; point du tout, la fumée de la poudre se dissipe, et quelle surprise, ils n'avaient blessé qu'un cheval; un casque et un sabre leur resta comme butin. »

M. Guilbert ajoute : « Cependant rendons-leur justice, c'est qu'ils avaient du moins le patriotisme et le courage de défendre le sol de la patrie, et au lieu de se replier, restaient à leur poste, exposant leur vie pour le salut de la France. »

Artillerie.

La honteuse capitulation de Sedan nous laissait non seulement sans armes et munitions, mais sans artillerie. A ce moment, d'après les statistiques, on ne comptait plus, dans toute la France, qu'une centaine de pièces pouvant être utilisées. Le gouvernement de la Défense nationale, qui venait de s'installer à Tours allait mettre tout en œuvre, heureusement, pour la réorganisation de notre armement. Par de nombreux marchés passés à l'étranger, il put obtenir des fusils de tout calibre, de toutes dimensions, mais il n'en fut pas de même des canons. On prit le parti d'en fabriquer, en utilisant certaines usines de Nantes, de Saint-Étienne, du Creusot, etc. Dans notre département, deux fonderies furent créées, l'une à Elbeuf, l'autre à Louviers. En peu de temps, celles-ci purent livrer un certain nombre de pièces en fonte, avec les munitions nécessaires.

Le 22 octobre, sur un appel du Préfet de l'Eure, une souscription était ouverte dans le département pour l'achat de canons et de mitrailleuses. A Vernon, cette souscription produisit une somme de 2,668 fr. 45, laquelle servit plus tard à payer en partie le montant des dépenses de confection et achat de canons, ordonnés par le comité d'armement d'Évreux et de Louviers, et, d'autre part, au paiement de batteries départementales construites à Nantes par la commission régionale.

Quelques jours plus tard (3 novembre), un décret

prescrivait à chaque département de mettre sur pied dans un délai de *deux mois*, à ses frais, autant de batteries que sa population comptait de fois 100,000 âmes. Ces batteries devaient être montées, équipées et pourvues de tout leur matériel et personnel, en un mot, prêtes à entrer en ligne.

Malgré ce délai, évidemment trop court, qui avait pour but d'activer le plus possible l'organisation de la défense « les départements montrèrent beaucoup d'empressement, dit M. de Freycinet, et il est vraisemblable que si la guerre s'était prolongée, on aurait trouvé là un secours important... ». « Le rapport à l'Assemblée nationale fait par la commission nommée le 19 février 1871, pour inventorier les forces militaires de la France, constate qu'il existait à cet époque 57 batteries complètes en matériel, en personnel et en chevaux, et 41 batteries complètes en matériel seulement (1). »

Bien que les comités d'armement de l'Eure eussent apporté beaucoup de zèle et d'activité dans l'accomplissement de leur tâche, les troupes de nos contrées n'avaient pas encore de canons à la fin de novembre. Souvent en contact avec l'ennemi, elles étaient impatientes d'en obtenir pour pouvoir répondre aux coups de l'artillerie prussienne. Et, pourtant, ce n'étaient ni les avis, ni les conseils qui manquaient pour la confection des engins de guerre. Certains inventeurs, par l'organe des journaux de l'Eure, préconisaient des moyens de destruction plus ou moins pratiques et irréalisables. Dans son numéro du 13 novembre, *le Progrès de l'Eure* donnait le conseil de fondre les cloches des églises pour la construction des canons : « Les cloches, disait-il, sont la propriété de la commune, des habitants, des contribuables. La commune, le conseil municipal, la commission administrative, ont le droit, sans autorisation aucune, de faire fondre ces

---

(1) *La Guerre en Province*, par Ch. de Freycinet.

cloches, dont l'inutilité ne saurait être contestée, même au point de vue du culte, une simple horloge suffisant à sonner les heures.

» Les cloches sont des objets de luxe et de vanité... fondons nos cloches et faisons-en des canons; ce sera servir la Patrie, et le Dieu des armées sera avec nous! ».

Dans son livre sur « *l'Arrondissement de Louviers pendant la guerre de 1870-71,* » M. Gefrotin fait connaître, par les renseignements intéressants qui suivent, les difficultés éprouvées par nos soldats pour se procurer quelques pièces de canon :

« Toutes les troupes, échelonnées depuis Gaillon et Vernon jusqu'à Pacy, essuyaient à chaque instant pour ainsi dire les bordées de l'artillerie prussienne. Quoique peu considérable, elle avait pour effet presque constant de terrifier les populations des villes et des gros bourgs, et de faire replier, avec plus ou moins d'ordre, mobiles, mobilisés ou francs-tireurs. Aussi ces braves gens, dépités et navrés, demandaient-ils sur tous les tons qu'on leur envoyât des canons, quels qu'ils fussent, ne dûssent-ils servir que d'épouvantail. Il faut voir la série de dépêches échangées à cet égard entre le maire de Gaillon et la sous-préfecture. M. Leblanc éprouvait lui-même toutes les impatiences des militaires et se faisait leur chaleureux interprète. Ce fut surtout après la tentative du 19 novembre sur Evreux, et l'échauffourée de Vernon du 22, que les canons furent jugés indispensables pour conserver un terrain qui semblait fuir sous les pieds. Voici quelques-unes de ces dépêches :

« *Gaillon, 26 novembre, 3 h. 50, soir.*

» J'arrive à Gaillon, et j'apprends d'une personne qui vient de Vernon qu'on se bat à Blaru depuis ce matin. Une compagnie de mobiles a été surprise et a perdu beaucoup d'hommes. Le canon gronde encore. Si vous avez des canons disponibles, envoyez-en par train spécial, car le temps presse; il faut absolument empêcher les Prussiens d'avancer sur Vernon et, sans canons, cela est impossible. Si vous accueillez la demande que je vous fais, vous sauverez une seconde fois cette pauvre ville de Vernon, qui est la clef de Louviers et de Rouen. »

« Le sous-préfet s'empressa de demander des canons au général Briand, à Rouen. Celui-ci répondit :

» *Rouen, 26 novembre, 10 h. soir.*

» Je télégraphie au commandant Leseigneur, à Elbeuf, d'envoyer de suite à Vernon, par train spécial, canons et artilleurs qui se trouvent à Elbeuf.

» BRIAND. »

« *Gaillon, 26 novembre, 6 h. soir.*

» Je me hâte de vous annoncer que l'ennemi a été repoussé à Blaru. Une compagnie de mobiles a été bien maltraitée et un officier a été tué. Ce soir, Vernon est tranquille. Insistez, je vous prie, pour l'envoi des canons. J'ai annoncé leur prochaine arrivée au maire de Vernon. »

« *Gaillon, 27 novembre, 10 h. matin.*

» Les canons ne sont pas encore arrivés; tout était préparé pour les conduire à Vernon.

» J'avais prévenu le maire et le lieutenant-colonel Thomas que vous deviez leur en envoyer. Sont-ils partis par le chemin de fer? Pas de nouvelles ce matin. »

« *Vernon, 27 novembre 6 h. soir.*

» Lieutenant-colonel de l'Ardèche à sous-préfet de Louviers.

» Que sont devenus trois canons en bronze annoncés hier comme venant de Louviers à destination de Vernon? Réponse immédiate.

» THOMAS. »

« *Gaillon, 27 novembre, 6 h. 45 soir.*

» Le lieutenant-colonel Thomas, de Vernon, me télégraphie qu'il n'a reçu ce matin que deux petits canons en acier, envoyés d'Elbeuf et insuffisants. Il m'annonce qu'il doit être attaqué en force demain par les Prussiens, et qu'il a absolument besoin des trois pièces en bronze qui étaient attendues ce matin. Donnez, je vous en prie, les ordres les plus formels pour que ces trois pièces arrivent cette nuit à Vernon, par train spécial, et soient transportées à la caserne. Le défaut de ces pièces pourrait être la cause d'un échec que les mobiles s'efforcent d'éviter. S'ils ont une artillerie convenable et suffisante qui leur donne de la confiance, leur courage et leur ardeur redoubleront. Le lieutenant-colonel compte sur vous, et je vous serai vivement reconnaissant de l'aide que vous lui accorderez dans cette circonstance. »

« Ces canons en bronze appartenaient à la batterie d'artillerie en formation à Louviers. Le sous-préfet ne crut pas devoir les refuser aux braves mobiles de l'Ardèche, qui promettaient si bien de s'en servir. De son côté, le général Briand, qui se montrait tout plein de bon vouloir, télégraphiait :

« *Rouen, 27 novembre, 9 h. 25 soir.*

» Envoyez toujours à Vernon le secours dont vous disposez, soit canons, soit caronades. Envoyez également des gardes mobilisés qui peuvent être à Louviers. J'ai donné aussi ordre de diriger sur Vernon les chaloupes canonnières qui se trouvent à Rouen.

» BRIAND. »

« Mais ces malheureux canons, quoique expédiés en grande diligence, n'arrivaient pas assez vite au gré des impatients défenseurs de Vernon. Ils demandaient leurs canons absolument comme les pompiers demandent de l'eau au fort de l'incendie, quand elle manque et que les flammes gagnent toujours.

» *Gaillon, 27 novembre, 11 h. 30 soir.*

» Le maire de Vernon, dans une dépêche que je reçois sur l'heure, demande avec instance des canons. Les deux, envoyés d'Elbeuf, sont insuffisants.

» Expédiez, je vous prie, les canons en bronze promis hier et dont je vous ai parlé dans ma dépêche de ce soir. Faites en sorte qu'ils arrivent cette nuit à Vernon. Les Prussiens doivent revenir demain et il est indispensable de mettre nos troupes en état de les repousser. Le maire de Vernon et le lieutenant-colonel Thomas comptent sur l'envoi que je sollicite Il n'y a pas eu de combat aujourd'hui, trois éclaireurs prussiens ont été tués. »

« Le même jour, Évreux, qui n'était pas encore bien revenu de sa panique du 19, se croyait menacé de nouveau, et le préfet télégraphiait la dépêche suivante :

» *Evreux, 27 novembre, 8 h. 27 soir.*

» Evreux est de nouveau menacé. Une colonne nous est annoncée, forte de 6 à 7,000 hommes, venant de Breuilpont et se dirigeant sur Vernon et Evreux. Nous avons prévenu à Rouen. Je vous rappelle votre promesse; nous manquons surtout de canons ! »

« *Gaillon, 27 novembre, 10 h. soir.*

» Le messager de Vernon arrive et nous informe que la ville est calme. Les Prussiens sont toujours dans les environs de Blaru; ils n'ont pas bougé aujourd'hui, mais on s'attend demain à une nouvelle attaque, et les mobiles sont disposés à les bien recevoir, maintenant qu'ils ont du canon. Car je crois que les trois canons dont vous leur avez annoncé l'envoi sont arrivés. On avait exagéré hier quant aux pertes des mobiles; voici la vérité : un capitaine et un mobile tués, un blessé, seize ou dix-sept disparus. J'ai envoyé ce matin un exprès aux Andelys pour avoir des nouvelles. Tout y est tranquille. Les troupes qui s'y trouvaient ont reçu l'ordre de partir, leur destination est inconnue. Plusieurs individus suspects ont encore été arrêtés dans les environs. Je les enverrai demain à Louviers. »

« Les canons n'étaient pas encore arrivés. Le maire de Gaillon était mal renseigné. Deux dépêches du colonel Thomas au maire de Louviers et au sous-préfet en font preuve :

» *Vernon, 28 novembre, 6 h. matin.*

» A sous-préfet de Louviers.

» Le train annoncé hier avec un bataillon et trois pièces d'artillerie n'est pas encore signalé à Vernon. Très urgent. Répondez de suite.

» THOMAS. »

« *Vernon, 28 novembre, 6 h. 1/2 matin.*

» A maire de Louviers.

» Le train annoncé n'est pas encore signalé. Besoin des plus pressants. Activez.

» THOMAS. »

« Enfin, ces canons tant désirés parvinrent à Vernon dans la journée même (1).

» *Gaillon, 28 novembre, 11 h. soir.*

» ... On est reconnaissant à Vernon de la troupe et des canons envoyés. L'engagement auquel on s'attendait n'a pas eu lieu. Quelques coups de feu seulement ont été échangés. On ne sait trop de quel côté s'est dirigé le corps ennemi qu'on avait annoncé.... »

« Maintenant, les mobiles ont de *l'artillerie.*

» Qu'en vont-ils faire ? La dépêche suivante nous apprend qu'ils se proposaient de l'utiliser de la bonne manière. Malheureusement, la campagne de ce côté allait être brusquement interrompue par un ordre général de retraite, nécessité par les graves événements des premiers jours de décembre.

» *Gaillon, 28 novembre, 11 h. soir.*

« Le sieur Aubin fils, que nous avions envoyé en éclaireur ce matin du côté de Houlbec et jusqu'aux environs de Bizy, est de retour et a appris que les Prussiens ont paru à Cocherel et se sont dirigés vers Vaux, où ils doivent faire des réquisitions. Il n'y a rien de nouveau à Houlbec-Cocherel. Les forces ennemies sont dirigées sur les bois de Bizy. *L'artillerie des mobiles* est braquée dans la plaine de Brécourt. On pense que les Prussiens se porteront en nombre de ce côté. »

« La moralité de toutes ces dépêches, où l'on sent bouillonner la fièvre du patriotisme et où se révèle la volonté bien arrêtée d'opposer une résistance énergique à l'envahisseur, c'est que dans le canon était le salut des troupes qui couvraient, du côté de Vernon, la frontière de l'Eure et de toute la Normandie. On sentait qu'en leur envoyant des canons, qu'elles sollicitaient avec de si vives instances, on faisait une véritable *bonne action*. Le cœur était satisfait. »

---

(1) Les trois canons dont il est question faisaient partie d'une batterie d'obusiers de campagne expédiée à Louviers par l'arsenal de Cherbourg.

Les gardes nationaux de Vernonnet avaient aussi leur *artillerie*. Elle se composait d'une pièce unique provenant d'un bateau de plaisance appartenant à MM. Ogerau frères. Installée sur le versant du coteau qui domine la route de Tilly, ils n'eurent pas l'occasion de s'en servir, mais ils avaient du *canon*, et cela suffisait pour donner de la hardiesse aux soldats les moins valeureux d'entre eux.

Signalons enfin que, le 2 décembre, une canonnière Farcy « *la Mitrailleuse*, » armée d'une pièce de gros calibre, fut envoyée de Rouen à Vernon, pour coopérer à la défense de la ville. « Elle s'embossa sur la rive gauche de la Seine, pour prendre d'écharpe et à longue portée les batteries que l'ennemi pourrait chercher à établir au-dessus de Vernonnet. Mais cette chaloupe, qui devait être bientôt suivie d'une seconde, fut rappelée deux jours après (1). »

---

(1) *Campagne de la garde mobile de l'Ardèche*, par le lieutenant-colonel Thomas.

CHAPITRE X

Subsistances. — Service des vivres. — Ambulances. — Charité publique et privée. — Souscriptions. — Comités de secours. — Les dames de Vernon. — Bureau de bienfaisance. — Fourneaux économiques. — La crise ouvrière. — Mendiants. — Dévastation des forêts.

Subsistances. — Service des vivres.

Pendant toute la durée de la guerre, deux questions importantes préoccupèrent vivement et constamment les esprits : la question des subsistances et celle relative au logement des troupes.

A la fin de juillet, par suite de décrets appelant les réserves et la mobile, la garnison de Vernon avait un contingent de 2,700 hommes et de 1,000 à 1,200 chevaux. La plupart de ces hommes étaient incorporés au 3e escadron du train et logeaient dans les casernes et chez l'habitant; les autres faisaient partie de la 3e compagnie d'ouvriers et travaillaient dans les vastes ateliers du Parc de construction militaire, où l'on déployait alors la plus grande activité. A chaque instant on voyait sortir de ces ateliers des trains spéciaux emmenant un grand nombre de voitures destinées à l'armée du Rhin.

Malheureusement, dès le début de la guerre, la défectuosité du service de l'intendance se faisait déjà sentir. Nos soldats manquaient de vivres, d'armes, d'effets et de fournitures de campement, manquaient à peu près de tout. Et nous entrions en campagne... Que serait-ce donc à la fin ?...

Dans une lettre adressée au sous-intendant militaire à Evreux, le maire de Vernon se plaignait de ce fâcheux état de choses, et signalait que 800 hommes du 3e escadron du train des équipages militaires étaient arrivés inopinément pour loger en ville sans que l'administration ait été avisée. A cela le sous-intendant militaire répondait : que des couvertures en nombre suffisant allaient être expédiées du Havre; que des instructions allaient être données au sujet des troupes logées chez les habitants, qui du reste avaient droit à l'indemnité *s'ils la réclamaient*. Il priait le maire de prescrire au préposé des lits militaires de faire venir immédiatement toutes les fournitures disponibles qui se trouvaient à Gaillon.

Comme on le voit, le sous-intendant ne parlait nullement de l'alimentation des hommes. On allait aviser, donner des instructions, etc. Mais, la plupart du temps, rien n'arrivait. D'autre part, les chevaux, qui n'avaient pu trouver place dans les écuries, couchaient à la belle étoile sous les avenues des Capucins. Ils étaient attachés à de longs cordages établis de chaque côté des avenues et le peu d'avoine qu'on leur donnait leur était jetée à terre. Il n'était pas rare de voir des chevaux ou mulets briser leurs entraves et s'enfuir à travers la campagne où on les retrouvait généralement deux ou trois jours après.

« La marche des Prussiens sur Beauvais ayant fait craindre qu'ils ne se rabatissent, par Gisors, sur Vernon, pour s'emparer du matériel de guerre déposé dans l'arsenal, l'un des premiers actes du Gouvernement de la Défense fut de faire évacuer ce matériel par des trains qui l'emportèrent vers Châteauroux, Tours et Lyon.

» Les troupes casernées dans Vernon partirent avec les dernières voitures. Restés depuis un mois exposés aux intempéries et aux privations, ces malheureux soldats présentaient déjà l'aspect d'hommes fatigués par une campagne laborieuse (1). » Ce défilé dura du 10 au 15 septembre.

Quelques jours après, de nouvelles troupes, composées du 1er régiment des éclaireurs de la Seine (colonel Mocquard), des mobiles de l'Eure, des détachements du 94e régiment de ligne, d'un bataillon de la garde nationale de Rouen, des francs-tireurs havrais et d'une compagnie des guérillas rouennais, arrivèrent en ville. Elles

---

(1) *Histoire de Vernon*, par E. Meyer.

furent logées dans les casernes, chez l'habitant, un peu partout; de ce côté tout alla assez bien; mais il fallait nourrir ces hommes, et les approvisionnements militaires — non renouvelés — s'épuisaient de plus en plus, de sorte que les chefs de corps, pour y suppléer, durent s'adresser aux commerçants qui leur livrèrent sur bons ou réquisitions les denrées dont ils eurent besoin.

Vers le 15 octobre, le préposé du service des vivres prévenait le maire de Vernon qu'il se trouvait dans l'impossibilité la plus absolue de pourvoir plus longtemps à la nourriture des troupes. Ce dernier faisait prévenir aussitôt l'intendance militaire de Rouen, qui, le 22, répondait par la lettre suivante :

INTENDANCE MILITAIRE
de la
2ᵉ DIVISION

SUBSISTANCES

« *Rouen, le 22 octobre* 1870.

» Monsieur le Maire,

» Une lettre de M. Lemarchand, votre délégué, me signale la prétendue impossibilité où se serait trouvé le préposé du service des vivres à Vernon de pourvoir à la nourriture des troupes.

» Cette communication a d'autant plus lieu de m'étonner que ce préposé n'a point à délivrer de pain, pour le compte de l'Administration de la guerre, à la garde mobile qui doit, au moyen de la solde qui lui est allouée, pourvoir à tous ses besoins.

» Quant aux troupes (infanterie et cavalerie), ledit préposé a dû recevoir les approvisionnements nécessaires de l'entrepreneur du service de manière à leur faire des distributions régulières. Je vais, du reste, en écrire à ce dernier.

» En ce qui concerne les vivres (pain) qui ont été livrés par des habitants, soit sur bons, soit sur réquisitions, l'entrepreneur a déjà reçu des instructions pour en effectuer le payement. Vous pourrez, Monsieur le Maire, leur dire de s'adresser à ce sujet à M. Buisson, à Evreux.

» Agréez, etc.

» *L'Intendant militaire de la 2ᵉ division,*
» Signé : (Illisible). »

Par lettre en date du 4 novembre, le sous-intendant militaire d'Evreux, auquel la réclamation du maire de Vernon avait été transmise pour examen, demandait le relevé détaillé, par corps, des fournitures requises et la valeur de chaque article livré.

Dans la deuxième quinzaine d'octobre, la plupart des troupes casernées à Vernon avaient quitté la ville; elles furent remplacées par les trois bataillons des mobiles de l'Ardèche. Depuis cette époque, jusqu'au 5 décembre, ce fut une visite ininterrompue de soldats de toutes armes : mobiles de l'Orne, de la Loire-Inférieure, éclaireurs de l'Eure, gendarmerie de l'Eure, artillerie des Côtes-du-Nord, francs-tireurs d'Ivry-la-Bataille, éclaireurs de Normandie, mobilisés de la Seine-Inférieure, francs-tireurs de Seine-et-Oise, etc.

Il va sans dire que l'intendance, complètement désorganisée du reste, ne pouvait plus subvenir à l'alimentation de tous ces hommes et que les chefs de corps continuèrent à s'approvisionner eux-mêmes chez les commerçants.

Ce fut surtout pendant la période de l'occupation prussienne, c'est-à-dire du 9 décembre au 20 février, que la disette des vivres se fit le plus vivement sentir à Vernon. Par ses nombreuses réquisitions, l'ennemi dévorait toutes nos ressources et s'engraissait à nos dépens. Les difficultés éprouvées pour se procurer des denrées alimentaires étaient d'autant plus grandes, que le Gouvernement avait interdit de ravitailler les pays envahis, sans songer que cette interdiction mettait le comble aux souffrances de nos malheureuses populations. Cependant certains marchands parvenaient quelquefois à franchir les lignes françaises, mais, la plupart du temps, les provisions qu'ils amenaient étaient confisquées sans pitié. D'autre part, les paysans n'osaient plus apporter leurs grains ou leurs denrées au marché, de peur qu'ils ne fussent réquisitionnés par les Prussiens, si bien que ces derniers se trouvèrent dans l'obligation de faire appel aux cultivateurs pour assurer la nourriture des chevaux :

« Les cultivateurs, fermiers, etc., des environs de Gaillon et des pays situés entre Gaillon et Louviers, sont prévenus que la ville de Vernon manque d'avoine pour les troupes.

» Il est ordonné aux cultivateurs et habitants de ces pays d'apporter leur avoine au magasin de Vernon, où elle leur sera payée 30 fr. les 100 kilos.

» En cas de refus, les troupes seront forcées de faire elles-mêmes la recherche de l'avoine dans les pays cités et de la prendre où elles la trouveront, mais à titre de réquisition et sans payement.

» Vernon, le 11 janvier 1871. »

Signé : Baron DE KNOBELSDORFF,
Commandant d'escadron.

A un moment donné, on se trouva à peu près dépourvu de toutes les choses nécessaires à la vie. La boisson, les denrées, l'épicerie, et particulièrement le sucre qui fut remplacé par la cassonade, firent défaut; seul, le pain ne manqua pas et son prix ne varia que fort peu. Les cigares et le tabac français devinrent tellement rares qu'on dut se contenter de quelques mauvais cigares d'importation allemande ou belge.

Cette situation désastreuse se prolongea jusqu'à la fin de l'occupation prussienne; mais à dater de cette époque, les difficultés de l'alimentation cessèrent peu à peu. Signalons que, par une très sage prévoyance, des habitants avaient eu soin de mettre en réserve une certaine quantité de provisions qui leur servirent utilement durant ces longs jours d'épreuves.

Ambulances.

Sur la demande de l'autorité supérieure, les comités de secours eurent à se préoccuper également des soins à donner aux blessés de l'armée, qui seraient dirigés sur les hôpitaux civils et militaires de Vernon, et, dans ce but, un certain nombre de lits furent mis à la disposition de l'État ; mais ce pouvait être là un contingent bien faible. Pour y suppléer, on prit des dispositions pour convertir en ambulances les salles d'école communales laïques ou religieuses et quelques maisons particulières.

Au mois de novembre, tout établissement pourvu de lits ou de couvertures allait devenir d'une nécessité immédiate dans nos contrées exposées au contact fréquent de nos troupes avec l'ennemi. Le comité des dames vernonnaises, constamment sur la brèche, prit encore une fois l'initiative de démarches à domicile pour recueillir, partout où c'était possible, des objets de literie et, en même temps, de la charpie, des linges à pansement, etc. Ce ne fut pas en vain qu'il fit appel au patriotisme des habitants, car lesdites démarches furent couronnées de succès. En peu de temps le service des ambulances fut installé, prêt à tout événement.

Pendant que les maris montaient la garde, les femmes, les enfants faisaient de la charpie, préparaient des bandelettes de toile pour nos soldats blessés et déployaient à ce travail l'activité la plus grande.

Mais tout ce dévouement n'allait servir qu'en partie : seuls, les hôpitaux reçurent les blessés et les malades en provenance de nos contrées.

Charité publique et privée. — Souscriptions. — Comités de secours.

Parmi les préoccupations diverses qui pesaient sur les esprits, dès le début de la guerre, il en est une qui mérite d'être rappelée : celle de venir en aide aux victimes de ce fléau.

Dans ce but, le 25 juillet 1870, le Conseil municipal de Vernon est convoqué pour donner son avis au sujet de la souscription nationale pour l'armée, ouverte dans toute la France. Sous la présidence de son maire, M. Suchet duc d'Albuféra, il décide qu'une souscription sera ouverte à Vernon, que le produit en sera adressé, moitié à la Société internationale en faveur des blessés de l'armée, et moitié au Ministre de la guerre, dans le but de secourir les familles qui vont se trouver privées de ressources par suite du départ des militaires de la réserve et des gardes mobiles.

Le lendemain, par affiche apposée sur les murs de la ville, le maire invite la population à souscrire et à remettre le produit des offrandes entre les mains des conseillers municipaux chargés de les recueillir. Il ajoute « qu'il ne doute pas que tous les habitants approuvent cette mesure dictée par l'intérêt que nous inspire l'armée, au moment surtout où elle se dévoue pour le pays, et que chacun voudra dans la mesure de ses forces apporter son concours à cette œuvre patriotique. »

Ce qui se passa à cette occasion mérite d'être cité et applaudi sans réserve. Riches et pauvres, chacun voulut apporter son obole et prendre part à la souscription. Le sentiment de la fraternité se manifesta d'une façon tellement spontanée qu'on recueillit en quelques jours près de 15,000 francs (14,695 fr. 95).

Un peu plus tard, suivant les prescriptions de la circulaire préfectorale du 23 août, un comité de secours, dit « comité cantonal » fut institué à Vernon, sous la présidence de M. le duc d'Albuféra, conseiller général et maire, et la vice-présidence du conseiller d'arrondissement. Il se composa, indépendamment des président et vice-président, des maires de toutes les communes du canton, du curé-doyen, enfin de quelques personnes que le président jugea utile d'y adjoindre.

Le comité eut pour mission de rechercher, dans le canton, les familles que des souffrances matérielles éprouvaient par suite du départ de leurs soutiens pour l'armée et pour la garde mobile. On considérait, à cette époque, comme manquant à la famille les hommes appelés soit dans la garde mobile, soit dans l'armée comme faisant partie de la 2e portion du contingent, ou comme étant âgés de 25 à 35 ans. A la première réunion qui eut lieu le 28 août, on dressa une liste des familles à secourir, laquelle fut transmise aussitôt à la préfecture de l'Eure, à Évreux.

Par la suite, le comité reçut des dons en espèces et en nature et les distribua aux familles pauvres des militaires absents de leurs foyers; mais il dut songer aussi à nos soldats eux-mêmes dont la plupart, surpris par les événements, se trouvaient dans le plus triste dénûment. Il fut alors secondé dans cette tâche par le comité des dames de Vernon, qui venait de se former sous la présidence de Mme Le Marchand.

Ce comité s'acquitta avec zèle et dévouement de ses délicates fonctions. Il parvint à recueillir à domicile une somme de 2,185 fr. 10, avec laquelle on acheta les objets suivants :

213 tricots, 311 paires de chaussettes, 62 caleçons, 100 chemises de flanelle, 71 cache-nez, 90 paires de guêtres, etc.

Les dames de Vernon reçurent également, durant la période de la guerre, un certain nombre de chaussures, de couvertures, de pantalons, lesquels vinrent s'ajouter aux achats énumérés ci-dessus. Ces objets furent distribués non seulement aux mobiles du canton, mais aussi aux mobiles de l'Ardèche, à nos vaillants défenseurs. Et vraiment beaucoup de ces derniers en avaient besoin par ce cruel hiver de 1870.

Mais ce fut surtout en décembre, au moment où nos gardes nationaux et quelques-uns de nos mobiles s'en allèrent en Allemagne, comme prisonniers de guerre, que la charité déploya l'activité la plus méritoire. En peu de temps on réunit près de 4,000 fr. qui furent envoyés à ces malheureux, à plusieurs reprises, par la voie de

Beauvais. Enlevés brusquement à l'affection de leurs familles, ce fut pour eux un adoucissement aux souffrances et aux peines qu'ils devaient éprouver pendant leur trop long séjour chez nos ennemis.

Comme on le voit, toutes les souscriptions ouvertes furent bien accueillies. Il en fut de même de celle relative à l'achat d'armes de guerre, qui produisit une somme de 2,668 fr. 45.

Quelques mois plus tard, après le départ des Allemands, les Vernonnais surent donner, sous une autre forme, un nouveau témoignage de leur patriotisme. Le Gouvernement, pour parer aux exigences de la situation, ouvrit un emprunt national de deux milliards, et la population y prit part pour une somme très importante.

Nous sommes heureux de signaler ces actes qui honorent nos concitoyens.

Bureau de bienfaisance. — Fourneaux économiques.

S'il existe une institution dont l'utilité soit incontestable, qui sut rendre en tout temps — et notamment pendant l'invasion — de réels services, c'est celle du bureau de bienfaisance.

La cessation des travaux avait mis à la charge des communes un grand nombre d'indigents, auxquels il fallait pourvoir à la subsistance quotidienne. Malheureusement, les ressources dont le bureau de bienfaisance de Vernon pouvait disposer étaient de beaucoup insuffisantes pour parer aux éventualités et faire face à la situation, bien que le conseil municipal eût voté à son égard, à plusieurs reprises, des allocations assez élevées. On ne pouvait s'adresser au service des finances, puisque celui-ci, dès le 19 septembre, avait reçu l'ordre de quitter notre département. Il ne fallait absolument compter que sur ses propres moyens.

Au commencement de l'hiver, les administrateurs du

bureau de bienfaisance organisèrent des fourneaux économiques qui furent accueillis avec la plus vive satisfaction. Ils s'acquittèrent fort bien de leur tâche difficile, et, grâce aux subventions accordées par la municipalité, ils purent assurer pendant quelque temps la nourriture de nombreuses familles pauvres. Mais, hélas! la misère effrayante, dévorante, grandissait de plus en plus et, à un tel point, que les ressources pécuniaires finirent par s'épuiser. Qu'allaient devenir ces malheureux jetés sur le pavé par le chômage, ainsi que leurs femmes et leurs enfants? Depuis la cessation des travaux, conséquence de l'invasion, ils avaient essuyé bien des privations, éprouvé bien des souffrances, sans proférer aucune plainte contre la destinée, contre l'injustice sociale. Et c'était au moment où l'hiver sévissait avec la plus grande rigueur, qu'ils allaient complètement manquer de pain, de feu, de tout. Ils se demandaient, ces humbles, si, las de quêter du travail, ils n'allaient pas être obligés de quêter une aumône, et si la mort n'était pas préférable à la misère. La situation de ces pauvres gens devenait épouvantable.

Les administrateurs du bureau de bienfaisance ne se découragèrent pas, heureusement. Ils firent de nouveau appel à la pitié des habitants, allèrent frapper de porte en porte et recueillirent des dons de toute nature, avec lesquels ils purent subvenir aux besoins de nos malheureux compatriotes jusqu'à la fin des hostilités.

Tous ces actes de charité avaient à cette époque d'autant plus de mérite que le numéraire était rare, par suite de la fermeture de nos caisses publiques.

La crise ouvrière. — Mendiants.

Dès le mois de septembre, les effets produits par nos premières défaites se firent sentir et paralysèrent le commerce et l'industrie. On ne parlait, on ne s'occupait plus que de la guerre et des préparatifs à faire pour la défense de nos contrées menacées. Les employés d'administration ou de commerce abandonnaient leurs bureaux ou leurs magasins, les ouvriers désertaient les usines, les ateliers pour s'exercer au métier des armes. Tous, mûs par un sentiment de patriotisme des plus louables, n'avaient qu'une seule et même pensée : courir sus aux envahisseurs ! Les travaux agricoles étaient également délaissés, car bon nombre de champs restèrent sans être ensemencés. Dans ces conditions, le commerce, autre que celui des denrées alimentaires, et l'industrie ne pouvaient que péricliter.

Lorsque l'invasion s'étendit à nos contrées, les travaux de toute nature furent suspendus. Les établissements qui avaient fermé leurs portes durent renvoyer un grand nombre de travailleurs. Privés ainsi de tout salaire, qu'allaient devenir ces malheureux, ainsi que leurs femmes et leurs enfants ? C'était la misère, l'affreuse misère qui allait croître au fur et à mesure que se prolongerait le chômage des usines.

L'administration municipale de Vernon voulut aviser aux moyens de remédier à cette pénible situation, et, dans ce but, le 29 septembre, vota un secours de 1,000 fr., pour le bureau de bienfaisance, puis, le 13 octobre, nomma une commission chargée de procurer du travail aux ouvriers nécessiteux et de leur assurer ainsi le pain de chaque jour. Mais les ressources dont elle pouvait disposer étaient minimes, pour ne pas dire nulles, par suite de la désorganisation complète du service des finances. Elle put cependant, grâce à des avances faites par des habitants et aux dons de personnes charitables, créer des fourneaux économiques, lesquels, sous l'habile direction de M. Bourdet, rendirent les plus grands services. L'ouverture de plusieurs ateliers, l'établissement de chantiers pour l'extraction de cailloux destinés à l'entretien des routes, etc., occupèrent un certain nombre de travailleurs. Mais ces mesures ne pouvaient pallier qu'en partie le mal ; aussi la misère était-elle grande.

On voyait de tous côtés des mendiants parcourir nos rues, sillonner nos campagnes, en quête d'un morceau de pain ou de quelque besogne pouvant leur assurer momentanément l'existence. Comme la faim est mauvaise conseillère, il n'était pas rare d'apprendre qu'un de ces rôdeurs avait pénétré dans une ferme et fait main basse sur les volailles de la basse-cour, suivant en cela l'exemple des Prussiens !

A tous nos maux, vinrent s'ajouter les rigueurs de la saison. Dès le 2 novembre, un froid vif, intense se fit sentir ; la neige couvrait la terre, du 9 novembre au 12 décembre et du 25 décembre au 16 janvier. — Le thermomètre enregistrait : le 30 novembre 8°, le 4 décembre 11°, le 3 janvier 14° au-dessous de zéro. A dater du 25 décembre et jusqu'au 20 janvier, la Seine fut barrée par les glaces ; on la traversait facilement à pied.

Pendant trois mois, le froid, la neige, le verglas torturèrent nos malheureux soldats ou tous ceux qui n'avaient plus d'abri. Combien même y trouvèrent la mort, ensevelis sous un linceul de neige.

Et, comme si nous n'avions pas encore assez souffert, une épidémie cruelle, engendrée par la misère, sévit sur nos populations épuisées et y exerça ses ravages. Pendant plusieurs mois, la fièvre typhoïde, la petite variole firent de nombreuses victimes. La mortalité atteignit à cette époque un chiffre très élevé.

Signalons aussi que beaucoup de cultivateurs, dont les bestiaux n'avaient pas été réquisitionnés par l'ennemi, les virent succomber aux atteintes du typhus.

Cette situation épouvantable, désespérée, conséquence de la guerre, dura jusqu'à la fin des hostilités. Le départ des Prussiens ranima nos cœurs ; on se remit au travail, progressivement, cherchant à oublier le plus vite possible, à effacer de notre mémoire la période si funeste de l'invasion.

Dévastation des forêts.

S'il est des actes que nous sommes heureux de signaler, actes de bravoure, de dévouement, de charité, il en est d'autres que nous voudrions passer sous silence, car ils montrent jusqu'où peut aller la rapacité humaine, quand elle ne se sent pas refrénée. Nous voulons parler des déprédations commises par un certain nombre d'habitants de la ville et des communes environnantes dans les forêts de Vernon et de Bizy, et principalement dans cette dernière. Le désir que nous avons de raconter impartialement tous les faits survenus au cours de la triste période de l'invasion nous fait un devoir de ne pas omettre sciemment des faits qui se sont passés au grand jour, fussent-ils déplorables.

Au début du terrible hiver de 1870, le froid, le chômage, la misère poussèrent quelques malheureux à ravir dans les forêts des branches d'arbres, qui leur servirent à se chauffer; ils trouvaient ainsi un léger adoucissement à leurs souffrances. Certes, personne ne leur eût fait un crime de cette façon d'agir, cependant condamnable. Mais bientôt, à ces nécessiteux se joignirent des personnes aisées et, par conséquent, à l'abri de tout besoin, lesquelles ne se firent aucun scrupule d'aller dévaster les bois et de vendre le produit de leurs vols. En quelques semaines, la forêt de Bizy notamment fut mise en coupe réglée.

On voyait passer journellement des groupes d'hommes, de femmes et d'enfants conduisant des charrettes et se dirigeant vers les forêts. Quantité d'arbres, et non des moins beaux, sciés à 30 centimètres du sol, étaient abattus et ébréchés, traînés sur la route et placés dans les voitures. Puis, lorsque celles-ci étaient pleines, on les ramenaient en ville, et le bois qu'elles contenaient était alors vendu à ceux qui voulaient bien l'acheter. Des abatis considérables se firent ainsi sur un grand nombre de points.

Le Conseil municipal de Vernon s'émut de cet état de choses et voulut à tout prix arrêter les déprédations commises. Mais, on le verra par les lignes suivantes, il était à peu près impuissant, par suite de l'absence des gendarmes et des gardes forestiers qui avaient été mobilisés. Et la justice ne semblait plus être alors qu'un vain mot. La loi n'avait plus de sanction !

Dans sa séance du 22 janvier 1871, le Conseil municipal s'occupe des moyens à employer pour arrêter ces dévastations, qui se continuent dans la forêt de Bizy, et menacent également le bois de Vernonnet. A ce sujet, un membre rappelle que l'administration municipale s'est depuis longtemps préoccupée de ces déprédations ; que, pour les réprimer, elle s'est adressée tour à tour au procureur de la République et au juge de paix, et qu'elle a prescrit au commissaire de police de procéder à des enquêtes sévères.

Le même membre lit l'extrait suivant d'un avis du *Bulletin officiel* :

« Le Gouvernement croit devoir rappeler, qu'aux termes de la loi du 10 vendémiaire an IV, titre IV, les communes sur le territoire desquelles des attroupements armés ou non armés ont exercé quelque violence contre les propriétés publiques ou privées, sont responsables de ces délits et des dommages-intérêts auxquels ils donnent lieu.

» Les délinquants et ceux qui se rendent leurs complices en achetant à vil prix le produit de leurs vols, seront, d'ailleurs, poursuivis selon toute la rigueur des lois. »

Considérant que la ville ne peut accepter la responsabilité de faits qu'elle déplore et qu'elle condamne, il est décidé que copie de cet avis sera immédiatement affichée dans Vernon et ses faubourgs, et même publiée au tambour, si l'administration le juge nécessaire.

Le Conseil municipal est d'avis, en outre, que des recherches soient faites par le commissaire de police, et des procès-verbaux dressés s'il y a lieu.

Dans une autre séance, le 8 février 1871, un membre expose que les déprédations commises dans la forêt de Bizy, après avoir un instant diminué, reprennent déplorablement leurs cours. M. le Maire répond que l'autorité judiciaire fait procéder à des visites domiciliaires et que de nombreux procès-verbaux ont été dressés contre les délinquants. Tous les conseillers prient instamment M. le Maire d'inviter le commissaire de police à envoyer sans retard ces procès-verbaux au Parquet, puisque ni objurgation, ni intimidation n'ont pu faire cesser cette coupable conduite, que le Conseil met au nombre de ses plus vives afflictions.

Enfin, dans la séance du 19 février, il est décidé que les autorités des communes environnantes seront priées de procéder de leur côté à des visites et à des enquêtes destinées à constater la part que les habitants de ces communes ont prises aux déprédations commises dans la forêt de Bizy.

Par ce qui précède, on peut se rendre compte des difficultés éprouvées par la municipalité pour enrayer l'exploitation illicite des forêts de Bizy et de Vernon, malgré les remontrances, les menaces, les procès-verbaux. La conclusion de la paix vint heureusement y mettre un terme.

Lorsque sonna le quart d'heure de Rabelais, c'était à qui ferait disparaître au plus vite toute trace de larcin. Néanmoins, des poursuites furent exercées contre les délinquants et de nombreux procès-verbaux dressés qui furent suivis de condamnations pécuniaires et quelques-uns de prison. Disons, toutefois, que l'administration usa d'indulgence envers un grand nombre en transigeant en bien des cas.

On évalua à 35,000 fr. les dommages causés dans les deux forêts.

CHAPITRE XI

Situation morale des populations de l'Eure. — Émigration. — Chemins de fer.

Bien qu'un quart de siècle se soit écoulé depuis les événements de 1870-71, nous gardons le souvenir des souffrances physiques ou morales que nous avons endurées et le garderons toujours. Nous n'oublierons jamais, en effet, la période si longue, si douloureuse de l'invasion, ni le sang qui a été répandu, ni la main qui nous a frappés. Si cette période a été pour tous une très dure leçon dont nous saurons certainement profiter, elle a servi d'enseignement, en mettant au grand jour nos fautes, nos défaillances. A titre d'exemple, elle nous a fait connaître de nombreux traits de courage, d'héroïsme accomplis par nos soldats improvisés, malgré leur inexpérience de la guerre, malgré la défectuosité de leur armement. Il est bon de jeter un coup d'œil en arrière et de rappeler à la jeune génération ce que fut la guerre dans nos contrées et les conséquences fâcheuses qu'elle sut exercer. N'est-ce pas, du reste, dans le souvenir du passé qu'il faut rechercher les espérances de l'avenir?

Au début de l'invasion, lorsque les Allemands, comme un immense débordement, se répandirent dans les provinces de l'Est, un grand nombre de paysans, saisis de terreur, abandonnèrent leurs fermes et s'enfuirent, emmenant leurs femmes, leurs enfants et tout ce qu'ils avaient de plus précieux; aussi, des voitures, des chariots de toutes sortes, de toutes dimensions encombraient les routes, suivis ou précédés de nombreux troupeaux. Quelques-uns de ces convois cherchèrent un refuge en Normandie et traversèrent Vernon et les villes voisines. Mais ce fut surtout au commencement de septembre, quelques jours avant l'investissement de Paris, que l'émigration prit de vastes proportions. A l'approche des Prussiens, un grand vide se produisit autour de la capitale. Les habitants de la banlieue, dans un certain rayon, prirent le parti d'abandonner leurs demeures; les uns se réfugièrent à Paris, dans la cité assiégée, les autres cherchèrent un asile dans la campagne et notamment en Normandie. Nos villes de l'Ouest, nos ports de la Manche hébergèrent ainsi de nombreuses familles, composées généralement de vieillards, de femmes et d'enfants, pendant que les maris enrôlés parmi les gardes nationaux parisiens remplissaient courageusement leurs devoirs.

Disons que Vernon et ses environs reçurent et hébergèrent un certain nombre d'émigrés, lesquels s'empressèrent de fuir lorsque l'occupation complète, définitive, fut un fait accompli. A la date du 6 décembre, on ne comptait plus que trente-deux personnes étrangères à la localité. Pour échapper au joug prussien, des familles vernonnaises des plus aisées, suivant cet exemple, se rendirent au bord de la mer; quelques-unes même franchirent la Manche pour se réfugier en Angleterre. Mal leur en prit, car dans la journée du 9 décembre, le commandant allemand de Helmschwerdt donnait l'ordre au maire de faire ouvrir les maisons fermées pour y loger des troupes et y placer un gardien chargé d'assurer la nourriture de ces hommes.

Chemins de fer.

Vers le milieu de septembre, toute relation entre Paris et la Normandie avait cessé. Les trains venant de Rouen n'allaient plus au delà de Mantes, où la voie était coupée. La gare de Mantes-Embranchement, devenue tête de ligne, avait à assurer un double service sur Cherbourg et sur le Havre, au moyen de locomotives et de wagons dont elle disposait. Mais cette situation ne devait être que de très courte durée, car l'ennemi approchait : on le signalait près d'Epône, à quelques kilomètres de Mantes, et, sur la rive droite, on avait aperçu des patrouilles prussiennes sillonnant les routes entre Limay et Meulan.

Le 19 septembre, devant l'imminence du danger, le sous-inspecteur de l'exploitation, M. Bouillon, chargé de la section de Mantes, et le chef de gare prirent le parti d'enlever l'appareil télégraphique et de faire évacuer tout le matériel dans la direction d'Evreux. A midi quarante-cinq, ils partaient avec la dernière locomotive du dépôt. Le lendemain soir, par suite de l'obstruction du tunnel de Boisset, la circulation des trains était forcément interrompue sur Evreux.

Le commissaire de surveillance administrative de Mantes, M. Julien, était resté à son poste. Il annonçait, à la date du 21, que cette ville semblait être en sûreté pour quelques jours encore et demandait l'envoi d'une machine et de trois wagons K qu'il ferait blinder dans le but d'organiser un service spécial sur Rouen et, si possible, sur Evreux. Il avait sous ses ordres une trentaine d'hommes organisés et armés pour la défense des deux stations (Mantes-Ville et Embranchement).

Cependant l'ennemi parut dans l'après-midi de ce jour : une patrouille de uhlans venant d'Epône s'approcha de la ville, mais elle fut accueillie à coups de fusil et forcée de rétrograder en toute hâte.

Le 22, dans la matinée, le sous-inspecteur Bouillon revint à Mantes avec l'intention de réorganiser le service, si possible. A son arrivée, il trouva les bâtiments de la gare de bifurcation et ses annexes envahis par les compagnies franches du colonel Mocquard; il n'y fallait plus songer. Il se contenta de pousser une reconnaissance dans la direction d'Epône, jusqu'à la rivière la Mauldre et ramena de cette excursion les corps de deux Prussiens tués par des francs-tireurs. Il apprit que Poissy était occupé par les Allemands et que les ponts de chemin de fer n'étaient pas encore coupés.

Dans la soirée, « suivant les us et coutumes de l'invasion, dit le baron Ernouf, une colonne mobile vint bombarder Epône, incendier plusieurs maisons de Mézières où quelques malheureuses victimes périrent, et poussa jusqu'à Mantes. Comme plusieurs employés des deux gares avaient pris part aux hostilités de la veille, l'une et l'autre furent saccagées. En arrivant à la bifurcation, l'infanterie fit une décharge qui tua un employé de la lampisterie (Galochard) et blessa grièvement l'aiguilleur Duwicquet. » (1) Ce dernier reçut une balle dans la poitrine et, de plus, des coups de sabre sur la tête et sur les bras. Trois autres agents : Marie, facteur mixte, Piolet et Duprez, employés au dépôt, furent emmenés comme otages, ainsi qu'un conseiller municipal et, pendant quelques jours, on les crut morts. Toujours fidèles à leur tactique, les Allemands cherchèrent à effrayer la population par quelques coups de canon tirés sur Mantes-la-Ville, et, à la suite de ces divers exploits, se rendirent à la mairie où ils exigèrent des réquisitions en argent et en nature, lesquelles devaient leur être transportées par les soins de la municipalité dans la commune d'Epône. Le lendemain, vers quatre heures du soir, un détachement de cavalerie prussienne, composé de trois officiers et de quarante hommes environ, revenait à Mantes et se faisait livrer une partie de ces réquisitions. Pendant ce temps, trois cavaliers se dirigeaient vers la gare de bifurcation et visitaient, sans mettre pied à terre, les quais et les barricades; mais le rappel ayant sonné, ils partirent aussitôt pour rejoindre leur détachement.

A partir du 23, la fréquente apparition des Prussiens à Mantes eut pour objet de supprimer les communications avec cette localité, qui se trouva par ce fait complètement isolée; le service des trains fut limité à Saint-Pierre-du-Vauvray, car Vernon, situé sur les confins de

---

(1) Les Chemins de fer de l'Ouest pendant la guerre.

la Normandie, à quelques lieues de distance, paraissait sérieusement menacé. Cependant cette ville recevait ce jour-là, par la voie ferrée, en provenance de Rouen, une compagnie d'infanterie et le bataillon des mobiles de Louviers. Le train qui les conduisait était accompagné par le sous-inspecteur Gossein qui avait reçu l'ordre formel de n'avancer qu'avec la plus grande prudence.

Les concentrations de troupes régulières, mobiles et francs-tireurs qui s'opérèrent à Vernon, à cette époque, eurent pour conséquence de faire rétablir les voies, lesquelles avaient été coupées de distance en distance. On pensait pouvoir également les rétablir jusqu'à Mantes, que les francs-tireurs occupaient à nouveau. Dans ce but, le sous-inspecteur Bouillon y était accouru le 26, dans la soirée, mais la présence continuelle des Allemands autour de cette ville ne lui permit pas de mettre ce projet à exécution. Il signalait que des francs-tireurs avaient tué quatre dragons bleus et pris les chevaux, que le camp de Maule devait être attaqué dans le courant de la nuit. Il repartait le lendemain signalant encore : « Les Prussiens ont levé le camp de Maule et se sont retirés du côté de Paris. Mantes est très tranquille. Les francs-tireurs poursuivent les Prussiens. »

Par une dépêche du 28, le maire de Vernon informait la division militaire à Rouen qu'une reconnaissance prussienne de 120 cavaliers s'était avancée près de Mantes et qu'elle avait été repoussée par les francs-tireurs.

Le 29, un train spécial conduisait à Mantes un certain nombre de gardes nationaux de Rouen commandés par le général Estancelin, qui poussèrent — on l'a vu précédemment — une pointe jusqu'auprès de Meulan et ramenèrent de cette expédition un ballon, lequel, parti de Paris le matin même, vers neuf heures, était descendu à quelques kilomètres de Mantes.

Le 30, nouvelle visite de M. Bouillon qui télégraphiait à son inspecteur, M. Roger, installé à Serquigny :

« Impossible de reprendre service sur Mantes demain. La gare-embranchement et ateliers occupés par éclaireurs Mocquard et francs-tireurs du Havre et Rouen. Éclaireurs ont combattu toute la journée au delà de Maule et ont éteint le feu de l'ennemi. »

Mais dans la nuit quel revirement ! Les troupes françaises avaient été *invitées* par la municipalité mantaise à se retirer, afin d'éviter des représailles de la part de l'ennemi qui, paraît-il, *s'avançait en masses profondes*, et elles partaient à sept heures et demie du matin, dans la direction de Vernon. Trois heures plus tard, une trentaine de cavaliers prussiens entraient à Mantes, suivis bientôt par une forte colonne d'infanterie, de cavalerie et d'artillerie, soit 4,000 hommes environ, commandée par le général de Bredow. A leur approche, le poste de la gare avait été évacué ; mais M. Bouillon n'eut que le temps de faire démonter le télégraphe qu'on venait précisément de réinstaller et d'expédier les appareils aux agents de Bonnières et Bréval. Il réussit à s'échapper à travers champs, malgré le cordon d'envahissement que l'ennemi avait placé (1).

Le soir même, une machine blindée quittait Vernon pour aller en reconnaissance. Elle atteignit sans encombre Bonnières, Rosny, et s'avança à 300 mètres de la gare de Mantes-Embranchement. Les artilleurs prussiens l'ayant aperçue lui tirèrent de ce point quatre coups de canon qui ne l'atteignirent pas.

Lorsque le général commandant les troupes à Évreux apprit l'occupation de Mantes, il fit expédier jusqu'au tunnel de Boisset, par train spécial, le 3e bataillon des mobiles de l'Eure, afin de pouvoir observer les mouvements de l'ennemi et l'empêcher au besoin d'envahir le département (2 octobre).

Le lendemain, ce bataillon se réunissait à Chaufour avec le 1er et poussaient ensemble, vers Bonnières, une

(1) En raison de sa belle conduite, le sous-inspecteur Bouillon fut décoré aussitôt après la guerre.

reconnaissance dans laquelle nos troupes échangèrent quelques coups de feu avec les Prussiens. Tandis que ces derniers détruisaient le pont du chemin de fer à Gassicourt, le génie français faisait sauter l'entrée du tunnel de Rolleboise, du côté de Mantes.

Le 4, une machine de reconnaissance, venant de Sotteville, allait en vue de Bonnières. Les employés qui la montaient signalaient que cette commune était occupée par une cinquantaine d'Allemands qui avaient incendié la station sous le prétexte qu'on aurait tiré sur eux du haut d'une locomotive blindée, mais que les appareils télégraphiques avaient été enlevés préalablement et mis en lieu sûr. Le personnel de la gare de Vernon recevait l'ordre de prendre toutes ses dispositions pour se replier sur Saint-Pierre-du-Vauvray si l'ennemi s'avançait et si les troupes se retiraient de la localité.

Le 5, un télégramme expédié d'Évreux dans la matinée annonçait que le camp de Mantes était levé et que les Prussiens se dirigeaient sur Vernon et Pacy; qu'ils seraient dans ces villes dans la journée, et qu'on envoyait à leur rencontre des mobiles et des francs-tireurs. On ajoutait que, la veille, trois trains avaient conduit à Martainville 450 hommes, sur réquisition de la Préfecture. A 10 heures 30, nouvelle dépêche annonçant l'entrée des Prussiens à Pacy, tandis que la gare de Vernon adressait au chef du mouvement, à Rouen, les renseignements suivants : « Rien de nouveau. On croit cependant l'ennemi à peu de distance. Brouillard intense. En raison de cette dernière circonstance, le train 6 reste à Gaillon (11 h. 52). »

Mais vers 1 heure, les Allemands sont signalés se dirigeant sur Vernon. Le chef de gare et quelques agents, le capitaine du génie Peltier partent sur une machine. A 1,500 mètres, ils essuient des coups de feu de la part de cavaliers prussiens qui les poursuivent presque jusqu'à Gaillon, puis prennent au passage le personnel de cette gare et se rendent à Saint-Pierre-du-Vauvray.

Lors de cette première apparition, l'ennemi se précipite vers la station qu'il saccage, enlève quelques rails et coupe les fils télégraphiques.

La présence des Prussiens à Pacy, le 5 octobre, avait causé à Evreux la plus vive panique, car on y avait entendu le canon une partie de la journée et il n'en fallut pas davantage pour accréditer le bruit que le chef-lieu du département était sérieusement menacé. Le colonel Cassagne, faisant fonction de général commandant les troupes de l'Eure, jugea prudent d'abandonner la ville sans retard et de se retirer sur Serquigny, où 2,500 mobiles allaient bientôt le rejoindre. Pendant la nuit, le matériel de la gare fut évacué d'Evreux sur Conches qui allait devenir tête de ligne; le télégraphe de l'Etat allait également s'installer dans cette localité.

Les Ebroïciens passèrent la journée du 6 dans la plus grande anxiété; livrés à eux-mêmes, ils s'attendaient d'un moment à l'autre à voir paraître l'ennemi qui, pensaient-ils, occupait encore Pacy; mais, on l'a vu plus haut, celui-ci s'était dirigé sur Vernon, où il avait détruit la voie ferrée et opéré des réquisitions. Le soir même, il se rendait à Mantes.

A Serquigny, le colonel reçut l'ordre du général commandant supérieur au Mans de retourner à Evreux et d'y combattre. Le 7, à dix heures du matin, deux trains extraordinaires ramenaient dans cette ville les mobiles, gendarmes et francs-tireurs. Indépendamment de ces troupes, 4,500 hommes environ arrivaient entre cinq et six heures du soir venant de Bayeux et de Lisieux, et l'on attendait encore deux bataillons des mobiles de l'Ardèche. Est-il besoin de dire que cette petite armée fut reçue avec enthousiasme : les Prussiens pouvaient venir maintenant, on les attendait de pied ferme !

Le 9 octobre, le capitaine du génie Peltier, qui se trouvait à Vernon, fit replacer les rails enlevés aux abords de la gare, afin de rendre libre la voie jusqu'à Bonnières où, suivant des instructions reçues de la division militaire de Rouen, une reconnaissance devait être opérée le lendemain. Cette reconnaissance eut lieu, mais n'arriva pas à destination, car la ligne avait été coupée par l'ennemi à 2 kilomètres en avant de Bonnières et on ne put la rétablir immédiatement. On apprit dans cette excursion que les Prussiens occupaient toujours Mantes et que Gournay et Gisors avaient reçu leur visite, tandis que des éclaireurs poussaient une pointe jusqu'à Saussay et Ecouis, pour couper la voie ferrée de la petite ligne de Pont-de-l'Arche. Gisors allait devenir leur principal objectif étant le point de jonction de plusieurs embranchements de chemin de fer et, en quelque sorte, la clef de ces riches plaines du Vexin.

A cette époque, signalons le passage à Rouen de Gambetta qui, parti de Paris en ballon le 8, descendait le même jour aux environs de Montdidier. Arrivé à la gare de Rouen-Martainville, à trois heures de l'après-midi, il repartait un quart d'heure plus tard par la gare de Saint-Sever pour se rendre à Tours, viâ Serquigny et le Mans.

La prise d'Orléans, survenue le 11, amena une grande perturbation sur le réseau de la Bretagne et le réseau normand eut à en subir le contre-coup. Depuis quelque temps déjà, la section de Saint-Cyr à Chartres avait cessé tout service; mais à dater du 20, par suite de l'invasion, cette suppression s'étendit à la section de Chartres au Mans. Il en fut de même, deux jours après, sur celle de Laigle à Dreux. C'est que les Prussiens cherchaient à étendre le cercle de leurs opérations. Ils avançaient vers nos contrées sûrement, mais prudemment, car ils n'attaquaient que les points où ils ne devaient trouver qu'une faible résistance. Le 21, sans coup férir, ils s'emparaient de Chartres; le 24, de Dreux après un léger combat, et, deux jours plus tard, s'avançaient dans la direction de Nonancourt, jusqu'à la gare de Saint-Germain-Saint-

Rémy, où ils coupaient la voie ferrée. Ils n'allèrent pas plus loin, car ils commençaient à être inquiétés par la petite armée du général Fiéreck, forte de 14,000 hommes et trois canons, chargée de couvrir la ligne du Mans à Surdon et Mézidon, et se retirèrent sur Chartres après avoir abandonné Dreux.

Le 31 octobre, un détachement prussien venu de Mantes incendiait la gare de Bréval et une trentaine de maisons, sous le prétexte que quelques cavaliers avaient été attirés la veille dans une embuscade.

« Au commencement de novembre, dit le baron Ernouf, le service de l'Ouest s'arrêtait : sur la ligne de Rouen, à Gaillon (94 kil. de Paris), sur celle de Granville, à Bourth, première station au delà de Laigle (127 kil.); sur celle de Bretagne, à Nogent (149 kil.). En ajoutant à ces chiffres les 50 kilomètres d'Evreux à Mantes, la ligne entière de Gisors et celle de la banlieue, on trouve que l'invasion avait déjà enlevé à ce réseau au delà de 600 kilomètres...

» Tandis qu'Alençon et Le Mans étaient menacés, Evreux essuyait une alerte non moins vive, quoique moins fondée. Ce chef-lieu d'un département en partie envahi n'était gardé, le 19 novembre, que par dix gendarmes, quatre chasseurs et quelques mobiles convalescents, et il y avait en gare un grand convoi de munitions. M. Drouard, chef de gare, était allé à la division demander des nouvelles, et venait de recevoir du général lui-même l'assurance « qu'il n'y avait rien à craindre. » En retournant à son poste, il rencontra les uhlans.

» Ils arrivaient par les hauteurs qui dominent la gare et la ville, mais M. Drouard discerna qu'ils étaient peu nombreux. Il se mit en défense avec ses employés et quelques gardes nationaux, et accueillit par une fusillade les Allemands qui descendaient vers la gare. Deux employés subalternes, le mécanicien Ribot et le chauffeur Malandin, se signalèrent particulièrement par l'énergie de leur attitude. Déconcertés par cette résistance, les assaillants, qui étaient à peine 200 en réalité, avec deux mauvais canons, se retirèrent, envoyant en manière d'adieu quelques obus sur la ville. Pendant ce temps, le général s'en allait, après avoir déclaré au maire, pour l'encourager, qu'il n'avait à compter sur aucun secours. Il s'était imaginé tout à coup que les détachements postés dans les vallées de l'Eure et de la Seine allaient être tournés, et leur avait envoyé l'ordre d'évacuer immédiatement leurs positions !

» On s'attendait à voir l'ennemi reparaître en force le lendemain, et faire payer cher, suivant sa coutume, la résistance de la veille. M. Roger, chef du mouvement, arrivé à Evreux de grand matin pour surveiller l'évacuation de la gare, trouva : « le général parti, le préfet malade, personne en état de donner des renseignements certains ou d'agir. » Cependant cette journée et la suivante se passèrent sans accident, et les habitants reprirent tout à fait confiance en voyant arriver, le 22, par le chemin de fer, le 2e bataillon de marche, composé des débris du 41e et du 94e de ligne, que venait d'organiser à Rouen, un officier d'un véritable mérite, M. Rousset. » (1).

Le général de Kersalaün, qui commandait alors les troupes de l'Eure, les avait fait replier sur Gaillon, où il se rendait lui-même pour procéder à leur embarquement en chemin de fer. Du matériel fut demandé à cet effet, et, au fur et à mesure qu'il arrivait, les mobiles étaient dirigés sur Louviers. Dans cette ville, la même opération était recommencée, lorsque le général Briand accourut de Rouen pour reprocher au général de Kersalaün l'étrangeté de sa conduite, lui annoncer sa destitution et faire arrêter les départs. Dans le but de couvrir Vernon qui paraissait sérieusement menacé, il dirigeait sur cette

---

(1) *Histoire des Chemins de fer français pendant la guerre franco-prussienne*, par le baron Ernouf.

ville, dans la soirée du 21, toutes les troupes qu'il avait sous la main, soit un bataillon et demi des mobiles de l'Ardèche. Ces braves soldats, transportés par train spécial, furent conduits dans la forêt de Bizy, qui domine Vernon, et, aidés par la population, surprenaient les Prussiens dans la matinée du 22 et leur infligeaient une sanglante défaite.

A la fin de novembre, un ordre du Gouvernement de la Défense nationale enjoignait au général Briand, à Rouen, de réunir toutes les troupes dont il pouvait disposer, d'en former une colonne d'au moins 20,000 hommes et de marcher sur Paris, afin de coopérer à la délivrance de la capitale, suivant un plan que la délégation de Tours venait d'adopter. Comme conséquence de ce mouvement, la compagnie de l'Ouest dut rassembler en toute hâte le matériel nécessaire et le diriger vers Rouen. En trois jours, cette ville reçut un grand nombre de wagons qui allaient servir à transporter des mobiles et des mobilisés dans la direction de Vernon, tandis que, de son côté, Lisieux expédiait sur Evreux plusieurs milliers de soldats. Pendant ce temps, le général de Manteuffel qui avait évacué Amiens semblait se diriger vers Paris, mais en réalité marchait sur Rouen, et ce, au moment même où cette ville allait être privée de ses défenseurs. Le général Briand signala le fait au délégué de la guerre, mais reçut comme réponse : qu'il n'avait qu'à se conformer à l'ordre donné et « *que les Prussiens avaient autre chose à faire que de venir se promener en Normandie.* » Devant cette injonction formelle, il fit commencer l'expédition des troupes, mais dans l'après-midi du 3 décembre, dut y surseoir, car il recevait enfin le contre-ordre à sa marche sur Paris. Lorsqu'on songea à la défense de la capitale normande, il était trop tard, les têtes de colonnes prussiennes atteignaient la ligne de l'Epte et n'étaient plus qu'à quelques lieues de cette ville. Dans la journée du 5 et la nuit suivante, toutes les gares des lignes de Vernon à Rouen, d'Evreux à Serquigny furent évacuées et le matériel dirigé sur le Havre, sur Lisieux et Caen, afin de le soustraire à l'ennemi. Tandis que l'armée du général Briand battait en retraite vers Pont-Audemer et Honfleur, les Prussiens pénétraient à Rouen et inondaient presque aussitôt toute la partie formant la boucle de la Seine (6 décembre).

Cette occupation eut pour résultat d'interrompre tout service non seulement sur la ligne Vernon-Rouen-le Havre, mais aussi sur celle d'Evreux à Serquigny et sur quelques embranchements qui venaient s'y greffer. Il ne devait reprendre que deux mois plus tard, au moment de l'armistice.

Au commencement de décembre, « il y eut dans l'Eure, dit le baron Ernouf, un certain nombre de petits combats d'avant-postes, dont plusieurs furent livrés aux abords des voies ferrées. Telle fut la surprise du poste allemand de la gare de Beaumont (12 décembre), par le capitaine de Boisgelin, des mobiles de l'Eure, qui se trouvait là sur son terrain; et, le lendemain, la déroute d'un détachement de pionniers, accueillis par une fusillade meurtrière à Serquigny, où ils venaient enlever les rails. Dans ces circonstances, dont un cruel hiver compliquait encore les difficultés, le dévouement des agents de l'Ouest ne se ralentissait pas. Le lendemain de l'escarmouche de Serquigny, tandis qu'on se battait encore dans les environs, et que les habitants se tenaient cachés dans les bois, M. Faulcon, chef de gare, était à son poste et avait déjà remonté son appareil télégraphique. L'inspecteur Roger fit à diverses reprises des reconnaissances sur machine blindée dans la direction d'Evreux et dans celle de Rouen, en plein territoire envahi. Le 15, ayant poussé jusqu'à Brionne, il s'y trouva face à face avec une forte patrouille allemande, et n'eut que le temps de rétrograder à toute vapeur. Les Allemands menacèrent plusieurs fois les employés, notamment ceux de Bourgtheroulde, de leur faire un mauvais parti si les machines continuaient à circuler. Ces menaces n'empêchèrent point M. Roger de s'avancer, le 19, jusqu'à cette même gare de Bourgtheroulde, la plus voisine des lignes de défense allemande qui couvraient Rouen sur la rive gauche de la Seine. »

La gare de Serquigny, devenue tête de ligne, eut à expédier dans le courant de ce mois un certain nombre de wagons chargés de mobiles sur Brionne, où le général Roy avait installé son quartier général ; mais, après notre échec du 4 janvier (combats de Moulineaux et de la Londe), toutes ces troupes furent ramenées en arrière et dirigées sur Lisieux.

La compagnie de l'Ouest profita de l'armistice pour rétablir la circulation de trains entre le Havre et Maisons-Laffitte ; mais ce n'était pas là chose facile, car il fallait vaincre les difficultés matérielles provenant en grande partie des lacunes résultant de la destruction du tunnel de Rolleboise, du pont de Mirville et de certains autres ouvrages d'art. Cependant, elle contribua dans une large mesure au ravitaillement de Paris, comme elle avait, du reste, pris la part la plus active à son approvisionnement avant le siège. Du 1er février au 7 mars 1871, elle introduisit dans Paris, pour le ravitaillement, 15,241 wagons répartis en 517 trains, chargés de 20,837 têtes de bétail et de 80,013 tonnes, dont 62,709 de comestibles. Dans ce chiffre, les farines figuraient pour un total de 22,492 tonnes, c'est-à-dire pour un tiers environ.

Pendant la Commune, les communications cessèrent avec Paris, par suite des exigences du Comité de Salut public. Le 16 mai, ce Comité avait pris l'arrêté suivant, qui mérite d'être cité :

Art. 1er. — Tous les trains, soit de voyageurs, soit de marchandises, de jour et de nuit, se dirigeant sur Paris par une ligne quelconque, devront s'arrêter hors de l'enceinte, au point où est établi le dernier poste avancé de la garde nationale.

Art. 2. — Aucun train ne pourra dépasser la limite précitée sans avoir été préalablement visité par l'un des commissaires de police délégués à cet effet.

Art. 3. — Les travaux nécessaires seront immédiatement exécutés à la hauteur de l'enceinte, pour être en mesure de *détruire instantanément tout train qui essaierait de forcer la consigne.*

A la fin de mai, lors de l'incendie des principaux monuments de la capitale, de nombreux trains transportèrent vers Paris des détachements de pompiers avec leur matériel.

L'Ouest fut le réseau qui, avec celui de l'Est, souffrit le plus de l'invasion prussienne. Pour la mise en état des ouvrages détruits, soit par nous, soit par les Allemands, il fallut dépenser 12 millions, et sur l'Est 15. Heureusement encore que la destruction d'une partie de ces ouvrages ne fut pas complète, ce qui permit de rétablir assez promptement la circulation des trains sur certaines sections de lignes. Quelques mois plus tard, la reprise du service devint générale.

Comme on vient de le voir par cet exposé sommaire, les agents de la compagnie de l'Ouest, depuis le grade élevé jusqu'au plus humble, accomplirent avec zèle et intelligence la mission difficile et souvent périlleuse qui leur incombait. Aussi rendons hommage à ces vaillants auxiliaires de la défense qui, en maintes circonstances, ne surent ni marchander leur temps, ni leur vie pour la patrie.

En terminant, signalons la belle conduite tenue par un enfant de Vernon, agent de la compagnie de l'Ouest, M. Charles Janvier, actuellement chef de gare principal à Mantes-Embranchement.

Au commencement de décembre 1870, M. Janvier, alors facteur-chef remplaçant, faisait les fonctions de chef de gare à Bourgtheroulde, à l'époque même où, par suite de l'approche des Prussiens, les gares de Rouen et de

Sotteville évacuaient les locomotives et tout le matériel sur Caen, Granville et le Mans, évacuation qui se terminait vers le 21 décembre. Le dernier train emportait le mobilier des gares et celui des agents et de leur famille.

Le 24, les Allemands étaient à Elbeuf et coupaient les ponts qui relient la ville au faubourg Saint-Aubin; deux jours plus tard ils détruisaient en partie le pont du chemin de fer et aucune communication n'était possible sur la ligne.

Dans le but de correspondre télégraphiquement avec la gare de Serquigny et de la tenir au courant des événements qui allaient se produire, le facteur-chef Janvier était resté à son poste. C'est ainsi qu'il put donner des renseignements sur la marche de l'ennemi et sur les combats livrés aux Moulineaux et dans la forêt de la Londe les 30, 31 décembre et 2 janvier. Le 4, dès le matin, la fusillade devint plus vive, plus rapprochée; après une lutte acharnée, nos mobiles se repliaient en présence de forces très supérieures qui étaient accourues la veille, en provenance du Nord. A 10 heures, il voyait arriver, suivant la voie ferrée et venant de la direction de la Londe; des fuyards et bon nombre de blessés. Le mouvement de retraite s'accentuant vers midi et le bruit de la fusillade se rapprochant de plus en plus, il adressait à M. Roger, inspecteur à Serquigny, ce dernier télégramme :

« Nos troupes se replient poursuivies. J'enlève appareils; nous avons affaire à forces supérieures arrivées à Rouen depuis la veille. »

Aussitôt cette dépêche transmise, le facteur-chef enlevait les appareils et allait les cacher dans la fosse du pont à bascule, située au delà de la halle aux marchandises, prenant soin au retour d'effacer la trace des pas en semant de la neige sur les empreintes. A peine avait-il terminé cette opération que les uhlans apparaissaient et faisaient irruption dans la gare, procédant à de minutieuses perquisitions, mais ne trouvant rien, puisque, ainsi que nous l'avons dit plus haut, le train d'évacuation avait tout enlevé... excepté l'appareil télégraphique.

Pendant ce temps, M. Janvier se retirait chez le piqueur du service de la voie, qui habitait en face la station et, de là, assistait au défilé des troupes prussiennes qui allaient cantonner à Bourgtheroulde et à Thuit-Hébert, se livrant avec brutalité à des réquisitions de fourrages et de vivres, pendant qu'une partie se rendait à Elbeuf pour s'y installer.

A dater de cette époque et jusqu'aux derniers jours de l'invasion, Bourgtheroulde eut à supporter les exigences du vainqueur — vainqueur inexorable — qui fit sentir à ce malheureux pays tout le poids de cette fameuse maxime : *la force prime le droit*. Constamment occupé par une forte garnison, ses ressources s'épuisèrent rapidement et à un tel point, que les quelques vivres qu'on pouvait s'y procurer étaient hors de prix. Les communications au dehors furent rendues très difficiles, car les Allemands exercèrent une surveillance étroite : on ne pouvait circuler qu'avec un sauf-conduit délivré par le général qui habitait chez M. Gruel, adjoint au maire de Bourgtheroulde. Cependant, le facteur-chef put, à différentes reprises, faire passer des renseignements à Serquigny, par des rapports confiés à des agents sûrs, qui eurent parfois bien du mal à se frayer un passage à travers les troupes ennemies qui sillonnaient les routes presque jusqu'à Brionne.

Le 11 janvier, les Prussiens ayant appris qu'une machine blindée venait faire des reconnaissances sur la ligne, firent sauter le pont de la Hérie, situé à un kilomètre de la gare de Bourgtheroulde. Ce jour-là, par suite d'une dénonciation sans doute, M. Janvier fut arrêté, conduit à la gare et sommé d'indiquer où se trouvaient les appareils du télégraphe. Pendant qu'un officier et plusieurs hommes se livraient à de nouvelles perquisitions afin de les découvrir, il fut placé sous la marquise, faisant face à la gare et menacé du peloton d'exécution. Emmené ensuite à l'état-major à Bourgtheroulde, on le mit en prison et il se trouva en compagnie de plusieurs gardes mobiles des Landes, qui avaient été pris quelques jours plus tôt. Il n'y resta que 48 heures, car il profita de l'abandon momentané de la garde du poste, abandon causé par une forte alerte de la part des francs-tireurs, pour briser avec ses camarades de captivité la porte du cellier dans lequel ils étaient enfermés. Ils purent s'échapper par la propriété de M. Gruel et s'enfuir chacun de leur côté pour éviter d'être repris. Cependant, quelques jours après, on eut connaissance que deux mobiles avaient été rattrapés dans les environs et envoyés en Silésie; mais le facteur-chef fut plus heureux, il trouva une cachette non loin de Bourgtheroulde, s'y blottit pendant le jour et, le soir, avait pour gîte la maisonnette d'un garde-barrière. Il réussit à gagner Serquigny, se mit à la disposition de M. Roger, inspecteur, qui le détacha à Bernay, où il fut chargé de faire plusieurs reconnaissances sur machine blindée, entre cette gare, Serquigny et Brionne.

Nous le retrouvons plus tard à Triel, puis, pendant la Commune, faisant les fonctions de chef à la gare de Poissy, devenue tête de ligne et le point de ravitaillement de l'armée de Versailles. Après l'insurrection, M. Janvier fut détaché à Buchy, où il s'occupa en commun, avec le chef de gare de la compagnie du Nord, des transports détournés par cette ligne, par suite de la rupture des ponts d'Asnières et de Bezons. Ces deux agents avaient à cette époque, comme commissaire technique, un Allemand, M. Rhodes, chef de gare principal à Brême, et ils n'en étaient nullement flattés !

CHAPITRE XII

Postes et télégraphes. — Incident du 3 janvier 1871. — Nos facteurs. — Journaux et nouvelles. — Espions.

Est-il besoin de dire que pendant toute la période de l'invasion, le service des postes et des télégraphes s'effectua d'une façon très irrégulière.

Dans les premiers jours de décembre, les Prussiens envahirent les bureaux de poste de la région, s'emparèrent des correspondances et du matériel appartenant à l'État. Durant plusieurs semaines le service fut interrompu; mais à partir du 8 février les Allemands le rétablirent et ne trouvèrent rien de mieux que de l'exploiter à leur profit. Par ordre du préfet prussien Porembsky, en date du 11 février, la distribution des lettres et imprimés incombait aux municipalités. A Vernon, le maire fut chargé non seulement de la distribution locale, mais de la remise aux maires des communes du canton. Naturellement, les lettres ne pouvaient être affranchies qu'avec des timbres allemands qu'il était plus ou moins facile de se procurer et on ne devait pas les clore, ce qui permettait aux Prussiens de faire un tri de la correspondance et de n'expédier ou ne remettre que les lettres qui ne traitaient que des affaires commerciales; celles non affranchies, à destination du département de l'Eure, étaient passibles d'une taxe depuis 20 centimes jusqu'à 30 centimes, selon la provenance, taxe que les maires étaient *tenus d'avancer*.

Le 3 janvier 1871, se produisit un incident que nous trouvons relaté dans l'*Histoire de Vernon*, de M. E. Meyer :

« Un jeune garçon revenait du Vexin, avec quelques

correspondances, et se disposait à traverser la passerelle en bois établie sur l'emplacement du pont de fer, sur la Seine, lorsqu'il s'aperçut que les Allemands en gardaient les abords. Effrayé, et sans réfléchir aux conséquences de l'acte qu'il accomplissait, il déchira les lettres dont il était porteur.

» Immédiatement averti de ce fait, le prince de Salm fit occuper le bureau de la poste aux lettres et se fit apporter toutes les missives qu'il déchiffra avec l'espoir, sans doute, d'y trouver la trace de quelque complot contre la vie du roi Guillaume ou du comte de Bismark. Il ne découvrit rien de compromettant et cessa bientôt ces perquisitions vexatoires. »

Mentionnons que nos facteurs de la ville et des campagnes environnantes accomplirent avec zèle et dévouement la difficile mission — souvent périlleuse — qui leur incombait. Malgré la vigilance incessante des Prussiens, ils parvinrent toujours à remettre aux destinataires les lettres qui leur étaient confiées. Pour ne pas éveiller l'attention de l'ennemi, ils avaient quitté le costume officiel pour revêtir une longue blouse bleue sous laquelle ils cachaient leurs missives. Quelques-uns, cependant, au cours de leurs tournées dans les campagnes furent arrêtés, mais après avoir invoqué un alibi, ils étaient relâchés aussitôt.

Les receveuses des postes surent également remplir leur devoir jusqu'au bout. On connaît la conduite de Mlle Dodu, cette courageuse directrice des postes, qui n'hésite pas à risquer sa vie en détruisant les fils télégraphiques, ou en interceptant les correspondances prussiennes, et reçoit en récompense la croix décernée aux braves; la conduite de Mlle Lix, receveuse à Lamarche, qui s'enrôle parmi les francs-tireurs des Vosges et combat avec eux; celle de Mlle Maria Biard, « encore une receveuse des postes qui, pendant plus de deux mois, fit seule et au refus de certains hommes, le service de la correspondance, marchant la nuit sous un déguisement, dans la campagne couverte de neige, ou se cachant de longues heures dans les bois, immobile et grelottante, pour laisser passer une patrouille qui la guettait (1). » Mais on ignore, sans doute, la conduite tenue par Mlle Thomas, receveuse à Pacy-sur-Eure. Lorsque les Prussiens envahirent cette ville, elle parvint à mettre à l'abri toutes ses dépêches. Sommée par un officier allemand de les lui livrer, elle refusa obstinément, sans se laisser intimider par la vue d'un pistolet dirigé contre sa poitrine. Grâce à cette ferme attitude, nos soldats — les mobiles de l'Ardèche notamment — purent recevoir des nouvelles de leurs familles, nouvelles qu'ils attendaient avec impatience. La receveuse d'Ecouis mérite également d'être citée pour les soins dont elle entoura quelques blessés transportés à son bureau qu'elle avait transformé en ambulance.

Le service télégraphique subit un peu les mêmes vicissitudes que le service des postes. Il fut supprimé au commencement de décembre, rétabli quelques semaines après, puis supprimé définitivement, même après l'armistice. Le sous-préfet de Louviers, ayant voulu tenter le rétablissement de certaines lignes, reçut du préfet prussien de l'Eure, à la date du 5 février, avis « que le Directeur général des télégraphes prussiens se refusait formellement à ce qu'aucune ligne télégraphique soit rétablie sur aucun point du département. » La conclusion de la paix vint heureusement mettre un terme à cette mesure préjudiciable à tous égards.

Journaux et nouvelles.

Au début de la guerre, lorsque les défaites de nos armées succédèrent aux défaites et qu'on apprit que les Allemands se répandaient, en divers corps, sur tout le

---

(1) *Scènes et épisodes de la guerre de 1870-71*, par le commandant Rousset.

pays, l'une de nos plus tristes préoccupations fut d'obtenir des nouvelles.

A Vernon, on se rendait journellement à la gare de l'Ouest, à l'arrivée des trains venant de Paris, pour se procurer les journaux de la capitale. Dès leur réception, on les parcourait avec avidité, cherchant à découvrir parmi les articles, commentant les causes de nos revers, le récit de quelque victoire. Le plus petit succès était aussitôt annoncé; il ramenait les cœurs vers l'espérance. On passait des journées entières devant l'hôtel de ville, attendant les dépêches qui ne venaient pas, ou qui constataient trop souvent hélas ! de nouveaux désastres. Si parfois ces dépêches étaient tronquées ou contradictoires, on se trouvait dans la perplexité la plus complète. C'était alors l'objet de récriminations et de discussions bruyantes.

Vers la fin de septembre, quand Paris se trouva complètement entouré par les Allemands et que l'invasion s'étendit aux frontières normandes, les journaux parisiens n'arrivaient plus jusqu'à nous. Ce fut une bien dure privation, car, pendant plusieurs mois sans doute, on allait rester sans nouvelles, et de la capitale et de la France elle-même. Cependant hâtons-nous de dire que depuis cette époque jusqu'à fin novembre, nous reçûmes quelques journaux d'Évreux et de Rouen, parmi lesquels *le Courrier de l'Eure*, *le Progrès* et *l'Eure*, *le Journal* et *le Nouvelliste de Rouen*.

Par suite de l'occupation de Rouen par les Prussiens, le 6 décembre, les journaux de cette ville cessèrent de paraître et furent remplacés par le *Moniteur prussien*, dont plusieurs numéros parvinrent à Vernon. Seuls, quelques journaux d'Évreux restèrent sur la brèche et continuèrent à nous donner des nouvelles de nos armées de province et à nous faire part des faits et gestes de l'ennemi, jusqu'au moment où, ne voulant pas se soumettre à la censure prussienne, ils se virent obligés de suspendre leur publication. On se trouva donc à peu près sans nouvelles.

Puisque nous parlons des journaux d'Evreux, signalons que *le Progrès de l'Eure* et *l'Eure* eurent des démêlés avec les Prussiens qui occupaient cette localité, et notamment avec le préfet allemand von Porembsky, polonais d'origine, personnage aussi stupide que brutal, en raison de certains articles signalant la conduite indigne de nos ennemis.

Au commencement de janvier, l'imprimerie du *Progrès de l'Eure* fut occupée militairement. Une lettre adressée au maire d'Evreux par le général prussien de Barby lui donnait l'ordre de surveiller ce journal et, au besoin, le rendait responsable de son contenu. Voici les termes de cet étrange document, qui porte la date du 5 janvier 1871 :

« Par ordre du général de Barby, le gouvernement prussien porte à la connaissance du maire d'Evreux que, vu quelques articles des plus indignes et odieux dans le *Progrès de l'Eure*, le maire sera fait responsable du contenu de ce journal, et qu'il ira, ou fera cesser le journal, ou livrer le rédacteur au commandant prussien. En cas de récidive, la ville d'Evreux sera *bombardée* ou mise à de plus grandes contributions. »

Vers la fin de février, le propriétaire-gérant du *Progrès de l'Eure*, M. Germain, et le rédacteur en chef, M. Bouë (de Villiers), furent arrêtés et subirent quelques jours de captivité. Non seulement ils furent contraints de cesser leur publication, mais condamnés à payer 10,000 fr. à l'autorité prussienne.

A la même époque, le journal *l'Eure* se vit infliger une amende de 300 fr., pour un article reproduit dans ses colonnes et intitulé : M. d'Israëli devant l'Europe.

Au début de l'investissement de Paris, on reçut quelques nouvelles des assiégés, nouvelles consolantes, remplies d'espoir et de viriles résolutions. La déclaration ci-après, apportée par un aérostat, fut déposée à la mairie de Vernon et publiée aussitôt :

MAIRIE DE PARIS

CABINET DU MAIRE

Paris, 21 septembre 1870.

HÔTEL DE VILLE DE PARIS.

La Mairie de Paris veille.

Deux cents quinze bataillons de gardes nationaux sont armés et occupent les remparts.

L'esprit public est excellent; toute la population est déterminée à se défendre jusqu'à la dernière extrémité.

Que la France réponde !

ÉTIENNE ARAGO.
C. FLOQUET.
J.-J. CLAMAGERAN.

(Timbre de la Mairie).

Ordre à toutes les administrations entre les mains desquelles cette déclaration arrivera de la faire publier et afficher.

Plus tard, une proclamation de Gambetta fit connaître « les fortifiantes nouvelles qui arrivaient de Paris, apportées par un ballon parti le 12 octobre. » Elle fut affichée partout, excita au plus haut point l'enthousiasme et fit vibrer le patriotisme, mais peu à peu les renseignements diminuèrent, et l'on se trouva bientôt sans nouvelles des parents et amis enfermés dans la capitale.

Nombre de personnes parcouraient les rives de la Seine pour entendre le bruit des canons du Mont-Valérien, qui devaient, nous l'espérions du moins, annoncer l'heureuse sortie des assiégés, de laquelle devait résulter notre délivrance prochaine, car, malgré nos défaites, nos désillusions, on se complaisait toujours dans l'espérance. Si notre pensée allait souvent vers les Parisiens (1), on se demandait aussi ce que devenaient les armées du Nord et du général Chanzy. Les Prussiens voulaient bien, de

---

(1) Quelques Vernonnais reçurent cependant, grâce aux aérostats, des missives des assiégés, mais ils ne purent y répondre que dans les derniers mois de l'invasion, à l'époque où les pigeons voyageurs furent utilisés pour porter dans la capitale un certain nombre de dépêches privées.

temps à autre, nous renseigner à leur sujet, mais les renseignements qu'ils donnaient étaient par trop intéressés et en leur faveur, pour que nous puissions y ajouter créance. A la fin de novembre, la fameuse dépêche annonçant la sortie du général Ducrot et la traversée de la Marne vint de nouveau ranimer les cœurs; mais, hélas! si les bonnes nouvelles sont toujours retardées, a dit Voltaire, les mauvaises ont des ailes; deux jours plus tard, on apprit l'exacte vérité : le général Ducrot était rentré dans Paris, il avait manqué sa sortie.

Au sujet des nouvelles, le préfet de l'Eure, par une lettre-circulaire du 4 novembre, appelait l'attention des sous-préfets, des maires et des chefs de bataillons de la garde nationale, sur un point qui avait, selon lui, une grande importance : « Chaque jour, dit-il, des bruits circulent au sujet d'événements locaux dont nous ne sommes pas officiellement informés, et ces bruits, commentés par la rumeur publique, ne tardent pas à prendre des proportions contre lesquelles il importe de se prémunir. Il faut que les faits soient présentés aux populations dans leur vérité absolue. Je viens faire encore appel à tout votre concours dans cette circonstance, et je vous invite instamment à m'adresser jour par jour, sur les événements qui pourraient se passer dans vos communes, tous les documents puisés à une source certaine que vous aurez pu recueillir et contrôler... »

Des premiers jours de décembre à l'armistice, nous restâmes à peu près dans la plus complète ignorance des faits et dans l'incertitude du lendemain. On vivait au jour le jour, au milieu des plus cruelles angoisses, des plus mortelles inquiétudes, dans le cercle tout à fait restreint que nous laissait l'envahisseur, se demandant à chaque instant ce qui allait surgir de ces événements, et craignant pour nos armées, pour la patrie, la catastrophe finale. Il faut avoir vécu durant ces longs jours d'épreuve pour savoir ce que c'est que de vivre ainsi. A bien considérer, les souffrances physiques paraissaient relativement douces, comparées aux souffrances morales.

Mentionnons que, dans le but de se procurer quelques nouvelles, la population se portait partout où elle pensait découvrir quelque chose. C'est ainsi que les voitures publiques, rétablies depuis la suppression des trains, étaient assaillies et les conducteurs tenus de raconter ce qu'ils avaient vu ou entendu, soit à Evreux, à Louviers, soit aux Andelys. Il va sans dire que, la plupart du temps, ces récits qu'on ne pouvait contrôler étaient plus ou moins vraisemblables. On apprit cependant, à la fin de décembre, que des combats sérieux avaient été livrés sur les bords de la Seine, entre Elbeuf et la Bouille, et que les mobiles de l'Eure, de l'Ardèche et des Landes s'y étaient vaillamment comportés, mais qu'écrasés par le nombre, ils avaient dû se replier vers Bourgtheroulde. On ajoutait que des mobiles de Vernon avaient été blessés et quelques-uns faits prisonniers.

Espions.

Parmi toutes nos souffrances morales, il est une affection qui atteignit à cette époque toute la France, et qu'on pouvait appeler la maladie de l'*espion :* elle régna particulièrement dans nos contrées. Dans l'affolement de nos désastres, on vit des espions partout. A en croire les bruits les plus divers, les plus extravagants, nous en étions assaillis. Certes, le système d'espionnage organisé par les Allemands marchait avec une régularité parfaite, il n'y avait aucun doute à ce sujet, mais il eût été bon de remarquer aussi que les auxiliaires des Prussiens étaient en trop petit nombre pour pouvoir être disséminés dans toutes les villes, dans toutes les campagnes. Ils n'existaient donc, la plupart du temps, que dans l'imagination de certaines personnes apeurées, lesquelles, malheureusement, faisaient des adeptes.

Ne fallait-il pas trouver, du reste, quelques explications à nos souffrances, à nos défaites imprévues ?

On considérait généralement comme espion les personnes étrangères à la localité qui ne parlaient pas un pur français; de plus, si elles avaient le malheur de porter les cheveux blonds ou la barbe blonde, elles étaient infailliblement arrêtées et tenues de produire leur identité. Les gardes nationaux, les francs-tireurs surtout, avaient beaucoup de perspicacité pour les découvrir. Ils en arrêtaient à chaque instant, et quelquefois des gens très honorables, qui ne se doutaient nullement du soupçon qui pesait sur eux.

C'est ainsi que, le 9 septembre, un étranger venant de Paris, qui traversait Vernon, fut soupçonné du crime d'espionnage et arrêté. Le bruit courut bientôt en ville que ce personnage n'était autre qu'un officier supérieur allemand et le propre neveu du maréchal de Moltke ! Il est inconcevable le nombre de neveux de Bismarck ou de de Moltke, du moins prétendus tels, qui ont été tués, blessés ou faits prisonniers pendant la durée de cette malheureuse guerre. On en fit une consommation fort grande ! Et justement cette personne arrêtée s'appelait M. le comte de Moltke ; aussi n'en fallut-il pas davantage pour surexciter les esprits, qui virent dans cette arrestation une excellente prise.

M. de Moltke eut beau prouver son identité, dire qu'il était le frère de l'ambassadeur du Danemark à Paris, et n'avait rien de commun avec son homonyme prussien; rien n'y fit. Toutefois, on voulut bien, sur ses instances, télégraphier à Paris, au ministre de l'intérieur, qui répondit aussitôt :

« Faites immédiatement relâcher avec excuses M. de Moltke-Hvitfeld, frère de l'ambassadeur du Danemark, arrêté par une erreur déplorable, lui donner sauf-conduit pour Granville, m'aviser télégraphiquement de l'exécution de l'ordre. »

Le maire de Vernon, suivant ces prescriptions, rendit à

la liberté M. de Moltke et lui remit un sauf-conduit, ce qui n'empêcha pas le commissaire de police, par un télégramme daté du 14, de prévenir la préfecture que l'opinion publique persistait à voir dans ce personnage un espion prussien.

Un jour cependant les francs-tireurs du colonel Mocquard en arrêtèrent un véritable : c'était le 1er octobre. Ils avaient quitté Mantes pour se rendre à Vernon, et s'étaient arrêtés près du village de Soindres, lorsqu'ils remarquèrent un individu qui rôdait dans le camp et qu'ils avaient déjà vu le matin à Mantes. Celui-ci fut appréhendé au corps et fouillé ; on trouva sur lui la preuve que c'était un Français servant d'espion. « Il était porteur d'un ordre écrit en allemand et qui le recommandait à la confiance des officiers prussiens. Se voyant découvert, il avoua tout avec la naïveté d'un homme convaincu qu'après tout, ce qu'il a fait ne peut lui attirer qu'une faible punition.

» La cour martiale fut de suite réunie, et, devant l'évidence de la culpabilité, ce malheureux fut condamné à mort. L'exécution eut lieu séance tenante. Jusqu'au dernier moment il avait cru qu'on ne cherchait en tout cela qu'à l'effrayer ; par cela même, cet homme, qui avait commis le plus grand de tous les crimes, n'eut pas à passer par toutes les tortures morales que nos lois font subir actuellement aux condamnés à mort, en les tenant pendant de longs mois dans cette terrible anxiété que leur exécution aura lieu d'un moment à l'autre (Raspail). »

Dans son ouvrage intitulé : *Épreuves et luttes d'un volontaire neutre,* un anglais, M. John Furley, membre de la Société nationale britannique, pour le secours des malades et des blessés de la guerre, fait connaître ses tribulations lors d'un premier voyage qu'il effectua dans les premiers jours de septembre de Calais à Paris, *via* Rouen et Serquigny. Il fut arrêté à Conches et considéré comme espion ; mais conduit à Evreux auprès du Préfet, il fut autorisé à continuer sa route.

Plus tard, M. Furley fit un deuxième voyage. Il accompagnait cette fois le colonel Loyd-Lindsay, président du Comité de secours, qui avait pour mission de remettre au général Trochu 500,000 fr. pour les soldats malades et blessés de l'armée française et pareille somme au prince Pless pour les soldats Allemands.

Le 7 octobre, au Havre, après avoir embarqué une voiture et des chevaux, ils prirent le même train qui les conduisit à Saint-Pierre-du-Vauvray, qui était alors la dernière station ouverte au service des voyageurs; puis ils continuèrent leur route en voiture.

« Aux Andelys, dit M. Furley, nous rencontrâmes quelques troupes françaises de la ligne; des chasseurs d'Afrique étaient disséminés dans la campagne *en vedette*; mais personne ne nous empêcha d'avancer jusqu'à Vernon où nous fûmes poliment priés de nous arrêter et invités à nous rendre à la mairie pour y montrer nos papiers. Un soldat nous accompagna à l'hôtel du Lion-d'Or; nous y laissâmes notre voiture, et après avoir commandé le dîner, nous fûmes conduits à la mairie et de là au commandant de la garde nationale, le colonel **du Château**, officier distingué, blessé à Inkermann. Nous trouvâmes en lui la plus parfaite courtoisie; mais il ne nous épargna pas quelques observations, faites plutôt avec tristesse que reproche, sur la manière dont l'Angleterre avait traité son ancien allié.

» Nous quittâmes Vernon le lendemain, et près de Bonnières nous reprîmes la route que j'avais faite à mon précédent voyage. A Mantes nous rendîmes visite à celles des autorités qui restaient encore à leur poste, ces visites avaient pour but de frayer le chemin à notre *grande* ambulance qui, nous l'espérions du moins, serait bientôt en route. »

Le 4 novembre, un convoi composé d'un certain nombre de voitures d'ambulance portant le pavillon de la Croix Rouge, traversait Vernon sous la conduite de M. Thomas, membre de la Société nationale britannique de secours aux blessés, lorsque des gardes nationaux signalèrent que quatre de ces voitures étaient chargées de vivres et de provisions de toutes sortes qu'on supposa destinées aux Allemands. On demanda des instructions au général de Kersalaün, à Evreux, celui-ci répondit de saisir les vivres et de laisser partir l'ambulance. Quelques jours plus tard, le président de la Société de secours aux blessés militaires de Rouen réclamait d'urgence, à la municipalité, le renvoi de 163 colis contenus dans les quatre voitures; celles-ci furent alors conduites et accompagnées jusqu'à Gaillon, et livrées au maire de cette ville. Une caisse de biscuits avait été défoncée; elle resta entre nos mains et fut remise au bureau de bienfaisance.

En signalant ce fait, M. Furley ajoute :

« Il y eut un cri de réprobation contre cet acte qui fut accusé d'être en complète contravention avec la Convention de Genève, mais je ne partage pas cet avis. Les habitants de Vernon avaient le droit de refuser le passage à travers leurs lignes aux aliments, au vin, etc., destinés à Versailles, à moins que le privilège ne fût accordé par les Allemands à l'égard de Paris. Ceci est une question difficile à résoudre; mais je ne puis trouver que les Français aient eu tort, à aucun point de vue, d'essayer de bloquer Versailles. »

Comme on le voit, le malheur nous avait rendus défiants, et à un tel point que toute personne étrangère à la localité était généralement mal considérée.

Mais, en somme, on ne faisait que suivre les instructions du préfet de l'Eure qui, par sa circulaire du 4 novembre, renouvelait les recommandations qu'il avait déjà faites « de ne laisser passer aucun convoi de chevaux, bestiaux ou denrées se dirigeant vers les lignes ennemies, et dont la destination semblerait suspecte. »

A la suite du combat du 22 novembre, la rumeur publique accusa les trois gardes particuliers du château de Bizy d'être « de connivence avec les Prussiens qu'ils avaient eu à héberger une première fois, et de leur avoir servi de guides pour s'échapper à travers la forêt, en quittant Vernon où il ne leur restait plus qu'à se rendre (1). » A l'affaire du 26, on reprocha à l'un d'eux « d'avoir guidé le capitaine Rouveure, avec sa compagnie, sur un point où l'ennemi était en nombre et d'avoir ainsi assuré le succès de cette embuscade (2). » Le colonel Thomas, commandant les mobiles de l'Ardèche, prit cette rumeur pour une réalité et fit arrêter les trois gardes. Mais un ordre du ministre de la guerre lui prescrivit de surseoir au jugement de ces hommes, lesquels furent toutefois conduits à Rouen et mis « à la disposition de l'autorité militaire, pour être internés pendant la guerre (3). »

Pendant l'occupation, on voyageait fort peu, bien que la circulation, dans les pays envahis, fût assez facile. Les Prussiens fouillaient quelquefois les voitures, mais, la plupart du temps, les laissaient passer sans les inquiéter. Il n'en était pas de même de notre côté : nous nous gardions avec la plus grande prudence. Dans un parcours de quelques kilomètres, on était à peu près sûr d'être arrêté une demi-douzaine de fois. Et malheur à celui dont le laissez-passer n'était pas en règle, il était aussitôt appréhendé au collet par des gardes nationaux ou par des francs-tireurs et conduit, entre deux baïonnettes, au poste le plus voisin. Mais cette prudence excessive, poussée jusqu'à la puérilité, devint la cause d'un malheureux accident :

Dans la nuit du 4 au 5 décembre, vers deux heures du matin, un habitant de Vernonnet revenait en voiture de Giverny, lorsque n'ayant pas répondu au qui-vive d'un garde national placé en faction, il fut atteint mortellement d'une balle qui le frappa dans les reins. Cette malheureuse victime de la guerre s'appelait Lecœur. Excellent père de famille, il était âgé d'une trentaine d'années et laissait une veuve et trois enfants.

(1) *Campagne de la mobile de l'Ardèche,* par le lieutenant-colonel Thomas.
(2) *Ibid.*
(3) *Journal d'Annonay,* décembre 1870.

Monument de l'Ardèche

DEUXIÈME PARTIE

PENDANT L'OCCUPATION

CHAPITRE PREMIER

Après Sedan. — La défense en province. — Les Prussiens à Mantes. — Abandon de Vernon. — Son aspect au 5 octobre 1870. — Mission du capitaine Peltier. — Apparition des Prussiens à Vernon. — Premières réquisitions. — Situation militaire au 8 octobre. — Prise de Gisors. — L'ennemi sur la rive droite. — Destruction des ponts. — Les bateaux sur la Seine.

Après le désastre de Sedan (1) qui achevait la chute de l'Empire et amenait la proclamation de la République (4 septembre), les Allemands ne rencontrant plus d'obstacles, s'avancent à grands pas sur Paris. Le 9, ils sont à Laon, le 14 à Château-Thierry, le 15 à Meaux ; on les signale marchant sur Pontoise, Corbeil et Poissy ; le 19, ils atteignent Versailles et la capitale de la France se trouvera bientôt entourée d'un cercle infranchissable de batteries et de lignes armées. Pendant plusieurs mois, elle sera complètement isolée de la province, tandis que l'ennemi se répandra, en divers corps, sur tout le pays, depuis la Franche-Comté et la Bourgogne jusqu'à la

---

(1) Un enfant de Vernon, le colonel Henri Cliquot de Mentque, qui commandait le 1ᵉʳ régiment de chasseurs d'Afrique, à Sedan, fut frappé d'une balle dans la poitrine au moment où il se précipitait sur les Prussiens à la tête de son régiment pour venger la mort du général Margueritte. Il succomba le 9 septembre et fut inhumé à Vernon. Ses funérailles furent magnifiques : toute la population y assista.

Loire et à la Seine, sur les confins du Maine, de la Normandie et des extrêmes limites du Nord, occupant et pillant, dans cet immense débordement, plus d'un tiers des départements.

A l'approche de l'ennemi, le Gouvernement de la Défense nationale avait enfermé dans Paris les derniers débris de nos armées régulières, quelques troupes de ligne dont le corps du général Vinoy formait le noyau, des marins et tout ce qu'il avait pu réunir de bataillons de mobiles, et il avait envoyé à Tours, pour organiser la défense en province, une délégation composée de : MM. Crémieux, Glais-Bizoin et le vice-amiral Fourichon, auxquels, le 7 octobre, fut adjoint Gambetta, parti de Paris en ballon et porteur d'une proclamation adressée aux départements. Mais la tâche de ces organisateurs était devenue difficile, sinon impossible, car après un mois de lutte, on avait épuisé presque toutes les ressources militaires. L'armée de Mac-Mahon qui devait défendre Paris, forcée par ordre de l'empereur de quitter sa position de Châlons, avait été dispersée, et le maréchal blessé grièvement; celle de Bazaine était acculée dans Metz, où elle devait plus tard capituler (27 octobre). Les réserves elles-mêmes étaient déjà fortement engagées et plusieurs de nos régiments de marche venaient d'être faits prisonniers à Sedan. Néanmoins, Gambetta rassemble tous les éléments disponibles. Il fait venir des troupes d'Afrique, rappelle nos soldats de Rome; la flotte, qui avait quitté la Baltique le 6 septembre, fournit des canonniers et des marins bien disciplinés; les officiers démissionnaires ou retraités et les vieux soldats sont rappelés sous les drapeaux; on crée des bataillons de gardes nationaux mobilisés, formés des hommes valides de 21 à 40 ans, on appelle à l'activité les jeunes recrues de la classe de 1870.

En même temps, de presque tous les points de la France, les mobiles, les francs-tireurs et les gardes nationaux se groupent rapidement et font aux Allemands une guerre de guérilla. Les corps francs surtout leur causent un mal énorme, au point que le comte de Bismarck voulait les assimiler à des bandes d'assassins et traitait souvent les prisonniers avec une cruauté inouie. Quoi qu'il en soit, la résistance était inexorable. La défense locale se manifestait par de petites actions journalières, qui montrent ce qu'on aurait pu faire avec une organisation plus complète et mieux centralisée. De tous côtés, en effet, des gardes nationaux, des corps francs harcelaient les cavaliers envoyés à la découverte, fusillaient les troupes de réquisition, si bien que l'ennemi n'osait parfois s'aventurer et vivait dans une crainte perpétuelle. Le *Journal officiel* publié par l'état-major allemand disait à ce sujet, dans un numéro de novembre 1870 : « A toutes les distances et de toutes les maisons dans la campagne, nos cavaliers sont assaillis de coups de feu ; à leur approche, le laboureur jette sa bêche, empoigne son fusil à terre à côté de lui, et fait feu. Chaque maison devient une petite forteresse, chaque homme en blouse, un franc-tireur. Ce n'est que par une *sévérité draconienne* qu'il est possible de mettre fin à cette manière traîtresse et infâme de faire la guerre et de donner satisfaction à nos troupes. »

« Sévérité draconienne, soit, dit le commandant Rousset, dans son *Histoire de la guerre de 1870-71*. Mais qualifier de traître et d'infâme l'homme qui défend le sol de ses ancêtres, sa chaumière, sa famille et son foyer, c'est abuser étrangement de la licence permise au vainqueur, ou se méprendre absolument sur les droits que confère aux nations le soin légitime de leur indépendance et de leur liberté! »

Deux mois après Sedan, quatre armées étaient mises sur pied : celle de l'Ouest, du Nord, de l'Est et de la Loire. MM. Estancelin et Kératry, en Normandie, et M. Carré-Kérisouët, en Bretagne, réunirent également des hommes de bonne volonté et formèrent deux corps d'armée, dont, par la suite, l'un fut versé dans l'armée de la Loire et l'autre dans celle du Nord. Mais remarquons que toutes ces forces rassemblées manquaient d'organisation, de bons états-majors, d'artillerie de campagne capable de lutter contre l'artillerie allemande, bien que chaque département eût été tenu de fournir une batterie par cent mille habitants.

Les premiers détachements qui envahirent l'Ile-de-France faisaient partie du 4° corps d'armée, lequel fut chargé, conjointement avec l'armée du Prince royal de Prusse, d'investir la capitale. Ils avaient cru pouvoir se ravitailler dans les pays situés autour de Paris, mais le vide avait été fait dans un rayon de plus de 40 kilomètres. Les Allemands durent se contenter, les premiers jours, d'absorber leurs vivres de campagne, puis organisèrent par la suite un vaste système de réquisition. Cette organisation fut confiée aux troupes formant la deuxième ligne extérieure d'investissement, échelonnées sur un périmètre considérable et occupant du nord à l'ouest une ligne excentrique passant par Compiègne, Clermont, Beauvais, Gisors, Mantes et Rambouillet. Ces troupes avaient également pour but d'éclairer le pays, de désarmer les habitants des contrées environnantes et de disperser les entreprises des petits corps d'armée envoyés contre elles.

La 5° division de cavalerie (général-lieutenant de Rheinbaden), qui opéra dans nos contrées, avait, à la date du 19 septembre, établi son campement entre Poissy et Neauphle et son quartier général à Saint-Nom-la-Bretèche; mais aussitôt elle entreprit des expéditions fréquentes sur la rive gauche de la Seine où nous la verrons opérer pendant toute la guerre.

Le 21 septembre, les éclaireurs de la 12° brigade (général major de Bredow), des uhlans du 16° régiment, s'avancent dans la direction de Mantes, jusqu'à Mézières, et s'emparent des fusils des gardes nationaux, chargés sur des voitures qu'on allait leur soustraire. Dans la première partie de cet ouvrage (chapitre VIII), on a vu que ces armes, laissées entre les mains du maire, furent emportées par des francs-tireurs et que, lorsque les Prussiens revinrent le lendemain, ils durent s'en retourner l'oreille basse et aller faire part de leur déconvenue au général de Bredow, qui, à son tour, accourut avec de l'infanterie et de l'artillerie pour châtier le malheureux bourg de Mézières, châtiment barbare qui se traduisit par l'incendie d'une soixantaine d'habitations et la mort de six personnes. Ce général en profitait pour continuer son œuvre dévastatrice, se rendait à Mantes, bombardait la ville et, satisfait, retournait à son cantonnement de la forêt des Alluets. Quelques jours après, apprenant que les francs-tireurs Mocquard s'étaient retirés sur Vernon, il venait s'installer définitivement à Mantes (1er octobre). Rappelons que ce petit corps d'occupation était formé du 13e régiment de dragons, de deux escadrons du 16e uhlans, de six compagnies d'infanterie bavaroise et d'une batterie d'artillerie.

Avec le mois d'octobre, Vernon va entrer dans la triste phase de l'invasion prussienne. A dater de cette époque et pendant plusieurs mois, cette ville subira toutes sortes d'exactions de la part de l'ennemi : bombardement, réquisitions, amendes, contributions ordinaires et extraordinaires, etc. Il est à remarquer que son occupation fut le premier acte sérieux d'agression des troupes allemandes contre le territoire de l'Eure, de l'antique Normandie; et leur plan était, du reste, de former autour de Rouen un vaste éventail dont Vernon et Gisors allaient être les deux branches principales.

Le retour des éclaireurs de la Seine (Mocquard), auxquels s'étaient joints les francs-tireurs de Rouen et du Havre, fut salué avec enthousiasme par les Vernonnais. Ces troupes venaient ainsi renforcer le 1er bataillon des mobiles de l'Eure, caserné depuis quelques jours et dont les avant-postes étaient placés à la limite de la forêt de Bizy, vers Port-Villez. A ce contingent, on pouvait ajouter la garde nationale dont l'organisation était à peu près terminée. Vernon allait donc pouvoir se défendre et opposer une résistance sérieuse à l'ennemi, qui, depuis qu'il occupait Mantes, ne restait pas inactif, envoyant de journalières reconnaissances explorer les vallées de la Seine et de l'Eure, afin d'enlever d'amples approvisionnements de grains et de bétail destinés à l'armée qui assiégeait Paris. Et malheureusement, les Prussiens dirigeaient si bien leurs opérations, qu'ils s'attaquaient de préférence aux points où ils ne savaient rencontrer qu'une faible résistance. C'est ainsi que le 5, on apprit qu'ils venaient de s'emparer de Pacy, après un court engagement avec le 3e bataillon des mobiles de l'Eure, que le lieutenant-colonel d'Arjuzon avait fait battre en retraite avec une précipitation déplorable, livrant à eux-mêmes la 8e compagnie (Vernon) et quelques gardes nationaux d'Evreux et de Pacy, placés en avant-garde.

Mais, hélas! le séjour des troupes à Vernon devait être de courte durée, car, dès le matin du 4 octobre, le 1er bataillon des mobiles de l'Eure et les francs-tireurs recevaient du général commandant la division à Rouen l'ordre de quitter cette ville qui pensait se trouver — pour quelque temps du moins — à l'abri d'un coup de main. En quelques heures, elle fut complètement dépourvue de troupes, et la garde nationale désarmée le soir même par les autorités.

Au 5 octobre — nous nous souvenons encore de l'aspect morne et triste qu'avait Vernon ce jour-là, — cette cité, ordinairement riante et animée, semblait frappée de léthargie. Les magasins, les ateliers se fermaient, les rues étaient désertes : c'est à peine si on apercevait de place en place quelques groupes causant à voix basse. La consternation était grande : on s'attendait d'un moment à l'autre à voir paraître l'ennemi. Faut-il le dire, les Vernonnais ne cherchaient pas à fuir ; résignés, ils se décidaient à subir le joug du vainqueur, mais aussi à défendre chèrement leurs familles, leurs foyers, s'ils étaient menacés.

Vers midi, un de nos officiers du génie, le capitaine Peltier, se présentait à l'hôtel de ville, muni d'un ordre émanant de l'autorité supérieure avertissant la municipalité que le porteur avait mission de faire sauter les ponts qui avaient été minés quelque temps auparavant. Cette destruction avait pour but d'entraver la marche des Prussiens sur la Normandie et d'empêcher la jonction des troupes de la rive gauche avec celles venant de Beauvais et de Gisors. Mais les habitants, prévenus, se portèrent en foule sur le pont de pierre et s'opposèrent avec énergie à l'anéantissement de cette œuvre d'art, si bien que le capitaine Peltier dut se retirer sans avoir pu accomplir la mission qui lui avait été confiée.

Quelques instants après, on apprenait qu'un détachement de cavalerie prussienne, composé de 160 hommes, venu de Pacy par la route d'Évreux, faisait son entrée en ville. Il se porta rapidement vers la station de l'Ouest et le parc de construction des équipages militaires et les casernes pour s'assurer *de visu* du départ des troupes françaises, puis se fit conduire à l'hôtel de ville. Le chef du détachement annonça au maire, pour le lendemain, la visite d'un fort contingent de soldats avec du canon et se retira, non sans avoir fait remarquer que toute résistance de la part des habitants serait réprimée avec la plus grande sévérité.

En effet, le 6 octobre, à dix heures et demie du matin, 650 Allemands traversent le plateau de Brécourt et descendent à Vernon, par Bizy, où ils laissent la moitié de leur effectif avec deux canons. En un clin d'œil des cavaliers, accouplés deux par deux, parcourent à fond de train les rues de la ville, puis le gros du détachement pénètre à son tour et arrive à la mairie, où les officiers — avec la morgue d'un vainqueur qui sait qu'on ne lui résistera pas — exigent la livraison immédiate de farine, avoine, sel, café, vin, cigares, etc. Il faut qu'en toute hâte un déjeuner soit servi pour 12 officiers et 300 cavaliers et fantassins. Mais comme ils aiment avant tout à agir *honnêtement, loyalement*, ils établissent et remettent au maire un reçu libellé comme suit :

« Reçu par réquisition de la commune de Vernon pour la 6ᵉ division de *cavallerie* prussienne :

    6,000 kil. d'avoine.
    1,500 — de farine.
    300 — de sel.
    350 — de café.
    300 — de riz.
    50 bouteilles de Champagne.
    50 bouteilles de Bordeaux.
    200 litres de vin rouge.

» Tous les cigares et tout le tabac à fumer des débitants et un déjeuner pour 12 officiers et 300 soldats.

» Est certifié.

» Vernon, le 6 octobre 1870.

» L'intendance de la 6ᵉ division de *cavallerie* prussienne,

» Signé : METZDER. »

La valeur totale de cette réquisition s'élevait à 5,000 fr. environ.

Après avoir accompli leur repas sous la halle aux grains, les Prussiens se retirent en emportant les armes qu'ils ont pu trouver; toutefois, sur la demande du maire, ils veulent bien laisser 60 fusils à répartir entre les sapeurs-pompiers et le poste chargé d'assurer le maintien de l'ordre. En partant, ils saccagent la gare, détruisent les fils télégraphiques et enlèvent les rails sur une certaine longueur, puis rejoignent à Bizy la troupe restée en réserve. Celle-ci, cependant, n'est pas restée inactive; elle a profité de son séjour de quelques heures pour faire main-basse sur le bétail du château qui, pourtant —

on l'avait oublié sans doute — était la propriété d'un de leurs compatriotes. Mais, comme le dit fort bien M. le baron Ernouf, dans ses *Souvenirs de l'Invasion prussienne en Normandie* : « M. F. Schikler, que des alliances de famille et d'importants intérêts rattachent depuis longtemps à la France, ne saurait être confondu avec ces Allemands indignes qui ont abusé de notre hospitalité confiante pour nous trahir. » Nous aurons l'occasion, du reste, de reparler du châtelain de Bizy qui, lors de son séjour en Allemagne pendant la guerre, a fait preuve du plus grand dévouement, en prodiguant ses soins à nos blessés et à nos prisonniers. On ne peut que lui savoir gré d'avoir cherché par tous les moyens dont il pouvait disposer à adoucir leurs souffrances et leurs peines.

Les Prussiens rentrèrent à Pacy avec cinq voitures chargées de réquisitions. Le lendemain, ils évacuaient cette ville et les environs, poussaient une pointe jusqu'à quelques kilomètres d'Évreux, puis se dirigeaient vers Mantes en emmenant tout le butin pris sur leur passage.

Nous avons dit déjà que l'apparition de l'ennemi à Pacy et à Vernon eut pour conséquence l'abandon d'Evreux par le colonel Cassagne qui se retira avec ses troupes sur Serquigny et Bernay. Cette belle contrée du département allait donc se trouver livrée sans aucune défense à la merci des Allemands, qui ne manqueraient certainement pas d'y venir séjourner ou tout au moins puiser, chaque jour, d'amples approvisionnements destinés à la subsistance de l'armée assiégeant la capitale. En attendant, cette courte mais douloureuse apparition avait pour but de reconnaître la situation de nos pays et de constater les ressources en vivres, en grains et en fourrages, dont nous pouvions disposer... en leur faveur !

« Ils étaient à peine partis, dit M. E. Meyer, que les mobiles de Louviers et d'Andeli arrivaient à Vernon pour en reprendre possession et s'y livraient à de véritables excès. Dans un certain nombre de cafés et d'hôtels qu'ils avaient envahis, et notamment au Soleil-d'Or et à Saint-Nicolas, ils refusèrent de payer leur repas et brisèrent les tables et les vitres, sous le prétexte de punir les habitants de la réception faite à l'ennemi. L'un d'eux, en entrant en ville, avait insulté un honorable commerçant de Vernon ; ce dernier, n'ayant pu obtenir satisfaction de l'outrage qu'il venait de recevoir devant l'un des officiers, se mit en quête de son insulteur, le retrouva et le contraignit de demander pardon à genoux.

» C'est avec regret que nous constatons ces faits, car les officiers de la mobile n'ignoraient pas que la ville, abandonnée par eux à l'approche des Prussiens, ne pouvait se défendre seule, et les Vernonnais prouvèrent plus tard qu'ils avaient autant de courage que bien d'autres. »

On procéda immédiatement à la réparation de la voie ferrée, pour permettre aux troupes d'accéder directement en gare.

Avec le 1er bataillon de la mobile de l'Eure, arrivaient à Vernon, le 8 octobre, 4 compagnies du 94e de ligne, un escadron du 12e chasseurs à cheval (commandant Sautelet), des gendarmes et la compagnie des francs-tireurs de Louviers. On apprenait qu'Evreux et Pacy étaient réoccupés par des forces suffisantes pour les placer à l'abri de toute surprise : le régiment des mobiles du Calvados (lieutenant-colonel de Beaurepaire) et le 1er bataillon de la mobile de l'Ardèche, lequel devait être bientôt suivi des deux autres bataillons de ce même département. De son côté, Dreux était occupé par le 2e bataillon de la garde mobile de l'Orne.

« Ainsi pour résumer la situation militaire sur la rive gauche de la Seine, au 8 octobre, il y avait, du côté de l'ennemi, la 5e division de cavalerie en observation sur la rivière de l'Eure, mais principalement concentrée sur sa gauche, vers Houdan ; elle était forte de trente-six escadrons, avec deux bataillons bavarois, en tout environ six à sept mille hommes et douze canons. Nous avions à la même date, de Dreux à Pacy et Vernon, un escadron de chasseurs, quatre compagnies de marche de la ligne et neuf bataillons de mobiles; total : environ dix mille hommes, sans artillerie. C'était assurément un effectif respectable; malheureusement les bataillons qui le formaient, au lieu de relever d'un commandement unique, restaient sous les ordres directs des chefs de quatre subdivisions territoriales, qui dépendaient eux-mêmes, pour la plupart, des comités locaux, en sorte que ce petit corps d'observation ne devait pas tarder à se disloquer » (Rolin).

Le 9 octobre, une compagnie du 94° de ligne et des francs-tireurs placés en grand'garde sur les hauteurs de Port-Villez surprennent une patrouille de uhlans et font deux prisonniers qui sont conduits à la mairie de Vernon et dirigés ensuite sur Gaillon; trois chevaux sont laissés sur place. Un troisième cavalier, blessé d'une balle à la jambe, est arrêté peu après par des chasseurs à cheval.

Dans la soirée, on apprend que les Allemands se seraient emparés de Gisors, après une courte résistance, et que cette ville serait occupée par 4,000 hommes avec de l'artillerie. La ligne de l'Epte qu'on aurait pu défendre était donc à son tour abandonnée et les riches plaines du Vexin livrées à la merci des vainqueurs.

Le 10, la nouvelle de la prise de Gisors se confirmait malheureusement, malgré la dépêche suivante du Gouvernement de Tours :

« *Tours, 8 octobre.*

» L'attaque des Prussiens dans la direction de Gisors et de Gournay est considérée comme une feinte pour couvrir un mouvement plus important, afin de détruire les chemins de fer de la Normandie au sud de la Seine. »

Un deuxième télégramme annonçait qu'un décret du Gouvernement ajournait les élections générales et que le corps prussien qui marchait sur Evreux paraissait se replier sur Mantes.

En réalité, ces renseignements n'étaient pas d'une exactitude absolue, car l'ennemi continuait toujours sa marche en avant, s'étendant de plus en plus dans les provinces; aussi l'alarme était-elle grande non seulement dans l'Eure, mais dans le département de la Seine-Inférieure qui, à son tour du côté de Gournay, était envahi. Dans une proclamation du 8 octobre, le général Estancelin, commandant les forces de la garde nationale de Rouen, s'écriait :

« L'ennemi entre dans notre province, que tout homme de cœur prenne son fusil et vienne le recevoir ! Sur les frontières de notre département, des accidents de terrain, des bois profonds permettent une résistance efficace : que chaque arbre abrite un tireur, que chaque obstacle soit défendu ! »

Le *Journal de Rouen* disait à ce sujet :

« Il est profondément douloureux de voir l'armée prussienne s'étendre ainsi sans rencontrer d'obstacles sérieux.

» Quelle tentative a-t-on faite pour arrêter cet envahissement ? Personne ne le sait. Il n'en est malheureusement pas de même de la honte et des misères de toutes sortes qui accompagnent l'armée ennemie.

» Quand fera-t-on autre chose que de vaines démonstrations ?

» Quand se servira-t-on efficacement des hommes prêts à marcher ?

» Espérons que ce sera promptement; mais en vérité il est déjà bien tard... »

Le même journal annonçait le passage à Rouen de Gambetta, parti de Paris en ballon. C'est là que l'organisateur de la défense, devant une foule assemblée, prononçait ces mémorables paroles : « Si nous ne pouvons faire un pacte avec la victoire, faisons un pacte avec la mort ! »

La prise de Gisors, survenue le 9 octobre, ne présageait

rien de bon pour l'avenir de la défense sur la ligne de l'Epte. Deux compagnies du 1er bataillon des mobiles des Landes, 300 gardes nationaux et 25 francs-tireurs des Andelys, qui s'étaient massés sur le Mont-de-l'Aigle, au nord-ouest de la ville, ne peuvent soutenir le choc de l'armée du prince Albert de Prusse, neveu du roi Guillaume, qui s'avance à la tête de 5,000 hommes, appuyés par 16 pièces d'artillerie. Un obus tombe au milieu du détachement des Landes, tue deux mobiles et en blesse plusieurs autres; il n'en faut pas davantage pour semer la terreur et l'effroi parmi ces jeunes troupes qui se réfugient dans la forêt et prennent la fuite dans la direction de Bézu-St-Eloi.

Pendant que ceci se passait aux portes de Gisors, une poignée de gardes nationaux de Bazincourt, village de 200 habitants, à quelques kilomètres au nord de cette ville, luttaient énergiquement contre la cavalerie prussienne pour la défense des ponts situés sur la rivière de l'Epte. Sous la conduite du brave lieutenant Lebrun, ils ne peuvent résister longtemps, car ils sont cernés par l'infanterie et la cavalerie; six des leurs tombent mortellement atteints et huit sont faits prisonniers.

Le lendemain, cinq de ces malheureux gardes nationaux qui avaient passé la nuit attachés à la grille d'une boucherie, étaient fusillés sans pitié à Saint-Germer-de-Fly, tandis que les trois autres étaient relâchés après avoir été durement schlagués, à la façon allemande.

Destruction des ponts (14 et 15 octobre).

Depuis le commencement du mois, les mauvaises nouvelles successives viennent peu à peu détruire nos espérances. On apprend, mais sans vouloir y croire, la capitulation de Toul, celle de Strasbourg, après 50 jours de bombardement, puis l'occupation de Beauvais, de Gisors et de Gournay. Sous les ordres du prince Albert,

10,000 Prussiens envahissent le Beauvoisis et les plateaux du Vexin. La ligne de défense de l'Epte, considérée cependant comme la clé de la Normandie, est abandonnée par l'autorité militaire, qui préfère concentrer les forces dont elle dispose sur la ligne de l'Andelle; aussi, en quelques jours, les Prussiens établissent-ils des postes avancés à Bézu-Saint-Eloi, Dangu, Vesly, les Thilliers et Saint-Clair-sur-Epte.

Dans cette marche en avant, il paraissait évident que les Allemands, étendant le cercle de leurs opérations, chercheraient à passer sur la rive gauche de la Seine afin d'effectuer leur jonction avec la brigade de Bredow, de la 5e division, qui s'avançait de ce côté. La 4e division de cavalerie, établie sur la ligne de l'Epte, fut chargée de ce soin.

Au commencement de septembre, la municipalité vernonnaise avait été avertie que, par ordre militaire, les deux ponts traversant la Seine seraient minés, afin de pouvoir les détruire au besoin, pour empêcher la marche de l'ennemi. Le capitaine Peltier, de l'arme du génie, eut pour mission de les faire sauter et « se disposait, dès le 20 septembre, à pratiquer l'opération à l'aide de 600 kilos de poudre ! L'effroi de tout un quartier de la ville, et aussi les protestations de quelques notables, étaient parvenus à reculer le sacrifice et à faire réfléchir l'homme de guerre sur la quantité de matière destructive qu'il voulait employer (1). » Le maire, M. Morin, crut devoir protester auprès du ministre de la guerre, qui lui répondit par le télégramme suivant :

« *Paris, 19 septembre* 1870, 10 *h*. 20 *matin.*

» Le Ministre de la guerre au Maire de Vernon.

» A l'égard de la destruction du pont de Vernon, agissez suivant les circonstances et votre appréciation, ou consultez le commandant militaire local. »

(1) *Les Prussiens en Normandie,* par Dessolins.

Peu satisfait de cette réponse, le maire s'adressa ensuite au général commandant la 2ᵉ division militaire à Rouen, lequel fit savoir qu'il « avait donné des ordres pour la destruction du pont de Vernon au capitaine Peltier, mais qu'il recevrait avec grand plaisir la députation municipale chargée de présenter la protestation des habitants de la ville. »

Une démarche fut faite aussitôt, mais elle n'eut aucun succès ; aussi le capitaine Peltier procéda-t-il sur le champ aux préparatifs de l'œuvre de destruction qui lui était ordonnée. Il fit placer dans une des chambres d'évidement du pont de pierre (première pile, vers Vernonnet), « quatre fourneaux de mine, qui reçurent une charge de poudre de 300 kilogrammes, et auxquels un saucisson de Beakford, installé dans la cheminée de regard, débouchant sur le trottoir, permettait de mettre le feu (1) ». Plusieurs mines furent également posées dans la dernière pile tubulaire du pont de fer, du côté de Vernonnet. Des factionnaires de la garde nationale furent chargés de leur surveillance.

Le 5 octobre, vers trois heures du matin, le capitaine Peltier, qui avait reçu l'ordre formel de faire sauter les ponts, s'aperçut avec surprise que les mines avaient été mouillées à dessein. Il dut se contenter de faire dresser procès-verbal.

Au début de ce chapitre, nous avons vu que ce même jour 5 octobre, dans l'après-midi, au moment où l'officier du génie préparait à nouveau l'explosion et faisait des sommations, les habitants s'étaient portés en foule sur le pont de pierre et que, devant une manifestation aussi énergique et spontanée, M. Peltier avait dû abandonner son opération ; mais il devait revenir bientôt, car l'ennemi s'avançait de plus en plus vers la rive droite de la Seine.

---

(1) *Histoire de Vernon*, par E. Meyer, page 328, t. II.

Le 14 octobre, une reconnaissance prussienne était signalée sur les hauteurs de Vernonnet. Elle venait s'assurer de l'état des ponts. Plus de doutes possibles : les Allemands allaient chercher à s'emparer de ces ouvrages, pour assurer et maintenir des communications sur les deux rives du fleuve, et pendant plusieurs mois peut-être, Vernon allait voir défiler dans ses murs les armées prussiennes venant du Nord pour se répandre dans les fertiles vallées de l'Eure. Il n'y avait donc plus à hésiter, et si le 5, la destruction des ponts eût été une faute, puisque les fourrageurs de Bredow, partant de Pacy, n'avaient nul besoin de traverser la Seine, il n'en était plus de même à la date du 14. Les Vernonnais, du reste, le comprirent si bien, qu'ils se résignèrent au sacrifice qu'exigeait la défense. Il fut décidé que, le soir même, le capitaine Peltier ferait sauter le pont de pierre. En effet, dans la soirée, à huit heures et demie, l'œuvre de destruction était terminée.

« Vers sept heures et demie, dit M. S. Guilbert, une dizaine de chasseurs à cheval vint relever le poste des gardes nationaux établi dans la maison de M. Rozé, grainetier à Vernonnet, et faire éteindre toutes les lumières. Après le départ des soldats sur la rive gauche, un seul fanal brillait sur le pont à l'endroit de la mine : rien de triste comme ce moment, où l'œuvre de trois années de travail allaient s'anéantir en moins d'une seconde.

» Enfin le fanal disparaît, partout règne le silence le plus complet ; tout à coup une brillante lumière illumine le ciel, l'explosion se fait soudainement et par saccades, on entend tomber l'un après l'autre les tabliers qui relient les arches ; l'eau bouillonne et se referme sur les débris. Le sacrifice était consommé. »

Dans son *Histoire de Vernon*, M. E. Meyer complète ces renseignements comme suit :

« Des fagots avaient été déposés sur le pont pour arrêter, autant que possible, la projection des matériaux à une grande distance, mais l'effet de l'explosion ne fut pas tel que l'on craignait. Aucune pierre ne fut projetée dans l'espace ; la poudre renfermée dans l'intérieur de la mine opéra silencieusement son œuvre de destruction. Les deux arches appuyées à la sixième pile tombèrent simultanément dans l'eau ; les autres arches se détachèrent successivement, l'une après l'autre, produisant dans leur chute le bruit que pourrait faire le timbre d'une forte horloge. En même temps que la disjonction des maçonneries s'opérait partout au joint de rupture, chaque pile éprouvait un léger mouvement d'oscillation de Vernon vers Vernonnet, puis reprenait son assiette. »

Cette belle construction, édifiée par l'entrepreneur Garnuchot, fut inaugurée le 19 mai 1861. Elle avait coûté plus d'un million et, en une seconde, l'œuvre de trois années de travail succombait à la force explosible de 300 kilog. de poudre ! Il ne resta plus que les deux arches marinières établies de chaque côté des rives et les cinq piliers émergeant de l'eau (1).

Le lendemain, à une heure et demie de l'après-midi, la première travée du pont de fer située vers Vernonnet était détruite par le capitaine Peltier et les débris projetés à une grande distance. Nous avons ramassé un de ces débris sur la route de Rouen et le conservons à titre de souvenir — souvenir néfaste, il est vrai — de l'occupation allemande.

Le jour même de la destruction du pont de pierre, l'ennemi faisait, sur la rive droite, du côté de Saussay et d'Ecouis, une importante démonstration, tandis qu'un détachement de uhlans se présentait aux Andelys, traversait le Grand-Andely sans s'y arrêter et allait droit à

(1) Après la guerre, le 24 avril 1871, le service des ponts et chaussées fit établir sur ce pont une passerelle pour la circulation des voitures et des piétons ; elle fut achevée trois mois après. Mais pendant l'interruption des communications un service de bateaux, installé par quelques mariniers, effectuait le passage des voyageurs et marchandises entre les deux rives du fleuve. Ce pont fut reconstruit en 1873.

la Seine. Il avait pour mission de s'emparer du pont qui met en communication les Andelys avec Louviers ; mais il arriva juste à temps pour assister à la destruction de cet ouvrage et se retira en toute hâte pour aller rendre compte de cet incident. A cette même époque, l'autorité militaire faisait sauter le pont de Courcelles.

Comme on le voit, les projets de nos adversaires se trouvaient donc fortement contrariés, car de Pont-de-l'Arche à Meulan, les ponts de la Seine avaient été détruits. Dès le 19 septembre, celui de Mantes avait subi le sort commun.

Dans le but d'entraver également le passage de l'ennemi d'une rive à l'autre, une décision ministérielle du 25 septembre, prescrivait « de faire descendre à Rouen les bateaux arrêtés sur la Seine entre Vernon et Elbeuf ; » mais ainsi que le constate un rapport de l'ingénieur en chef du service de la 4ᵉ section de la Seine, en date du 1ᵉʳ octobre, cette mesure fut mal accueillie des riverains ; quelques-uns même refusèrent absolument d'obéir à l'injonction qu'ils avaient reçue. En conséquence de ce rapport, le préfet de l'Eure crut devoir prendre l'arrêté ci-après :

ARTICLE PREMIER.— Il est enjoint aux possesseurs de bateaux de la Seine, entre Vernon et Elbeuf, d'avoir à se conformer sans délai à l'ordre ministériel précité, ainsi qu'aux injonctions qui leur seront données par les ingénieurs ou agents du service de la navigation ; faute de quoi les agents de ce service, d'accord avec l'autorité militaire, prendront les mesures que commandent les circonstances, soit qu'il y ait lieu de faire brûler les bateaux, soit qu'il convienne d'en faire opérer la descente aux frais des récalcitrants.

ART. 2. — Le présent arrêté sera immédiatement publié et porté à la connaissance des intéressés par les soins de MM. les Maires des communes riveraines de la Seine dans le département...

A Evreux, le 4 octobre 1870.

Le Préfet,
FLÉAU.

Le 15 octobre, le commandant militaire chargé de la place de Vernon ordonnait au maire « d'avoir à faire retirer toutes les barques pouvant desservir les deux rives. »

Deux barques seulement pouvaient être conservées pour assurer la communication avec le faubourg de Vernonnet, mais elles ne devaient jamais séjourner sur la rive droite. Elles furent placées sous la surveillance d'un gardien.

Le 17, un nouvel ordre du commandant enjoignait au maire « de faire enlever le tablier en bois du pont de fer dans la partie tombée. »

Malgré ces dépêches, les bateliers vernonnais faisaient sans doute les récalcitrants, puisque le préfet, à une dépêche du maire, répondait ce qui suit :

« *Evreux, 17 octobre 1870, 6 h. 40 soir.*

» Préfet à Maire Vernon,

» Faites enlever les barques qui sont dans la Seine, requérez la gendarmerie et, au besoin, la troupe, coulez, brûlez, faites tout pour en finir. »

CHAPITRE II

Sur la rive droite. — Rencontre d'Ecouis (14 octobre). — Les Prussiens aux Andelys (15 octobre). — Embuscades de Fontenay-Saint-Père (15 et 16 octobre). — Réorganisation des régions militaires. — Nominations et mutations. — Situation des troupes dans l'Eure au 20 octobre. — Combat de Villegats-Hécourt (22 octobre). — Dispositions prises par le colonel Mocquard. — Défaite des Prussiens. — Traits de courage et de dévouement. — Le commandant Guillaume. — Le maréchal des logis Fresneau, — M. Froment. — Bombardement de Vernon (22 octobre). — Déception des Allemands. — Dégâts causés par les projectiles. — Surprise désagréable à Tilly et à Saulseuse.

Pendant que les faits qui précèdent s'accomplissaient sur la rive gauche, les Prussiens, commodément installés sur la ligne de l'Epte, réquisitionnaient à outrance dans le Vexin, étendant chaque jour le cercle de leurs opérations. Le 14 octobre, dans la matinée, deux escadrons du 1er uhlans de la garde, suivis d'un détachement d'infanterie, partaient de Gisors dans la direction d'Etrépagny. Arrivés dans cette petite ville, ils se divisent : l'infanterie se dirige sur Saussay, pour y détruire le chemin de fer départemental de Pont-de-l'Arche, tandis que la cavalerie, destinée à couvrir cette opération, s'avance jusqu'à Ecouis, en procédant selon son habitude par un mouvement tournant.

Cette manœuvre, conduite avec célérité, eut pour résultat de faire replier un détachement du 3e hussards français, placé en grand'garde à Ecouis. L'officier qui le commandait voulut résister, mais se voyant débordé sur la droite, battit en retraite vers Grainville, laissant à la merci des Allemands une douzaine de cavaliers, commandés par le sous-lieutenant Beuve, qu'il avait envoyés en reconnaissance sur la route de Magny. Ces quelques hommes se virent complètement cernés à un endroit appelé « la Folie, » près de la ferme de Brémulle, et cherchèrent à se frayer un passage pour rejoindre leur détachement. A la tête de son peloton, le sous-lieutenant Beuve se précipite sur l'ennemi, le sabre au poing, suivi par cette poignée de braves qui culbutent quelques uhlans, mais tombent à leur tour criblés par les coups. Par une fatalité, deux cavaliers sont désarçonnés en franchissant le fossé qui borde la route ; on les massacre sans pitié. Le sous-lieutenant Beuve et un soldat sont laissés pour morts ; cependant, après le départ des Allemands, bien que grièvement blessés, ils peuvent se traîner jusqu'à la ferme de Brémulle, où ils reçoivent les premiers secours, puis sont transportés au camp de Grainville, tandis que plusieurs autres blessés sont conduits au bureau de poste d'Ecouis, transformé en ambulance. Dans cette rencontre, les Prussiens perdirent deux officiers et sept cavaliers (1).

Le lendemain de cette démonstration sur Saussay et Ecouis, l'ennemi, au nombre de 600, avec deux pièces de canon, prit position sur les hauteurs qui dominent les Andelys, puis entrait en ville avec l'espoir de s'emparer des mobilisés qui devaient se réunir ce jour-là au chef-lieu d'arrondissement pour la revision ; mais le sous-préfet, M. Dehais, prévenu à temps, avait eu soin de contremander la réunion, de sorte que le but de cette expédition se trouva manqué. Néanmoins, le commandant du détachement, le baron de Korff, gendre de Meyerbeer et aide de camp du prince Albert, fit perquisitionner à la mairie et à la sous-préfecture, dans le but d'y trouver des documents topographiques et les listes des mobilisés de chaque commune ; il dut repartir sans ces renseignements et se contenter d'emmener le sous-préfet comme otage. Ce dernier, conduit à Gisors, fut présenté au prince Albert qui, après un interrogatoire assez sommaire, le fit mettre en liberté le soir même.

(1) A la suite de cette affaire, le sous-lieutenant Beuve fut appelé à un grade supérieur et nommé chevalier de la Légion d'honneur, avec la mention suivante : « A reçu plusieurs blessures au combat d'Ecouis, en se frayant un passage à travers la cavalerie ennemie. »

« Pendant que le major de Korff s'avançait ainsi jusqu'aux Andelys, les uhlans du 3ᵉ régiment de la garde, appuyés par un bataillon d'infanterie, occupaient Magny, et, dans le but de se mettre en communication avec le général Rheinbaben sur la rive gauche de la Seine, lançaient sur Mantes une première patrouille » (Rolin).

Ainsi donc, sur la rive droite, depuis Gisors jusqu'aux Andelys, les ennemis régnaient en maîtres, faisant chaque jour des excursions dans les campagnes situées entre ces points. C'est ainsi que le 15, on signalait qu'une de leurs patrouilles volantes était venue réquisitionner à Gasny.

La possession du Vexin offrait, du reste, aux Allemands un avantage considérable qui leur permettait non seulement de s'approvisionner, mais aussi d'inquiéter incessamment les forces françaises qui couvraient Rouen de ce côté et de donner, par les démonstrations qu'ils venaient de faire, le change sur leurs véritables projets. Mais sur la rive gauche, les Prussiens ne vivaient pas dans cette douce tranquillité. Constamment harcelés par les nôtres, ils eurent à essuyer vers Dreux, notamment à Cherisy, différentes attaques qui leur furent très meurtrières; aussi, en présence des renforts que nous recevions dans la vallée de l'Eure, le général de Rheinbaben crut-il prudent d'évacuer Houdan et de reprendre ses anciennes positions, dirigeant sur Mantes la 13ᵉ brigade de cavalerie (général-major de Redern), qui arrivait dans cette ville le 18 octobre.

A cette époque, le ministre de la guerre s'occupait activement de la réorganisation des troupes et du haut commandement. Par un décret du 17 octobre, la France était divisée en plusieurs régions militaires; mais cette division restait à peu près la même que celle adoptée précédemment par les comités de défense. Le département de l'Eure (à l'exception de l'arrondissement des Andelys) et tous les autres situés sur la rive gauche de la Seine faisaient partie de l'armée de l'Ouest, laquelle était placée sous le commandement du général d'Aurelle de Paladines, que le général Fiérek remplaçait quelques jours plus tard. La Seine-Inférieure et l'arrondissement des Andelys faisaient partie de l'armée du Nord, qui avait pour chef le général Bourbaki, de sorte que les forces de l'Eure et celles réunies autour de Rouen n'avaient aucune liaison entre elles, ce qui devait amener par la suite les conséquences les plus graves.

A la date du 18, le général Gudin, commandant la division de Rouen, était appelé à la 10ᵉ division militaire à Montpellier et remplacé par le général Briand, tandis que le général de brigade de Kersalaün, du cadre de réserve, était mis à la tête de la subdivision de l'Eure. Il prenait la place du colonel Rousseau, qui remplaçait lui-même le colonel Cassagne, appelé au commandement de la place de Douai.

Au 20 octobre, voici quelle était la composition et l'emplacement des troupes chargées de la défense de l'Eure, et jusqu'au 19 novembre, ces positions ne seront que bien légèrement modifiées :

Dans la forêt de Bizy, couvrant Vernon, le 1ᵉʳ bataillon des mobiles de l'Eure (commandant Guillaume) et une partie du 1ᵉʳ de l'Ardèche (commandant de Guibert); l'autre partie, à Gaillon, était chargée de la surveillance des rives de la Seine jusqu'à Vernon; à Chaignes, le 2ᵉ bataillon de l'Eure (commandant Ferrus); à Pacy et à Aigleville, le 3ᵉ bataillon de l'Ardèche (commandant de Montgolfier); au camp d'Hécourt, les éclaireurs de la Seine (colonel Mocquard); ceux du Calvados (capitaine Trémant); à Saint-Chéron et à Mérey, le 3ᵉ bataillon de l'Eure (commandant Power); à Garennes et à Ivry-la-Bataille, le 2ᵉ bataillon de l'Ardèche (commandant Bertrand) : en tout près de 7,000 hommes sans cavalerie ni artillerie. Ces forces, réunies sous les ordres du colonel Mocquard, formaient, de Vernon à Ivry, le corps d'observation de la vallée de l'Eure.

Combat de Villegats-Hécourt.

« Dans la matinée du 20, dit le commandant Rolin, une centaine de fourrageurs venus de Mantes se présentèrent à Villegats. Au moment où on leur livrait les réquisitions qu'ils avaient exigées, quelques éclaireurs de la Seine pénétrèrent dans le village, et, après un échange de coups de feu dans lequel un des nôtres fut tué, les Prussiens, ignorant sans doute le petit nombre de leurs adversaires, prirent la fuite en abandonnant leur butin. Le lendemain, les mobiles de l'Ardèche et les éclaireurs de la Seine, en poussant une reconnaissance sur Saint-Illiers-la-Ville, y rencontrèrent de nouveau les fourrageurs, leur tuèrent un homme et en blessèrent un autre qui fut fait prisonnier.

» Il était à supposer que l'ennemi chercherait à se venger : le colonel Mocquard reçut en effet à son camp d'Hécourt des renseignements qui lui faisaient prévoir qu'il serait attaqué le lendemain par une partie de la garnison de Mantes. Il donna des ordres en conséquence, fit explorer le terrain dans la matinée du 22 octobre par quelques éclaireurs montés sur des chevaux pris à l'ennemi et qui formaient toute sa cavalerie ; à dix heures, il était prêt à opérer une forte reconnaissance. Il n'y avait alors à Hécourt que les troupes indiquées plus haut, formant ensemble un effectif d'environ 1,200 hommes. Elles furent réparties en deux colonnes qui, dans leur marche, devaient décrire chacune un demi-cercle et se rejoindre à Lommoye, point situé entre Mantes et le camp d'Hécourt. »

Les rapports des grand'gardes signalaient que depuis le matin des éclaireurs ennemis chevauchaient sur la route de Caen, cherchant à reconnaître les positions occupées par nos troupes, tandis qu'un fort détachement d'infanterie, appuyé par de l'artillerie, rayonnaient autour des villages de Chaignes, Chaufour, la Villeneuve-en-Chevrie,

Longuemar, Lommoye, Cravent, et s'étendaient jusqu'à Saint-Illiers-la-Ville et les Gats. Des paysans vinrent annoncer qu'une colonne prussienne marchait sur le camp d'Hécourt, et, avec cette exagération inspirée par la terreur, qui fut si souvent constatée pendant la guerre de 1870, ils estimaient à plus de 10,000 le nombre d'assaillants. Le colonel Mocquard n'était pas homme à s'effrayer ; il reconnut du reste bien vite l'impossibilité où se trouvait l'ennemi de jeter sur lui une aussi grande quantité de troupes, sachant qu'il avait affaire à la garnison de Mantes, laquelle n'était composée que de 3 à 4,000 hommes au plus. Quel qu'en soit le nombre, il résolut d'engager la lutte et prit toutes ses dispositions en conséquence.

Vers 10 heures, les Prussiens couronnaient les hauteurs en avant de Cravent, faisant face au bois d'Hécourt, pendant que la cavalerie était massée à Chaufour, sur la route d'Evreux à Mantes et sur la même ligne que Cravent ; à dix heures trois quarts, l'artillerie prenait position entre ce village et Villegats et commençait à lancer quelques obus au moment même où nous allions nous mettre en marche. Les troupes qui se présentaient ainsi pour attaquer le camp d'Hécourt étaient commandées par le général de Redern. Elles étaient composées de hussards de Magdebourg (8e et 11e), d'infanterie bavaroise, parmi laquelle le 3e bataillon (Prince royal), et d'une batterie d'artillerie, environ 3,500 hommes et 6 pièces.

Dans sa *Relation de la guerre en Normandie*, M. le docteur X. Raspail donne, sur les différentes phases du combat, les renseignements intéressants qui suivent :

« En un instant les Mocquards furent prêts à combattre. Une compagnie partit au pas gymnastique pour occuper le village de Villegats et s'y établir fortement, afin de gêner les communications entre Chaufour et Cravent ; le bataillon du commandant Lamy fila sous bois de façon à gagner du terrain sur la gauche de l'ennemi.

En même temps, le colonel Mocquard expédiait un cavalier au commandant du bataillon des mobiles de l'Ardèche cantonné à Aigleville, lui prescrivant d'envoyer trois compagnies à Villegats, puis de marcher avec le reste de son bataillon sur Chaufour, de s'en emparer et d'y attendre des ordres.

» Ces dispositions rapidement prises, les trois bataillons, ayant à leur centre les Caennais, se déployèrent en tirailleurs au sortir du bois et marchèrent résolûment sur la batterie établie sur une éminence de terrain entre Villegats et Cravent et qui venait d'ouvrir le feu de ses quatre pièces. Comme toujours, l'ennemi débutait par une canonnade et tenait à l'abri son infanterie. »

On vient de le voir, la batterie amenée de Mantes n'avait que quatre pièces d'utilisables; les deux autres étaient hors de service, mais elles faisaient nombre et cela suffisait aux yeux de ces bons Allemands qui se figuraient qu'une nombreuse artillerie en imposerait davantage aux populations.

Dès le début, les artilleurs ennemis éprouvent des pertes sensibles de la part de nos tirailleurs, qui dirigent sur eux de front un tir très meurtrier, tandis qu'une section, établie à Villegats, prend de flanc la batterie qui se trouve à peine à 500 mètres de là.

« L'infanterie bavaroise entra en ligne à son tour, dit M. Raspail; elle s'avança au pas de course, poussant des hourras, avec l'intention d'aborder notre ligne de tirailleurs, de la culbuter et de la rejeter dans le bois d'Hécourt; loin de se déconcerter devant ce déploiement de forces, les Mocquards et les Caennais s'avancèrent de leur côté sans hésitation; il n'y eut plus un coup de fusil tiré à ce moment, si ce n'est du village de Villegats, où un combat sérieux s'engageait avec la cavalerie qui tentait de tourner sur la gauche, et l'infanterie qui attaquait de face. Quand les Bavarois ne furent plus qu'à 300 mètres de leurs adversaires, ceux-ci s'arrêtèrent tout à coup et firent une décharge générale; l'effet en fut terrible, les rangs s'éclaircirent; on eût dit que toutes les balles avaient porté; un feu à volonté suivit et fut aussi heureux. Les Bavarois, démoralisés par la justesse du tir de ces hommes qui mettaient autant de sang-froid à assurer leur coup que s'ils étaient en face d'une cible, n'écoutèrent plus leurs officiers et se sauvèrent en désordre, laissant une partie de leurs morts sur le terrain; ils se réfugièrent dans les bois taillis, en avant de Lommoye, d'où ils commencèrent à riposter par un feu nourri et soutenu.

» L'artillerie, par ce recul de l'infanterie bavaroise, dut se porter en arrière en toute hâte; la précipitation des artilleurs fut telle, sous la pluie de balles qui leur fut envoyée, qu'ils ne purent enlever le corps d'un officier supérieur que l'on avait vu tomber de cheval, mortellement frappé, au moment où il activait le tir des pièces; celles-ci, de la nouvelle position où elles furent remises en batterie, recommencèrent à envoyer à profusion leurs obus, qui jusque-là n'avaient produit que peu d'effet. La cavalerie qui de son côté avait fait plusieurs démonstrations sur la gauche de Villegats, se replia devant les mobiles de l'Ardèche, qui débouchaient du bois d'Hécourt pour se porter sur Villegats; elle contourna à grande distance ce village pour rejoindre le gros des forces prussiennes. »

Ainsi donc, malgré sa supériorité numérique, malgré son artillerie, l'ennemi n'en reculait pas moins sur toute la ligne devant nos 720 Mocquards, nos 300 mobiles de l'Ardèche et nos 80 Caennais. « C'est que, dit encore le docteur Raspail, beaucoup de Mocquards répondaient de ne perdre, en moyenne, que deux balles sur trois; puis les Caennais, qui firent ce jour-là leurs débuts de manière à enthousiasmer leurs voisins de combat, étaient tous des jeunes gens grands amateurs de chasse et, par conséquent, d'excellents tireurs; » enfin les mobiles de l'Ardèche, qui recevaient également le baptême du feu, se comportèrent comme de vieilles troupes aguerries.

Malgré les obus et les balles, les nôtres continuent à avancer; ils sont bientôt à 150 mètres des artilleurs qui, se voyant serrés de près, cessent le feu, amènent leurs avant-trains et se retirent au galop, protégés par les cavaliers. « Ceux-ci, ahuris par les balles qui leur sifflaient aux oreilles, se couchaient sur l'encolure de leurs chevaux; beaucoup furent ainsi frappés dans la partie... postérieure du corps, qui se présentait seule au point de mire des Mocquards.

» Les Bavarois abandonnèrent alors les positions qu'ils occupaient dans les jeunes taillis où ils s'étaient embusqués et où ils durent faire des pertes assez importantes, car on trouva plusieurs casques troués de balles et des traces de sang dans beaucoup d'endroits » (Dr Raspail).

Décidément, c'est la déroute pour l'ennemi, que nous poursuivons aux cris de : « En avant! à la baïonnette! » Mais les Prussiens fuient avec une telle vitesse, que nous ne pouvons rejoindre que quelques attardés qui sont passés à l'arme blanche. Le colonel Mocquard, craignant d'exposer sa troupe en l'engageant trop loin, fait sonner le ralliement, et, vers quatre heures, il rentrait au camp d'Hécourt.

C'était un vrai succès, mais ce succès eût été changé en triomphe, si le commandant des francs-tireurs avait eu à sa disposition quelques pelotons de cavaliers à lancer à la poursuite des Prussiens : on eût fait certainement un grand nombre de prisonniers et les pièces, en tout cas, fussent tombées entre nos mains, « car les artilleurs, en traversant une plaine détrempée par les pluies de la veille, les embourbèrent et ne purent les démarrer; en outre, la peur les talonnant, ils coupèrent les traits et se sauvèrent avec les chevaux; ces pièces restèrent ainsi abandonnées jusqu'au lendemain matin, à 5 kilomètres du champ de bataille, sans qu'un seul paysan vînt l'annoncer au camp d'Hécourt » (Dr Raspail).

Complétons ce récit en disant que le combat fut terrible et acharné, principalement de onze heures à deux heures. Le colonel Mocquard sut enlever ses hommes avec un entrain et un sang-froid admirables : on le voyait partout où sa présence était utile, donnant des ordres sans souci du danger; aussi ses soldats, à l'exemple de leur chef, marchaient-ils bravement à l'ennemi, malgré les balles et la mitraille. Les trois compagnies du 3ᵉ bataillon de l'Ardèche, sous la conduite du commandant de Montgolfier, bien qu'elles ne fussent armées que d'anciens fusils à piston, montrèrent également une solidité et une ardeur remarquables.

« Vers la fin du jour, dit le baron Ernouf, quand les Prussiens commencèrent à rétrograder, ces braves jeunes gens s'élancèrent d'eux-mêmes à leur poursuite et s'en vinrent tirer sur eux à 200 mètres de distance, compensant ainsi, à force d'audace, l'infériorité d'armement. Que ne pourra-t-on pas faire avec de tels Français quand sonnera l'heure de la revanche! » (1)

La compagnie des éclaireurs du Calvados, encadrée parmi les Mocquards, fit aussi son devoir, ainsi que les mobiles de l'Eure qui, en cette circonstance, n'eurent à jouer qu'un rôle secondaire : appuyer le mouvement et repousser de Chaufour les éclaireurs ennemis qui s'y présentèrent.

Les pertes des Allemands furent considérables : on estima qu'elles pouvaient s'élever de 150 à 200 tués ou blessés. Il ne fallut pas moins de 18 chariots, réquisitionnés dans les environs, pour les emmener.

L'officier tué pendant le combat se nommait de Kalcktein. Il était second lieutenant et officier d'ordonnance du général de Redern. Son nom, mal déchiffré par les Mocquards, leur fit croire que c'était le fils du général de Falkenstein, bien qu'on eût trouvé sur lui une montre de valeur portant le nom de Vogel de Kalcktein, et une

---

(1) *Souvenirs de l'invasion prussienne en Normandie*, par le baron Ernouf

lettre de sa jeune femme. Cette lettre se terminait ainsi :

« Je te recommande de ne pas t'aventurer, car les armes françaises sont trop meurtrières ; pense à ton père, à ta femme et à tes enfants, qui attendent avec impatience ton retour de cette maudite guerre. »

Quoi qu'il en soit, le corps de cet officier qui était resté sur le lieu du combat fut déterré le lendemain, sur les indications de paysans, par quelques Prussiens qui se faufilèrent jusqu'à Cravent, et conduit à Mantes où il resta exposé pendant quinze jours dans une chapelle ardente, en attendant son transport en Allemagne.

De notre côté, nos pertes furent sensibles, bien que légères si on les compare à celles de l'ennemi : elles s'élevèrent à sept tués et seize blessés, dont plusieurs mortellement, parmi les éclaireurs de la Seine, et à deux tués et sept blessés parmi les mobiles de l'Ardèche.

Traits de courage et de dévouement.

Au plus fort de l'action, au moment où il enlevait avec ardeur ses soldats pour les précipiter sur la batterie prussienne, le commandant Guillaume, des éclaireurs de la Seine, eut le bras gauche fracturé par un éclat d'obus. Malgré les souffrances que lui causait cette blessure, il ne perdit pas son sang-froid et cette force de caractère dont il avait déjà donné des preuves : saisissant son képi de la main droite et l'élevant en l'air, il cria de toutes ses forces : vive la France ! Le lendemain il subissait avec courage l'amputation du bras. Un mois après, le 25 novembre, le commandant Guillaume (Ernest-Valéry) était nommé chevalier de la Légion d'honneur, avec la mention suivante : « S'est particulièrement distingué au combat de Villegats (Eure), le 22 octobre 1870. » Le colonel Mocquard a dit de lui : « Brave comme son épée. »

Le maréchal des logis de hussards Fresneau, qui commandait le peloton d'escorte du colonel Mocquard, fut également blessé par un obus qui lui enleva une partie de la cuisse. Relevé immédiatement et transporté dans une voiture, il fut conduit à l'hôpital d'Evreux. Il supporta courageusement cette terrible blessure, et pour essayer d'oublier ses souffrances, fumait des cigarettes ! Mais, malgré les soins empressés dont il fut entouré, le sous-officier Fresneau mourait huit jours après. Honneur à ce brave !

En terminant, signalons aussi la belle conduite d'un habitant de Vernon, M. Froment, l'un de ceux qui ont le plus payé de leur personne pour la défense de nos contrées. Son dévouement, son expérience des choses de la guerre ont été mis souvent en épreuve; et comme on le verra par la suite, c'est à lui qu'on doit l'affaire du 22 novembre, où les Prussiens devaient subir encore un sanglant échec; aussi, nous en sommes persuadés, la reconnaissance des Vernonnais lui est-elle acquise en entier.

M. Froment, ancien élève de l'Ecole polytechnique, avait quitté l'armée en 1854 comme capitaine d'artillerie. Au début de la guerre, il avait demandé à reprendre du service et attendait impatiemment à Vernon sa nomination. Le jour même de l'affaire de Villegats, il était venu au camp d'Hécourt pour voir un de ses amis, et assistait en spectateur à l'attaque des Prussiens. M. Froment s'était porté à quelques cents mètres en arrière de la ligne de bataille lorsqu'au début du combat, il aperçut un détachement de mobiles qui, par suite d'une fausse manœuvre de son chef, battait en retraite au pas gymnastique.

D'un coup d'œil, il juge la faute commise par ce mouvement qui désorganisait une partie de l'aile gauche et se porte rapidement à la rencontre de cette troupe et lui fait rebrousser chemin. Le capitaine qui la commandait n'avait jamais été militaire. Il n'hésita pas néanmoins à reconnaître, en ce monsieur habillé en bourgeois, un ancien officier et lui céda bien volontiers la place.

« Aussitôt, M. Froment ramène les mobiles sur l'aile

gauche, les déploie en tirailleurs, soutient par sa présence la position qui pouvait être forcée par l'ennemi, puisqu'un peloton de cavalerie prussienne, qui cherchait à tourner le camp, fut obligé d'opérer sa retraite, à la vue des troupes postées dans les ajoncs marins qui couvrent le pays.

» Le combat terminé, M. Froment s'éclipsa modestement, non toutefois sans avoir dit au capitaine des mobiles : « Ne craignez rien, monsieur, c'est un capitaine sorti de l'Ecole polytechnique qui vous a dirigé » ; l'amour-propre de cet officier était sain et sauf.

» Dans cette circonstance, M. Froment faisait acte de courageux patriotisme, car, père de famille et sans uniforme, courait le risque s'il était pris par l'ennemi d'être fusillé immédiatement » (1).

Nous aurons encore l'occasion de reparler de M. Froment et du rôle qu'il a joué un mois plus tard, le 21 novembre.

Le soir même du combat de Villegats, le colonel Mocquard, sur la foi de faux renseignements, faisait lever le camp et allait l'établir dans la forêt de Pacy. C'est de là qu'il adressait au général de Kersalaün, à Evreux, le rapport suivant :

« *Pacy, 22 octobre* 1870, 10 *h.* 15 *soir.*

» Aujourd'hui, à 11 heures, le camp du bois d'Hécourt a été attaqué par six pièces d'artillerie, six escadrons de cavalerie et deux bataillons d'infanterie, au moment où nous allions déboucher du bois, pour faire une forte reconnaissance en deux colonnes. Après une canonnade de deux heures et une vive fusillade, l'ennemi fut successivement délogé de ses positions à Villegats et, craignant d'être tourné, cessa l'attaque pour songer à la retraite. Faute de cavalerie, la poursuite dut être abandonnée.

» Trois compagnies de l'Ardèche et la compagnie de Caen qui marchaient avec nous ont bien donné. Le bataillon de

---

(1) *Les Prussiens en Normandie*, par S. Guilbert.

l'Eure a appuyé notre mouvement et repoussé de Chaufour les éclaireurs prussiens qui s'y présentaient.

» L'entrain des nôtres a été admirable. Nos pertes sont de : pour le 3e bataillon de l'Ardèche, 2 tués ; 4 tués dans le 1er régiment d'éclaireurs. Un chef de bataillon (M. Guillaume), bras gauche fracassé, 12 blessés ou fortement contusionnés, un maréchal des logis la jambe emportée.

» Les pertes de l'ennemi sont d'environ 200 tués, dont un officier supérieur tué.

» Signé : MOCQUARD. »

Le lendemain, le général de Kersalaün adressait au colonel Mocquard, avec toutes ses félicitations, l'ordre du jour ci-après pour être lu à toutes les troupes réunies au camp.

2e DIVISION

2e SUBDIVISION

Évreux, 23 octobre 1870.

ORDRE

1er Régiment des éclaireurs de la Seine, gardes mobiles de l'Eure et de l'Ardèche et éclaireurs du Calvados.

Dans le combat que vous avez eu à soutenir hier 22, à Hécourt, sous l'habile et énergique direction du colonel Mocquard, contre des forces importantes armées d'une artillerie que vous n'aviez pas, vous avez déployé un courage, un élan dont je dois vous féliciter.

Ce premier succès n'est que le prélude de ceux que vous remporterez. — Les Prussiens prétendent qu'ils auront bon marché de la mobile, vous leur avez appris à quel prix ! 200 morts ont couvert le champ de bataille où ils avaient préparé votre défaite et où ils ont trouvé leur déroute. Nos pertes (4 tués, 12 blessés) vous prouvent l'habileté avec laquelle vos chefs vous ont conduits.

Payons de justes regrets à leur mémoire et répétons le seul cri que le brave commandant Guillaume ait poussé dans les souffrances de sa blessure :

Vive la France !

Le général commandant le département de l'Eure, président du Comité militaire,

Signé : DE KERSALAÜN.

Le combat de Villegats-Hécourt, dont on a tant parlé dans nos contrées, n'a pas été sans doute porté à la connaissance du Gouvernement de la Défense nationale, car M. de Freycinet n'en fait nulle mention dans son ouvrage : *la Guerre en province*. Il fut cependant l'un des plus glorieux parmi ceux accomplis autour de Paris et dans la région de l'Ouest durant toute la période d'envahissement. Il couvrit de gloire non seulement les éclaireurs de la Seine et du Calvados, mais aussi les mobiles de l'Ardèche et de l'Eure qui reçurent pour la plupart le baptême du feu.

Bombardement de Vernon.

Le jour même du combat de Villegats, vers 11 heures du matin, une centaine de uhlans du 1er régiment de la garde, suivis de 200 fantassins entassés dans des voitures réquisitionnées, et traînant avec eux deux canons, arrivent au faubourg de Vernonnet par la route départementale de Gisors à Evreux. Ce détachement a pour mission de traverser la Seine, de se joindre aux troupes du général de Redern parties de Mantes, et de les appuyer au besoin. Mais, comme on le sait, depuis le 14 le faubourg ne communique avec Vernon que par des batelets : les Prussiens l'ignoraient, ce qui prouve qu'ils n'étaient pas toujours suffisamment renseignés. Or ce jour-là était un samedi, c'est-à-dire jour de marché, de sorte que les bateliers passaient fréquemment les paysans et leurs denrées; mais à l'approche de l'ennemi, les barques furent amarrées sur la rive gauche et toute relation avec l'autre rive cessa.

A la vue du pont de pierre détruit, le commandant du détachement semble éprouver une grande déception. Il s'approche du bord du fleuve, hèle et demande le maire de Vernon, réclame des bateaux, etc. ; mais on reste sourd à ses appels. Cependant, un gendarme et quelques Vernonnais se rendent sur le quai, armés de fusils, s'abritent derrière les palissades élevées à l'entrée du pont et tirent sur le détachement prussien, resté dans l'attente sur la rive droite. Celui-ci se retire et on peut alors supposer que ces coups de feu ont suffi pour l'éloigner complètement ; il n'en est rien, c'est au contraire le signal du bombardement. L'ennemi va une fois de plus user du même stratagème qui lui a déjà servi pour effrayer les populations de Mézières, de Mantes et de Pacy.

Le commandant allemand demanda aux habitants de Vernonnet « si c'étaient de la troupe ou des civils qui tiraient sur eux. On lui répondit que c'était de la troupe. — Est-ce de la ligne ou de la mobile ? demanda-t-il encore. — Ce sont des mobiles, lui fut-il répondu. — Oh ! ce sont des mobiles ! Hé bien, attendez, on va leur boucher la bouche ! (textuel). Sur un ordre qu'il donna, un cavalier partit au galop et, cinq minutes à peine écoulées, deux pièces de canon arrivaient et étaient mises en position à l'entrée de la route des Andelys (1). »

Pendant que la cavalerie observait les environs, les fantassins grimpaient et se répandaient sur les collines, et bientôt commença à pleuvoir sur Vernon une grêle de projectiles. En une heure et demie, la ville ne reçut pas moins de 70 obus qui causèrent de nombreux dégâts et contraignirent une partie des habitants à se réfugier vers le faubourg de Bizy.

Loin de diminuer, le petit groupe de défenseurs s'était accru et tenait résolûment tête à l'ennemi ; mais en raison de la distance la fusillade échangée ne pouvait produire beaucoup d'effet de part et d'autre ; toutefois, il est à remarquer que le danger était assez grand pour quelques-uns des nôtres qui ne pensaient même pas à s'abriter. Cependant, M. S. Guilbert signale « qu'un fantassin vint montrer à son chef son « paratonnerre » traversé, la balle

---

(1) *Les Prussiens en Normandie*, par S. Guilbert.

avait effleuré la tête, et sur son passage les cheveux étaient enlevés. Le cheval d'un cavalier, qui venait de recevoir une balle en plein poitrail, fut abattu par eux et laissé sur place. »

Dès les premiers coups de canon, les magasins se fermèrent, le marché où se pressaient les campagnards fut évacué, et chacun se mettait à l'abri pour éviter les projectiles. En un clin d'œil, la ville, remplie d'animation ce jour-là, changea d'aspect : elle devint déserte.

Les obus lancés par intervalles éclataient avec fracas sur les façades ou sur les toitures des maisons, couvrant de leurs débris les différents quartiers. Les deux belles constructions édifiées sur le quai, à l'entrée de la rue d'Albuféra, furent atteintes les premières, puis ce fut le tour d'un certain nombre de maisons de la rue Saint-Jacques, de la rue Grande, du cours de l'Eperon, etc. L'abside de l'église Notre-Dame reçut un obus qui défonça une partie de la toiture et brisa une de ses balustrades, tandis qu'un autre projectile enlevait le toit du presbytère situé à quelques pas. Une bombe éclatait dans le salon de la propriété de M. Busquet, et une autre dans une chambre de la maison habitée par M. Benoit. Parmi les bâtiments qui ont aussi soufferts, signalons ceux de MM. Auguste Roycourt, Isabey, Hache, Védye, Pichou (Amand) et Bernay. Le château du Point-du-Jour subit également quelques dommages.

Les Prussiens avaient établi leurs pièces en batterie non loin du four à chaux de Fourneaux, situé sur la route des Andelys à Vernon, et, de là, pouvaient canonner à leur aise une cité où ils avaient rencontré quelque résistance. Et ils semblaient heureux d'accomplir cet acte barbare pour se venger des habitants qui, disaient-ils, ne s'étaient pas opposés à la destruction des ponts, faisant ainsi retomber sur la population inoffensive la responsabilité d'une mesure de défense très légitime, prise par l'autorité militaire, mais qui contrariait assurément leurs opérations. Pendant ce temps, des cavaliers et des fantassins mangeaient tranquillement ; un certain nombre montés sur les murs regardaient l'effet produit par les projectiles (1).

Vers deux heures, les munitions furent à peu près épuisées ; les Allemands rappelèrent leurs vedettes et se retirèrent en annonçant une prochaine visite. Après leur départ, on constata que quatre personnes seulement avaient été blessées, soit par les éclats d'obus, soit par les balles, dont un vieillard, M. Delzert et le jeune Quillet, l'un des fils du gardien du cimetière. Il fut heureux qu'il n'y eût pas davantage de victimes, car, par une cruauté suprême, les artilleurs placés sur la hauteur apercevaient dans l'axe de la rue d'Albuféra et sur les voies conduisant à Bizy, les femmes et les enfants qui s'enfuyaient et se faisaient un jeu de chercher à les atteindre avec leurs bombes !

Satisfaits d'avoir bombardé ainsi une ville ouverte, ces bons Prussiens regagnèrent la route de Gisors ; mais là une surprise désagréable les attendait :

Quelques habitants de Vernonnet — très bons tireurs — et des paysans des environs s'étaient embusqués dans la forêt de Vernon, aux abords de la fontaine de Tilly, pour les y surprendre. Ils les saluèrent de quelques décharges au passage, démontèrent plusieurs cavaliers et tuèrent l'officier qui avait commandé le feu, chef de l'expédition. Les fantassins mirent pied à terre et fouillèrent le bois, tandis que les uhlans cherchèrent à le cerner.

Au bruit du canon tonnant sur la ville, les communes de Pressagny, Notre-Dame-de-l'Isle, Port-Mort, Panilleuse, Hennezis et Mézières ne restaient pas indifférentes. On sonnait le tocsin, on battait le rappel dans

---

(1) A l'entrée de Vernonnet, près de Fourneaux, une plaque de marbre apposée sur une maison de campagne que M. Jules Soret vient de faire édifier, porte l'inscription suivante :
« Cette maison a été construite sur l'emplacement où les Prussiens, le 22 octobre 1870, ont posé leur batterie et bombardé Vernon. »

ces campagnes « et les habitants, prenant leurs fusils, allaient s'embusquer dans les bois qui longent la côte de Saulseuse, où devaient repasser les Prussiens. En sabots, en blouses, armés, les uns de fusils de chasse, les autres de fusils à baguette, ces paysans allaient bravement au feu, comme autrefois les chouans : même bravoure, même abnégation pour une cause plus belle. Dispersés dans la forêt, cachés derrière les arbres et les buissons, plusieurs se trouvèrent face à face avec les fantassins prussiens chargés, au retour, de fouiller les bois. Victor Gautier, d'Hennezis, entouré par quatre fantassins, en tua un et s'échappa. Victor Bourdon et Désiré Fournier en étendent trois autres à terre. L'ennemi perdit en tout six hommes ; plusieurs furent blessés (1). » Les morts furent enterrés le lendemain à Gisors avec un grand cérémonial. Le prince Albert et tous les officiers suivirent le convoi funèbre, comme ils l'avaient fait précédemment, du reste, pour les morts d'Ecouis.

Cette journée du 22 octobre constituait donc pour les Prussiens un véritable échec. Battus à Villegats et Hécourt, refoulés à Vernon, ils ne purent exécuter le fameux mouvement tournant qu'ils réussirent malheureusement trop souvent. Comme nous l'avons indiqué au commencement de ce chapitre, les Allemands qui se présentaient à Vernonnet, sur la rive droite, avaient pour mission de rejoindre la colonne du général de Redern, qui opérait contre le camp d'Hécourt et de l'appuyer au besoin. Par cette opération, nos troupes auraient pu être cernées ou tout au moins contraintes de se replier sur Evreux ; mais ce plan échoua complètement et les Vernonnais en particulier s'en félicitèrent, car ils échappaient encore une fois à l'occupation prussienne.

(1) *Les Prussiens dans l'arrondissement des Andelys,* par Ch. Dehais.

CHAPITRE III

Les Prussiens à Bréval (31 octobre). — Expédition contre Mantes (3 novembre). — A Bonnières. — Départ des Mocquards. — Escarmouche à Aigleville. — Sur la rive droite. — Procédés allemands. — Le camp de Grainville. — Bombardement de Longchamps (25 octobre). — Pillage du Thil (6 novembre). — L'ennemi n'est pas poursuivi. — Embuscades de Gommecourt (1er, 4 et 6 novembre). — Bombardement de la Roche-Guyon (9 novembre). — Sac des caves du château de Beauregard. — Embuscades de Forêt-la-Folie (7 novembre). — A la ferme Campigny. — Massacre de Guitry (7 novembre). — Réquisitions au bourg d'Ecos (10 novembre). — Incendie d'Hébécourt (10 novembre). — Mort de l'abbé Hébert.

Vers la fin d'octobre, le succès de nos armes avait relevé le moral de nos défenseurs et ramené l'espérance. Après la triste période des premiers mois de l'invasion, il semblait que des jours meilleurs allaient enfin renaître et que la Patrie pouvait encore être sauvée. Par les quelques journaux qui nous parvenaient, on apprenait que de toutes parts de jeunes armées surgissaient et s'organisaient pour la défense. Des bords de la Loire, des troupes marchaient vers Paris; on les signalait le 27 à Blois et à Vendôme; encore quelques jours et elles tendraient sans nul doute la main aux cent mille combattants que la capitale pouvait faire sortir de ses murs. Du nord et de la Normandie allaient descendre vers les positions avancées de l'ennemi tous les petits corps qui y tenaient campagne. Rendus audacieux par des succès inespérés, les Allemands devenaient inquiets, et les journaux de l'Eure n'annonçaient-ils pas que les troupes de Mantes étaient absolument démoralisées, qu'elles n'osaient ni avancer sur Vernon ou Evreux, ni reculer sur Paris? Et de fait, depuis le combat du 22, elles restaient inactives, se contentant d'envoyer leurs cavaliers opérer quelques réquisitions, mais sans trop s'aventurer.

Cependant cette confiance fit place à un profond découragement lorsqu'on apprit la nouvelle de la reddition de Metz, qui tombait comme un coup de foudre sur nos espérances. On ne voulut pas tout d'abord y croire, mais il fallut bientôt se rendre à l'évidence ; ce fut alors un long cri de colère et d'indignation contre le maréchal Bazaine qui, « au mépris de l'armée dont il avait la garde, disait la proclamation du Gouvernement de Tours, livrait à l'ennemi, sans même essayer un suprême effort, cent vingt mille combattants, vingt mille blessés, ses fusils, ses canons, ses drapeaux et la plus forte citadelle de France, Metz, vierge jusqu'à lui, des souillures de l'étranger... » Cette proclamation vibrante de patriotisme fut apposée sur les murs de Vernon le 1er novembre ; elle vint ranimer un peu les courages abattus.

« Ainsi, au commencement de novembre, dit M. Xavier Raspail, les armées impériales avaient disparu de notre sol pour aller traîner la misère de la captivité sur celui de l'Allemagne ; il ne restait plus, pour faire face à plus de 450,000 ennemis, que les jeunes et inexpérimentées armées de la Défense nationale. Eh bien ! on sait ce qu'elles ont fait : elles surent au moins remporter des victoires, et, dans leurs défaites, elles ne connurent ni les honteuses capitulations de Sedan et de Metz, ni les écrasements de Wissembourg, de Forbach et de Frœschwiller.

» Le résultat final fut la défaite, oui, mais elle n'arriva qu'après trois mois d'une résistance énergique ; et quand on considère tout ce qui a été mis en œuvre pour énerver cette résistance et la faire mourir lentement, par cet immense parti qui craignait plus la victoire sous l'égide de la République qu'une défaite honteuse, on a le droit de croire que, sans toutes ces trahisons, le triomphe était possible. »

Depuis quelques jours, le 6e bataillon des mobiles de la Loire-Inférieure était venu renforcer les troupes placées sous le commandement du colonel Mocquard, lesquelles formaient un petit corps d'observation qui s'étendait, dans la vallée de l'Eure, depuis Vernon jusqu'à Ivry-la-

Bataille, couvrant ainsi Evreux qui se trouvait à peu près sans défense.

Des reconnaissances organisées par compagnies entières ou de fortes patrouilles tenaient en respect les Prussiens à Mantes, et les y serraient même d'assez près. A chaque instant, on échangeait des coups de fusil, mais sans amener un bien sérieux résultat, aussi fut-il décidé qu'une expédition serait dirigée sur cette ville dans le but d'y surprendre l'ennemi et de s'emparer de son artillerie.

« Ce fut avec un entrain vraiment admirable, dit un mobile, que l'on se rendit à un ordre du colonel Mocquard annonçant l'attaque de Mantes pour le lendemain 4 novembre, à quatre heures du matin. »

Le camp d'Hécourt fut levé dans la matinée du 3, et nos troupes divisées en deux colonnes devaient opérer, l'une à gauche par Cravent et les bois de Rosny, en avant de la Villeneuve-en-Chevrie, l'autre à droite par Bueil et Bréval.

« Comme le jour baissait, dit M. X. Raspail, nous arrivions à Boissy-Mauvoisin presque en même temps que les troupes qui venaient d'y parvenir par différentes routes. A peine venions-nous d'entrer dans le village que des coups de feu éclatant tout à coup et à peu de distance en avant, nous en firent sortir pour nous diriger vers le point où commençait l'engagement. Les troupes s'avançaient en plaine, en plusieurs colonnes, pour gagner des positions sur la côte qui se présentait devant nous. Mais comme nous atteignions un petit hameau en avant duquel devait avoir lieu l'engagement, le feu cessait, et nous pouvions voir les troupes redescendre tranquillement vers Boissy, où elles devaient passer la nuit pour repartir ensuite de grand matin, afin d'être en mesure d'attaquer Mantes quelques instants avant le jour...

» Avant cinq heures du matin nous étions sur pied et prêts à nous mettre en route à la suite des troupes que nous supposions déjà fort avancées vers Mantes. Mais on nous dit qu'elles n'étaient pas parties, et qu'au contraire elles allaient retourner dans leurs cantonnements des jours précédents. Les motifs qui avaient arrêté l'expédition étaient tout autres que ceux que nous avions supposés d'abord : les Prussiens avaient évacué Mantes précipitamment dans la nuit; ils s'étaient retirés à deux lieues de là dans une excellente position, où du reste ils avaient établi une sorte de petit camp retranché; on en avait la preuve certaine : des Mocquards, ayant continué la veille au soir à s'avancer en éclaireurs, avaient poussé une reconnaissance jusque dans la ville pour constater ce que leur avait annoncé un voyageur, qui affirmait avoir assisté, deux heures auparavant, au départ précipité des Prussiens.

» Ainsi, ce n'était nullement la reprise de cette ville qui avait fait entreprendre cette expédition, mais un coup de main calculé, d'après la configuration de Mantes et sur les renseignements pris, de façon à s'emparer à coup sûr des huit pièces de canon que les Prussiens avaient avec eux.

» L'attaque devait se faire par toutes les routes à la fois. Personne ici n'avait douté de la réussite. De leur côté, les Prussiens, par leur prompte retraite, montraient assez que c'était également leur opinion. Ils étaient cependant 1,500, et les assaillants ne devaient guère dépasser ce nombre. »

Dans la nuit, une petite alerte avait eu lieu : un cavalier prussien, rentrant sans doute d'une reconnaissance éloignée, s'était présenté dans une ferme du village et trouvé en présence de trois Mocquards. Il voulut prendre la fuite, mais un coup de fusil le fit rouler à terre, mortellement atteint.

A notre approche, le général de Redern avait, en effet, évacué Mantes et s'était retiré vers le village de Vert, laissant un détachement avec son artillerie sur les hauteurs de Magnanville et menaçant de bombarder Mantes si les Français continuaient leur marche en avant. Pour éviter toute représaille, le colonel Mocquard ne crut pas devoir pousser plus loin son expédition et donna l'ordre aux troupes de retourner à leurs cantonnements respectifs.

Quelques jours après, le 11, 300 Prussiens se dirigent sur Bonnières avec de l'artillerie et de ce point canonnent les hauteurs où sont campés nos mobiles. Ceux-ci ripostent, blessent un bavarois et mettent en fuite le détachement.

A cette époque, des escarmouches sont échangées journellement entre nos francs-tireurs et nos mobiles placés aux avant-postes et les éclaireurs du général de Redern, cavaliers des 10e et 11e hussards. En vain ces derniers cherchent-ils à étendre leurs opérations, ils rencontrent de tous côtés la plus sérieuse résistance et se retirent souvent avec des pertes. C'est ainsi que le 12, à Lommoye, une section de la 7e compagnie du 3e bataillon de l'Ardèche et une dizaine de francs-tireurs de Caen, commandés par un adjudant, attaquent soixante fantassins et dix cavaliers : dix hommes sont tués ou blessés ; un blessé fait prisonnier ; l'officier prussien est tué. De notre côté, aucune perte.

Mais la défense va se trouver amoindrie, par suite du départ imprévu du colonel Mocquard, qui reçoit l'ordre de se rendre immédiatement à Rouen avec son régiment. Il est remplacé dans son commandement par le lieutenant-colonel Thomas, des mobiles de l'Ardèche, lequel fixe son quartier général à Aigleville, près Pacy. Le corps d'observation de la vallée de l'Eure se composera donc maintenant comme suit :

3 bataillons de la mobile de l'Eure ;
3 bataillons de la mobile de l'Ardèche ;
du 6e bataillon de la mobile de la Loire-inférieure ;
des éclaireurs du Calvados et des francs-tireurs de l'Eure, de Seine-et-Oise et du Puy-de-Dôme, formant en tout quelques milliers d'hommes récemment armés de fusils

Snider ou Chassepot. Leur mission consistait à occuper la ligne de Vernon à Pacy et Ivry-la-Bataille, et de maintenir l'ennemi au delà de la rivière de l'Eure, sans chercher, de leur côté, à la franchir.

Mais avant d'aller plus loin, jetons un coup d'œil sur les événements accomplis durant cette première quinzaine de novembre, sur la rive droite de la Seine, où, nous l'avons dit déjà, les Prussiens poursuivent sans relâche le cours de leurs déprédations, pillant et réquisitionnant à leur aise les bourgs et les villages ; et s'ils y rencontrent parfois quelque résistance, ils assouvissent aussitôt leur vengeance sur de malheureux habitants inoffensifs. Pendant cette courte mais douloureuse période, nous allons voguer en plein océan d'horreurs. Les incendies, les massacres se succèdent sans interruption ; on n'a plus affaire à des soldats allemands, mais à des bandits qui, non contents de brûler les fermes, les maisonnettes, assassinent sans pitié des vieillards, maltraitent des femmes et des enfants, mettant en pratique cette menace brutale et cruelle de Brennus, le vainqueur de Rome : *Væ victis!*

De tels procédés employés par les Allemands pour favoriser leurs opérations étaient indignes d'un peuple civilisé, et on ne saurait trop les mettre au grand jour ; il ne faut pas cependant en rendre responsables les soldats qui exécutaient — parfois à regret — la mission qui leur était imposée, mais bien les chefs, les Bismarck, les de Moltke et *tutti quanti*, qui n'hésitaient pas en plein XIXe siècle, à se servir de tels moyens, moyens iniques, épouvantables.

Disons tout d'abord que, dans le but d'enrayer la marche des Prussiens sur Rouen, des troupes, désignées sous le nom d'armée du camp de Grainville, avaient été réunies dans la vallée d'Andelle et le pays de Bray et formaient deux centres de commandement, dont l'un stationnait à Fleury et l'autre à Forges. A la fin d'octobre, elles se composaient de deux régiments de cavalerie (12ᵉ chasseurs et 3ᵉ hussards), deux bataillons de marche de ligne, dix à douze bataillons de mobiles et un certain nombre de corps francs, guides et éclaireurs et d'une batterie d'artillerie. M. Ch. Dehais indique comme suit la nomenclature et l'emplacement de ces troupes :

« ... Les francs-tireurs du Havre s'étaient établis à Mesnil-Verclives ; ceux du Nord, à Longchamps, Morgny, la Neuve-Grange ; ceux des Andelys, à Lisors.

» Ces corps francs étaient ainsi postés en grand'gardes, en avant du corps d'armée, qui, logé dans les villages environnants de la vallée d'Andelle, s'y tenait obstinément immobile.

» A Lyons, se trouvaient les guides à cheval de la Seine-Inférieure, commandés par le chef d'escadron Robert Lefort (duc de Chartres) et les francs-tireurs Desseaux ; au Thuit-sur-Andelys, la compagnie de marche et la compagnie de matelots de Dieppe ; à Corny, Longuemare, Feuguerolles, les francs-tireurs de l'Orne, commandant de Beautot ; à Gaillarbois et à Cressenville, les mobiles du Havre ; à Ménesqueville, des soldats de la ligne, commandés par le brave capitaine Rousset ; à Charleval et à Grainville, les mobiles de la Loire-Inférieure ; à Perriers-sur-Andelle, les mobiles des Hautes-Pyrénées ; à Fleury et à Bourgbeaudoin, les hussards et les chasseurs ; à Pont-Saint-Pierre, Douville, Amfreville-sous-les-Monts, les mobiles des Landes et quelques petits corps plus ou moins indépendants. »

Le 28 octobre, le régiment des mobiles de l'Oise (lieutenant-colonel de Canecaude) avait été dirigé du Havre sur les Andelys, puis sur Cuverville et sur Fresne-l'Archevêque.

Avec cette petite armée, qui s'élevait à une douzaine de mille hommes, on pouvait facilement, il nous semble, déloger les Prussiens de Gisors et chasser du Vexin toutes ces bandes de pillards qui y semaient la terreur et la désolation ; mais malgré les meilleurs sentiments dont nos troupes étaient animées, malgré leur impatience de marcher en avant et de combattre, elles restaient l'arme au pied, attendant les ordres qui ne venaient pas, sans paraître émues des atrocités commises à quelques pas d'elles. Et, comme le faisaient justement remarquer les journaux locaux, « le Vexin avait à nourrir à la fois l'armée d'invasion et l'armée de défense. » C'était trop pour ce malheureux pays dont les ressources s'épuisaient rapidement, c'était la disette à brève échéance.

Les mutations fréquentes qui s'opéraient parmi le personnel du haut commandement étaient une des causes de cette fâcheuse inaction. Ainsi, le général Briand qui avait depuis peu remplacé le général Gudin, dans le commandement de la 2e division militaire, venait, à la date du 29 octobre, d'être mis en disponibilité sur sa demande et remplacé lui-même par le colonel de Tucé, du 12e chasseurs, promu général de brigade. A son tour le colonel d'Espeuilles du 3e hussards, prenait le commandement de la subdivision de la Seine-Inférieure, mais conservait en même temps la direction des troupes établies dans le pays de Bray.

Trois jours après le bombardement de Vernon (25 octobre), les Prussiens, pour se venger de quelques francs-tireurs qui, aux abords de Longchamps, avaient tiré la veille sur une patrouille de uhlans et avaient démonté un cavalier, vinrent canonner ce village et incendièrent deux chaumières et une ferme. Les nôtres essayèrent vainement de résister ; ils durent se replier dans le bois de Morgny, après avoir eu un homme tué et deux blessés. Cette rencontre coûta également la vie à deux paysans, dont l'un ramassait pacifiquement des pommes dans un champ, tandis que l'autre gardait son troupeau.

Le 2 novembre, cinq éclaireurs prussiens entrent dans la ferme de Corbie, occupée par M. le maire de Tilly et lui tirent un coup de pistolet, qui heureusement ne l'atteint pas. Le même jour, à Fourges, 50 hommes du génie prussien viennent détruire le pont de l'Epte. Le tablier, les parapets sont jetés à l'eau, et, pour en finir plus vite, ils se font apporter des fagots et incendient les poutres qu'ils n'ont pu enlever. Tous les ponts de cette rivière sont ainsi successivement détruits de Dangu à Giverny.

Le 5, quelques francs-tireurs havrais, embusqués près d'Etrépagny, attaquent une patrouille de uhlans et les mettent en fuite, après avoir blessé un de ces cavaliers qui est fait prisonnier. Le lendemain, au petit jour, les Allemands, au nombre de 1,200 cette fois, reviennent à la charge, mais au lieu de s'arrêter à Etrépagny, traversent cette ville et se dirigent vers le Thil. Il faisait un brouillard intense. Ils se trouvent tout à coup en face d'un bataillon des mobiles de l'Oise qui sortait de ce village pour effectuer une reconnaissance. Les nôtres, surpris, tirent à bout portant sur les Prussiens et se replient en désordre dans le Thil que l'artillerie ennemie canonne vigoureusement, pendant que la cavalerie poursuit les fuyards. Les Allemands s'emparent d'une soixantaine de mobiles réfugiés dans les granges de la ferme Marc, se livrent ensuite au pillage et se font apporter des denrées réquisitionnées. Des habitants sont maltraités; un vieillard, nommé Gouffier, venu d'Etrépagny pour se réfugier au Thil, est arrêté et, sous prétexte qu'il pourrait bien être un franc-tireur, est fusillé sans miséricorde.

Cependant, au bruit du canon, la concentration de nos troupes s'opérait, bien tardivement il est vrai. Le colonel Laigneau, arrivé dans la matinée à Ecouis à la tête du 12e chasseurs, avait rallié quatre bataillons de mobiles, une batterie d'artillerie et s'avançait à travers la plaine sur plusieurs lignes convergentes. « Vers onze heures, dit M. Ch. Dehais, il arriva en vue du Thil, sur les hauteurs du Haut-Cruel, où il avait été précédé par quelques compagnies franches. A la vue de notre colonne, forte de plusieurs milliers d'hommes, qui se déployait à droite et à gauche de la route, l'ennemi s'empressa de faire partir ses prisonniers et ses réquisitions sous l'escorte de son infanterie, tandis que, pour couvrir ce mouvement, il braquait ses deux canons en avant du château du Thil, et ouvrait le feu avec autant de précipitation que de maladresse. Mais bientôt nos pièces de 12 rayé, dirigées par le lieutenant-colonel de Canecaude, se mirent en batterie sur la route, à la hauteur de Saussaye, en avant du passage à niveau du chemin de fer, et quelques coups bien pointés firent taire l'artillerie prussienne. Après cette courte canonnade, qui, à midi, avait cessé de part et d'autre, l'ennemi déconcerté reprit le chemin de Gisors, s'attendant sans doute à être poursuivi..... Le lieutenant-colonel Laigneau était un ancien et brave militaire, couvert d'honorables blessures, mais, après avoir vu s'engloutir nos armées régulières, il n'avait qu'une médiocre confiance dans les armées improvisées; d'ailleurs, il avait reçu l'ordre de ne pas s'engager à fond, et il l'exécuta au pied de la lettre, au grand désappointement des soldats. Vers trois heures, après s'être assuré, au moyen d'une reconnaissance, de la retraite de l'ennemi, il fit reprendre à ses troupes les cantonnements qu'elles occupaient le matin... »

« Tandis que les fourrageurs de Gisors s'avançaient ainsi jusqu'au Thil, la garnison de Magny ne restait pas inactive et lançait de fréquents détachements de réquisition dans la direction de Mantes, de Vernon et des Andelys. Le 1er novembre, une patrouille du 3e régiment des uhlans de la garde, suivant la rive gauche de l'Epte, se dirigeait sur Limetz. Les cavaliers d'avant-garde, le pistolet au poing, venaient de traverser Gommecourt, lorsque, dans les bois qui séparent ces deux communes, ils essuyèrent, vers dix heures du matin, des coups de feu qui blessèrent grièvement un des leurs et mirent les autres en fuite. C'étaient des gardes nationaux de Limetz, Gommecourt, Giverny et autres communes avoisinantes qui, exaspérés par les réquisitions, s'étaient armés et organisés pour faire la chasse aux fourrageurs.

» Dans la matinée du 4 novembre, les uhlans, revenus plus nombreux à Gommecourt, furent reçus de la même façon; ayant eu de nouveau un cavalier blessé dans cet engagement, ils prirent leurs dispositions pour fouiller les taillis d'où étaient partis les coups de feu; mais ils ne trouvèrent qu'un paysan inoffensif qui arrachait des pommes de terre sur la lisière du bois; ils blessèrent ce malheureux et l'achevèrent à coup de lance avec un acharnement que rien n'explique, si ce n'est peut-être la montre qu'il portait et dont il fut dépouillé. Le même jour, vers midi, les Prussiens poussent jusqu'à Limetz, qu'ils fouillent de fond en comble, mettent le feu à plusieurs habitations et se replient vers Magny.

» Dans l'après-midi du 6 novembre, les uhlans du même régiment se dirigent de nouveau sur Gommecourt. Une soixantaine de gardes nationaux les attendent, postés dans les bois qui longent la route d'Aménucourt; ils blessent un sous-officier et un uhlan, font, en outre, trois prisonniers et capturent quatre chevaux.

» Le 9, les Prussiens revinrent en force, au nombre d'environ 300, infanterie, cavalerie et artillerie, fouillèrent les bois sans succès, lancèrent des obus sur la Roche-Guyon et tuèrent un idiot qui s'avançait bravement à leur rencontre avec un fusil hors de service. Gommecourt en fut quitte heureusement pour des menaces d'incendie et un surcroît de réquisitions; en outre, les habitants furent contraints de reconduire en voiture le détachement d'infanterie.

» Dans la matinée du 7, des détachements venus de Gisors et de Magny exécutent une reconnaissance combinée sur les Andelys, dans le but de se rendre compte des forces dont nous disposions dans la contrée et de châtier quelques villages qui ont *osé* résister à l'incursion de patrouilles prussiennes.

» Cette troupe, divisée en deux colonnes de 5 à 600 hommes chacune, se répand dans plusieurs communes du canton d'Ecos, et notamment : Mouflaines, Fontenay, Guitry et Forêt-la-Folie. Elle traîne avec elle quatre pièces d'artillerie.

» La 1re colonne, celle de Gisors, se dirige par la route départementale qui passe par Mouflaines, la 2e par Tourny et Fontenay et, dans ces trois communes, se livrent à des actes de désordre et de pillage. Le superbe château de Beauregard, appartenant à Mme de Lagarde, est mis à sac et les caves entièrement dévalisées.

» Cependant une patrouille de uhlans est accueillie, près du village de Forêt-la-Folie, par des coups de feu qui blessent un cheval et la fait rétrograder au plus vite; plus loin, dans les bois de la Couade, un peloton de cavalerie assailli par une soixantaine de francs-tireurs de la guérilla rouennaise et de garde nationaux de Forêt, est forcé de tourner bride, non sans avoir essuyé des pertes sérieuses. Les Allemands reviennent avec du renfort, cernent les bois, tandis que l'infanterie fouille le terrain et que l'artillerie ouvre ses feux. Devant ce déploiement de forces, les nôtres résistent, mais bientôt battent en retraite et traversent Forêt-la-Folie, en escaladant les murs et les haies pour échapper à l'ennemi.

» Les Prussiens ont vu plusieurs francs-tireurs escalader les murs de la ferme de M. Campigny, adjoint au maire. Il s'y précipitent, frappent à la porte avec violence et menacent de l'enfoncer. M. Campigny était alors seul dans sa maison, avec sa fille, Mme Armand Flichy.

» Le malheureux, ignorant la présence des francs-tireurs autour de sa ferme, terrifié par le bombardement qui semble dirigé surtout sur les bâtiments de son exploitation, ouvre la grande porte. Aussitôt, et avant qu'il puisse faire un pas en arrière, vingt baïonnettes se croisent sur sa poitrine, et les cris « A mort! à mort! » se font entendre. Cinq balles l'atteignent en pleine poitrine. Il respirait encore, ses meurtriers l'achèvent à coups de baïonnette. Baigné dans son sang, il se débat quelques instants dans les dernières convulsions de l'agonie et meurt sous les yeux de sa fille éplorée.

» En vain, Mme Flichy, à demi morte elle-même de douleur et d'effroi, implore la pitié de ces forcenés. Ils la relèvent brutalement et, la poussant devant eux, la contraignent à les guider dans tous les bâtiments de la ferme.

» Exaspérés de l'inutilité de leurs recherches, ils reviennent auprès du corps de M. Campigny, traînant toujours avec eux la malheureuse fille, et s'acharnent sur le mort avec une rage infernale.

» Ils tournent et retournent le cadavre déjà froid et le criblent de balles! Les deux bras sont brisés, le crâne emporté. Puis, selon l'usage allemand, après l'assassinat, le vol : ils fouillent leur victime et s'emparent d'un agenda contenant 750 fr. en billets de banque. Trois meules de grains brûlaient tout près de là, et l'incendie éclairait cette scène sauvage (1). »

Les Allemands devaient faire une deuxième victime : le garde-chasse Lainé, pris les armes à la main, est fusillé sur le seuil de sa porte; mais lui, du moins, « a fait le coup de feu sur les envahisseurs. Il meurt en brave pour la Patrie » (Ch. Dehais).

Bien que la résistance eût pris fin depuis près d'une heure, le bombardement et la fusillade continuaient toujours, et ce n'est que sur les vives instances de M. l'abbé Dégenetay, curé de Forêt qui, en cette circonstance, montra beaucoup de courage, en s'attachant aux pas des officiers prussiens, qu'il obtint la cessation des hostilités. Avec l'aide de quelques notables du pays, il obtint également la mise en liberté de 22 habitants soupçonnés d'avoir pris part au combat (2).

(1) *L'invasion prussienne dans l'arrondissement des Andelys,* par Ch. Dehais.
(2) Un monument commémoratif a été élevé depuis à Forêt-la-Folie.

A peu de distance de cette commune, à Guitry, une scène non moins affreuse se passait. M. Ch. Dehais la raconte en ces termes :

« M. le curé de Guitry donna, pendant cette fatale journée, le même exemple de dévouement. A Forêt-la-Folie, on avait affaire à des Prussiens à jeun ; mais à Guitry, on vit à l'œuvre des Prussiens ivres.

» On se souvient des soudards qui envahirent et pillèrent la cave du château de Beauregard. Après cet exploit, on les lâcha sur Guitry. M. le baron Ernouf, auteur d'un récit émouvant de cette triste histoire, de l'invasion en Normandie, a décrit avec nous ces scènes odieuses. Il n'a eu que trop raison de dire, à propos des horreurs commises à Forêt-la-Folie et à Guitry : « Ce ne fut pas là une de ces exécutions opérées *suivant toutes les règles de l'art* (Kunstgerecht), dont parle un historien allemand de cette campagne ; c'était la guerre à la manière des sauvages. »

» Partis de Fontenay, ivres et furieux, les Prussiens arrivent à Guitry en criant : *Capout ! Capout !* Vingt de ces brutes se jettent sur M. Besnard, aujourd'hui (1872) député à l'Assemblée nationale, qui se trouvait dans sa ferme, et veulent le mettre à mort. On a, disent-ils, tiré sur eux d'un pavillon inhabité où ils le conduisent en le maltraitant. Ils n'y trouvent personne ; mais la rage et le vin troublent à ce point tous les cerveaux, que les officiers qui se tenaient prudemment en dehors du village, entendant les coups de fusil de leurs propres soldats, s'imaginent qu'on tire sur eux. Ils ne se connaissent plus. En vain M. Besnard leur jure sur l'honneur qu'on n'a pas tiré de Guitry sur leurs troupes : « Il n'y a pas d'honneur en France, » répondent les honnêtes suppôts de l'honorable M. de Bismarck, et ils donnent l'ordre, immédiatement exécuté, d'incendier la ferme de M. Besnard.

» ... Voici comment ces chevaliers sans peur et sans reproche traitèrent une population innocente : ils mettent le feu aux écuries, aux étables, aux bergeries de M. Besnard, à sa maison même ; sous ses yeux et malgré ses énergiques protestations, ils fusillent deux malheureux charretiers, François Tréguier et Georgelin, qui, au bruit de la fusillade, avaient quitté leurs chevaux pour rentrer dans le village ; Désiré Cauchois, qui revenait également des champs, reçoit une balle qui lui traverse le cœur et l'étend raide mort ; Jouan est frappé de la même manière ; Gossent père et Lamourette traversaient une cour pour rentrer chez eux : les Prussiens les aperçoivent et les assomment à coups de crosse ; ils fouillent les maisons : dans l'une, ils tuent Léopold Fleury à bout portant ; dans une autre, un ouvrier de la sucrerie de Fontenay, Constant Stortz, qui avait passé la nuit à l'usine, se levait au bruit du pillage et de l'incendie : une balle le cloue dans son lit ; ce n'était pas assez : ces furieux mettent le feu à sa maison, sous les yeux de sa femme et de ses parents ; M. le Curé parvient à arracher aux flammes le malheureux Stortz, qui rend le dernier soupir dans la cour.

» Si tous les habitants de Guitry n'eurent pas le même sort, tous furent menacés et maltraités. Un grand nombre furent frapppés à coups de crosse et de plat de sabre et virent brûler leurs chaumières et leurs récoltes... »

En recherchant les causes qui ont amené les Prussiens à agir aussi cruellement envers cette malheureuse commune, on a prétendu que l'ennemi avait subi des pertes sensibles ; que, notamment, un sous-officier de uhlans avait reçu des grains de plomb provenant d'une arme de chasse, etc. ; mais nous pensons avec M. le commandant Rolin, qu'il n'y en eut qu'une seule : c'est l'ivresse causée par le pillage des caves du château de Beauregard.

Le jeudi 10 novembre, 500 Allemands envahissent le bourg d'Ecos et se livrent — comme toujours — à quelques représailles et à des réquisitions. Ils ont soin de consommer sur place, dans un seul déjeuner, 117 kilogr. de viande et 120 kilogr. de pain, le tout arrosé de 130 litres de vin, et se retirent en joignant à leur butin les armes à feu qu'ils ont pu obtenir des habitants.

Le même jour, vers onze du matin, au village d'Hébécourt, près de Gisors, quelques francs-tireurs tirent sur une patrouille de sept uhlans et blessent mortellement le chef qui commande le détachement. « Les six survivants montent la côte au galop et vont chez le maire, où ils se répandent en menaces, qui devaient être bientôt suivies d'exécution. Ils repartent en effet pour Gisors et reviennent à trois heures de l'après-midi, avec 400 fantassins, 200 uhlans et 2 pièces de canon. L'artillerie couvre la vallée d'une grêle d'obus, tandis que la cavalerie cerne le village et met le feu à toutes les maisons » (Ch. Dehais).

Une partie du village, située dans la vallée, devient ainsi la proie des flammes, et les Prussiens, satisfaits de leur œuvre de destruction, se retirent vers la partie haute ; mais il leur faut une victime : Ils s'emparent alors de M. l'abbé Hébert, curé d'Hébécourt, vieillard de 60 ans, l'entraînent à leur suite, lui font gravir *au pas de course* le versant de la colline. A l'exemple du Christ, il tombe plusieurs fois dans le parcours et ses bourreaux le maltraitent et le frappent à coups de lances. Il ne peut accomplir jusqu'au bout son calvaire, car il tombe une dernière fois pour ne plus se relever.

L'incendie d'Hébécourt suggère à M. Ch. Dehais, les réflexions suivantes :

« On ne connait bien la cruauté prussienne que lorsqu'on a vu cette grande manœuvre de l'incendie s'exécuter froidement et militairement. Les pleurs, les cris des femmes et des enfants qui se roulent aux pieds des soldats n'y font rien. Quand la consigne est de brûler, on brûle. Et cette consigne odieuse, les chefs ne la ménagent pas. C'est un des secrets du nouvel art de la guerre, inventé et professé par les de Moltke et les de Roon. Là surtout triomphe le génie allemand. »

Comme nous l'avons dit, le corps de l'Andelle était réparti en deux groupes ayant leur centre de commandement à Fleury-sur-Andelle et à Forges. A la date du 12 novembre, le premier passe sous les ordres du colonel de Reinach, du 12ᵉ chasseurs; le deuxième passait, quelques jours plus tard (le 24), sous la direction du lieutenant-colonel de Beaumont, du 3ᵉ hussards, appelé à remplacer le colonel d'Espeuilles, promu général de brigade à l'armée de la Loire.

Le 15, le général Briand était replacé à la tête de la 2ᵉ division militaire à Rouen, et le général de Tucé, commandant la subdivision de la Seine-Inférieure, était appelé à l'armée de la Loire et remplacé par le capitaine de vaisseau Mouchez, chef supérieur des forces de terre et de mer au Havre.

Mais si le petit corps de la vallée de l'Andelle restait immobile, l'ennemi, se sentant soutenu, devenait plus entreprenant. A la date du 20, on signalait que l'armée du général de Manteuffel marchait sur Amiens; que les troupes du prince Albert avaient évacué Gisors pour se diriger sur Paris (25); que celles-ci avaient été remplacées par la division du comte de Lippe, renforcée d'un régiment de Saxons, lesquels s'installaient à leur tour sur la ligne de l'Epte, notamment à Dangu, tandis qu'un fort détachement s'établissait à Etrépagny et aux Thilliers.

CHAPITRE IV

Événements sur la rive gauche. — Les Prussiens à Nonancourt (18 novembre). — Tentative sur Evreux (19 novembre). — Le général de Kersalaün. — Evacuation des troupes sur Gaillon et Louviers. — Le général Briand. — Propositions de M. Froment. — Mesures prises pour arrêter la marche de l'ennemi. — Combat de Vernon (22 novembre). — Le lieutenant Merx. — Prussiens cernés dans la ville. — Sauve-qui-peut. — Poursuite dans les champs de Gamilly. — Accueil dans la forêt de Bizy. — Le commandant de Montgolfier et ses mobiles. — Déroute de l'ennemi. — Nos trophées de victoire. — Le comte von Kleist. — Baron Bodo de Rodenhaufen. — M. Bisson. — Correspondance prussienne.

Sur la rive gauche, la situation n'était pas meilleure. L'armée du grand-duc de Mecklembourg, envoyée contre l'armée de la Loire, était échelonnée entre Chartres et Maintenon, serrant de près les 7,000 hommes du général du Temple, établis autour de Dreux ; mais ni le combat de Berchères, dans lequel une poignée de braves occupa toute une journée la 5ᵉ division de cavalerie allemande ; ni les rencontres de Bû, les 14 et 15 novembre, ne devaient empêcher l'ennemi d'avancer. Malgré le courage de nos mobiles qui combattirent énergiquement, secondés par deux compagnies de fusiliers marins qui surent accomplir des prodiges de valeur, les troupes du général du Temple, écrasées par le nombre et par une artillerie puissante, furent forcées d'abandonner Dreux le 17 novembre et de se replier sur Nonancourt, poursuivies par celles du général de Rheinbaben. L'invasion du département de l'Eure dans sa partie sud-est devenait un fait accompli.

Dans la matinée du 13, les Allemands entrèrent à Nonancourt et, selon leur habitude, « tuèrent ou blessèrent plusieurs employés du chemin de fer, saccagèrent la gare, la brûlèrent en partie et mirent au pillage les maisons voisines » (Rolin). A cause d'un brouillard intense, ils faillirent surprendre les nôtres qui durent se replier précipitamment sur Tillières et Verneuil, parcourant ainsi la route qui côtoie les limites de l'Eure.

Nous l'avons dit déjà, l'abandon de cette petite ville devait avoir pour le département de fâcheuses conséquences, car, dès le lendemain, on apprenait qu'Evreux, qui ne possédait qu'une très faible garnison, avait failli être enlevé par moins de 400 Prussiens faisant partie de la brigade de Bredow; que le général de Kersalaün avait quitté prudemment cette ville pour se mettre à l'abri et aller rejoindre ensuite toutes les troupes de la vallée de l'Eure qu'il faisait replier sur Gaillon.

Par cette inconcevable et fâcheuse mesure, non seulement le chef-lieu du département et toutes les villes voisines se trouvaient abandonnés, mais les trois quarts du département allaient être découverts ; aussi ce mouvement de retraite souleva-t-il les plus énergiques mais légitimes protestations. Ce fut avec la plus grande désolation que les Vernonnais, pour leur part, virent s'éloigner les mobiles, gendarmes et francs-tireurs, suivis par les mobilisés du canton.

Le 20, toutes ces forces se trouvaient rassemblées à Gaillon, où elles virent pour la première fois leur général qui procéda lui-même à leur embarquement pour Louviers. Par les deux dépêches suivantes adressées au sous-préfet de cette ville, le maire de Gaillon, M. Leblanc, fait connaître l'arrivée des troupes et rend compte des dispositions prises :

« *Gaillon*, 20 *novembre*, 5 *h. soir*.

» Le général de Kersalaün passe la nuit à Gaillon ; il ne repartira que demain pour aller rejoindre les troupes du côté de Conches. »

« *Gaillon*, 20 *novembre*, 7 *h.* 50 *soir*.

» Nous avons eu pendant toute la journée 6,000 hommes de garde mobile et de francs-tireurs qui se sont repliés sur Gaillon... Beaucoup de mobiles sont partis dans la journée. Les derniers bataillons seront emmenés ce soir par train spécial, et leur départ nous laissera à la merci des Prussiens qui, de Vernon, peuvent se rendre en quelques instants à Gaillon, puis à Louviers, si vous n'ordonnez, pour nous couvrir, d'envoyer immédiatement deux bataillons et des canons du côté de Bizy, et autant du côté de Houlbec-Cocherel. Cela suffirait pour nous mettre à l'abri, ainsi que Louviers.

» Je maintiens le piquet de 12 hommes au pont de Courcelles ; le poste de Gaillon se composera ce soir de 18 hommes, qui feront constamment des patrouilles jusqu'au Goulet, sur la route de Vernon, sur la route de Dreux, et se mettront en rapport avec le poste de Sainte-Barbe, qui communiquera avec celui de Vieux-Villez, lequel enverra des éclaireurs jusqu'à Ailly. Le service, disposé ainsi pour cette nuit, permettra d'être informé promptement si quelque chose d'extraordinaire se produit. »

« Ainsi, contraste frappant, dit M. Gefrotin, c'est pendant que le général de Kersalaün se dérobe devant 400 Prussiens, rallie 6,000 hommes et court à Conches, que le maire d'une petite ville se tient ainsi sur la brèche et établit un service complet d'éclaireurs avec une poignée de gardes nationaux ! »

Le lendemain, à Louviers, le général de Kersalaün recommença la même opération en dirigeant les mobiles de l'Eure sur Conches, ceux de l'Ardèche sur Beaumont-le-Roger et Serquigny, où se trouve, on le sait, la bifurcation de la ligne de Rouen et de Cherbourg, la seule qui nous reliât encore avec le nord de la France. Mais l'arrivée du général Briand qu'un télégramme de Tours venait d'appeler provisoirement au commandement de la subdivision de l'Eure en remplacement du général de Kersalaün, destitué, vint mettre un terme à ce mouvement rétrograde.

Combat de Vernon (22 novembre).

En arrivant à Louviers (21), le premier acte du général Briand fut de surseoir à l'embarquement des troupes, et pour remplacer celles qui avaient été expédiées sur Conches et Beaumont-le-Roger, fit venir de Rouen plusieurs bataillons de mobilisés. Il prit également des mesures pour arrêter le mouvement en avant des Prussiens qui, voyant qu'on leur cédait le terrain sans combattre, commençaient à remplacer nos soldats dans leurs positions de la vallée de l'Eure. De toutes parts, du reste, des demandes de secours affluaient à Louviers, en même temps que des informations faisaient connaître la marche et les forces de l'ennemi. Par télégramme, le maire de Vernon priait instamment le général Briand d'envoyer des troupes au secours de la ville menacée et, vers cinq heures de l'après-midi, une deuxième dépêche lui annonçait l'arrivée d'un détachement prussien. De son côté, le maire de Gaillon voyait avec désespoir tout le pays ainsi abandonné et télégraphiait ce qui suit au sous-préfet de Louviers :

« *Gaillon,* 21 *novembre,* 1 *h* 15 *soir.*

» ... Nous ne tarderons pas à voir les Prussiens et, s'ils viennent dans notre ville, ils ne tarderont pas à se rendre dans la vôtre. On ne peut nous sacrifier ainsi, et je vous prie instamment de faire en sorte qu'on rétablisse sans retard, ainsi que je vous l'ai demandé hier, une quantité suffisante de troupes pour arrêter l'ennemi du côté de Bizy et du côté de Houlbec; quatre bataillons de mobiles et deux pièces de canon suffiraient, j'en ai la conviction, pour garantir Vernon et la vallée de l'Eure. Vous savez sans doute que 200 Prussiens sont partis de Mantes avec du canon et qu'ils sont suivis de près par un nombre plus grand. Cette troupe paraît avoir l'intention de marcher sur Pacy... »

Dans le but d'appuyer la demande du maire de Vernon, M. Froment, dont nous avons déjà cité le nom à propos du combat de Villegats, se rendit à Louviers auprès du général Briand, lui exposa les doléances des habitants alarmés et lui soumit un projet de défense de la ville. Ce projet consistait à diriger pendant la nuit plusieurs bataillons de mobiles sur la forêt de Bizy, de les échelonner depuis ce bourg jusqu'au Petit-Val, de laisser entrer les Prussiens dans Vernon et de les y cerner. Après quelques explications, le général se rallia volontiers à cette proposition ; il fit appeler le lieutenant-colonel Thomas, lui donna l'ordre de se tenir prêt à partir dans la soirée pour se porter en arrière, et « couvrir Vernon, qui devait être attaqué le lendemain matin par les Prussiens », et de se concerter avec M. Froment pour régler le mouvement des troupes. Afin de les secourir au besoin, 500 mobilisés d'Elbeuf furent envoyés immédiatement à Gaillon. Cette bonne nouvelle fut communiquée aux autorités vernonnaises.

Il est à remarquer que la visite des Allemands à Vernon, le 21, ne causa pas une grande surprise, car on savait qu'ils étaient à Blaru et à Bonnières et qu'ils n'attendaient qu'un signal pour occuper la ville qu'ils convoitaient depuis longtemps. Vers quatre heures de l'après-midi, 120 cavaliers prussiens se présentèrent à la mairie, annonçant pour le lendemain l'arrivée d'un détachement de 500 hommes, et se retirèrent, non toutefois sans avoir ordonné des réquisitions et s'être informé des mobilisés. Ils avaient l'intention, disaient-ils, d'opérer la levée des hommes de 21 à 40 ans. L'annonce de cette dernière mesure jeta une certaine panique parmi les mobilisés mariés ou veufs qui, dans la soirée, se disposèrent à partir. On télégraphia à la division militaire à Rouen pour exposer la situation, mais on n'obtint, paraît-il, que cette seule réponse : « *qu'on avisait!* », et les mobilisés restèrent à Vernon attendant vainement les instructions promises.

A six heures du soir, le colonel Thomas réunissait à Louviers tous les hommes qu'il avait sous la main, c'est-à-dire : 4 compagnies du 2ᵉ bataillon et le 3ᵉ bataillon des mobiles de l'Ardèche et quelques compagnies de francs-tireurs, le tout formant un effectif d'environ 1,500 hommes. Malheureusement le 1ᵉʳ bataillon, qui avait séjourné dans la forêt de Bizy et en connaissait les moindres détails, était parti pour Beaumont-le-Roger. A onze heures du soir, la petite armée arrivait à la gare de Saint-Pierre-du-Vauvray, où elle s'embarquait par train spécial à destination de Vernon.

« On marchait à petite vitesse et avec tous les feux de signaux éteints. Vers trois heures du matin, par une nuit obscure et pluvieuse, l'on arrivait à une lieue en avant de la ville. Aussitôt, les troupes descendirent sur la voie et furent dirigées à droite sur les hauteurs de la forêt de Bizy, qui couvrent Vernon du côté de Pacy, où l'ennemi était arrivé en force depuis la veille.

» Des habitants du pays nous guidèrent dans la forêt de Bizy et nous en firent connaître les routes principales, en nous indiquant celles par lesquelles les Prussiens devaient forcément passer, routes qui toutes étaient parfaitement connues de ces derniers, la forêt ayant été occupée précédemment par eux et fouillée en tous sens par leurs éclaireurs.

» Le lieutenant-colonel fit garder toutes les voies qui lui furent indiquées et surtout les deux principales conduisant de Vernon à Pacy et à Evreux. Il les fit border de tirailleurs placés dans les fourrés, à quelques mètres en arrière, avec défense d'ouvrir le feu sans ordre, et injonction expresse de garder le silence le plus absolu. Il fit en outre surveiller la grande route de Mantes à Vernon, à un kilomètre de l'entrée et de la sortie de la ville, en plaçant sur chacun de ces points une compagnie de 150 hommes, pour arrêter l'ennemi, s'il se présentait de ces côtés. Le commandant de Montgolfier, avec trois de ses compagnies, dut garder la route principale, et le commandant Bertrand fut chargé d'observer, avec les quatre compagnies de son bataillon, les hauteurs et défilés du Petit-Val et la grande route de Paris, à la sortie sud de la ville.

» L'intention du lieutenant-colonel était, en prenant

ces dispositions, de laisser les Prussiens franchir la forêt et même entrer dans la ville, afin de pouvoir profiter ensuite de l'avantage de nos positions élevées, pour les attaquer et les cerner dans Vernon, si cela était possible. Ces dispositions avaient en outre l'avantage de paralyser en grande partie l'action de l'artillerie ennemie, en l'amenant à se placer dans des positions désavantageuses pour son tir.

» Toutes ces mesures étaient prises au point du jour, malgré une pluie continue, lorsque du côté de Pacy un grand roulement de voitures nous annonça l'arrivée de l'ennemi. A sept heures et demie, on commença à entendre la sonnerie des trompettes prussiennes; une première avant-garde passa rapidement, suivie un quart d'heure après d'une deuxième avant-garde de cent hommes environ, cavaliers et fantassins. Le gros de la troupe suivait à trois cents mètres de distance, escortant quelques pièces d'artillerie et une cinquantaine de fourgons ou chariots de toutes formes. Enfin, une arrière-garde de cavalerie et d'infanterie fermait la marche des Prussiens qui ne se doutaient nullement qu'ils passaient au milieu de leurs ennemis. Leur passage dura près d'une heure.

» Ils croyaient cependant avoir bien pris leurs précautions, car nous apprîmes plus tard que leurs éclaireurs étaient déjà venus fouiller la forêt deux heures avant notre arrivée, et n'y avaient trouvé personne.

» Lorsque leur tête de colonne arriva à Vernon, où l'on connaissait notre présence dans la forêt et autour de la ville, les Prussiens remarquèrent chez les habitants une certaine assurance à laquelle ils n'étaient pas habitués. Des gardes nationaux tirèrent quelques coups de feu sur leurs hommes, et il n'en fallut pas davantage pour éveiller leur méfiance; aussi n'entrèrent-ils pas tous en ville. La plus grande partie de leurs forces resta formée en dehors; ils se mirent en quête de renseignements et surent par d'infâmes Français, leurs espions, que nous étions dans la forêt. Les Prussiens ne songèrent dès lors qu'à battre en retraite. Après avoir reconnu l'impossibilité de se retirer par la grande route de Paris, qu'ils avaient trouvé gardée aux deux extrémités de la ville, et où ils avaient été reçus à coups de fusil par nos troupes, ils rentrèrent en ville tout affolés et durent chercher une issue à travers la forêt, pour pouvoir échapper à une perte certaine. Leur cavalerie se porta immédiatement en avant, pour explorer les passages et reconnaître ceux qui pourraient être libres. A force d'investigations, elle finit, guidée par les gardes de la forêt de Bizy, appartenant à M. Schikler, banquier d'origine prussienne, par reconnaître divers petits chemins de service qui ne nous avaient pas été indiqués et que, dès lors, nous n'avions pu faire garder. Par ces chemins, les Prussiens s'empressèrent de faire filer leur artillerie et une partie de leurs chariots escortés par la cavalerie. En même temps, et pour protéger leur marche dans le bois, ils lancèrent leur infanterie sur notre centre, pour nous contenir.

» A l'arrivée de cette infanterie, nos troupes prirent l'offensive, et une vive fusillade s'engagea de part et d'autre sur la grande route de la forêt, où les Prussiens se présentaient en masse, avec bon nombre de leurs voitures, dans l'intention de franchir le passage et retourner vers Pacy. La fusillade durait depuis une heure environ, toujours très nourrie des deux côtés, lorsqu'enfin les Prussiens se dispersèrent dans tous les sens à travers la forêt et nous les poursuivîmes jusqu'à la lisière faisant face à Pacy. Dans ce sauve-qui-peut, les Prussiens reçurent encore bon nombre de coups de fusil et eurent beaucoup de tués et de blessés qu'ils purent enlever en se retirant, entre autres un officier supérieur.

» L'ennemi, soit dans sa fuite effarée, soit dans la lutte, dut perdre environ 3 officiers et 150 soldats. Nous ne fîmes que 4 prisonniers.

» De notre côté, nous n'eûmes que deux hommes

tués et six blessés, dont deux grièvement. M. le commandant de Montgolfier, qui s'était trouvé constamment au milieu du feu, eut son cheval tué sous lui, presque à bout portant.

» Les trois compagnies du 3ᵉ bataillon qui avaient pris part à l'action la plus sérieuse, sous les ordres de ce brave officier supérieur, se conduisirent brillamment et ajoutèrent ainsi à la bonne réputation que la mobile de l'Ardèche s'était déjà acquise dans l'Eure.

» Malheureusement, la concentration des quatre autres compagnies du 3ᵉ bataillon, qui avaient été ordonnée par le colonel, ne put s'opérer à temps, à cause de la difficulté des chemins, pour qu'elles pussent prendre part à l'action. Toutefois, il était resté entre nos mains, outre plusieurs voitures de vivres brisées et abandonnées dans la forêt, douze fourgons attelés chacun de quatre chevaux et remplis de bagages appartenant aux officiers ou à la troupe, des provisions de vivres et une grande quantité d'objets volés par l'ennemi dans diverses localités, tels que : pendules, montres, jouets d'enfants, vêtements de femmes, châles, cachemires, manchons, pièces d'étoffe en drap, bijouterie, outils, sacs d'argent, *thalers*, etc.; un petit canon qui était placé sur l'un des fourgons resta aussi en notre possession.

» Toutes ces prises furent immédiatement dirigées sur Rouen, où le général Briand qui les avait réclamées, après en avoir fait dresser l'inventaire par le maire de la ville, en présence de tous les consuls des puissances étrangères, les remit soit au Trésor, soit aux Domaines pour en opérer la vente... » (1).

Tel est le récit qu'en a fait le colonel Thomas ; nous allons le compléter et le rectifier au besoin à l'aide de renseignements puisés à différentes sources.

Il était environ huit heures du matin, lorsque cinq hus-

(1) *Campagne de la garde mobile de l'Ardèche en Normandie.*

sards prussiens, détachés de l'avant-garde, se présentèrent à l'hôtel de ville où ils y trouvèrent un poste de gardes nationaux. Le lieutenant, chef de poste, M. Merx, fit aussitôt prendre les armes; saisissant lui-même un fusil, non chargé, il se précipita au milieu de la rue et arrêta les éclaireurs ennemis en criant : « *On ne passe pas!* » Etonnés de cette résistance à laquelle ils n'étaient pas habitués, ils voulurent passer outre et avancer quand même, mais le lieutenant Merx abaissa son arme et répéta sa défense, en même temps que le sergent Portemont se mettait à ses côtés et couchait en joue les cavaliers qui firent demi-tour. Le poste tout entier venait se ranger auprès de son chef et attendait de pied ferme l'ennemi.

Quelques minutes plus tard, une patrouille de cavaliers arrivait à fond de train par la rue Garenne, en déchargeant leurs mousquetons. Les gardes nationaux leur répondirent et la fusillade s'engagea de part et d'autre.

« Aux premiers coups de feu, dit M. Edm. D..., les rues de la ville s'emplirent de cavaliers. Ils couraient affolés dans toutes les directions, les officiers criant en allemand des ordres, et les soldats criblant de balles la devanture des boutiques. Ce langage inaccoutumé, le galop sonore et précipité des chevaux, le pétillement de plus en plus vif de la fusillade, tout cela formait un concert étrange, à l'aide duquel l'ennemi voulait sans doute nous frapper de terreur » (1). Mais bientôt surviennent infanterie et cavalerie; les gardes nationaux du poste se replient et l'hôtel de ville est alors envahi; des perquisitions aussi brutales que minutieuses sont faites dans les bureaux et jusque dans la loge du concierge. Pendant ce temps, l'officier qui présidait à cette exploration recevait des informations qui paraissaient vivement le contrarier; aussi, en partant, jugeait-il à propos d'emmener les deux conseillers municipaux de service, M. Leroux, secrétaire

(1) *Écho de Vernon*, du 9 décembre 1871.

de la mairie, et M. Bisson, concierge et tambour de ville, et de les placer en tête de la colonne pour la garantir autant que possible d'une attaque qu'il prévoyait déjà, mais qu'il pensait éviter.

Malgré ces précautions, l'affaire prenait pour les Prussiens la plus sérieuse tournure. « Un détachement d'infanterie avait suivi les hussards, à leur entrée dans la ville, et s'était dirigé vers les casernes ; les mobiles l'y reçoivent par un vigoureux feu de peloton. Il se réfugie alors dans la cour du *Grand Cerf* et s'y barricade. L'action devient aussitôt générale. Les 1,500 Allemands massés aux portes de la ville, s'apercevant qu'ils sont tombés dans un traquenard, s'efforcent en vain d'en sortir ; partout une fusillade violente les accueille. La lutte est surtout vive dans le champ planté de vignes, qui de la forêt s'étend à Gamilly. Les femmes de ce faubourg, armées de fourches, poursuivent avec acharnement l'ennemi débandé. On put croire un instant que, cerné de tous côtés, il allait mettre bas les armes, mais un oubli, à jamais déplorable pour nous, le préserva de cette complète défaite. On avait négligé de garder le chemin sous bois menant au village de Blaru : après mille courses folles autour du cercle humain qui les enserrait, cavalerie et infanterie l'enfilèrent et disparurent aux yeux des mobiles stupéfaits » (1).

Il convient de remarquer, en effet, que ce fut une faute de n'avoir pas fait garder par des mobiles l'entrée du chemin boisé conduisant à Blaru ; mais cette faute ne peut-être imputée aux Ardéchois, lesquels, nous l'avons dit, ne connaissaient nullement la forêt de Bizy, où ils avaient été conduits par des guides qui leur indiquèrent les routes principales à occuper. N'adressons pas non plus un blâme aux habitants dévoués qui s'étaient offerts à les seconder dans ce coup de main que rendaient très difficile et l'obscurité et l'ignorance complète où les mobiles étaient des

(1) Edmond D..., *Écho de Vernon*, 9 décembre 1871.

différents débouchés de la forêt. Quant à insinuer que les gardes du château de Bizy avaient facilité la fuite des Allemands, il y a là, nous le pensons, une fausse présomption de la part du colonel Thomas.

« Dans ces champs de Gamilly, où la lutte était si vive, où hommes et femmes, armés de fourches, de faux, de bêches, de fusils à pierre, poursuivaient à travers les vignes les cavaliers terrifiés, où une femme, et ce n'était pas, dit-on, la moins acharnée, s'était fait une arme avec une baïonnette emmanchée au bout d'un bâton, dans ces champs, on retrouva une pendule, dont Diane était le sujet, pendule volée à Mantes et qui au bout d'une année fut réclamée par son ancien possesseur » (Meyer).

Mais l'action principale se déroula dans la forêt de Bizy, sur la route d'Évreux par laquelle était arrivé le détachement prussien, qui se composait du 2e régiment d'infanterie bavaroise et de hussards du 10e régiment de Magdebourg appartenant à la brigade de Redern. C'est le long de cette voie que les 2e, 3e et 4e compagnies du 3e bataillon, sous les ordres du commandant de Montgolfier, échelonnées dans les taillis, avaient assisté silencieusement le matin au défilé de la colonne ennemie. Au moment où elles se disposaient, de concert avec les compagnies voisines postées aux différents chemins du bois, à descendre sur la ville pour y envelopper le détachement prussien tout entier, elles virent venir sur la route une partie de ce détachement, qui se repliait à la hâte vers Pacy. Bientôt un feu violent et meurtrier accueille les Allemands qui, sachant qu'ils sont poursuivis, cherchent malgré tout à se frayer un passage. A un moment donné on se fusille à vingt pas.

Au plus fort de la mêlée, le cheval du commandant de Montgolfier reçoit une balle en plein poitrail. Rendu fou par la douleur, l'animal se précipite en avant vers les rangs ennemis. En présence du danger que courait leur commandant, les mobiles oubliant les règles de la prudence s'élancent à la baïonnette; rien ne peut résister à leur ardeur, à leur impétuosité. On voit fuir les Prussiens de toutes parts et abandonner leurs armes et leurs bagages. A l'instant même où le commandant de Montgolfier était démonté, un officier de hussards est abattu par les nôtres, qui offrent alors à leur chef un superbe cheval noir, magnifiquement harnaché (1).

« Quand il n'y eut plus de doute pour les Prussiens sur l'issue du combat, dit M. Dessolins, il se produisit, parmi les soldats ennemis qui gardaient les équipages, une véritable panique. Engagés dans des chemins difficiles, voyant de tous côtés leurs camarades fuir avec de grands cris de détresse, ces hommes prirent le parti de la prudence : ils s'élancèrent à travers les vignes et les buissons, et les voitures qu'on leur avaient confiées tombèrent entre nos mains. »

Douze voitures et fourgons chargés de vivres, de munitions et d'objets de toutes sortes restèrent sur place. Parmi ces voitures se trouvaient un caisson du train des équipages de l'armée française et un fourgon de notre artillerie.

On ramassa dans les bois et sur les routes que les Allemands avaient parcourus, un certain nombre d'armes, de couvertures, dont quelques-unes d'un grand prix, des effets d'équipement, des fontes de pistolet, des boîtes de cigares et de biscuits, etc.

Ainsi se termina, à une heure de l'après-midi, le combat du 22 novembre, dont l'honneur en revint tout d'abord à M. Froment (2), qui le premier en avait conçu le

(1) Le commandant de Montgolfier utilisa ce cheval pendant toute la campagne et le conserva plusieurs années après.

(2) Après cette affaire, M. Froment reprit du service. Appelé au commandement des batteries d'artillerie de l'Eure, il fut nommé peu après lieutenant-colonel et chargé de la direction de la place de Bernay jusqu'au moment où, par suite de l'évacuation de cette ville (16 janvier), il alla commander provisoirement la subdivision du Calvados. Plus tard, nous le retrouvons à Vierzon, à la tête de la 3ᵉ division d'artillerie, faisant partie du 25ᵉ corps en formation.

plan, ensuite au général Briand qui en ordonna l'exécution, aux vaillants mobiles de l'Ardèche et à leurs chefs, et aussi aux gardes nationaux de Vernon.

Ce fut avec une joie indescriptible que l'on vit entrer dans la ville les chariots pris à l'ennemi et traînés la plupart par des hommes, des femmes, des enfants, et ce fut également au milieu des acclamations les plus vives que les troupes furent reçues par la population.

« Après la retraite de l'ennemi, dit le colonel Thomas, la ville de Vernon fut occupée et gardée par les quatre compagnies du commandant Bertrand. Le 3ᵉ bataillon occupa les avenues de la forêt de Bizy pendant toute la journée du 22, dans la crainte de quelque retour offensif des Prussiens, et ne descendit en ville que le soir après avoir organisé une forte garde de nuit dans la forêt. »

Ainsi donc, les Vernonnais venaient d'échapper à l'occupation allemande; aussi les mobiles de l'Ardèche reçurent-ils de leur part, pendant leur séjour momentané, les marques de la plus profonde sympathie.

Les pertes éprouvées par les nôtres furent de deux hommes tués et six blessés, dont voici les noms :

3ᵉ bataillon, 4ᵉ compagnie,	Morel (Alexandre), tué;
— 3ᵉ —	Béal (Remi), blessé au ventre (mort des suites de sa blessure, le 25 novembre).
— 2ᵉ —	Cuok (Louis), blessé gravement au genou (amputé);
— 3ᵉ —	Julien (Henri), blessé légèrement;
— 3ᵉ —	Aymard, — —
— 3ᵉ —	Duclaux (Firmin), blessé à la cuisse;
— 3ᵉ —	Mazebrard, blessé légèrement;
— 4ᵉ —	Vérilhac (Maurice), blessé gravement.

De leur côté, les Prussiens perdirent un certain nombre d'hommes; mais leur habitude d'enlever leurs morts ne permet pas d'en fixer le chiffre, même approximativement ; nous ne pouvons donc que nous en rapporter à M. le colonel Thomas qui indique dans son récit que l'ennemi dut perdre environ 3 officiers et 150 soldats, ce qui nous semble exagéré. Bien que nous fîmes 4 prisonniers, le nombre eût pu être plus considérable, car la musique d'infanterie bavaroise ne sachant comment fuir, voulait se rendre, mais l'enfant qu'elle chargea de prévenir les mobiles se trompa de chemin et n'arriva pas assez vite. Les nôtres, du reste, étaient fortement occupés à la poursuite de l'ennemi, de sorte qu'ils durent laisser échapper la facile proie qu'on leur offrait.

Le comte von Kleist-Bornstœdt.

Les officiers allemands tués au combat de Bizy, parmi lesquels se trouvait le comte Charles von Kleist-Bornstœdt, appartenaient, paraît-il, au *meilleur monde* prussien.

« On ne sait si les habitants que ces Messieurs ont pillés, battus ou exposés aux balles des mobiles, ne trouvent pas qu'ils sont du *pire monde* possible.

» On a trouvé sur eux des indications intéressantes touchant la marche de l'ennemi, des cigares en quantités invraisemblables. Mais ce qui a le plus attiré l'attention, c'est une série de cartes géographiques in-folio, représentant chacune une ville, un village ou même un hameau des départements de la Normandie. Pas une route, pas une maison n'est omise dans ces relevés topographiques, aussi remarquables par l'exactitude que par l'exécution.

» Voilà qui explique l'ordre, la méthode apportés dans leurs opérations par nos envahisseurs.

» Ah ! si les officiers français étaient pourvus de cartes aussi scrupuleusement faites de leur propre pays ! » (1).

Le comte von Kleist, tué par un mobile de l'Ardèche, était capitaine commandant au 10ᵉ régiment de hussards

---

(1) *Les Prussiens en Normandie*, par Dessolins.

prussiens. C'était un homme fort distingué, dit-on, et auquel un brillant avenir semblait réservé. Dans les volumineux papiers trouvés dans sa valise de campagne, figurent deux pièces curieuses que nous voyons insérées dans les journaux de Rouen de l'époque.

Voici d'abord le menu d'un repas fait à Saint-Germain-en-Laye :

HOTEL DU PAVILLON HENRI IV
Ici naquit Louis XIV

GRAND SALON

Diner.............................	100	»
Vins : 7 bouteilles Pommery et Gréno.....	56	»
4 — Léoville...............	28	»
2 — Château-Margaux.......	30	»
Café, liqueurs et cigares.................	12	45
Total...........	226	45

Il est à remarquer que cette carte est dépourvue de l'indication : *pour acquit.*

La seconde pièce est une lettre écrite par la femme du comte von Kleist, et dont voici quelques extraits :

« Mon bien-aimé mari,

» La joie est trop grande, et par contre, la douleur trop profonde !

» Après la prise de Napoléon, je croyais la guerre terminée, et voilà que nous recevons des journaux qui nous annoncent que la République est proclamée et que les Français menacent de chasser l'ennemi de leur territoire. Chaque goutte de sang qui coulera maintenant sera cependant bien inutile, et, à cause de cela même, d'autant plus horrible.

» Par une lettre du vieux M. de Lières à Gallowitz, j'ai appris que tu avais failli être pris dans la dernière et dangereuse mêlée.

» Dieu soit profondément remercié que tu n'aies pas eu ce douloureux sort, et que tu t'en sois heureusement échappé !

» Cependant j'attends avec impatience une lettre de toi, me donnant des détails sur cette affaire.

» M. de Lières me dit aussi que six de tes hommes et dix de tes chevaux ont été pris ? Comme cela te sera pénible !

» Oh ! Charles, comme c'eût été affreux, si tu avais été fait prisonnier. Tu n'aurais plus jamais pu me donner de tes nouvelles. Et quand on pense que ta belle carrière militaire pouvait avoir une pareille fin !... »

Le corps du comte von Kleist fut réclamé avec instance par un général qui dépêcha près de M. le maire de Vernon le vénérable curé de Pacy-sur-Eure.

La réponse fut :

« Quand vous nous rendrez, sain et sauf, M. Bisson, indûment emmené par vous, nous vous livrerons le cadavre de votre capitaine » (1).

« Quelque temps après, dit M. le baron Ernouf, je lus, dans une *Gazette de Berlin*, les détails de l'inhumation de ce comte de Kleist, dont le cadavre avait été rendu aux Prussiens après l'affaire du 22..... Ses restes avaient été transférés dans sa patrie. Ce journal lui consacrait une longue notice nécrologique, qui le désignait comme un sujet d'un mérite exceptionnel. Seulement, on prétendait faussement qu'il avait péri dans une embuscade de francs-tireurs..... »

Le baron Bodo de Rodenhaufen.

Par les soins du maire de Vernon, les prisonniers et les voitures furent envoyés à Gaillon et à Louviers, sous bonne escorte, et de là dirigés sur Rouen (2). Les journaux de cette ville publièrent le résultat de l'inventaire d'un de ces fourgons :

« Douze pièces de drap noir et bleu, un baril de miel,

---

(1) *Les Prussiens en Normandie*, par Dessolins.
(2) Ces voitures, placées dans une des cours de l'hôtel de ville, furent dévalisées, le 4 décembre, par des gens sans aveu, qui profitèrent du trouble occasionné par l'arrivée des Prussiens pour mettre toutes les marchandises au pillage.

cinq robes de femme, six vieux casques de cuivre paraissant avoir appartenu à des dragons français, quelques paires de sabots, une balle de café, un fort lot de vieux cuivre : cuirasses aplaties, poignées de sabre, etc. ; un sac de sel, douze manchons de femme, des lampes de toutes sortes, une pendule, environ 400 paires de boucles d'oreilles, de celles qu'on vend trois sous la paire dans les bazars. »

Un autre contenait pour une valeur de 4 à 5,000 fr. de linge fin provenant du pillage de quelques riches maisons. Les autres étaient chargés d'avoine, de blé, de munitions et de vivres.

« Ces premiers trophées de la défense de nos frontières, après une lutte de deux mois, dit M. Gefrotin, relevèrent un peu le moral des populations. A Louviers, on courut en foule voir les fourgons et les prisonniers.

» Parmi ces derniers se trouvait un lieutenant du 10ᵉ hussards, le baron Bodo de Rodenhaufen, âgé de 28 ans. Son odyssée n'est pas sans intérêt. Il avait eu son cheval tué sous lui et s'était perdu dans les bois, du côté de Houlbec-Cocherel. En homme de ressources, il ne se laissa pas démoraliser pour si peu. Il entra résolument dans la première ferme qu'il trouva sur son chemin et réquisitionna une voiture pour le conduire à Pacy ! On n'en tint compte, apparemment, car des gardes nationaux, prévenus à propos, se saisirent de sa personne et l'amenèrent à Gaillon. C'était pour lui une très grande mortification d'avoir été pris par des gens qu'il qualifiait de *polichinels*.

» Il déjeuna à la sous-préfecture de Louviers, où il reçut l'accueil qui convenait à sa situation actuelle et à son rang. Le sous-préfet lui demanda ce qu'il pensait de l'issue de la lutte, qui semblait devenir moins favorable pour eux. Il répondit sans hésiter que nous n'avions pas de soldats et que les Prussiens étaient organisés de manière à ne pas laisser le moindre doute sur leur succès définitif. C'était vrai malheureusement.

» Quoiqu'il eût demandé une voiture pour se rendre à la prison, on ne crut pas devoir pousser la déférence jusque-là. Il partit donc à pied de la sous-préfecture, accompagné de M. Fontaine, et dut traverser la foule de curieux. Cette marche, qui était exempte de dangers, mais qui ne ressemblait pas à un triomphe, lui causait des agacements dont il n'était pas maître. Du reste, son attitude était superbe, trop superbe même. On voyait qu'il était habitué de vieille date à tendre le jarret et à battre de son sabre le pavé de nos villes soumises. Le lendemain, son amour-propre dut encore se résigner à la même épreuve. Il fit à pied, avec les autres prisonniers, le trajet de la place des Pénitents à la gare du chemin de fer, escorté par les pompiers, autres *polichinels*, qui ne devaient le quitter qu'à Rouen. »

M. Bisson.

En quittant l'hôtel de ville, nous l'avons dit, les Prussiens emmenèrent comme otages deux conseillers municipaux, le secrétaire de la mairie et le concierge, espérant que ces personnes leur serviraient de garantie contre les balles de nos mobiles ; mais fort heureusement, après avoir essuyé le premier feu des Français et profitant du désordre dans lequel cette attaque inattendue avait jeté l'ennemi, trois des prisonniers réussirent à s'échapper ; seul le concierge, M. Bisson, ne reparut pas. Il fut emmené au quartier général prussien, où il passa trois semaines dans les plus terribles angoisses, car on lui reprochait — on le verra plus loin dans une lettre — d'avoir tiré sur les Allemands à leur entrée à Vernon. En sa qualité de civil, il devait être conduit à Versailles et jugé par un tribunal qui certainement ne l'absoudrait pas. Comme à plaisir, ceux qui le surveillaient spécialement lui laissaient entendre à chaque instant que sa dernière heure sonnerait bientôt.

Pendant ce temps, le maire de Vernon faisait tout son possible pour obtenir la mise en liberté de M. Bisson, comme il en résulte par la correspondance suivante, tendant à obtenir l'échange de ce pauvre homme contre un prisonnier allemand. Les premières lettres furent transmises au quartier général prussien par l'obligeant intermédiaire de M. le maire de Pacy ; voici les réponses :

Département de l'Eure
ARRONDISSEMENT D'ÉVREUX
Mairie de Pacy
N°
OBJET

« *Pacy, le 26 novembre* 1870.

» Monsieur le Maire de Vernon,

» Je vous adresse ci-incluses deux lettres, l'une de M. Bisson, votre concierge, l'autre de l'aide de camp du général.

» Je devais vous envoyer un exprès, mais une personne de Saint-André veut bien se charger de cette commission.

» Vous voudrez bien prendre connaissance des conditions du général et y répondre par le même courrier.

» Recevez, etc.

» *Le Maire de Pacy,*

» Signé : LÉPOUZÉ. »

(La partie supérieure de la lettre indiquant le nom de la commune a été déchirée).

« *Le 24 novembre* 1870.

» Monsieur le Maire,

» Je suis en ce moment prisonnier en ladite commune.

» Je ne suis pas malheureux, mais je suis retenu en otage contre trois musiciens bavarois, qui sont retenus prisonniers depuis quelques jours dans les environs de Vernon. S'ils sont en votre pouvoir, renvoyez-les par courrier, l'échange aura lieu demain.

» La plus grande vitesse, je vous prie.

» Recevez, etc.

» Signé : BISSON. »

(Sans indication du nom de la commune).

« Monsieur le Maire,

» Je vous remercie de la lettre que vous m'avez envoyée de la part du maire de Vernon. Elle m'a appris l'heureuse nouvelle que mon *camerade* (sic) n'est pas mort. (Il s'agit du chef de musique bavarois fait prisonnier le 22). Aujourd'hui je vous envoie une lettre du tambour de Vernon, qui est prisonnier ici, et qui, d'après ce que plusieurs soldats ont vu, *a tiré sur nous le jour de l'entrée à Vernon.*

» Le pauvre est donc soumis à un jugement civil, n'étant pas soldat, et ce n'est que de la part du maire de Vernon qu'il pourrait être sauvé, c'est-à-dire si M. le Maire engageait le colonel français de rendre 3 ou 4 musiciens bavarois qui ne sont pas non plus combattants.

» En plus, je prierai le maire de Vernon de faire observer au commandant des troupes françaises dans sa ville, qu'on nous a pris même la voiture d'ambulance ou médecine, qui est internationale.

» Recevez, etc. » Signé : RICHTER,
» *Lieutenant et aide de camp du général.* »

L'échange demandé n'était plus possible, car les prisonniers avaient été dirigés sur Rouen, et le maire de Vernon faisait savoir au général prussien qu'il ne pouvait accéder à ce désir, mais qu'il le transmettait au général Briand, commandant la 2ᵉ division militaire. Comme réponse, il recevait la lettre suivante, qui laisse percer le dépit et la menace :

« 27 *novembre* 1870.

» Monsieur le Maire,

» Je vous remercie de votre lettre d'hier, j'en ai pris note, je la communiquerai au général ; mais, pour le moment, je ne vois pas un autre secours pour votre tambour que la mise en liberté des musiciens bavarois, qui ne sont pas combattants.

» J'attends donc la réponse du général de Rouen à vous avant d'envoyer le tambour à Versailles, au tribunal civil.

» Recevez, Monsieur, mes civilités.
» Signé : RICHTER,
» *Lieutenant et aide de camp.* »

Deux jours plus tard, le maire insiste pour obtenir la mise en liberté de M. Bisson. On le prie « d'avoir la bonté d'envoyer le lendemain, à onze heures, pour chercher la réponse du général à Cravent, » et cette réponse, dont nous reproduisons fidèlement le texte, n'était en somme, comme on va le voir, que la confirmation des termes contenus dans la première lettre :

« Monsieur le Maire,

» En réponse à votre lettre à M. le Général, j'ai l'honneur de vous avertir que, d'après les informations prises, M. le Général a consenti de vous rendre votre tambour contre le chef de *music* bavarois ou contre un hussard prussien prisonnier.

» Le chef de *music* est *facilement* à reconnaître, il porte toute la barbe noir.

» Le général attends donc votre avis à quel heure demain vous désirez de faire cet échange devant nos avant-postes, pour y pouvoir envoyer le tambour à l'heure fixée par vous.

» En même temps, je vous prie d'observer encore une fois à M. le colonel Thomas que la voiture du docteur du régiment des hussards, qui faisait parti du bagage pris le 22 courant dans le bois de Vernon, ainsi que la boite avec les médicaments, les instruments *chirurgientes* et les coffres particulières du docteur qui se trouvaient dans cette voiture, sont sous la protection de la Convention de Genève, qui est jusqu'à présent *toujours respectée* par notre armée et par l'armée française, nous seront rendus.

» La voiture porte l'affiche : « Medizen-Wagen ».

» Agréez, etc.

                        » Signé : RICHTER. »

Les Allemands la respectaient si bien, cette convention, qu'un mois plus tôt, à Bréval, ils avaient incendié une maison où flottait le drapeau de la croix de Genève.

Malgré les démarches et les correspondances, M. Bisson restait toujours aux mains des Prussiens, lorsque le maire, M. Morin, ayant proposé l'échange d'un hussard qui venait d'être fait prisonnier, reçut enfin la réponse satisfaisante ci-après :

« Monsieur le Maire,

» En réponse à votre honorée lettre d'aujourd'hui que vous avez adressée à M. le Général, je suis chargé de vous avertir que l'échange proposé d'un de nos hussards contre votre tambour aura lieu demain *à midi* au devant de nos avant-postes contre Blaru.

» Envoyez le hussard, je vous garantis que l'on vous rendra le tambour au même endroit sur le chemin.

» Agréez, etc.

» Signé : RICHTER,
» *Lieutenant et aide de camp.* »

En effet, le lendemain, à l'heure et à la place indiquées, M. Bisson était remis en liberté, heureux de rentrer à Vernon et de retrouver sa femme et ses enfants, qui avaient vécu, est-il besoin de le dire, pendant son absence, dans l'inquiétude la plus cruelle. Subissant le contre-coup des souffrances physiques et morales qu'il avait endurées, il dut s'aliter, mais se remit peu à peu. Néanmoins il conserva toujours et jusqu'à sa mort, survenue le 15 avril 1891, le souvenir néfaste de sa captivité. Lorsqu'il en parlait, ce qui était rare, il racontait non sans émotion son séjour parmi les Prussiens, les tracasseries sans nombre qu'il dut subir, son anxiété de ne pouvoir donner ni recevoir de nouvelles. Et pourtant, on l'a vu plus haut, il lui fut permis d'écrire une fois quelques lignes... qui lui furent dictées ! Disons cependant qu'à la suite d'une démarche de M. le maire de Pacy auprès du général prussien, il fut permis à Mme Bisson et à ses enfants de voir un jour le prisonnier pendant quelques instants. Mais quelle douloureuse entrevue : le malheureux était attaché avec une corde à la roue d'une pièce d'artillerie !

CHAPITRE V

Télégramme du Gouvernement de Tours. — Combat de Molu (26 novembre).
— Conduite héroïque des Ardéchois. — Mort du capitaine Rouveure et
du lieutenant Leydier. — Nos blessés et prisonniers. — Rapports des 1er
et 3e bataillons. — Obsèques du capitaine Rouveure à Annonay (8 décembre).

Une dépêche du Gouvernement de la Défense nationale annonçait en ces termes le succès du combat de Vernon :

« *Tours, 23 novembre 1870.*

» Intérieur à Préfets, etc.

» Près de Vernon, nos troupes ont repris l'offensive, ont cerné un important convoi de vivres venant de Mantes, qui est resté entre nos mains, ont mis en déroute un détachement de 1,500 Prussiens. De notre côté, deux mobiles tués, cinq blessés, un officier ennemi et six hommes tués, une quarantaine de blessés. Nous avons fait quatre prisonniers avec cinq chevaux. Le commandant de Montgolfier s'est distingué, a eu son cheval tué. — Vallée Eure dégagée.

» L'ensemble des nouvelles militaires de Paris est excellent. Le feu des forts continue à faire le plus grand mal à l'ennemi. — Le cercle de l'investissement s'élargit. — Mézières débloqué fait parvenir journaux et dépêches.

» GAMBETTA. »

Les journaux de l'Eure et de la Seine-Inférieure, qui publiaient ce télégramme, ne tarissaient pas d'éloges en faveur des mobiles de l'Ardèche et des Vernonnais. Il en était de même des journaux ardéchois qui, pour la plupart, étaient bien et rapidement informés. Dans son numéro du 26, le *Journal d'Annonay*, annonçant le combat du 22, rendait hommage à la vaillance des petits mobiles et à la valeur des chefs, et faisait remarquer « qu'il ne se passait guère de semaine sans qu'on eût à signaler quelque avantage remporté par eux. » Mais si tout le monde semblait satisfait, le général Briand ne l'était pas, car il considérait l'affaire comme manquée et il disait tout haut : « Ah! si l'on avait fidèlement suivi mes instructions, on en aurait pas laissé échapper un seul ! » Néanmoins, il fit diriger sur Vernon de nouvelles troupes et donna l'ordre au lieutenant-colonel Thomas d'occuper fortement la ville pour s'y maintenir.

Comme le disait le Gouvernement de Tours, dans sa dépêche du 23, nos troupes avaient repris l'offensive. Pour les renforcer, des gardes nationaux accoururent à Vernon de toutes les communes environnantes, ainsi que des mobilisés et des francs-tireurs, parmi lesquels ceux d'Ivry-la-Bataille, le tout formant un ensemble respectable susceptible d'arrêter les Prussiens si, comme on le croyait, ils essayaient de prendre leur revanche. On savait, par des espions soldés qui tenaient nos officiers au courant des mouvements de l'ennemi, que des patrouilles circulaient non loin de la forêt de Bizy, à Blaru, où l'une d'elles fut mise en fuite par nos avant-postes, qui blessèrent un cavalier (23), à la Heupière et à Mercey, essayant, au moyen de réquisitions forcées, de remplacer les pertes considérables qu'elles venaient de subir; on les signalait également au-dessus de Vernonnet.

Le 23, dans la soirée, eut lieu l'enterrement du mobile Morel tué au combat de la veille. « Ce fut une cérémonie imposante, à laquelle assistèrent le Conseil municipal et la population tout entière. Les volontaires revenant des bois, escortèrent le cercueil, fusils renversés. En un mot, la ville montra qu'elle était digne du sacrifice que ce malheureux avait fait pour elle (Edm. D...). »

La journée du 24 se passa sans aucun incident. Les Prussiens rôdaient sans cesse autour de la forêt, mais n'osaient pas attaquer nos avant-postes et fuyaient devant nos reconnaissances. Des renseignements puisés à diverses sources firent savoir que l'ennemi tâtait le terrain et attaquerait sous peu Vernon, soit par la forêt de Bizy, soit des hauteurs de Vernonnet; aussi prit-on toutes les précautions nécessaires pour parer à cet événement. La vigilance des mobiles devint extrême; des patrouilles se firent de jour et de nuit et parcoururent les boulevards de la ville et les nombreuses voies qui la sillonnent. Une compagnie de mobiles fut envoyée à Vernonnet, où, avec l'aide de volontaires de ce faubourg, sous la conduite du sergent E. Lecœur, elle fouilla les bois qui couronnent les hauteurs de la rive droite.

Dans la soirée du 25, le chemin de fer amenait à Vernon le 1er bataillon et les trois compagnies du 2e des mobiles de l'Ardèche, qui avaient été dirigés sur Beaumont le 20 novembre; les trois bataillons se trouvaient donc réunis pour la première fois. Ils occupèrent la forêt de Bizy et les hauteurs du Petit-Val, étendant au loin la surveillance des avant-postes du côté de Pacy et de Mantes. Nos troupes faisaient bonne garde et pouvaient d'autant mieux marcher en avant qu'elles venaient de recevoir un approvisionnement de cent mille cartouches.

Combat de Molu (26 novembre).

Après leur déroute du 22, les Prussiens s'étaient enfuis vers Pacy où ils avaient rejoint le gros de leurs forces, puis, tous ensemble, le 24, évacuaient cette petite ville pour se replier dans la direction de Mantes et allaient s'établir à Chaufour et à Cravent, se contentant d'envoyer à quelques cents mètres de nos lignes de journalières reconnaissances. Mais leur inaction ne devait pas durer. Ils sondaient silencieusement le terrain. « Dans la matinée du 25, nos avant-postes trouvèrent morte la sentinelle qu'ils allaient relever. Sans doute on l'avait surprise et étranglée, car le cadavre ne portait aucune trace de blessures (1). » Le même jour, quelques hussards du 10ᵉ régiment de Magdebourg s'avançaient jusqu'à la Villeneuve-en-Chevrie, mais, repoussés par les nôtres, se retiraient après avoir eu un sous-officier et un cavalier hors de combat.

Le 26 novembre, le 3ᵉ bataillon des mobiles de l'Ardèche (commandant A. de Montgolfier) était de garde dans la forêt de Bizy, lorsque vers neuf heures du matin, ses avant-postes établis aux hameaux de Molu et de Normandie, sur la lisière du bois qui fait face à Pacy, furent assaillis par un fort détachement de la brigade de Redern, composé de hussards du 17ᵉ régiment de Brunswick, de grenadiers du 2ᵉ régiment de la landwehr de la garde et d'une batterie d'artillerie de campagne (quatre pièces).

Malgré ce déploiement de forces et la soudaineté de l'attaque, le commandant de Montgolfier se porte rapidement au secours de ses avant-postes et s'établit dans le village de Molu, situé sur une petite éminence entre Blaru et la forêt.

Au début de l'action, l'artillerie prussienne ouvre ses feux et canonne vigoureusement le village, pendant que l'infanterie se déploie en tirailleurs et que la cavalerie cherche à opérer un mouvement tournant. Nos mobiles résistent et ne se laissent pas entamer et, pendant près de trois heures, tiennent leurs adversaires en respect; mais les munitions s'épuisent, le feu est au village et la cavalerie sur le point de les cerner. Ils abandonnent alors Molu pour se replier sur la lisière du bois, et là, par des feux de pelotons bien dirigés, arrêtent l'ennemi en lui faisant subir de nombreuses pertes.

Pendant ce temps, sur la gauche de notre ligne, au hameau de Cantemarche ou de Normandie, la 6ᵉ compagnie du 3ᵉ bataillon, commandée par le capitaine Rouveure, envoyée comme soutien, était aux prises avec les Allemands et tenait bon, malgré son infériorité numérique.

(1) Edm. D..., *Écho de Vernon*, numéro du 16 décembre 1871.

Cette petite troupe résiste vaillamment jusqu'au moment où, s'apercevant que la position qu'elle occupait allait être tournée, elle dut battre en retraite. Elle se reporte en arrière jusqu'au bord du bois, s'abrite derrière les terrassements interrompus du chemin de fer et contient les Prussiens par une fusillade des plus vives. Mais les 38 cartouches dont les nôtres sont munis sont vite épuisées et nos braves mobiles, sur le point d'être débordés en face et sur les flancs, courent le plus grand danger. Le capitaine Rouveure prend alors un parti désespéré. « A la baïonnette, les enfants ! s'écrie-t-il, » et il s'élance en avant suivi de ses soldats et par trois fois les ramène à la charge, secondé par ses lieutenants. Mais que faire contre le nombre ?... En vain les Allemands étonnés de cette résistance crient-ils à cette poignée d'hommes : « Braves mobiles, nous pas méchants ! pas *capout* ! rendez-vous... » Ils n'entendent pour toute réponse que ces paroles du capitaine Rouveure : en avant ! à la baïonnette !... Ce fut son dernier cri, car une balle vient le frapper au défaut de l'épaule droite et sort sous l'épaule gauche. Il tombe, mais les mobiles exaspérés par la perte de leur brave officier cherchent à le soustraire des mains de l'ennemi. Le lieutenant Vachon de Lestra commande à son tour une charge à la baïonnette : une affreuse mêlée se produit; c'est un corps à corps indescriptible. Le sergent-major Belle a quatre Prussiens sur les bras; il en tue deux en déchargeant son arme, deux à l'aide de sa baïonnette et n'est pris que grièvement blessé à l'aine. Un mobile abat un Allemand à coup de crosse; un autre, Vérilhac, est assailli par deux adversaires; il tue l'un et ramène l'autre devant lui prisonnier. Nos Ardéchois, à la vue du casque ennemi, font feu sur lui, et la même balle qui abat le prussien fait, en pleine poitrine à Vérilhac, une blessure peut-être mortelle. Le lieutenant Vachon est atteint d'un projectile qui coupe net son ceinturon en déchirant l'étui qui renferme son revolver.

Le mobile Maisonnas emporte sur ses épaules son camarade Damon blessé, et jette son sac, qui devient aussitôt la proie de l'assaillant.

Déjà, et bien avant d'être blessé mortellement, le capitaine Rouveure avait envoyé un des siens pour réclamer du secours à Vernon. A cet appel, le capitaine René de Canson réunit en toute hâte 45 hommes de la 1re compagnie du 3e bataillon, lesquels gagnent, après une heure de marche *au pas gymnastique*, le théâtre de ce combat inégal. Hélas! la 6e compagnie de ce même bataillon, engagée depuis deux heures, avait laissé un certain nombre de morts, blessés ou prisonniers entre les mains de l'ennemi; les débris de cette vaillante compagnie n'en continuaient pas moins à se défendre sous les ordres de ses lieutenants, MM. Vachon de Lestra et Séguin.

Le rappel dans les rues de Vernon rassemble également le 1er bataillon des mobiles de l'Ardèche, sous le commandement de M. de Guibert, et quelques compagnies du 2e, et l'on part en toute hâte pour la forêt avec un supplément de munitions. Un certain nombre de gardes nationaux se joignent aux Ardéchois.

L'arrivée des renforts, aussitôt répartis entre les points les plus faibles et les plus menacés, ranime le courage des combattants, qui résistent toujours aux attaques répétées des Prussiens, bien qu'ils soient harcelés de tous côtés par la cavalerie. La plupart des compagnies ayant épuisé toutes leurs cartouches, on leur en distribue de nouvelles.

A partir de ce moment le combat entre dans une nouvelle phase : les mobiles, qui se maintenaient sur leurs positions, vont reprendre l'offensive et regagner le terrain perdu.

Plusieurs compagnies du 1er bataillon, notamment les 6e et 7e compagnies accourues les premières, vont s'établir devant le plateau de Molu, du haut duquel l'ennemi continue vainement à mitrailler la forêt.

Nous disons vainement, car, par un ingénieux stratagème, on avait allumé des feux en différents endroits complètement dépourvus de troupes, et les artilleurs Prussiens envoyaient leurs bombes précisément dans ces directions. Beaucoup d'obus, du reste, s'enfonçant dans le sol détrempé par les pluies, n'éclataient même pas.

A un signal donné, nos mobiles sortent des bois et marchent résolument contre la batterie ennemie. Celle-ci fait rage, mais les projectiles mal dirigés passent au-dessus des têtes. Cependant le lieutenant Leydier, ainsi que deux mobiles de la 1re compagnie du 1er bataillon, sont atteints par un boulet; le capitaine de Montravel et les hommes qui l'entourent sont jetés sur le sol et se relèvent couverts par la terre que soulèvent les obus en éclatant. Qu'importe! les Ardéchois entraînés avec vigueur par leurs officiers sont bientôt à trente pas des pièces, et soutiennent sans broncher une vive fusillade de mousqueterie et les décharges de l'artillerie, qu'ils font taire. Ils vont s'élancer à la baïonnette, mais l'ennemi prévoyant cette attaque cesse le feu et prend la fuite à travers champs, entraînant ses pièces dans une course désordonnée. Vers quatre heures, la retraite des Prussiens étant générale, nous réoccupâmes le village de Molu et les poursuivîmes dans la direction de Chaufour (1).

M. S. Guilbert traversa le champ de bataille dans une voiture d'ambulance et aida à relever les morts. Rien n'était plus triste, dit-il: cà et là des sacs, des couvertures, des gamelles; la terre labourée par le piétinement de la cavalerie ennemie. Dans une petite maison à l'entrée du village de Molu, un mobile blessé et fait prisonnier par les Prussiens était pansé par eux.

(1) On remarque encore de nos jours, dans une ferme dite « ferme de Molu, » appartenant à M. Marquais, quelques traces du combat du 26 novembre 1870, notamment un trou pratiqué dans la porte d'un grenier par le passage d'un obus.

« Pendant le combat, dit M. E. Meyer, on organisait rapidement à Vernon une ambulance qui devait suivre les renforts, et les habitants envoyaient aux mobiles des provisions de toutes sortes. Mais si la population s'intéressait aussi vivement à ces braves enfants du Midi, qui se faisaient tuer aux portes de la ville, elle ne cachait pas son indignation contre le lieutenant-colonel Thomas qui, logé à l'hôtel du *Lion-d'Or*, recevait à table, sans se déranger, les paysans essoufflés accourant lui raconter les péripéties de la lutte et lui demander des renforts. Il savait que l'ennemi préparait une attaque sérieuse (il le dit lui-même dans sa brochure), il entendait gronder le canon, et cependant à ceux qui sollicitaient l'envoi de secours, il répondait : « Ce n'est rien, et au surplus, si vous êtes si pressés, allez-y vous-mêmes! (1) » puis, tournant les talons, il continuait à fumer un cigare. La foule, assemblée sur la place, le couvrait de ses malédictions.

« Autant le souvenir des mobiles de l'Ardèche est resté vivace à Vernon, autant le colonel Thomas y a laissé peu de regrets. »

Les Prussiens perdirent au combat de Molu un officier et environ 100 hommes, qu'ils eurent comme de coutume l'habileté d'enlever au fur et à mesure qu'ils tombaient. Une seule maison de Blaru contint 35 blessés pendant l'affaire. Plusieurs voitures chargées de morts et de blessés traversèrent Bonnières, se dirigeant vers Mantes.

De notre côté, les pertes furent sensibles. En outre de la mort du capitaine Rouveure, nous eûmes à déplorer celle du lieutenant Leydier (2) et de huit hommes. Le sergent-major Belle, qui avait été blessé pendant l'action fut fait prisonnier avec onze hommes de sa compagnie, en s'efforçant d'arracher à l'ennemi le corps de son capi-

---

(1) Stanislas Guibert, *Invasion des Prussiens en Normandie*.
(2) Le lieutenant Leydier était âgé de 29 ans. Il était né à Buis-les-Baronnies (Drôme).

taine (1); de plus une vingtaine de mobiles furent blessés et plusieurs, grièvement atteints, succombèrent deux ou trois jours après à l'hôpital de Vernon.

Nous regrettons de ne pouvoir donner la liste complète des braves Ardéchois qui sont morts ou ont été blessés au combat de Molu; voici cependant quelques noms que les Vernonnais sans nul doute seront heureux de connaître :

1er bataillon, 1re compagnie, Leydier (Charles), lieutenant, tué.
— — Cortial (Jean-Marie), garde mobile, tué.
— — Bonnefoi, garde mobile, blessé.
— — Forestier (Hippolyte), garde mobile, clairon, blessé (mort le 29).
2e bataillon, 5e compagnie, Tracol (Jacques-Auguste), garde mobile, tué.
— — Crouzet (Eugène), garde mobile, blessé (mort le 28).
3e bataillon, 6e compagnie, Rouveure (Marius-Régis), capitaine, tué.
— — Belle, sergent-major, blessé.
— — Vérilhac, sergent, blessé.
— 1re compagnie, Franc (Louis), sergent, blessé.
— 6e — Battendier, garde mobile, blessé.
— — Vialette, garde mobile, blessé.
— — Damon, garde mobile, blessé.

(1) La lettre suivante adressée à sa mère par un mobile et publiée par le *Journal d'Annonay*, dans son numéro du 11 décembre 1870, donne des renseignements sur le sort des prisonniers :

« *Houdan*, 28 *novembre* 1870.
(Timbre de la poste de Laigle)

» MA BONNE MÈRE,

» La campagne vient d'avoir pour moi une prompte et triste solution. J'ai été fait prisonnier dans la forêt de Bizy, près de Vernon, au moment où, d'après les ordres de mon capitaine, je cherchais d'autres compagnies que l'on croyait dans le bois. Quelques minutes après, une vive fusillade m'apprenait que ma compagnie était surprise. Notre brave et cher capitaine Rouveure aurait été tué, j'ignore le sort des autres (26 novembre, avant-hier).

» Jusqu'ici nous avons été traités avec bonté. Priez Dieu qu'une prompte paix nous réunisse bientôt.

» Je t'envoie les noms de onze de mes camarades qui ont été pris pendant l'affaire et qui sont avec moi; fais-les parvenir à leurs familles :
(*Suivent les noms et adresses*).

» Nous sommes tous bien portants.

» Ton affectionné et dévoué fils, Antoine DURET. »

Lorsque les Ardéchois revinrent de la forêt, ils furent acclamés avec enthousiasme par la population, qui continua à leur offrir la plus large hospitalité. Les blessés portés à l'hôpital militaire y furent l'objet des soins les plus empressés. Le comité des dames de Vernon, avec l'assentiment de la municipalité, fit distribuer aux plus nécessiteux des tricots, des chemises de flanelle, des caleçons, etc. En un mot, les mobiles reçurent de la part des Vernonnais toutes les marques de la plus profonde estime. Ne venaient-ils pas de les préserver encore une fois de l'occupation prussienne ? Ajoutons que de pompeux honneurs funèbres furent rendus aux victimes qui succombèrent soit pendant le combat, soit à l'hôpital.

La lutte avait été si vive que les chefs de bataillons craignaient encore une de ces surprises de nuit si familières aux Allemands. On se tint donc en permanence au quartier général, prêt à tout événement.

Mais peu après on se rassurait : plusieurs canons en bronze en provenance de Louviers étaient annoncés; ils arrivaient bientôt manœuvrés par des soldats de martiale allure, et suivis d'un bataillon de mobilisés d'Elbeuf. Ce bataillon allait prendre le service des avant-postes et procurait ainsi, au régiment de l'Ardèche, un repos bien mérité.

Dans son rapport, le chef du 1er bataillon des mobiles de l'Ardèche signale comme s'étant particulièrement distingués :

Les capitaines de Montravel, Tirant, Maigron, Tournaire.
Les lieutenants Rouvier, Chanaleilles, Duclos-Monteil.
Les sous-lieutenants de Lanversin, de Pazanann, Maigron (Emile).
L'adjudant de Missolz.
Le sergent-major Ranc (Célestin).
Les sergents Tournaire, Mouraret.
Les caporaux Dupuy, Manent, Privas (Clément).
L'attaché à l'état-major Petit.
Les soldats Bourret (Auguste), Fabre (Jules), France, Théron, Valle (Régis), Pons (François), Vaschalde (Henri), Besset (Maurice), Chabannes, Vincent (Léon), Lauzun.

Parmi les officiers et sous-officiers signalés au 3ᵉ bataillon, nous citerons :

Le capitaine de Canson (René).
Le lieutenant Vachon de Lestra.
Le sous-lieutenant Seguin (Etienne).
Les sergents-majors Belle, Gaucherand, Vidon (Adrien).
Le sergent-fourrier Flurher.
Les sergents Franc, Servonnet, Vidon, Vérilhac (1).

Le capitaine Rouveure.

Nos ennemis — il faut le reconnaître — rendirent justice à la valeur des Ardéchois, et en particulier à l'attitude héroïque du capitaine Rouveure.

Le corps de ce jeune officier, soustrait à la piété de ses soldats par un enlèvement rapide de la part des Prussiens, fut transporté à Cravent, dépouillé seulement de sa montre et de son porte-monnaie. Le 27 novembre il reçut avec une certaine pompe les honneurs militaires, conjointement avec un officier bavarois tué dans l'action. Entouré de guirlandes de branches de sapin, la tête ceinte d'une couronne de laurier, il fut placé en cet état dans un cercueil et inhumé auprès de l'officier prussien. Un discours prononcé par un général rendit hommage à la valeur des deux victimes.

Le lendemain, M. Lefort, curé de Vernon, accompagné de M. l'abbé du Sert, aumônier du 3ᵉ bataillon des mobiles de l'Ardèche, se fit conduire à Cravent pour réclamer le corps du capitaine Rouveure et le remettre à sa famille. Le général prussien ne fit aucune difficulté, mais au moment où les deux prêtres allaient quitter le camp, il ordonna à l'aumônier de rester en otage jusqu'à ce qu'on ait rendu les dépouilles mortelles du comte Charles von Kleist, capitaine commandant au 10ᵉ régiment de

---

(1) Après la campagne, les capitaines de Montravel, Tournaire, Tirant, le lieutenant Rouvier furent nommés chevaliers de la Légion d'honneur.

Le sergent-major Belle, les sergents Tournaire, Franc et Vérilhac, les soldats Bourret et Vincent reçurent la médaille militaire.

hussards, tué, comme on l'a vu, au combat du 22. L'abbé du Sert fut assez maltraité et menacé même d'être fusillé, car il fut considéré un instant comme officier français déguisé; cependant on le remit en liberté deux jours après, en même temps qu'un détachement commandé par un officier supérieur allemand, jeune prince de Saxe, escortait jusqu'à nos avant-postes le cercueil du capitaine Rouveure.

Une dépêche envoyée le 27 par le commandant de Montgolfier au président de la commission administrative d'Annonay relatait le combat du 26 et annonçait également que le capitaine Rouveure, blessé gravement, avait disparu ainsi qu'un certain nombre de ses soldats; mais le télégramme suivant apprenait la triste réalité :

« *Vernon*, 30 *novembre*, 10 h. 50 *matin*.

» Capitaine Rouveure, mort en brave, en héros, pour la Patrie, emporte les regrets de tous. Son corps, remis par autorités prussiennes après honneurs rendus, est à l'hôpital de Vernon. Il a été embaumé pour attendre son malheureux père.

» A. DE MONTGOLFIER. »

Le *Journal d'Anonnay*, du 4 décembre 1870, annonce « que la nouvelle de la mort du capitaine Rouveure a causé dans la ville la plus profonde émotion.

» Cette mort plonge dans le deuil une famille nombreuse et honorée, et excite les plus vifs regrets parmi tous ceux qui connaissaient ce jeune officier, plein d'honneur et de bravoure, qu'une fin glorieuse mais cruelle est venue enlever, à l'âge de 23 ans, à l'affection des siens et aux sympathies de ses soldats.

» Aussitôt qu'ils ont appris la fatale nouvelle d'une grave blessure, qui cachait la triste vérité d'une mort immédiate, le malheureux père du capitaine et son oncle partirent immédiatement pour aller chercher jusque sur le lieu de combat le corps de ce jeune officier, que les soins affectueux et paternels de M. le commandant de Montgolfier avaient réussi à conserver à la pieuse recherche de sa famille. » Ils arrivaient à Vernon le 30 et en repartaient presque aussitôt, emmenant avec eux la dépouille mortelle du jeune officier.

Après un voyage de plusieurs jours et des plus pénibles, le corps du capitaine Rouveure arriva à Annonay (6 décembre) et fut mis en chapelle ardente dans la maison de son père jusqu'au moment où il devait être transporté à l'église Saint-François et, de là, au cimetière Saint-Jacques, lieu de sa dernière demeure.

Les obsèques se firent le jeudi matin 8 décembre, et la population entière tint à rendre un dernier hommage à ce brave défenseur du pays. Elle suivit le convoi funèbre émue, attristée par cette douloureuse mais imposante cérémonie, dont nous trouvons le compte rendu dans le *Journal d'Annonay* du 11 :

« ... La compagnie en armes des sapeurs-pompiers, tambours et clairons en tête, les officiers et sous-officiers de la garde nationale formaient le cortège et rendaient les honneurs militaires. Toutes les autorités civiles, toutes les notabilités et une partie considérable de la population d'Annonay et des environs, assistaient à la messe mortuaire et accompagnaient le cercueil au cimetière, témoignant ainsi de l'estime dont jouit la famille Rouveure, et des profondes sympathies et des vifs regrets que la mort glorieuse et touchante de ce jeune officier de nos mobiles a inspirés à tous les Annonéens.

» Les cordons du poêle étaient tenus par MM. Charles Dupuis, le commandant du Sautoy, le capitaine Blachier et le capitaine Krammer, des mobilisés...

» Au moment où le corps du capitaine Rouveure allait être confié à la terre et déposé dans le tombeau de sa famille au cimetière Saint-Jacques, M. le Président de la Commission administrative, M. Ch. Dupuis, M. le commandant du Sautoy, chef de bataillon de la garde nationale d'Annonay, M. le docteur Dufour, ami de la famille Rouveure, et M. Léon Rostaing-Montgolfier, ont prononcé successivement sur la tombe des discours écoutés dans le plus religieux silence par l'assistance nombreuse qui s'associait intimement à l'expression de regrets si justement exprimés. » Nous ne pouvons reproduire ces discours en entier, mais nous sommes heureux d'en extraire les passages suivants :

. . . .

« Elève de l'Ecole polytechnique, a dit M. Ch. Dupuis, c'est-à-dire intelligent et instruit. Doué d'un caractère doux, bon, généreux et dévoué, il savait allier aux qualités du cœur l'énergie, le courage et l'intrépidité. Aussi, au premier cri de la Patrie en détresse, il comprit le devoir qui se présentait à lui et, sans regarder en arrière, il courut vaillamment au combat.

» Pendant le temps, hélas ! trop court, qu'il a lutté pour la défense du sol, il a montré de véritables aptitudes militaires et déployé un brillant courage.

» Le capitaine Rouveure est tombé mortellement blessé. Il a été relevé par nos ennemis qui lui ont, après sa mort, rendu les honneurs militaires, et lorsque ses restes mortels ont été remis à son malheureux père, son corps, placé dans un cercueil, était entouré de branchages verts et son front ceint d'une couronne de laurier (1). C'est bien le plus éloquent hommage qui puisse être rendu à sa bravoure et à sa mort héroïque. »

. . . .

« Et toi, capitaine Rouveure, tu as été frappé mortellement par les balles ennemies au moment où tu poussais pour la dernière fois ce cri cher à ton patriotisme : « En avant ! » Tu es tombé en accomplissant ton devoir, pour la défense du droit, d'une cause sainte, tu es mort héroïquement pour le salut de la Patrie.

» Honneur à toi, et que chacun de nous s'inspire de ton noble exemple !

» Capitaine Rouveure, adieu ! »

M. le commandant du Sautoy rappelle en peu de mots la vie si courte et pourtant si remplie du capitaine Rouveure :

« ... Je ne citerai pas des dates, je les ignore ; je n'en connais qu'une : celle de sa mort glorieuse. — Tous, vous avez connu la jeunesse studieuse de Régis Rouveure ; ses brillants exa-

---

(1) Cette couronne, rapportée avec le corps du capitaine Rouveure, reposait sur son cercueil, avec son épée, pendant la cérémonie funèbre.

mens soit pour son admission à l'Ecole polytechnique, soit pour sa sortie, dans un numéro qui lui permettait d'aborder les différentes carrières civiles ou militaires. — Ses aspirations vers celle des armes avaient été développées dans cette école supérieure, dont il était un des élèves distingués, et nous allions bientôt compter un savant officier d'artillerie de plus dans les rangs de l'armée. Mais cédant aux sollicitations de sa famille, il renonçait avec regret à ses épaulettes d'officier et acceptait provisoirement un emploi de commissaire dans la marine de l'Etat.

» Rentré peu de temps après dans cette vaillante famille de travailleurs dont il était issu, l'industrie allait sans doute créer à Rouveure une nouvelle position; son instruction solide, ses études spéciales lui ouvraient un vaste champ dans cette carrière. Quand tout à coup gronde le canon sur notre frontière du Rhin!... La France envahie, frémissante, fait un appel à ses enfants!... Rouveure y répond un des premiers.

» Nommé capitaine au 3ᵉ bataillon des mobiles de l'Ardèche, il est tout à ses devoirs, il retrouve sa vocation; sa compagnie est l'objet de tous ses soins.

» Enfin, nos jeunes mobiles partent pour Evreux. Le département de l'Eure doit être le théâtre de leurs brillants exploits. Les bulletins qui se succèdent nous apportent toujours la nouvelle d'heureux combats. — Le capitaine Rouveure est souvent cité pour ses hautes capacités militaires et pour sa bravoure devant l'ennemi; il a l'estime de ses chefs, toute la confiance et la sympathie de ses subordonnés; il est toujours à leur tête. Mais, hélas! le destin avait marqué l'heure fatale...
— C'était le 26 novembre... — Après un engagement général dans la forêt de Bizy, où nos valeureux mobiles sont encore vainqueurs, le capitaine Rouveure, dans un élan de téméraire audace, se précipite avec quelques hommes sur un groupe de cavaliers prussiens... Le succès de la bataille nous est assuré, mais au prix de combien de pertes douloureuses!... Rouveure, frappé mortellement, tombe glorieusement au pouvoir de l'ennemi!... Ainsi s'éteignait à son aurore cette vie si belle et si pleine d'avenir!

» Messieurs, nous devons aux soins pieux et aux actives démarches du commandant de Montgolfier et de l'abbé du Sert de pouvoir rendre les derniers devoirs aux restes mortels de notre jeune et brave concitoyen.

» Que ton nom, cher Régis, vive à jamais dans nos cœurs ! et puissent les marques de sympathie de cette foule recueillie adoucir les regrets de sa famille éplorée ! »

En terminant, citons les strophes suivantes, que la mort du capitaine Rouveure a suggérées à M. Henri Bomel, poète ardéchois :

. . . .
Annonéen aussi, ce brave capitaine
Dont on dira longtemps, sous le chaume, le soir,
Comme un récit venu d'une ère plus lointaine,
La mort sublime à l'âge où tout parle d'espoir !
L'ennemi l'a surpris : « Français, rends ton épée ! »
— « Me rendre ! un Ardéchois, dit-il, ne se rend pas ! »
Il tire... mais, hélas, la poitrine frappée,
Il meurt en vrai Français d'un glorieux trépas !

Puis dans le camp prussien, sublime mais étrange,
Quel spectacle je vois qui fait battre mon cœur !
Désunis dans la lutte, unis dans la louange,
Deux martyrs d'hier sont là, vaincu près du vainqueur ;
Et le Teuton alors, comme oubliant sa haine
Devant un dévouement si digne de la croix,
Sur le corps du Français vient déposer le chêne
En s'écriant ému : Vivent les Ardéchois !

Pour nous, au souvenir des jours si pleins d'alarmes
Que peut-être jamais n'en renaîtront de tels,
Longtemps nous reverrons, les yeux mouillés de larmes,
Les honneurs accordés à ces restes mortels,
Cette foule suivant recueillie et tremblante,
Acclamant le héros tout en plaignant son sort,
Tandis qu'encor là-bas, sur la plaine sanglante,
Le canon poursuivait son office de mort !...

De ce jeune martyr que je chante et je pleure,
Oui, l'ange de l'Helvie, admirant le cercueil,
A l'histoire a jeté le beau nom de Rouveure
Que l'Ardèche conserve avec un juste orgueil !
Oui, Rouveure, ton nom revivra par la gloire !
Dans l'immortalité d'ici je l'aperçois,
Et l'avenir dira, saluant ta mémoire :
Rouveure fut vaillant, c'était un Ardéchois !

CHAPITRE VI

Mise en état de défense des forêts de Bizy et de Vernon. — Gardes nationaux du canton de Gaillon. — Expédition contre Gisors (29 novembre). — Division de l'armée d'Andelle en trois colonnes. — Direction suivie. — Arrêt au Thil. — Combat nocturne d'Etrépagny. — Surprise des Saxons. — Mort du capitaine Chrysostôme. — Les pertes allemandes. — La colonne de droite aux Thilliers. — Celle de gauche à Saint-Denis-le-Ferment et à Eragny. — Retraite de nos troupes. — Les Prussiens se vengent. — Incendie d'Etrépagny (1er décembre). — Monuments commémoratifs. — Evénements sous Paris. — Abandon du Vexin. — Les Allemands se dirigent sur Rouen. — Occupation de cette ville (5 décembre).

Depuis le combat du 26 novembre, les Prussiens restaient dans l'inaction la plus complète, se contentant d'envoyer en avant de nos lignes quelques reconnaissances qui échangeaient de temps à autre des coups de feu avec les nôtres. Les événements qui se passaient sous Paris les avaient détournés sans doute de l'idée qu'ils avaient conçue de prendre leur revanche et de venir canonner Vernon. « Nous n'en étions pas moins toujours sur le qui-vive et assez inquiets, dit le colonel Thomas, car, nous trouvant à 35 kilomètres de Louviers, nous n'étions reliés à cette ville par aucun autre corps. »

Pour éviter le bombardement des hauteurs de la rive droite, la compagnie des mobiles de l'Ardèche, qui occupait Vernonnet, fut renforcée par celle des francs-tireurs de Seine-et-Oise (capitaine Poulet-Lenglet). Toutes deux eurent pour mission d'assurer le service des avant-postes sur les hauteurs de ce faubourg et d'observer les mouvements de l'ennemi, ce qui complétait, de ce côté, la défense de la ville avec laquelle on communiquait par un service de bateaux.

Dès le 27, le lieutenant-colonel Thomas avait fait mettre en état de défense les forêts de Bizy et de Vernon, au moyen de travaux d'abatage et de tranchées. Sur la rive gauche, les routes et les chemins principaux traversant les terrains boisés étaient coupés ou barricadés depuis Saint-Marcel jusqu'au Grand-Val, et, sur la rive droite, depuis Heurgival jusqu'à Pressagny.

Le succès de nos troupes à Vernon et dans les environs avait produit d'excellents résultats : il avait permis de dégager Évreux et une partie de la vallée de l'Eure et de prendre de bonnes dispositions défensives, en faisant occuper notamment le village d'Arnières, situé dans la forêt d'Évreux, par le 2ᵉ bataillon du 76ᵉ de marche (commandant Rousset). Quelques jours plus tard, ce bataillon fut rappelé sur la rive droite et remplacé par le 1ᵉʳ bataillon de la garde mobile des Landes (commandant Beaume) et par les 1ᵉʳ et 3ᵉ bataillons de gardes nationaux mobilisés de l'arrondissement du Havre (commandants Pornin et Basille). La confiance semblait renaître ; les dépêches du Gouvernement et les journaux contribuaient, du reste, à donner une certaine sécurité sur l'avenir de la guerre dans la contrée. Il y eut à ce moment un reflux d'espoir et de dévouement.

Aux mobiles de l'Ardèche et aux mobilisés d'Elbeuf, « auxquels la municipalité prêtait en toutes choses le concours le plus empressé et le plus patriotique » (colonel Thomas), se joignaient chaque jour les gardes nationaux de Vernon et des communes environnantes qui occupaient la plupart du temps les postes les plus périlleux. Remplis de courage et d'ardeur, ils ne voulaient quitter les bois, ni le jour ni la nuit ; aussi y recevaient-ils les vivres dont ils avaient besoin.

Les mobiles étaient également secondés par le commandant Malide, du bataillon de Gaillon, qui décrit comme suit la situation de sa ligne de défense :

« Voyant que j'étais appelé à faire le service de grand'garde pour quelque temps, puisque l'ennemi ne faisait aucun mouvement en avant, je divisai mon bataillon en deux parties, afin que les hommes fussent de service tous les deux jours. Par ce moyen, j'avais tous les matins 350 hommes frais et dispos pour relever les postes. Je me plais à le dire, aidé dans ce service par plusieurs compagnies du canton de Vernon qui avaient bien voulu se joindre à moi, je tenais une ligne de 8 kilomètres d'étendue ; ma gauche appuyée à la forêt de Bizy, où je communiquais avec le colonel Thomas, de l'Ardèche ; ma droite appuyée sur Houlbec-Cocherel où se trouvaient les francs-tireurs de Caen. Un peu plus loin, sur le versant des coteaux de la vallée d'Eure, se trouvait le premier poste de M. E. Laquerrière (bataillon de la Croix-Saint-Leufroy). »

Dans une dépêche envoyée au sous-préfet de Louviers, le 30 novembre, le commandant Malide demandait qu'on envoyât une compagnie de mobiles à demeure à Houlbec, pour soutenir ses gardes nationaux, et il disait : « Les Prussiens envoient chaque jour des éclaireurs vers les lignes que nous avons formées, et, s'ils les voient bien gardées, ils renonceront au projet qu'ils ont de les franchir... Rien de nouveau à Vernon : tout est calme. »

Les succès des combats des 22 et 26 novembre avaient enfin incité le général Briand à ne pas attendre davantage pour frapper un grand coup. Profitant de la bonne disposition des troupes de la vallée d'Andelle, placées depuis quelques jours sous le commandement d'un officier de valeur, le capitaine de frégate Olry, et restées trop longtemps inactives, il résolut de les porter en avant par une marche combinée et de s'emparer de Gisors. Il choisit pour ce coup de main la nuit du 29 au 30 novembre et divisa sa petite armée en trois colonnes.

La première, commandée par le colonel Mocquard, était composée des trois bataillons des éclaireurs de la Seine, de quelques compagnies de francs-tireurs de Rouen, d'Elbeuf, du Havre, d'un peloton de francs-tireurs du Nord à cheval et d'une section d'artillerie (4 pièces), soit environ 1,500 hommes. Elle formait la colonne de gauche et, partant du village de Longchamps, devait passer par

Saint-Denis-le-Ferment, Bazincourt, Villers-sur-Trie, intercepter la route de Beauvais entre Trie-Château et Gisors et attendre là le signal convenu.

La colonne du centre, forte de 6,000 hommes et de 10 pièces de canon, sous la direction du général Briand, devait partir d'Ecouis, suivre la grande route de Rouen à Paris, qui passe à Etrépagny, et marcher résolument sur Gisors, où l'on devait entrer « comme dans du beurre, » selon l'expression même du général. Elle se composait du 2e bataillon du 76e de marche (commandant Rousset), suivi des mobiles de la Loire-Inférieure, des Hautes-Pyrénées et des Landes. Le 2e bataillon des mobiles de la Seine-Inférieure (commandant Rolin) et deux escadrons du 12e chasseurs (lieutenant-colonel Laigneau) formaient la réserve.

Enfin la colonne de droite, au nombre de 3,500, venant des environs des Andelys, était formée de trois bataillons des mobiles de l'Oise, des marins et de la compagnie de marche de Dieppe, des francs-tireurs du Havre et des Andelys. Sous les ordres du lieutenant-colonel de Canecaude, commandant les troupes de l'Oise, elle devait marcher vers les Thilliers et Dangu et effectuer sa jonction en avant de Gisors.

Avant de quitter Ecouis, le général Briand fut averti qu'un détachement de Saxons (1,000 à 1,200 hommes environ) composé d'un bataillon d'infanterie, de deux escadrons de cavalerie et de deux pièces d'artillerie, venait d'arriver à Etrépagny, pour y passer la nuit. C'était un obstacle, mais il ne parut pas insurmontable, car il fut décidé qu'on passerait outre et que rien ne serait changé aux dispositions prises. Rendez-vous fut donné sous les murs de Gisors à cinq heures du matin, et le canon devait annoncer le signal de l'attaque.

Entre neuf et onze heures du soir, les trois colonnes se mirent simultanément en marche. Il faisait un froid terrible et l'obscurité était profonde; néanmoins nos jeunes soldats avançaient en bon ordre et dans le plus religieux silence.

Vers minuit, la colonne principale formant le centre arrivait au village du Thil. Là, le général Briand réunit ses principaux chefs et leur donna ses instructions en vue de l'attaque contre Etrépagny ; mais désirant connaître la nature et le nombre des Allemands qui occupaient cette ville, il envoya aux renseignements un de ses guides, M. Lecouturier, de Fleury-sur-Andelle. Celui-ci s'acquitta fidèlement de sa mission, car il s'avança jusqu'au milieu du pays sans rencontrer une sentinelle et apprit la force de la garnison saxonne.

« Étrépagny, dit le commandant Rolin, est traversé dans sa longueur par la route de Rouen à Gisors, et coupé perpendiculairement en deux parties à peu près égales par la rivière de la Bonde, qui se jette à Bézu dans la Lévrière, l'un des petits affluents de l'Epte. Les Saxons occupaient la grande rue, depuis la rivière de la Bonde jusqu'à l'extrémité ouest de la ville. Ils avaient une compagnie d'infanterie à la mairie, un piquet de cavalerie sous les halles et une section d'artillerie sur la place du Marché. Les officiers étaient logés dans un hôtel situé en face de la mairie ; le reste de l'infanterie était réparti au château ; la cavalerie dans les fermes.

» Le général Briand résolut de traverser rapidement Etrépagny, avec son avant-garde et le bataillon de marche, pour aller s'établir le long du cimetière et couper ainsi à l'ennemi sa ligne de retraite, pendant que les autres bataillons, conduits par des guides, cerneraient la ville et en fouilleraient les maisons ; mais, avant que ces ordres pussent être transmis, on était déjà en présence. Il était environ une heure et demie du matin ; déjà les uhlans étaient venus reconnaître notre tête de colonne et s'étaient repliés en silence et sans coup férir. Le général, pour ne pas leur laisser le temps d'annoncer notre approche et d'organiser la résistance, excita son avant-garde à prendre une allure rapide et se porta avec elle à une centaine de mètres de l'entrée d'Etrépagny. Là, le cri d'une vedette et le bruit d'un coup de feu retentirent et furent bientôt suivis d'une violente fusillade.

» Il est des moments où, surtout avec de jeunes troupes, les chefs doivent payer de leur personne : le général Briand donna bravement l'exemple et, se précipitant dans la ville, il entraîna à sa suite les francs-tireurs des Andelys et la tête du bataillon de marche. Lorsqu'ils arrivèrent à la hauteur de la mairie, le poste ennemi les accueillit par une vive fusillade. Plusieurs officiers saxons sortaient alors à cheval de leur hôtel : le général Briand et sa suite, l'épée à la main, M. Lecouturier, le revolver au poing, renversent les premiers qui se présentent; après quoi ils traversent la ville dans toute sa longueur et vont s'établir à l'autre extrémité, sur le côté droit de la route. Il s'engage alors dans les rues un combat général et un feu de mousqueterie non interrompu. Au milieu de cette nuit profonde, la lueur des coups de feu éclaire seule fantassins et cavaliers, amis et ennemis confondus dans la mêlée.

» La tête du bataillon de marche, entrée à Etrépagny à la suite des francs-tireurs des Andelys, s'était trouvée coupée du reste de la colonne par le feu du poste de la mairie. Le commandant Rousset continua néanmoins sa marche avec ses deux premières compagnies. Il avait déjà franchi le pont et s'apprêtait à rejoindre le général Briand, quand il entendit tout à coup derrière lui le galop de la cavalerie. C'étaient des uhlans qui, ralliés par des officiers de dragons de la garde saxonne, les seconds lieutenants de Posern et de Stralenheim, tentaient bravement de se faire une trouée : penchés sur le cou de leurs montures, ils se précipitaient vers Gisors en déchargeant leurs pistolets et en dardant leurs lances; mais, lorsqu'ils traversèrent les rangs de la ligne, ils essuyèrent à bout portant une fusillade qui coucha par terre chevaux et cavaliers ; ceux qu'avait épargnés cette décharge terrible allaient tomber plus loin sous les balles des francs-tireurs et bien peu d'entre eux parvinrent à s'échapper. A la sortie de la ville, le général Briand, à la tête de son état-major et de son escorte, chargeait à son tour les fuyards, et, dans cette mêlée, il eut un cheval tué sous lui ; son guide, déjà blessé au début de l'affaire, fut également démonté, vraisemblablement par les nôtres, car le désordre s'était mis dans nos rangs. Le commandant Rousset fut forcé de revenir sur ses pas pour rallier le reste de son bataillon, qui, appuyé par les mobiles de la Loire-Inférieure (commandant Ginoux), luttait encore en arrière du pont. Dans cette contremarche, nos soldats aperçurent une masse sombre qui se mouvait dans l'obscurité : c'étaient les artilleurs saxons qui essayaient de sauver leurs pièces. Déjà l'une d'elles avait pu s'échapper dans la direction de la gare, mais la seconde resta entre nos mains, et les conducteurs n'eurent que le temps de couper les traits sous une fusillade qui en blessa grièvement plusieurs. Peu de temps après, le poste de la mairie fut enlevé après une assez vive résistance.

» Cependant, ne se voyant pas suivi, et craignant que, par cette nuit épaisse, ses soldats ne tirassent les uns sur les autres, le général Briand ramassa les quelques combattants qu'il avait sous la main et regagna à pied, par la route de Saint-Martin, la queue de sa colonne ; il était plus de trois heures du matin lorsqu'il la rejoignit, et, à ce moment, le feu avait cessé de toutes parts. Il lança aussitôt sur la route de Gisors les escadrons du colonel Laigneau, et fit fouiller Etrépagny par les troupes qu'il avait sous la main, dirigeant lui-même l'opération. Si la ville avait été complètement cernée dès le début, pas un Saxon ne s'en serait échappé ; mais un ou deux bataillons de mobiles s'étaient complètement fondus pendant l'action, et c'est une chose dont il ne faut pas s'étonner de la part de jeunes soldats qui n'avaient jamais vu le feu et qui débutaient par une attaque de nuit, opération hérissée de dangers, féconde en méprises, dans laquelle ne réussissent pas toujours les troupes les plus expérimentées. Il était près de six heures du matin; ayant perdu le bénéfice de la surprise et ayant appris, en outre, l'insuccès de la colonne de droite sur Dangu, le général Briand renonça à son expédition sur Gisors et se contenta du résultat qu'il avait obtenu (1). »

Voici quelques extraits du rapport du 2e bataillon de marche qui prit, comme on vient de le voir, la part la plus active au combat d'Etrépagny :

« Le général, désirant que l'on passât dans ce village sans s'arrêter, fit, à 600 mètres, mettre la baïonnette au canon et prendre le pas gymnastique.

» Les avant-postes ennemis font feu sur la compagnie d'avant-garde, commandée par le capitaine Boulay; nos soldats continuent à marcher, les mettent en fuite, et, à leur suite, tout le bataillon pénètre dans le village.

» Les Prussiens, surpris et réveillés en sursaut à une heure du matin, veulent fuir; on les fusille à bout portant. La cavalerie surtout, qui veut s'ouvrir un passage, est foudroyée et jonche la route des cadavres de ses hommes et de ses chevaux.

» Cependant, les postes allemands établis dans le village résistent et font essuyer un feu assez vif aux deux premières compagnies, qui montrent un moment d'hésitation. Mais la bravoure héroïque du général Briand, du commandant Rousset et du capitaine Boulay ranime leur énergie, et ces vaillants officiers les entraînent à leur suite jusqu'au bout du village.

» Le général s'aperçoit alors qu'il n'a pas été suivi par le reste de la colonne. Effectivement, le bataillon était coupé; la 2e compagnie, qui avait perdu sa distance dans la marche au pas gymnastique, s'était vu arrêter par un

(1) *La Guerre dans l'Ouest,* par Rolin.

feu meurtrier. Les soldats se jettent en arrière pour éviter les projectiles, se débandent et le désordre se propage successivement jusqu'à la queue du bataillon.

» Mais les officiers peuvent enfin rallier leurs hommes, grâce à leur énergie et à leur activité. Ils les font passer en masses serrées, en les abritant du feu bien nourri des grenadiers saxons, par des barricades établies avec quelques voitures chargées des bagages des Prussiens. Mais il fallut lutter près de deux heures; aussi le général, ne songeant plus au mouvement sur Gisors, ordonna-t-il la retraite.

» Cette affaire coûta au 2e bataillon de marche 7 hommes tués et 32 blessés.

» Le brave capitaine Chrysostôme fut frappé mortellement à la tête de sa compagnie et expira le lendemain des suites de ses blessures. »

Au début de la guerre, cet officier jouissait paisiblement à Vernon de sa retraite. Bien qu'âgé de 60 ans, il avait demandé à reprendre du service, faisait partie du 2e bataillon de marche et commandait la 1re compagnie.

Au moment où, après avoir culbuté la cavalerie, le capitaine Chrysostôme repassait le pont avec ses hommes et remontaient la Grande-Rue, un coup de feu tiré d'une fenêtre vint l'atteindre mortellement, à l'instant où il se retournait vers ses hommes pour les stimuler : « La balle, dit le baron Ernouf, partie évidemment d'en haut et de très près, l'atteignit par derrière au dessus de l'épaule droite et pénétra jusque dans la région du nombril, d'où le chirurgien parvint à la retirer quelques moments après, ainsi qu'un bouton de l'uniforme qu'elle avait entraîné. J'avais recueilli, et j'ai pu transmettre à sa veuve ce souvenir funèbre d'un vétéran sexagénaire de nos guerres d'Italie et d'Afrique, qui avait repris vaillamment l'uniforme après Sedan. Quelques heures auparavant, pendant le défilé de sa troupe, ce brave homme, qui avait été l'un de mes hôtes, était sorti des rangs pour venir me serrer encore une fois la main. Il avait conservé toute la vigueur, toute l'ardeur de la jeunesse, et semblait plus heureux que personne de ce revirement offensif... C'était à la mort qu'il marchait. »

L'ennemi avait dans cette affaire subi des pertes considérables; « et, lorsque le jour parut, il vint éclairer un lugubre tableau dont nous avons vainement cherché la reproduction dans toutes les publications illustrées de Leipzig : une cinquantaine de chevaux abattus ou mourants formaient à chaque pas de véritables barricades; au milieu des armes, des casques et des objets d'équipement qui jonchaient les rues, une vingtaine de cadavres, parmi lesquels ceux du comte d'Einsidiel, capitaine aux grenadiers saxons, et du volontaire comte d'Eckstaedt, gisaient çà et là dans des flots de sang, au milieu des blessés, dont une quarantaine furent portés dans nos ambulances. Plus de cent prisonniers restèrent entre nos mains; parmi eux, plusieurs officiers, le capitaine baron de Keller, le premier lieutenant et adjudant de Loeben, tous deux des grenadiers du corps, et le second lieutenant de dragons Haebler. En outre, nos troupes rentrèrent dans leurs cantonnements avec une foule d'armes, de munitions et de chevaux, et l'une des trop rares pièces de canon prises à l'ennemi pendant cette triste campagne (1). »

Dans leur précipitation à fuir, « des officiers logés chez M. Belhoste, sautèrent avec leurs chevaux un mur de 2^m50 de hauteur, et un de leurs caissons, engagé dans la rue du pont Roch, tomba dans la rivière. Des artilleurs emmenaient un canon; nos soldats les rencontrèrent devant l'hôtel Avice, tuèrent les conducteurs, et s'emparèrent de la pièce. Un autre canon nous échappa par la route de Gamaches » (Ch. Dehais).

(1) *La Guerre dans l'Ouest,* par Rolin.

Voyons maintenant ce qui s'était passé pour les colonnes de droite et de gauche :

Les mobiles de l'Oise et les francs-tireurs du Havre, qui formaient la première, sous la conduite du lieutenant-colonel de Canecaude, arrivèrent devant les Thilliers vers deux heures du matin. Assaillis par le poste saxon qui faisait meilleure garde que celui d'Étrépagny, les premiers rangs battirent en retraite entraînant tous les autres. C'est en vain que les officiers, surpris eux-mêmes par cette fusillade inattendue, voulurent rallier leurs hommes et les ramener à l'entrée du bourg; rien n'y fit. La panique s'empara de ces jeunes mobiles qui essuyaient le feu pour la première fois; ils s'enfuirent d'autant plus à la débandade que l'obscurité était d'autant profonde. Cette panique était tout à fait injustifiée, car 500 Saxons seulement, dont 200 cavaliers, occupaient les Thilliers, et il eût été facile, avec quelques précautions indispensables en pareil cas, de s'en emparer, puisque les trois quarts étaient endormis à cette heure matinale. En tragédie, il y a parfois un côté comique : signalons que les fantassins ou cavaliers allemands, à demi réveillés, s'enfuyèrent à leur tour, laissant dans la plus grande surprise les habitants du bourg, peu fâchés du reste de cet abandon.

Un mobile avait été tué dans cette affaire pas brillante pour nous.

Quant à la colonne de gauche, sous les ordres du lieutenant-colonel Mocquard, elle s'était bien comportée et avait au point du jour atteint le but qui lui avait été assigné, entre Trie-Château et Gisors, attendant vainement le signal d'attaque.

Après une assez longue marche, la colonne entrait à Saint-Denis-le-Ferment, village établi sur une rivière, au fond d'une étroite et profonde vallée. A l'instant où le colonel Mocquard, accompagné du capitaine Dazier et de quelques autres officiers, se dirigeait vers la demeure du maire, il eut à essuyer le feu d'une reconnaissance prussienne qui, après une riposte des nôtres, s'éclipsa rapidement. Le capitaine, blessé gravement au bras, fut pansé dans une ferme où il dut rester jusqu'au lendemain, incapable qu'il était de continuer à suivre l'expédition.

Non loin d'Eragny, nouvelle alerte. Des Prussiens abrités derrière le talus du chemin de fer tirent sur les francs-tireurs. La fusillade recommence, mais peu à peu diminue, car nos adversaires, délogés de leurs positions, se retirent et gravissent le coteau.

La colonne continue à avancer. Elle traverse le pont de la rivière d'Epte à Eragny et, laissant à droite la route de Gisors, se dirige droit devant elle à travers une plaine escarpée. Une heure plus tard, elle arrivait sur un plateau élevé, à l'endroit qui lui avait été assigné, entre Trie-Château et Gisors. Il était environ cinq heures, c'est-à-dire l'heure indiquée.

Après une longue attente, le jour commençant à paraître, le colonel Mocquard, inquiet et indécis, réunit les commandants et l'on décida de rétrograder. Le retour s'effectua sans trop de difficultés, mais la colonne arrivait à Longchamps à une heure de l'après-midi, harassée de fatigue et heureuse en somme de s'être bien tirée d'une situation difficile. Elle avait eu un officier et trois hommes blessés et ramenait cinq prisonniers; mais l'officier payeur Denou qui rejoignait la colonne avec une voiture chargée de vivres tomba entre les mains de l'ennemi.

Le 30 novembre, à onze heures vingt du matin, le général Briand envoyait le télégramme suivant au Gouvernement de la Défense nationale à Tours :

« La nuit dernière, j'ai voulu tenter une attaque sur Gisors et j'ai trouvé sur ma route l'ennemi occupant Etrépagny.

» Retranché dans les maisons, il a opposé une vive résistance; mais après une lutte acharnée, Etrépagny a été enlevé et l'ennemi contraint de fuir dans toutes les directions. Cette affaire nous a coûté un capitaine grièvement blessé, cinq tués et bon nombre de blessés; l'ennemi a perdu quatre officiers tués, trois officiers prisonniers, dont un officier supérieur grièvement blessé, soixante tués, une centaine de prisonniers, un canon, trois caissons remplis de munitions et plus de deux cent cinquante fusils; nombre de chevaux morts encombraient les rues d'Etrépagny. »

Lorsqu'il apprit par des fuyards les faits qui venaient de se passer, le général comte de Lippe fit sonner l'alarme à Gisors et se prépara à quitter la ville, rassemblant ses troupes sur la route de Paris. Il attendit ainsi le jour dans la plus grande inquiétude, mais fut rassuré lorsqu'il sut que le général Briand n'avait pas poussé plus loin son expédition et se retirait vers ses cantonnements. Il envoya alors sur Etrépagny un fort détachement composé de trois escadrons de cavalerie, d'une compagnie d'infanterie et de deux canons, sous les ordres du major de Funcke, afin de recueillir les morts et les blessés et de se venger des habitants qui, disait-il, avaient contribué à l'échec des Saxons. On lui avait assuré, du reste, que des mobiles et francs-tireurs avaient été, au préalable, cachés dans l'église et dans certaines maisons particulières; en un mot, à les entendre, ces braves Allemands avaient été amenés là dans un véritable guet-apens. Il n'en fallut pas davantage pour attirer sur le malheureux bourg de 1,600 âmes la vengeance habituelle, qui consistait, on l'a vu, dans le pillage, l'incendie et le meurtre.

Vers deux heures de l'après-midi, les Saxons arrivent à Etrépagny et se livrent sur la population inoffensive à toutes sortes d'exactions. Des notables sont maltraités et emmenés comme otages; des vieillards sont conduits en dehors du pays et tenus en respect, le sabre ou le pistolet sous la gorge, pendant que leurs maisons étaient pillées et livrées à l'incendie.

« Un soldat enduisait d'abord de pétrole les portes, les fenêtres, toutes les boiseries de la maison, puis un camarade approchait la torche de paille enflammée. Les autres pillaient. Supplications, larmes, gémissements des enfants et des femmes, rien ne les touchait » (Ch. Dehais). Cependant, sur les vives instances d'une sœur de charité, ils épargnèrent l'ambulance contenant des blessés, celle où se mourait le brave capitaine Chrysostôme; ils respectèrent aussi quelques habitations... moyennant finance !

En quelques heures, le fléau destructeur activé par un vent violent avait fait de terribles ravages : 53 maisons et 7 fermes avec leurs récoltes étaient brûlées; les pertes subies par les habitants pouvaient être évaluées à près d'un million.

En se retirant, les Saxons mirent le comble à cet acte de vandalisme, en brisant les pompes pour qu'elles ne pussent servir à l'extinction des incendies.

« Jamais, dit le baron Ernouf, je n'oublierai le spectacle sinistre que nous offrit, pendant la soirée du 30 novembre et la nuit suivante, ce malheureux pays brûlant à l'horizon. Nous distinguions parfaitement, dans une vaste auréole, quantité de foyers ardents, dont les flammes ondoyaient au souffle d'un ouragan glacial. »

Et le lendemain, 1er décembre — chose sublime, — la population tout entière se pressait à l'inhumation de sept glorieuses victimes de la lutte. Depuis, elle s'est fait un pieux devoir de les honorer d'une façon particulière et leur a élevé, à frais communs, un mausolée.

Ce monument, entouré d'une grille, est situé dans le cimetière; il porte l'inscription suivante :

<blockquote>
A la mémoire glorieuse
du capitaine Chrysostôme,
du caporal Labbé,
des soldats Derroin, Faim et autres,
tués au combat d'Etrépagny
le 30 novembre 1870.
La ville d'Etrépagny
reconnaissante.
</blockquote>

Pour perpétuer à jamais le souvenir des représailles

prussiennes, les habitants ont élevé, par souscription, en 1873, sur une des places publiques, appelée *place du Monument*, une pyramide où sont gravés ces mots :

    30 novembre
      1870
    Les Allemands
     chassés
    d'Etrépagny
     se vengent
    par l'incendie
     de la ville.

    N'oublions pas!

    Soyons unis
    pour être forts.

Mais, en plus de nos succès, on annonçait de gros événements : les Allemands, paraît-il, se retiraient; Paris avait fait une sortie magnifique et l'armée de la Loire, à la suite d'un mouvement offensif, marchait au secours de la capitale. En arrivant à Fleury-sur-Andelle, le général Briand trouvait un télégramme du ministre de la guerre à Tours lui prescrivant de former une colonne de vingt mille hommes et de se diriger sur Paris; le lendemain, nouvelle dépêche confirmant la première : « Ramassez tout ce que vous pourrez et marchez immédiatement sur Paris. Amiens a été évacué par les forces allemandes qui, de tous côtés, se replient sur Paris. »

Pour assurer l'exécution de cet ordre, le télégramme suivant était adressé à la préfecture et aux sous-préfectures de l'Eure :

    » *Rouen, 1ᵉʳ décembre, 6 h. soir.*

» Secrétaire général à Préfet Evreux; sous-préfets Louviers, Bernay, Pont-Audemer, Andelys.

» Rouen vient de recevoir avis officiel de grande victoire à Paris et de la sortie du général Ducrot qui occupe la Marne.

» Préparez toutes vos forces, hommes et armes, pour agir selon les ordres que pourrait vous donner le général Briand ou ceux sous ses ordres. »

Cette heureuse nouvelle fut accueillie partout avec le plus grand enthousiasme; elle vint ranimer les cœurs; on allait jouir d'une douce quiétude, car les craintes d'une invasion prochaine de la Normandie s'évanouissaient. Après une sortie victorieuse, le général Ducrot occupait la Marne vers Vincennes et la ligne de Lyon, et les Prussiens, battus, avaient abandonné le terrain. Paris se trouvait donc dégagé d'un côté et en communication avec le reste de la France. On voyait déjà les armées de province tendre la main aux Parisiens, se jeter sur les Allemands, leur *flanquer une bonne roulée*, suivant l'expression normande, et les reconduire à la frontière; aussi, avec l'espoir de la revanche, naquit le désir de les poursuivre sur leur propre territoire. On vivait dans l'enthousiasme, on était transporté. Quel beau rêve, disait George Sand, ne nous réveillons pas !

A Vernon, les mobiles, les francs-tireurs, les gardes nationaux faisaient leurs préparatifs pour se joindre aux troupes qui allaient être lancées vers la capitale, par la voie la plus rapide, c'est-à-dire par le chemin de fer de l'Ouest.

Mais, hélas ! la joie fut de courte durée. On apprit bientôt l'exacte vérité. Les succès annoncés avaient été fort exagérés, car la sortie du général Ducrot était restée sans résultat, il avait abandonné la Marne et était rentré dans Paris, *ni mort, ni victorieux*; de plus, nous commencions à perdre nos positions sur la Loire. Loin de se replier, les Prussiens continuaient de tous côtés leur marche en avant et l'armée de Manteuffel, qui venait d'évacuer Amiens, se dirigeait, non pas vers Paris, comme on le pensait, mais sur la Normandie dans la direction de Rouen (1er décembre).

Lorsqu'il apprit la marche de l'ennemi sur la capitale

normande, le général Briand fit connaître cette situation aux délégués du Gouvernement à Tours qui, pour réponse, réitérèrent simplement les ordres qu'ils avaient donné au sujet de la marche sur Paris, ajoutant *que les Prussiens avaient autre chose à faire que de venir se promener en Normandie*. Ce ne fut qu'après de vives instances qu'il obtint cependant le contre-ordre à cette marche (3 décembre); mais il était bien tard pour songer à défendre la cité rouennaise, car les têtes de colonnes de la première armée allemande (Manteuffel) atteignaient déjà Neufchâtel et la ligne de l'Epte, à Forges et Gournay; le 4, le VIIIe corps s'établissait à Buchy et Argueil, tandis que le Ier se reliait aux Saxons du comte de Lippe vers Fleury-sur-Andelle et Etrépagny. Cette puissante armée qui pensait rencontrer une sérieuse résistance en Normandie, et principalement autour de Rouen, se composait de 43 bataillons, 31 escadrons et de 168 canons Krupp, contre lesquels nous n'avions à opposer que 1,300 soldats de l'armée régulière, 1,500 francs-tireurs et 10 à 12,000 mobiles et mobilisés, soit en tout 15,000 hommes environ avec 11 canons; aussi dûmes-nous reculer au fur et à mesure que l'ennemi s'avançait, abandonner le Vexin et nous retirer sur la capitale normande.

Le combat de Buchy dans lequel nos troupes, sous la conduite du capitaine de vaisseau Mouchez, se comportèrent vaillamment, mais succombèrent sous le nombre, et la rencontre de Bosc-le Hard ne devaient que retarder de quelques heures l'entrée des Prussiens à Rouen. Cependant dans cette ville on avait compté jusqu'au dernier moment sur une énergique résistance et on constate en effet que, jusqu'au 5, le général Briand en avait eu l'intention; mais la marche imprévue, rapide de l'ennemi, le combat désastreux de Buchy firent abandonner tout projet de défense; à six heures du matin, les troupes commençaient leur mouvement de retraite et il était à peine terminé que le général de Gœben faisait son entrée à Rouen, à la tête de ses deux brigades.

On connaît le récit de l'occupation de cette ville; il a été publié maintes et maintes fois, aussi n'en parlons-nous ici que pour mémoire. Dans son ouvrage sur les opérations de la première armée, l'historien allemand, colonel comte de Wartensleben, exprime son étonnement sur la disparition presque subite des défenseurs rouennais, le 5 décembre.

« ... On apprit que les nouvelles du combat de Buchy avaient été apportées la veille au soir à Rouen, et en partie par les détachements mêmes qui avaient été battus. L'armée ennemie, dont on estimait la force à 35 ou 40,000 hommes (!!), s'était alors retirée sur le Havre. A première vue ce dernier renseignement paraissait peu vraisemblable, puisque des détachements ennemis se trouvaient encore le 5 décembre en amont de Rouen, devant le Ier corps et la division du général de Lippe. En effet, on reconnut bientôt que l'ennemi, au moyen des ponts sur la Seine (dont quelques-uns furent ensuite détruits), avait opéré sa retraite par les deux rives du fleuve dans toutes les directions et en grande partie par le chemin de fer et qu'une portion de ces troupes s'était même débordée. Nous ne savons point quelle était la situation de cette armée, ni quels motifs dirigèrent la conduite du général Briand au moment de notre mouvement sur Rouen. D'après toutes les apparences cependant, l'ennemi paraît avoir été presque complètement surpris. »

Ainsi, tandis que le général allemand entrait à Rouen le 6, à une heure de l'après-midi, et faisait apposer sur les murs une proclamation menaçante, le général Briand se repliait sur le Havre par la route de Routot, Bourgachard et Pont-Audemer. « La retraite s'opéra dans des conditions déplorables. La température était d'une rigueur excessive, la neige couvrait la terre; les officiers, après avoir essayé quelque temps de maintenir l'ordre dans la marche, durent cesser des efforts inutiles; les soldats affamés quittaient les rangs pour tâcher de se procurer des vivres ; et comme l'armée de la Loire, qui au même moment évacuait Orléans, comme plus tard nos autres armées de province, l'armée de Rouen eut, elle aussi, sa déroute complète et sa retraite de Russie sous le ciel de la France. Bon nombre de malheureux soldats, épuisés par la fatigue, engourdis par le froid ou mourant de faim, se couchèrent dans les fossés de la route pour ne plus se relever. Pauvres jeunes gens, qui avaient éprouvé toutes les privations et toutes les misères de la vie de soldat, sans en avoir connu les jours de victoire, qui font oublier tous les maux ! Après avoir franchi en trente heures, et presque sans s'arrêter, une distance de près de 90 kilomètres, les troupes du général Briand, au nombre d'une vingtaine de mille hommes, arrivèrent à Honfleur dans la matinée du 6 décembre, et furent embarquées le soir même et le jour suivant pour le Havre (1). »

(1) *La Guerre dans l'Ouest*, par Rolin.

CHAPITRE VII

Situation défensive au 1ᵉʳ décembre. — Rencontres de Blaru et de Réanville (5 et 7 décembre). — Retraite des troupes qui occupaient Vernon. — Abandon de la vallée de l'Eure. — Gardes nationaux vernonnais. — Rapport du lieutenant Merx. — Bernay. — Le général Briand se retire sur Honfleur (5 et 6 décembre). — Les Prussiens à Rouen. — Opérations de l'ennemi sur la rive gauche. — Occupation d'Evreux (8 décembre). — Occupation de Vernon (9 décembre). — Gardes nationaux surpris (9 et 10 décembre).— Réquisitions allemandes. — L'ennemi se retire (12 décembre).

A la date du 1ᵉʳ décembre, le corps d'occupation de l'Eure est toujours en observation à Vernon, à Evreux et à Conches, surveillant les agissements de l'ennemi qui, sous les ordres du général de Rheinbaben, occupe Dreux et Anet et s'étend sur la droite jusqu'à Pacy, protégé en avant par la brigade de Barby, établie à Saint-André. Mais la marche de l'armée de Manteuffel sur Rouen rend le général de Rheinbaben plus entreprenant : il s'avance pas à pas sur Evreux. « Cette ville n'est couverte, sur la route de Nonancourt, que par une portion du 1ᵉʳ bataillon de la mobile des Landes, les 1ᵉʳ et 3ᵉ bataillons de mobilisés de la légion du Havre, et quelques corps francs, cantonnés à Angerville-la-Campagne et aux environs. Sur la route de Saint-André, Guichainville est occupé par les 6ᵉ et 8ᵉ compagnies du 1ᵉʳ bataillon des Landes. Là, le 4 décembre, vers onze heures et demie du soir, l'ennemi tente de surprendre un poste d'une vingtaine de mobiles, qui, se croyant soutenus, résistent résolument pendant près de trois quarts d'heure aux landwehriens du 2ᵉ régiment de la garde, leur tuent un sous-officier et deux grenadiers, en blessent quatre ou cinq autres, et mettent le reste en fuite; de leur côté, ils avaient perdu deux hommes dans cette affaire » (commandant Rolin).

Du côté de Vernon, la défense s'organisait sérieusement. Une chaloupe canonnière envoyée de Rouen « la Mitrailleuse, » venait renforcer la petite artillerie que l'on possédait enfin; les mobiles, échelonnés dans la forêt depuis Bizy jusqu'au Petit-Val faisaient bonne garde, soutenus énergiquement par les gardes nationaux de Vernon et de la contrée. Dans les journées du 5 et du 7, ces derniers repoussèrent à Blaru et à Réanville plusieurs patrouilles du 11ᵉ hussards et leur tuèrent ou blessèrent quelques hommes et quelques chevaux; mais les événements qui se passaient à Rouen et à Evreux vinrent tout à coup annihiler cette défense.

Dans l'après-midi du 5, le lieutenant-colonel Thomas recevait du capitaine de frégate Gaude, qui avait pris depuis peu le commandement de la subdivision de l'Eure, l'ordre d'abandonner Vernon et de se replier avec ses troupes, à marches forcées, sur Serquigny. On ne tarda pas à apprendre le motif de cette détermination : la retraite de l'armée du général Briand, et bientôt l'occupation de la capitale normande par le général de Manteuffel. C'en était fait! Toute résistance allait devenir impossible, et cet événement désastreux devait avoir pour conséquence l'abandon presque complet du département de l'Eure et celui de la Seine-Inférieure.

Le soir même, à sept heures, toute la garnison de Vernon réunie sur la route de Rouen, près des casernes, quittait la ville, suivie de 500 gardes nationaux mariés, âgés de 21 à 40 ans, se rendait à Gaillon et, de là, à Louviers où elle arrivait vers trois heures du matin, et campait en plein air, à la belle étoile, par un froid intense. Pour protéger la retraite du colonel Thomas, au cas où elle serait inquiétée du côté de la Seine, l'autorité militaire fit sauter le pont d'Andé, lequel ne comptait que huit années d'existence, ce qui ne devait servir à rien, comme on le verra par la suite. A huit heures, la colonne se remit en marche pour le Neubourg, où la fatigue, le défaut de vivres l'obligèrent à passer la nuit. Tandis que les mobilisés d'Elbeuf et leur artillerie restaient dans cette commune, elle continuait sa route, le 7, et arrivait à Serquigny, où des trains spéciaux devaient la transporter et la diriger, une partie sur Lisieux, l'autre partie sur Bernay. Cette dernière comprenait les gardes nationaux de Vernon.

Disons que, depuis le 1er décembre, le préfet de l'Eure et les services administratifs avaient quitté Evreux pour aller s'installer à Bernay où devaient les rejoindre quelques jours plus tard les services militaires et le commandant de la subdivision de l'Eure.

Le rapport ci-après, établi par le lieutenant Merx, commandant le détachement des gardes nationaux vernonnais, qui a suivi la colonne du lieutenant-colonel Thomas, fait connaître les incidents survenus dans le trajet entre Vernon et Bernay :

« Dans la matinée du 5 décembre, le tambour de ville prévenait les hommes mariés de 21 à 40 ans de se tenir prêts à partir le 10 du même mois, conformément au décret de mobilisation ; deux heures après cette publication, le même tambour battait de nouveau pour annoncer que les troupes qui occupaient Vernon se repliaient, et que les mobilisés les suivraient.

» J'avais promis à la 3e compagnie que si la garde nationale partait, je l'accompagnais ; je pris donc mon sac et rejoignis à la hauteur de Saint-Pierre-d'Autils la colonne qui marchait dans un désordre inexprimable.

» Le colonel Thomas, suivi de plusieurs gendarmes, parcourait la route au galop et s'écriait : « *Jetez-les dans les fossés s'ils encombrent ma marche !* »

» Alors, je demandai qui commandait, qui était porteur des rôles des hommes ; mais personne ne put me répondre..... Quelques-uns me dirent qu'en ma qualité de doyen d'âge je devais commander : je réunis alors les officiers présents et les engageai à rassembler les hommes de leurs compagnies respectives et à prendre le commandement.

» La 2e n'ayant pas d'officier présent, je priai M. Isabet de la diriger.

» La 3ᵉ fut commandée par M. Desfontaine, la 4ᵉ par M. Laperrine, la 5ᵉ par M. Lazare, la 6ᵉ par M. Mathias et la 7ᵉ par M.....

» La colonne arriva à Louviers à deux heures du matin. Là, je n'obtins d'autre asile qu'un hangar à la gare du chemin de fer; M. le Sous-Préfet, que j'éveillai deux heures avant le jour, me fit une réquisition de 250 kilos de pain.

» Le colonel Thomas me dit que je devais prendre la queue de la colonne, parce que notre manière de marcher lui faisait mal au cœur. J'attendis donc son départ et me mis en route, après avoir fait former les pelotons et recommandé à chacun de garder son rang.

» Je fis prendre les devants au sergent-major Renard et au fourrier Léger, afin de faire, s'il était possible, préparer les logements ; l'arrivée au Neubourg eut lieu le 7, à sept heures. Sur ma prière, le maire me remit une réquisition de 400 kilos de pain et 250 kilos de viande, que je fis transporter sur une voiture pour être distribués à la halte du 8.

» Chez le maire du Neubourg, des gardes nationaux me dirent que la mise en marche était le résultat d'une erreur produite par la fausse interprétation d'une dépêche qui ordonnait le départ des troupes et qui ne pouvait concerner que les mobilisés d'Elbeuf, et que je devais ordonner le retour. Je répondis que je laissais à chacun la liberté de ses actes, mais qu'en l'absence d'instructions, j'irais jusqu'à Bernay prendre l'avis du Préfet.

» Arrivé à Bernay, j'allai trouver le Préfet qui me dit qu'en effet aucun ordre n'avait été donné concernant les hommes mariés et que nous n'avions que deux partis à prendre : ou contracter un engagement pour la durée de la guerre, ou rendre les armes et retourner à Vernon. Le dernier avis fut adopté.

» Sur mon observation que plusieurs hommes étaient sans ressources, M. le Préfet m'accorda un secours de 500 fr. et mit à ma disposition une église avec de la paille ; le lendemain 9 décembre, je fis remettre les armes et donnai 5 fr. à chacun des plus nécessiteux. J'engageai mes hommes à se séparer et à rejoindre leurs foyers isolément, autant qu'ils le pourraient, et surtout à faire disparaître tout insigne militaire.

» Tel est l'ensemble des faits accomplis depuis le départ de

Vernon, le 5, jusqu'au 9, où j'ai dû quitter le commandement de la colonne qui venait d'être dissoute par ordre du Préfet. »

« A Bernay, dit M. Guilbert, 10,000 hommes environ étaient logés en ville, trente pièces de canon venant de Rouen étaient au repos; la neige commençait à tomber en flocons serrés; à six heures du soir on nous distribua de la viande crue, chacun en reçut un petit morceau, environ 100 grammes; on nous dit d'aller la faire cuire où nous pourrions, que nous n'aurions pas de billets de logement. On nous envoya dans l'église, puis on demanda à son de caisse que les personnes qui pouvaient encore loger quelques hommes veuillent bien aller les chercher au lieu indiqué. Enfin tous se sont trouvés casés plus ou moins bien.

» Le lendemain on nous dit qu'un malentendu des autorités de Vernon nous avait fait partir mal à propos, que l'on n'avait nullement besoin de nous, à moins que nous ne contractions un engagement pour la durée de la guerre. Il fut décidé que l'on déposerait les armes, chacun alors remit son fusil et ses munitions; ceux qui ne voulurent pas les rendre s'engagèrent; quarante furent de cet avis.

» Après réunion des gardes nationaux dans la salle du théâtre de Bernay, on décida que chacun retournerait à Vernon à ses frais et à ses risques et périls... ».

Lorsque le général de Manteuffel sut qu'à son approche les troupes françaises appelées à défendre Rouen s'étaient retirées, suivies de près par celles de la vallée de l'Eure, l'ordre suivant fut donné sans retard (7 décembre) :

« Le Ier corps enverra des colonnes de brigade combinées vers Evreux et Vernon, le VIIIe corps vers Pont-Audemer et Bernay et sur la rive droite de la Seine, dans la direction du Havre, pour poursuivre l'ennemi, désarmer les populations, occuper provisoirement les villes ouvertes importantes et briser toute résistance. Je compte également avoir, par ce moyen, des renseignements de troupes ennemies. Chaque colonne établira des relais pour communiquer avec Rouen, de manière à envoyer fréquemment ses rapports et, d'autre part, recevoir des ordres en temps opportun, dans le cas où ses opérations devraient être modifiées.

» Ces opérations commenceront demain matin; il est recommandé de les mener vite et vigoureusement. Les quartiers généraux et commandant en chef du VIIIe corps restent à Rouen; le Ier corps y établira également le sien.

» Signé : MANTEUFFEL. »

En vertu de ces instructions, le Ier corps échelonné entre Rouen et Fleury-sur-Andelle envoyait dans la direction de Vernon la 4e brigade ayant à sa tête le général de Pritzelwitz et composée de six bataillons, deux escadrons et deux batteries. Dans l'après-midi du 8, elle passait la Seine sur un pont de bateaux jeté au Port-Morin, près le Petit-Andely, en face le Château-Gaillard, à quelques pas du pont détruit, puis se répandait sur la rive gauche et s'avançait sur Gaillon et Vernon, où des mobiles devaient se trouver, pensait-on.

Dès huit heures du matin, le 9, un détachement de cavalerie formant la pointe d'avant-garde circule dans Vernon et se rend à la mairie pour réclamer des logements pour le général et les officiers. Plus tard, vers deux heures après midi, commence à arriver le gros de la brigade, et jusqu'au soir, ce ne fut qu'une suite continuelle de cavaliers et de fantassins. On en logea le plus possible dans la ville, mais le reste dut se répandre dans les communes environnantes : Saint-Marcel, Saint-Just, Saint-Pierre-d'Autils et le Goulet. C'était le commencement de l'invasion. En même temps que ces troupes arrivaient à Vernon par la route de Rouen, d'autres débouchaient par celle de Pacy et se présentaient à la mairie avec l'ordre suivant :

« *Pacy, le 8 décembre* 1870.

» Monsieur le Maire,

» Je viens vous avertir que la ville de Vernon sera *obligé* sous peine d'une *amande* considérable de faire *praticable* la grande route de Pacy jusqu'à Vernon jusqu'à demain soir.

» Signé : REDERN,
» Général commandant les forces prussiennes, à Pacy. »

Pour éviter de payer une amende, on se soumit à cette première injonction. La route susindiquée fut rendue praticable : les tranchées furent comblées, les abatis d'arbres enlevés.

La veille déjà, 300 Prussiens faisant partie de la garnison de Mantes, venus par la route de Paris, avaient fait une courte apparition en ville. Ils s'étaient présentés à la mairie pour réquisitionner des vivres qu'ils firent porter au pont biais du chemin de fer, près du Petit-Val, puis avaient brisé quelques fils télégraphiques et, après avoir déjeuné, étaient repartis vers deux heures dans la direction du Chêne-Godon.

Un autre détachement du VIIIe corps, formé de cinq bataillons, trois escadrons, deux batteries, et commandé par le colonel Massow, du 1er régiment d'infanterie « Prince royal, » traversait la Seine à Pont-de-l'Arche et marchait vers Louviers, où il arrivait le 8, après avoir désarmé sur son passage les populations. Le 9, il atteignait Evreux, mais l'ayant trouvé occupé par une partie de la 5e division de cavalerie, qui était arrivée la veille, il établit son cantonnement au nord du chef-lieu et, le lendemain, s'y installait définitivement, en remplacement du premier détachement qui se retirait vers Chartres.

Pendant ce temps, la 29e brigade combinée du VIIIe corps (colonel de Bock) s'avançait sur la rive gauche de la basse Seine et atteignait Bourgachard, poussant une pointe de sa cavalerie jusqu'à Pont-Audemer et s'empressant de détruire le télégraphe et la voie ferrée, à l'embranchement de la ligne de Glos-Montfort. Le 9, le colonel de Bock entrait à Pont-Audemer et lançait son avant-garde jusqu'à Toutainville. Il apprenait que l'armée du général Briand était passée par là et se trouvait maintenant au Havre.

Ainsi donc, à part la région de Bernay, tout le département de l'Eure avait été envahi en quelques jours. La tristesse au cœur, il fallait se résigner, subir le joug d'un vainqueur brutal et cruel, faisant sentir à chaque instant tout le poids de ses succès.

Lorsqu'ils quittèrent Bernay, les gardes nationaux vernonnais partirent par groupes; quelques-uns pour rentrer plus vite se firent conduire en omnibus; d'autres — les mieux avisés — marchèrent isolément; et jusqu'à Gaillon tout alla assez bien; mais les Prussiens, avertis de leur retour, sans doute, les cernèrent et les cueillirent au passage, au fur et à mesure qu'ils se présentaient. Quarante gardes nationaux furent ainsi appréhendés au corps, conduits à Vernon, internés dans les locaux du Parc de construction des équipages militaires et gardés à vue. Le lendemain, une soixantaine subirent également le même sort. Bien que dépourvus pour la plupart de tout insigne militaire, les Allemands voulurent absolument les considérer comme prisonniers de guerre et les traitèrent comme tels. Un certain nombre cependant, usant de stratagème, réussirent à pénétrer en ville et à regagner leurs demeures, heureux d'en être quittes à si bon compte. Et, parmi eux on signalait un Vernonnais qui, affublé d'une blouse, fit son entrée chez lui traînant une brouette qu'il avait empruntée en chemin.

Le décret de mobilisation des hommes mariés, lequel ne fut jamais appliqué, produisit des incidents regrettables à tous égards, non seulement à Vernon mais en plusieurs endroits. On disait que depuis ce décret, les Prussiens s'emparaient des hommes mariés, et ce bruit évidemment était exagéré; ce qu'il y avait de certain, c'est qu'ils cherchaient à les empêcher de se rendre à la convocation prescrite, comme en fait foi le placard suivant affiché dans tout le Vexin :

« Les jeunes gens mobilisables, de vingt et un à quarante ans, ont défense de quitter leurs foyers.

» Si, malgré l'avertissement en question, certains partaient, les communes en seraient responsables et soumises à réquisition.

» Il ne sera rien fait à ceux qui ne partiront pas.

» *Le Commandant en chef de Gisors.*

» Les maires sont responsables si l'affiche est outragée. »

« Le 10 décembre, à sept heures et demie du matin, dit M. Gefrotin, dans son ouvrage sur Louviers, 500 Prussiens firent leur apparition sur les hauteurs de Saint-Etienne-sous-Bailleul, en vue de la Grâce. Tout à coup, ils se divisent en trois groupes, dont deux, l'un à droite, l'autre à gauche, contournent le village, tandis que le troisième vient occuper la place publique. C'est le fameux mouvement tournant. Cette manœuvre n'annonçait rien de bon; aussi des jeunes gens qui avaient entendu dire, comme tant d'autres, que les Prussiens arrêtaient tous les hommes valides, furent pris de panique et se sauvèrent à travers les champs; mais mal leur en prit, car le village était déjà cerné de toutes parts. Six d'entre eux de dix-sept à vingt-six ans, tombèrent aux mains des soldats. Un jeune homme de Saint-Etienne, marié, fut percé de part en part d'un coup de baïonnette et laissé mort sur la place; un autre essuya, dans sa fuite, une décharge qui ne l'atteignit pas.

» Après avoir brisé une vingtaine de fusils de gardes nationaux et menacé de mort quiconque serait trouvé nanti d'une arme; après avoir déjeuné copieusement sur la place publique, les Prussiens s'apprêtèrent à partir. Les pauvres prisonniers étaient déjà dans les rangs, les parents suppliaient les chefs de ne pas les emmener. Le maire,

M. Defontenay, joignait ses efforts aux leurs, affirmant que ces jeunes gens étaient tout à fait inoffensifs, et que peut-être pas un seul n'avait de sa vie tiré un coup de fusil. Ce qui était vrai. Tout fut inutile, il fallut partir. » Ils furent emmenés à Vernon et allèrent grossir le nombre des prisonniers enfermés dans les casernes du Parc de construction : ce nombre s'élevait à 103.

La municipalité vernonnaise multiplia ses démarches auprès du général de Pritzelwitz en vue de faire élargir ces hommes, offrant même de payer une rançon, mais rien ne put le fléchir, car, le 12, à son départ, il les emmenait avec sa brigade vers Rouen, malgré les supplications des femmes et des enfants attachés à ses pas. On se souvient encore de cette cruelle séparation qui allait priver de leurs chefs, pendant plusieurs mois, de nombreuses familles dont quelques-unes étaient complètement dépourvues de ressources.

Ce premier séjour des Prussiens à Vernon se passa sans trop d'incidents. Dès leur arrivée ils firent apposer sur les murs de la ville les avis ci-après, qui démontrent péremptoirement que nos vainqueurs n'étaient pas tout à fait tranquilles :

« Ordre à M. le Maire de Vernon, de faire rentrer à la mairie demain à neuf heures, dernier délai, toutes les armes de guerre, de chasse et autres et munitions.

» Vernon, le 9 décembre 1870.

» *Le Commandant,*
» DE HELMSCHWERDT.

» Si les armes sont trouvées à la perquisition, les citoyens détenteurs auront la responsabilité de guerre.

» En cas d'alerte dans la nuit, les habitants sont avertis qu'ils doivent éclairer immédiatement toutes les fenêtres des maisons donnant sur la rue, sous peine de subir les lois de la guerre.

» 10 décembre 1870. »

Le même soir, vers quatre heures, les Prussiens réunirent les armes qu'ils avaient pu trouver — trois cents environ, — les portèrent sur le pont, et après les avoir brisées, les jetèrent dans la Seine. Le 10 et le 11, ils se livrèrent à des réquisitions chez divers commerçants de la ville, lesquelles s'élevèrent à la somme de 2,613 fr. 75, se répartissant comme suit :

  Lainages et gants............ 1.162^f 75
  Cuirs...................... 885 80
  Fers pour chevaux.......... 427 20
  Tabacs et cigares.............. 138 »

Nous ne parlons ici que de réquisitions reconnues officiellement, mais combien d'autres chez de modestes commerçants ne furent pas remboursées ? Les Allemands oubliaient souvent de payer et lorsqu'ils payaient, donnaient des monnaies prussiennes qu'on avait difficulté à échanger par la suite ; aussi les commerçants ne tenaient-ils pas à en recevoir, s'il faut en croire l'ordre suivant adressé au maire de Vernon :

« Les habitants sont avertis qu'ils sont *obligés* de recevoir toutes les monnaies prussiennes et les billets de cinq thalers qu'on leur présentera et d'en rendre la monnaie.

» Pour les billets au-dessus de cinq thalers, on pourra se présenter à la mairie pour les changer.

» Vernon, 11 décembre 1870. »

Le 12, à sept heures du matin, la 4ᵉ brigade du général de Pritzelwitz quittait Vernon pour se rendre à Rouen par Louviers, où elle arrivait vers deux heures, musique en tête, et y séjournait jusqu'au lendemain. Ce rappel provenait de nouvelles instructions écrites du grand quartier général, datées de Versailles, 7 décembre, relatives à des opérations ultérieures à effectuer par la première armée. En vertu de ces dispositions, le commandant en chef de Manteuffel chargeait le général Bentheim de garder Rouen, de surveiller la rive gauche de la Seine jusqu'à Vernon et de maintenir les communications avec la 5ᵉ division de cavalerie à Dreux, puis avec le général comte de Lippe à Gisors, tandis que le général de Gœben marchait avec le gros des forces de la première armée sur Amiens en opérant un mouvement de reconnaissance vers le Havre et en passant par Fauville, Saint-Valéry et Dieppe.

La 2ᵉ brigade combinée qui se trouvait à Evreux fut chargée d'observer le terrain sur la rive gauche de la Seine et, dans ce but, « reçut l'ordre d'affecter une partie de ses forces à la surveillance de la ligne de la Rille et de se porter, avec le gros, dans les environs d'Elbeuf et de la Bouille.

» Le 11 décembre, le colonel Massow quitta donc Evreux et se rendit au Neubourg avec le gros de son détachement, tandis qu'une partie, sous les ordres du colonel Legat, se portait plus à gauche sur Beaumont et Serquigny (1). »

Comme on le remarque, les troupes du général de Manteuffel, disséminées pour un instant, se rassemblent à Rouen et aux environs, laissant inoccupée la ligne de l'Eure. Bientôt la majeure partie des forces de la première armée se concentrera à Beauvais et, plus tard, à Creil, abandonnant la rive gauche de la Seine et se contentant de surveiller le cours du fleuve jusqu'à Vernon. C'est que les Allemands qui avaient cependant battu l'armée du général Faidherbe, à Amiens, craignaient fortement la reprise des opérations qui pouvaient découvrir à un moment donné l'investissement de Paris du côté du Nord.

(1) *Opérations de la 1ʳᵉ armée*, par le comte Wartensleben.

CHAPITRE VIII

Gardes nationaux vernonnais faits prisonniers. — Leur envoi en Bavière. Relation de voyage. — Séjour à Munich et à Ingolstadt.

Les notes suivantes sont extraites du carnet d'un Vernonnais fait prisonnier aux abords de Gaillon le 9 décembre 1870 et interné à Munich. Il nous a semblé qu'il convenait de laisser à ces notes, écrites au jour le jour, sous l'impression du moment, toute leur brièveté, et de ne les faire suivre d'aucun commentaire.

8 décembre, 3 heures du soir. — En compagnie de quelques compatriotes, nous quittons Bernay pour rentrer à Vernon et prenons la route du Neubourg. Un froid très vif nous cingle le visage ; la neige qui couvre la terre est tellement épaisse, que par endroits on enfonce à mi-jambe. Nous marchons avec peine et au fur et à mesure que nous avançons l'horizon se déroule, s'élargit. Les plaines du Neubourg, si verdoyantes en été, ressemblent en ce moment à un immense linceul; mais nous entrons bientôt dans la charmante cité de ce nom, où nous recevons le plus cordial accueil. En partant on apprend que les Prussiens occupent Louviers; aussi, pour ne pas les rencontrer, passons-nous par Quatremare et Acquigny, où nous arrivons vers minuit. Là, on nous dit que l'ennemi est non seulement à Louviers, mais dans les villages environnants. Il en est venu même à Acquigny dans la journée, pour inviter les habitants à détruire le barrage de l'Eure avant le lendemain cinq heures du matin. Nous profitons de ce délai pour franchir la rivière et gagner l'autre rive sur laquelle, sans doute, la présence des Allemands va nous tenir constamment en

éveil. Sans trop de crainte cependant, car on s'encourage mutuellement, nous gravissons les hauteurs de Sainte-Barbe et passons près de la tour sans qu'il se produise aucun incident.

Un peu plus loin, sur la route qui mène à Gaillon, on aperçoit la silhouette de quelques sentinelles ennemies et, de suite, pour les éviter, on se disperse. Mais ce mouvement a été remarqué par un factionnaire qui, par un coup de feu tiré dans notre direction, donne tout à coup l'alarme. En un clin d'œil nous sommes cernés, arrêtés et conduits au poste le plus voisin. Là, malgré nos dénégations, l'exhibition d'un laissez-passer, on veut absolument nous considérer comme des francs-tireurs. D'autres camarades — une quarantaine — viennent bientôt grossir le nombre de prisonniers, et nous sommes entassés dans le grenier d'une chaumière située à gauche de la route de Louviers à Gaillon.

On y est installé depuis un instant, lorsqu'un officier prussien nous fait descendre et placer sur deux rangs dans un chemin bordé de chaque côté par une haie d'épines ; puis des soldats chargent leurs armes et, dans le but de nous effrayer, nous font entendre que notre dernière heure va sonner. On a beau être brave, en ce moment critique nous ne sommes pas fiers, car la mort n'a rien d'enviable dans ces conditions. Nous en sommes quittes pour la peur et, en guise de plomb, nous recevons des injures sans nombre..... qui ne nous atteignent pas !

9 décembre. — Ce matin, nouvelle séance. L'officier prussien nous fait déguerpir de notre abri. Comme on ne descend pas assez vite à son gré, il dégaine et frappe plusieurs des nôtres du plat de son sabre. Les soldats imitent son exemple et nous frappent à leur tour à coups de crosses de fusil ; puis, placés au milieu d'une nombreuse escorte, on se met en marche vers Gaillon, où nous arrivons peu après. En traversant la ville, nous ren-

controns le maire, M. Leblanc, lequel nous apprend que la municipalité de Vernon va obtenir notre délivrance.

Nous défilons ensuite devant une forte colonne prussienne qui, pour comble de sa générosité, nous octroye les épithètes les plus dures. A chaque instant, le mot : *francisque capout* arrive à nos oreilles. Rééditant la scène de la veille, des fantassins chargent leurs armes et menacent de nous fusiller ; ils se contentent toutefois de nous injurier et de nous montrer le poing ; enfin leur fureur est calmée lorsque nous arrivons à Vernon, vers trois heures de l'après-midi.

En face les casernes, une halte assez prolongée se produit, puis la colonne se remet en marche. Près de l'hôtel de ville, nous rencontrons un officier allemand qui donne l'ordre de rebrousser chemin et nous fait conduire à la caserne des ouvriers constructeurs. C'est là, qu'enfermés dans une des chambres du premier étage, nos femmes sont admises à nous rendre visite ; elles en profitent pour apporter les vivres nécessaires, et nous en avions besoin, car les Allemands ne pensaient guère à assurer notre subsistance.

10. — Une soixantaine de gardes nationaux, pris également du côté de Gaillon, sont venus partager notre triste captivité.

12. — Depuis deux jours, nous vivions dans l'espérance. On savait que la municipalité vernonnaise faisait des démarches utiles en vue d'obtenir notre mise en liberté, lorsque ce matin, à neuf heures, nous reçûmes l'ordre de partir. C'est à peine si nous eûmes le temps de prendre le café que nos malheureuses femmes venaient d'apporter et de leur dire adieu. Nous quittâmes Vernon le cœur bien gros, sans avoir eu la consolation d'embrasser une dernière fois nos enfants, et nous prîmes la route de Gaillon. Pendant le trajet, une pluie fine et serrée tomba sans interruption. La première halte se fit à Sainte-Barbe, puis nous continuâmes notre route jus-

qu'à Saint-Pierre-Louviers, où l'école communale nous servit d'asile. Inutile de dire que la nuit se passa sans qu'il fût possible de clore la paupière : nous pensions à la famille, laissée pour la plupart sans ressources, sans soutien, et on se demandait ce qu'elle allait devenir en notre absence.

Partis dans la matinée pour Pont-de-l'Arche, nous restons trois heures sur le bord de la route, entre cette ville et la gare du chemin de fer. Quelques Allemands abattent des pommiers et allument du feu; nous en profitons pour nous chauffer, car nous sommes transis de froid et trempés jusqu'aux os. Nous montons ensuite dans des voitures de réquisition, lesquelles, escortées par 80 cavaliers, nous conduisent à Fleury-sur-Andelle, où nous arrivons à neuf heures et demie du soir. Mais l'officier prussien s'aperçoit qu'au lieu de se rendre à Gisors, il se dirige vers Rouen par la forêt; il fait alors exécuter demi-tour et nous arrivons à Ecouis vers onze heures pour y passer la nuit. Notre installation s'effectue dans la bergerie d'une ferme appartenant au maire; puis, comme on avait oublié de nous donner à manger, ce dernier nous fait servir un repas, composé d'une soupe apportée dans un seau, d'un fromage, d'un pain pour deux hommes, d'une bouteille de vin et de cidre.

15 décembre. — Au moyen de voitures réquisitionnées dans une ferme, nous avons été dirigés sur Etrépagny où nous pûmes constater de visu le désastre causé par les Allemands : l'incendie de ce malheureux pays à la suite du combat nocturne du 30 novembre. De tous côtés on aperçoit des maisons effondrées sous l'action du feu, des ruines encore fumantes; c'est affreux! Nous plaignons sincèrement les habitants qui ont été victimes d'une aussi cruelle vengeance.

Près de Gisors, nous restons une heure et demie dans un champ de navets; puis l'officier qui semblait attendre des instructions, nous conduit à la mairie et, de là, à la justice de paix dans laquelle 57 d'entre nous sont enfermés ; les autres sont menés à la prison et mis sous les verrous.

Nous devons mentionner ici les démarches faites par la municipalité de cette ville auprès des officiers supérieurs prussiens, dans le but d'obtenir notre élargissement. Elles demeurèrent infructueuses, il est vrai, mais ces édiles n'en ont pas moins droit à toute notre reconnaissance (1). Remercions aussi M. Louis Passy, qui a bien voulu nous offrir une petite collation composée de viande rôtie, de pain et de vin, en attendant qu'on nous donnât les vivres réquisitionnés par les autorités allemandes. Après la soupe du soir, servie à cinq heures et demie, nos femmes, qui étaient accourues à Gisors, furent autorisées à nous apporter du linge et du tabac.

16 décembre. — Ce matin, nos compagnes sont revenues ; elles ont pu rester jusqu'au moment du départ (9 heures). Bien que la séparation ait été cruelle, nous quittons Gisors avec l'espoir d'une prochaine délivrance. En dehors de la ville, nous montons en voiture, escortés par des chasseurs saxons, lesquels — il faut le reconnaître — ont montré une certaine bienveillance à notre égard, et nous descendons à un kilomètre en avant de Beauvais. On tenait, sans doute, à nous faire défiler à pied dans les principales rues et à nous montrer aux habitants. C'est ainsi que nous passâmes devant la cathédrale dont nous pûmes admirer — rapidement il est vrai — les beautés architecturales, et, après avoir traversé une vaste place, nous entrâmes à la Préfecture. De là, nous fûmes conduits à la caserne en suivant les boulevards.

Signalons à l'actif de la municipalité de Beauvais, un acte de générosité accompli à notre égard. Le produit d'une collecte faite spontanément nous a permis de rece-

---

(1) On apprit plus tard qu'une lettre de remerciments avait été adressée par M. le Maire de Vernon à la municipalité de Gisors.

voir chacun deux francs, et, bien que cette somme soit minime, elle fut reçue avec reconnaissance. Nous devons également remercier cette municipalité pour l'empressement qu'elle a mis à effectuer des démarches auprès des officiers allemands, conjointement avec quelques dames de nos camarades de captivité, qui avaient en main des lettres de l'archevêque de Rouen, du maire de Vernon, etc.; mais lesdites démarches n'eurent aucun succès. Ces dames éprouvèrent toutes les peines du monde à être admises à la caserne, mais une fois dans la place elles en profitèrent pour se rendre, à tour de rôle, à la recherche de provisions de bouche, de papier, de tabac et de cigares.

17 décembre. — Dans la matinée, elles revinrent et purent continuer le service des vivres. A onze heures, nous commencions notre repas, lorsqu'on vint nous dire de descendre dans la cour. Lorsque nous y fûmes réunis on nous fit sortir de la caserne, suivre le boulevard et prendre la direction du chemin de fer. En route nous fûmes assaillis et insultés par ces charretiers allemands, juifs pour la plupart, qui pullulaient à la suite des armées du roi de Prusse. Ils ne voulaient pas, ces drôles, que les femmes suivissent leurs maris pour leur remettre quelques victuailles et leur dire adieu. Cependant sur l'intervention d'un officier prussien, elles purent entrer à la gare, mais bientôt, hélas! il fallut se quitter pour la dernière fois.

Nous fûmes embarqués dans des wagons à bestiaux dont la saleté était repoussante et groupés sous la vigilance de 16 soldats, puis le train se mit en marche. Nous passâmes à Hermes, Berthecourt, Heilles-Mouchy, Cirès, Cramoisy et Creil (embranchement). Là, les Allemands eurent sans doute honte de la façon dont ils nous avaient entassés; se piquant d'orgueil, ils nous firent descendre et placer dans des wagons de 3e classe : c'était presque du luxe! Cependant ils oublièrent une chose : de nous donner des subsistances et, ma foi, si nous n'avions pas eu la précaution d'en conserver un peu, de garder une poire pour la soif, comme on dit communément, nous aurions souffert de la faim : c'eût été le complément de nos souffrances.

Vers cinq heures et demie, nous descendîmes du train pour passer l'Oise sur un pont de bateaux établi à quelques pas de celui du chemin de fer qui avait été détruit et nous traversâmes les terrasses. Après une attente de près de deux heures, on nous fit monter dans des wagons à bestiaux, aussi malpropres que ceux qui avaient servi au départ, puis nous fûmes dirigés sur Vaumoise, Villers-Cotterets, Longpont (ruines d'un vieux château), Vierzy, Berzy-le-Sec, Soissons qui possède une belle gare, Ciry-Sermoise, Braisne, Fismes, Jonchery, Muizon et Reims. Arrivés en cette ville, on nous servit le café dans des couverts à soupière, les tasses faisant défaut, et, malgré la mauvaise qualité de ce *champoreau* sans sucre, il fut bien accueilli, car il nous réchauffa.

Après un séjour de trois heures à Reims, nous remontâmes dans nos wagons ; mais il ne fallait pas trop se plaindre, il y en avait de plus malheureux que nous : 1,600 soldats français, prisonniers, firent partie du convoi; on les entassa dans des véhicules *découverts* et, durant tout le trajet, furent exposés au vent, à la pluie et à la neige. Dans ces wagons dépourvus de paille, ainsi que dans les nôtres, du reste, serrés les uns contre les autres, il ne fallait pas songer à se coucher, encore moins à dormir. Notre sort commun devait rester le même jusqu'à destination.

18 décembre. — Notre train a franchi les gares de Rilly, Germaine, Avenay, Ay pour arriver à Épernay. La société internationale de secours de cette ville nous a fait distribuer quelques paires de chaussons, du tabac et un potage réconfortant au riz et bœuf. Nous passâmes ensuite par Châlons-sur-Marne, Vitry et Vitry-le-François, après avoir longé la Marne et la Saône dont les eaux, très fortes en ce moment par suite des inondations, s'étendent

dans toute la plaine, submergeant les villages. C'est un triste et navrant tableau.

19. — A Bar-le-Duc, des personnes charitables se présentent aux portes des wagons et font la distribution de sabots, chaussons, chaussettes et mouchoirs. Un pain de trois livres est remis pour quatre hommes. Nous passons la nuit en chemin de fer sans apercevoir au passage les gares de Commercy et de Toul, et nous entrons à Nancy.

20. — Dans la cité des ducs de Lorraine, des sœurs de charité nous apportent du linge et une tasse de vin chaud. Comme on le pense, tous ces dons sont accueillis avec la plus vive reconnaissance. Peu après le train s'est remis en marche, et nous avons voyagé toute la nuit.

21. — Je n'ai pas retenu les noms des localités traversées, à l'exception de Lunéville, et nous arrivons à Strasbourg. Nous passons ensuite sur le pont de Kehl et, vers cinq heures et demie du soir, on s'arrête à Stuttgard, la capitale du Wurtemberg, c'est-à-dire en territoire ennemi. Pour ma part, je pense au début de cette guerre, quand on criait : « à Berlin ! à Berlin ! ». Nous suivons sans doute la route qui conduit en Prusse, mais nous sommes loin de la suivre en conquérants. Quelle ironie du sort ! quelle cruelle désillusion !

On nous fit descendre de wagon pour recevoir des mains de délégués de la Société Internationale de secours, du pain, du saucisson et une chope... de vin, j'allais dire de bière. Jusqu'à présent, il est à remarquer que nos moyens de subsistance furent assurés par des sociétés de bienfaisance, par les municipalités des villes que nous avons parcourues et quelques personnes charitables, et que les Allemands se soucièrent fort peu de nourrir leurs prisonniers ; ils les auraient volontiers laissés mourir de faim.

A sept heures et demie, on quittait Stuttgard pour se diriger sur Ulm, qui est situé sur la rive gauche de ce beau Danube bleu tant chanté par les poètes de la blonde Germanie, puis, sur Munich, où nous arrivons peu après.

C'est là le terme de notre voyage, la résidence qui nous est assignée.

Nous traversâmes la ville que la fatigue, la nuit surtout, nous empêcha d'examiner et fûmes dirigés vers la caserne d'artillerie, où la baraque n° 4 allait devenir notre demeure provisoire. C'était simplement une écurie aux chevaux, dans laquelle on avait jeté quelques bottes de paille de seigle pour nous servir de litière. Dès notre arrivée, nous reçûmes une soupe composée d'eau chaude, d'un peu de viande et de pain.

25. — Depuis que nous habitons Munich, la capitale de la Bavière, on cherche à s'orienter, à rassembler ses idées. On songe surtout à la famille, de laquelle on a été si brusquement enlevé. On se demande, parfois, si tout cela n'est pas un rêve, mais la vue d'un soldat bavarois nous ramène bientôt à la réalité. Tandis que vingt-sept compatriotes ont été internés à Ingolstadt, nous sommes ici soixante-huit dont la captivité ne semble pas trop dure jusqu'à ce jour, car nous pouvons échanger mutuellement nos impressions, parler d'un pays que nous connaissons tous, de nos familles dont nous sommes malheureusement sans nouvelles. Nous vivons dans l'inaction, aussi les journées semblent-elles longues, interminables. C'était hier soir le réveillon. Quelle triste nuit de Noël. Nous en conserverons longtemps le souvenir !

Le lieutenant baron Bethmann qui nous commande — car on veut faire de nous des soldats malgré les costumes civils dont nous sommes revêtus — est aimable et nous traite avec douceur. C'est le seul officier bavarois avec lequel on puisse communiquer en français.

1er janvier 1871. — C'est aujourd'hui le nouvel an. En ce jour anniversaire ma pensée s'envole vers ceux qui, là-bas, attendent impatiemment la fin de mon exil et viennent de m'adresser par la poste leurs plus tendres vœux, leurs meilleurs souhaits. Les larmes aux yeux je lis et relis cette lettre de ma pauvre femme, au bas de laquelle mes enfants ont griffonné quelques lignes.

7. — Depuis le 22 décembre, le régime de la caserne est à peu près invariable. Il se compose, tantôt d'une soupe au riz ou à la semoule, tantôt d'une soupe à l'orge perlé ou au macaroni, d'un peu de viande et de pain de seigle. Ceux qui n'ont pas d'argent sont loin d'être heureux avec cette maigre nourriture. Mais une bonne nouvelle à ce sujet : On vient de nous donner notre premier prêt ; chacun reçoit 11 pièces de 6 kreutzers ou 3 fr. 30 d'argent prussien.

14. — Nous sommes sortis ce matin, par groupes, pour aller entendre la messe. Distribution de paroissiens. On a pu se procurer quelques jeux de cartes, ce qui a permis de faire la partie autour du poêle. Ce soir, des camarades, qui n'engendrent pas trop la mélancolie, ont fredonné plusieurs chansonnettes. Un peu de gaieté nous a fait oublier un instant nos misères et nos peines.

21. — Jusqu'à présent nous n'avons eu à subir aucun mauvais traitement, cela tient, paraît-il, aux recommandations faites par M. le baron de Schickler, le propriétaire du château de Bizy, actuellement en Allemagne. Sa bienfaisance si connue de tous, et des pauvres de Vernon en particulier, s'est manifestée aujourd'hui même par un premier envoi d'argent que le lieutenant Bethmann nous a fait distribuer individuellement. Une somme de 10 florins ou 30 fr. d'argent prussien, jointe à celle qui nous a été payée comme deuxième prêt le 17 courant, nous permettra d'acheter quelques effets ou objets indispensables.

27 — La journée a été bien remplie. La neige, qui est tombée abondamment, a été balayée et mise en tas, ce qui nous a procuré un moment d'occupation et de distraction. Depuis deux jours, nous avons changé de cuisine et de cuisinier. Notre *ordinaire* s'en est ressenti. C'est maintenant notre camarade Duvernois qui s'occupe

de cette délicate fonction. M. de Schickler a bien voulu envoyer à notre adresse, pour être distribués à chacun de nous : 10 florins, une chemise de flanelle, un caleçon, une paire de chaussettes, un demi-kilog. de tabac et 25 cigares, lesquels ont été reçus avec le plus grand plaisir.

29. — On parle de la capitulation de Paris et de pourparlers engagés pour les préliminaires de la paix. Quoi qu'il en soit, des drapeaux ont été arborés sur quelques monuments de Munich et la plus grande joie règne dans la ville. Les Bavarois sont-ils heureux des succès remportés ou de la fin des hostilités? l'un et l'autre, je crois.

31. — 700 prisonniers français, arrivés le 28, sont dirigés sur la Prusse, car il n'y a plus de place pour eux à Munich.

2 février. — Jour de fête et d'allégresse pour les Bavarois. Depuis ce matin, le canon gronde pour célébrer la capitulation de Paris. Les drapeaux flottent partout. Dans la soirée, illuminations et feux d'artifice avec flammes de bengale. L'animation est grande en ville ; les brasseries regorgent de consommateurs qui, sous la fumée des pipes, absorbent de nombreux bocks de bière et causent bruyamment. Nombre d'entre eux, dans un état d'ébriété assez accentué, manifestent leur joie par des chants qui n'ont rien d'harmonieux, mais qui, naturellement, sont à notre adresse. Jamais les habitants n'ont assisté à pareille fête. Pour ma part, je voudrais ne rien voir, ne rien entendre et comprimer les battements de mon cœur indigné à la vue d'un tel spectacle, tombant sur ma tête comme une douche d'eau glacée.

Réception d'une lettre du capitaine Bertrand, du 74e de ligne, venant d'Ingolstadt, qui contient une somme de 107 fr., à répartir. Cette somme provient de fonds votés par la municipalité de Vernon.

8. — Avant-hier nous avons reçu la visite du ministère bavarois. Aucun incident. Le fourrier Barré nous a distribué un demi-kilo de tabac : encore un don de notre bienfaiteur M. de Schickler.

Cet après-midi, à deux heures, l'officier payeur nous a réunis dans la baraque. On pensait que ce rassemblement avait pour but l'annonce de notre prochain départ : on se frottait déjà les mains en songeant au voyage de retour ; mais nous avons été fortement déçus, car il n'en a pas été question.

Après l'appel des *civils* prisonniers, l'officier nous donna un numéro d'ordre et nous conduisit sous un hangar, où nous dûmes échanger nos effets, lesquels furent alors déposés dans une caisse avec les numéros, contre des effets militaires se composant d'une tunique et d'un képi, provenant des dépouilles de prisonniers français. Amère dérision ! on voulait absolument faire de nous des soldats !

17. — Avant-hier, distribution individuelle d'une petite somme de 3 fr. 60, formant la répartition de 205 fr. envoyés d'Ingolstadt ; aujourd'hui nous recevons chacun 10 fr. 20. Il s'agit de sommes en provenance de Vernon.

19. — Ce matin, par ordre du colonel bavarois, réunion dans la cour de la caserne. Après l'appel, on nous a soumis à un interrogatoire. Nous avons dû indiquer nos nom et prénoms, notre âge, notre profession, notre domicile, le nom du préfet de l'Eure, celui du maire de Vernon ; puis faire connaître dans quelles circonstances nous avions été arrêtés et faits prisonniers. Ces renseignements étaient demandés par le ministère qui devait statuer sur notre sort. « Encore quelques jours et vous aurez du nouveau, » nous dit-on. C'est la délivrance prochaine ; aussi chacun s'empresse-t-il de transmettre cette bonne nouvelle à Vernon.

28. — Les drapeaux flottent encore une fois sur les principaux monuments de Munich, à l'occasion de la signature du traité de paix, paraît-il ; mais on ne parle plus de notre départ ; nous vivons dans l'anxiété. Qu'attend-on pour nous renvoyer, puisque la guerre est terminée ?

1er mars. — L'officier payeur bavarois nous a remis

le montant du décompte dû depuis notre arrivée jusqu'au 31 décembre inclusivement.

Bonne nouvelle : on annonce que notre départ serait imminent.

13. — Enfin nous avons été remis en liberté, et cela après une captivité de près de trois mois, laissant sur cette terre étrangère deux de nos camarades, Constant Fleury et Duvernois (1), qui n'ont pu résister aux souffrances endurées. Un sous-officier allemand nous a conduits jusqu'à Strasbourg et remis entre les mains des autorités françaises, lesquelles nous firent partir sans la feuille de route donnant droit au tarif militaire. Mais, peu importait, on avait hâte de rentrer à Vernon et de revoir sa femme et ses enfants.

A Ingolstadt.

Tandis que la plupart des prisonniers vernonnais débarquaient à Munich le 21 décembre, 27 de ces malheureux continuaient leur route jusqu'à Ingolstadt où ils arrivaient au milieu de la nuit, transis de froid et exténués de fatigue. Dirigés sur la forteresse, qui, paraît-il, a été édifiée d'après les plans de Napoléon Ier, ils furent internés dans les casemates et couchèrent sur des paillasses pourries par l'humidité. Trois hommes avaient droit à deux paillasses, c'était suffisant !

Dans une lettre datée du 28 décembre, écrite à sa femme par un Vernonnais qui occupait la casemate n° 79, nous relevons les passages suivants :

« .... On fait l'appel deux fois par jour. Nos chefs ne sont pas trop méchants, mais ils sont impitoyables pour ceux qui essaient de leur résister. Ils ont été même jusqu'à fusiller quelques récalcitrants. Bien que nous soyons traités assez brutalement, il nous semble préférable de se soumettre aux volontés, aux exigences de nos vainqueurs... puisqu'on ne peut

---

(1) Un troisième, M. Prévost, mourut le lendemain de sa rentrée de captivité.

faire autrement, et d'attendre le plus patiemment possible la fin de toutes nos misères, de nos souffrances, ce qui ne saurait tarder, nous l'espérons du moins.

» Nous avons la liberté d'aller et venir dans la forteresse. Le commandant nous a donné l'assurance que nous pourrons sortir en ville de temps à autre, et notamment pour aller à la messe. Mais, avec notre costume civil, nous sommes loin de représenter des prisonniers de guerre : aussi est-il question d'échanger nos effets contre des effets militaires et de nous affubler en soldats... bavarois. Ce serait un comble! Nous n'aurions plus alors qu'à être exercés au maniement du fusil à aiguille et conduits au combat. ... pour le roi de Prusse!

» Malgré la neige dont la terre est couverte, le froid qui sévit dans toute sa rigueur, nous ne souffrons pas outre mesure. Nos casemates sont assez bien chauffées et nous avons reçu quelques draps et couvertures de laine comme complément de literie.

» La nourriture n'est pas trop mauvaise, mais elle ne varie guère : le matin, du café noir; vers deux heures, notre seul et unique repas se compose d'une soupe au riz, au vermicelle ou à la semoule, avec un morceau de bœuf. Cependant, moyennant un versement de 0 fr. 10 par homme, l'ami Saintard, qui est notre cuisinier et que nous secondons à tour de rôle, nous confectionne parfois un de ces ragoûts dont il a le secret... »

Il termine sa missive en adressant à sa femme et à son fils, à l'approche de la nouvelle année 1871, ses meilleurs vœux et souhaits. Il regrette cette captivité qui le tient éloigné d'eux et ne lui permet pas d'envoyer à son enfant quelques jouets pour ses étrennes.

Lettre du 6 février. — « Nous pouvons sortir le dimanche pour aller à la messe, mais nous sommes accompagnés par des soldats bavarois, ce qui ne nous empêche pas d'acheter ce dont nous avons besoin et de jeter un coup d'œil sur cette petite ville de 12,000 habitants, qui n'a absolument rien de remarquable...

» Les fonds sont en baisse, et, pour toucher notre prêt, nous avons dû adresser une pétition qui a été favorablement accueillie, car, depuis le 20 janvier, nous recevons 0 fr. 20 par jour.

» Reçu ce matin : un caleçon, une paire de chaussettes, une chemise, un képi et un manteau blanc de cavalier bavarois. Le capitaine qui a présidé à cette distribution m'a dit que notre captivité ne serait plus de longue durée. S'il pouvait dire vrai ! On parle de plus en plus de la fin des hostilités.

» La mortalité devient effrayante à Ingolstadt. On compte jusqu'à 23 décès par jour. Terrou aîné est parmi les nombreuses victimes. Il est mort le 4 courant. »

Lettre du 11. — « Il paraît que l'hiver sera très long, si l'on en juge par la neige qui reste constamment sur le sol, mais tranquillisez-vous, pour ma part je ne souffre pas trop du froid, grâce à mon manteau qui me garantit bien. Les traîneaux sont fort en usage ici. »

Lettre du 26. — « Nous avons reçu chacun de M. le baron de Schickler une somme de 17 florins ; aussi nous sommes-nous empressés de lui en témoigner tous nos remerciements.

» J'ai assisté, le 22, à une représentation au théâtre *Bobino*, que quelques prisonniers ont installé pour se distraire. Ce jour-là la fête a été complète : je pus sortir en ville et déjeuner à la fourchette dans un petit restaurant avec deux de mes camarades. On a l'espoir de quitter prochainement ce vilain pays, mais je crains bien que tu ne puisses me reconnaître, avec la barbe longue et broussailleuse que je possède. J'ai tout à fait l'air d'un gardien de prison. Mon rôle serait-il renversé ? »

Lettre du 3 mars. — « ... Hier, à onze heures et demie du matin, le drapeau a été hissé sur le fort d'Ingolstadt pour annoncer que la paix était signée. Nous allons donc pouvoir partir et nous en attendons l'ordre avec la plus vive impatience. — Terminé la journée par une visite au théâtre *Bobino*, qui doit naturellement fermer ses portes, puisque ses artistes vont l'abandonner. J'espère que cette lettre sera la dernière et que nous serons libres d'ici quelques jours. »

Ajoutons qu'un jeune Vernonnais, M. H. J..., engagé volontaire au 41e de ligne et fait prisonnier le lendemain du combat de Vendôme, a été envoyé précisément à Ingolstadt. Il occupait la casemate n° 84 et fut tout surpris de rencontrer là-bas bon nombre de ses compatriotes.

Il a conservé le souvenir de sa longue captivité qui ne devait prendre fin que le 26 juin 1871. Parmi les incidents dont il aime à se rappeler, il cite la mort héroïque de Charles Gombault, sergent au 1er zouaves, lequel, pour avoir frappé un sous-officier bavarois qui l'avait bousculé, est fusillé devant 6,000 soldats français assemblés. C'est le cigare à la bouche et au cri de : Vive la France! qu'il tombe sous les balles ennemies. Ce brave n'avait que 22 ans!

M. H. J... cite également l'histoire de deux officiers allemands, dont l'un était représentant de commerce à Lyon avant la guerre. Un jour, ces deux officiers, bien que chefs de poste, étaient complètement gris. Voulant se divertir, ils aperçurent un pauvre diable de Français qui, sous un pont où coulait une petite rivière, lavait péniblement son linge. Ils s'en approchèrent et, pour le taquiner, lui jetèrent quelques pierres; puis, ne trouvant pas sans doute la farce assez drôle, ils descendirent sans bruit derrière le soldat, et, tout d'un coup, le firent tomber dans l'eau. Heureux de cette odyssée, ils se retirèrent en riant aux éclats; mais des prisonniers qui avaient aperçu cet acte de sauvagerie se mirent à huer les deux officiers, et à un tel point que ces derniers durent le retirer promptement afin d'éviter des représailles. Ils eurent l'audace de rédiger un rapport fulminant contre nos soldats qui, disaient-ils, les avaient injuriés sans raison. La réponse ne se fit pas attendre. Le lendemain, les prisonniers furent réunis en cercle pour entendre la lecture du Code pénal. Et comme il fallait des coupables, les deux officiers bavarois désignèrent une douzaine de soldats parmi ceux qu'ils *crurent* reconnaître : ces derniers furent envoyés aussitôt à la compagnie de discipline, sorte de peloton de punition qui ne leur laissait de liberté que deux heures par jour.

M. J... dit que le pain était un mélange de farine et d'avoine. Il était distribué tous les deux jours; mais il fallait serrer un peu la ceinture, lorsque le mois avait 31 jours!

CHAPITRE IX

Le prince de Salm à Vernon. — Contribution de 20,000 fr. — Le joug prussien. — Gloutonnerie allemande. — L'armistice (28 janvier). — Les élections à l'Assemblée nationale (8 février). — Députés de l'Eure. — Réquisitions. — Perception des impôts. — Contribution de guerre. — Démarches des Conseillers généraux à Versailles. — Réduction du chiffre de 15 millions. — Passage de troupes allemandes (du 2 au 20 février). — La paix (1er mars). — Evacuation de la rive gauche. — Occupation de Vernonnet (du 24 mars au 30 mai). — Incidents. — La Commune et les incendies de Paris. — Pompiers de Vernon et de Saint-Marcel.

Après le départ des Allemands, les habitants de Vernon vécurent momentanément dans une tranquillité relative, si toutefois on peut appeler ainsi l'existence malheureuse qu'ils menaient à cette époque. L'ennemi n'occupait plus la ville, il est vrai, mais sa présence dans les contrées environnantes, la tenait isolée et empêchait naturellement les quelques transactions commerciales qui auraient pu se produire. L'appel à l'activité des jeunes gens de Vernon (mobiles, mobilisés) avait diminué l'effectif de la population, et, durant le séjour des troupes françaises, on ne s'en aperçut pas trop ; mais après leur départ le vide se fit d'autant plus grand, qu'une centaine de gardes nationaux, on vient de le voir, s'en allèrent grossir le nombre des prisonniers en Allemagne. A dater de ce moment, la cité vernonnaise devint d'une morne tristesse, car beaucoup de familles avaient à déplorer l'absence d'un ou plusieurs de leurs membres.

Il était dit que l'année ne s'achèverait pas sans que les Vernonnais eussent à subir encore la visite de l'ennemi :

Le 27 décembre, 160 cavaliers venant, disait-on, d'Ivry-la-Bataille, arrivaient à Vernon, annonçant pour le lendemain de nouvelles troupes. Ils conclurent un arrangement avec la municipalité au sujet du mode de livraison de la nourriture des hommes, et des réquisitions nécessaires à l'entretien de la chaussure et des chevaux.

Le 28, le prince de Salm prenait possession de Vernon avec un régiment de hussards venu par la route de Paris, auquel vinrent se joindre, le lendemain, 350 fantassins suivis de voitures de réquisition.

Le 30, un détachement de Saxons faisait apparition sur les hauteurs de Vernonnet, et, pensant que la ville était occupée par des troupes françaises, prenait ses dispositions pour la bombarder; mais la sonnerie d'une trompette fit reconnaître l'erreur. Pour éviter une telle méprise et correspondre plus facilement avec la rive droite, le maire de Vernon fut « requis de faire immédiatement établir sur le pont du chemin de fer traversant la Seine, un passage permettant aux piétons d'y circuler. »

Le premier acte du prince de Salm fut de détruire les fils télégraphiques, de perquisitionner à la gare et au bureau de poste et de faire afficher, par l'entremise du maire, l'avis ci-après relatif à l'échange des thalers en papier :

« Le Maire de Vernon prévient les commerçants que la municipalité reprendra les thalers en papier qui seront acceptés en paiement par eux. Tous les achats devront être payés comptant, la mairie n'admettant aucune réclamation.

» Vernon, le 30 décembre 1870.

» *Le maire,*
» Signé : MORIN (1).

» Approuvé :
» Prince DE SALM,
  » *Chef d'escadron.* »

Mais il fallait clore dignement l'année. Le général von Redern, qui avait son quartier à Pacy, se rappela

---

(1) Quelques jours après, le 9 janvier, le maire prévenait les commerçants qu'il lui était impossible de continuer l'échange de la monnaie prussienne, en papier ou en espèces, contre la monnaie française.

tout à coup le rôle actif joué par la population vernonnaise pendant la période défensive; aussi fit-il remettre à la municipalité la sommation suivante dont nous respectons scrupuleusement les termes et l'orthographe :

« Par ordre supérieur, je mets la ville de Vernon en contribution de la somme de vingt mille francs, payables dans les vingt-quatre heures, à cause de la conduite hostile de ses habitants envers les troupes allemandes, en prêtant secour aux franc-tireurs, en servant espion en faveur de ces derniers; de plus, parce que la garde nationale de la ville, après être désarmée la veille, a tiré des coups de fusil sur nos cavaliers.

» La ville sera obligée encore de mettre à ma disposition toute la quantité de fer existant en ville, pour en faire des fers à cheval, ainsi que tout le cuir pouvant servir à fabriquer de la chaussure militaire, et tous les articles de laine et de flanel, soit chemises, bas, calçons, gants.

« La valeur réelle de cette contribution en fer, cuir, etc., sera déduite de la somme mentionnée ci-dessus.

» Pacy, le 31 décembre 1870.

» Von REDERN,
» *Général*.......... ».

En marge de cette feuille, on lit :

« Reçu la somme de 20,000 fr., vingt milles franc, de la commune de Vernon, pour réquisition de la 5ᵉ division de cavallerie prussienne.

» Vernon, le 1/1 1871.

» Signé : EBERSTEIN,
» *Lieutenant-Colonel.* »

Quel triste anniversaire que celui du 1ᵉʳ janvier 1871! On était à peu près sans nouvelles, car l'ennemi qui avait soumis à la censure les quelques journaux de l'Eure qui paraissaient encore, finit par les interdire. Il disposait de nos administrations, de nos routes, de la fortune privée, de nos libertés et de nos vies; il était notre maître en vertu de ce droit dont il a odieusement abusé : on ne se croyait plus en France mais en Allemagne. Il faut avoir vécu à cette époque pour savoir ce qu'était l'existence, et quel trouble moral pouvait causer la présence de l'ennemi au foyer domestique. « J'accorde que cette présence soit accompagnée des circonstances les plus favorables, que vos hôtes ne soient ni menaçants, ni gourmands, ni voleurs (conditions difficiles à réunir); cependant, à partir de l'heure où ils ont mis le pied sur votre seuil, la vie s'est comme retirée de vous; vous n'êtes plus vous-même; une fièvre lente vous brûle le sang; il vous prend des rages soudaines, suivies de désespoirs profonds; parfois surgit l'idée de tout abandonner et de partir, marchant devant soi, sans autre souci que d'échapper à l'étreinte du vainqueur » (Ch. Dehais).

A cette époque, les habitants de Vernon laissés à la merci de l'invasion souffrirent de la brutalité, surtout de la voracité de leurs hôtes forcés. Pour en donner un exemple, disons que sept prussiens, logés dans un des hôtels de la ville, absorbèrent dans l'espace d'une nuit, vingt bouteilles de vin chaud et plus de soixante verres de cognac, répétant toujours : *nix payer !* Ils finirent pourtant par s'exécuter, ayant probablement oublié, à force de boire, qu'ils étaient en pays conquis.

S'ils étaient de fervents disciples des vins généreux et des liqueurs fortes, il fallait voir avec quelle avidité, quelle gloutonnerie ils absorbaient les plats de viande et de légumes préparés à leur intention. Nous avons conservé le souvenir de cet Allemand qui, pour aller plus vite, mangeait des pommes de terre en les prenant avec ses doigts, ce qui lui valut, de la part du commerçant chez lequel il dînait, une remontrance tellement sentie qu'il quitta la table, en maugréant, pour aller se coucher. Ajoutons que ses camarades le désapprouvèrent heureusement.

Dans les premiers jours de janvier, on apprenait que des combats avaient été livrés dans la forêt de la Londe par la petite armée du général Roy, et les Prussiens à ce sujet semblaient assez inquiets; aussi leur vigilance s'accrut-elle. Le 5, des cavaliers venant des Andelys parcoururent les rives de la Seine jusqu'à Vernon, se saisirent des barques qu'ils trouvèrent sur le fleuve et les coulèrent. Une famille qui habitait un chaland abrité derrière une île faillit être submergée avec ce bateau.

Bien qu'il eût été entendu que les Allemands adresseraient à la municipalité toutes leurs demandes de réquisitions, des soldats se présentèrent, le 4, à l'usine de M. Ogerau, à Vernonnet, et se firent livrer une certaine quantité de cuir, ce qui devait amener, par la suite, une contestation entre ce négociant et la ville lors du réglement de compte; mais ils n'en avaient sans doute pas suffisamment, car, huit jours après, ils allaient en réquisitionner aux Andelys, et pour cela demandèrent deux voitures qu'ils n'obtinrent que difficilement s'il faut en croire le communiqué suivant :

« Si les individus qui ont été requis par le maire de Vernon pour donner deux voitures à deux chevaux ne veulent pas les donner de leur propre gré, le commandant militaire enverra les emmener par force et mettra en outre les individus susdits à une amende.

» Vernon, 12 janvier 1871.

» Pour le prince de Salm,
» DE KNOBELSDORFF,
» *Commandant d'escadron.* »

C'est que les propriétaires des chevaux et voitures montraient peu d'empressement à satisfaire aux réquisitions, car ils savaient dans quel état rentraient leurs équipages — quand ils revenaient — et le sort malheureux réservé aux conducteurs.

Le 8 janvier, l'infanterie prussienne reçut l'ordre de se diriger sur Mantes et Paris et, le 14, le prince de Salm, prévenu à deux heures du matin, rejoignait avec ses hussards la garnison de Pacy; la ville se trouvait donc libre.

« Lorsqu'il quitta Vernon, on estimait, dit-on, à près de quatre-vingts le nombre des cavaliers tués ou blessés, dans leurs reconnaissances, par les francs-tireurs et les paysans. Aujourd'hui encore, le promeneur qui s'égare dans la cour de certaines fermes des environs peut apercevoir, sur quelque vieux meuble délaissé dans un coin, des casques à pointe d'acier qui ont appartenu à des enfants de la Germanie qui ne devaient pas revoir leur patrie.

» Après ce départ, les habitants respirèrent un peu, mais il ne fallait pas trop se hâter de faire des feux de joie. De près comme de loin, les Allemands savaient pressurer le pays de façon à le saigner jusqu'à la dernière goutte, et pendant qu'ils traitaient avec le gouvernement de Paris et exigeaient, pour la cessation des hostilités, une indemnité de plusieurs milliards, ils s'empressaient d'envoyer en province des agents chargés d'en tirer le plus d'argent possible » (Meyer) (1).

Le 2 février, l'affiche suivante annonçant l'armistice fut apposée dans toutes les communes :

M. Jules Favre, ministre des affaires étrangères à la délégation, à Bordeaux :

Versailles, 28 janvier, 11 h. 15 soir.

Nous signons aujourd'hui un traité avec M. le comte de Bismark.

Un armistice de 21 jours est conclu.

Une assemblée est convoquée à Bordeaux pour le 15 février.

Faites connaître cette nouvelle à toute la France.

Faites exécuter l'armistice et convoquez les électeurs pour le 8 février.

Un membre du Gouvernement va partir pour Bordeaux.

(1) Signalons ici la courageuse conduite de 300 gardes nationaux de Bernay qui, le 21 janvier, n'hésitèrent pas à tenir tête à l'avant-garde de l'armée du grand-duc de Mecklembourg, et retardèrent d'une journée entière son entrée dans la ville. C'était le dernier acte de résistance dans le département, lequel se trouva complètement sous le joug de l'occupation prussienne, à l'exception, toutefois, d'une dizaine de communes qui, par un hasard heureux, en furent préservées.

Malgré les difficultés qui surgirent entre le gouvernement de Paris et la délégation de province, ce décret reçut son application.

La convention du 28 janvier comprenait tout le département de l'Eure, de la Seine-Inférieure, à l'exception toutefois de la ville du Havre et de sa zone. La ligne de démarcation partait de Pont-l'Evêque, passait près de Lisieux, Orbec, et traversait le département de l'Orne.

Les élections eurent lieu sans incident. Les habitants des campagnes se rendirent au chef-lieu de canton pour déposer leur bulletin de vote ; mais en raison de l'invasion, il y eut un certain nombre d'abstentions.

Les députés élus par le département de l'Eure furent : MM. l'amiral de la Roncière-le-Noury, le duc de Broglie, le comte d'Osmoy, de Salvandy, Louis Passy, Prétavoine, Dupont (de l'Eure) et Besnard ; ces messieurs se rendirent à Bordeaux pour la date indiquée.

Pendant cette période de l'armistice, les Prussiens ne se contentèrent pas de vivre en conquérants ; ils voulurent aussi administrer le pays... à leur profit. Un préfet allemand s'installa à Evreux et rançonna le plus possible les malheureuses communes du département.

C'était un Polonais nommé von Porembsky, capitaine de uhlans, homme de haute stature, mais dont la figure boursouflée et les lèvres sensuelles dénotaient l'abus des plaisirs. En peu de temps, il fit de l'hôtel préfectoral un tripot et une véritable taverne, et, comme il était souvent à court d'argent ne trouva rien de mieux que d'exploiter méthodiquement nos finances sur une vaste échelle, faisant alterner les réquisitions en espèces avec les réquisitions en nature. Quelques jours après son installation (7 février), le département se trouvait rattaché au gouvernement général du nord de la France, sous la direction du général de Fabrice.

Voici quelques échantillons des ordres du jour de cet aimable préfet :

« Evreux, 28 janvier 1871. — Par ordre du 43ᵉ corps de l'armée prussienne, la ville d'Evreux va faire constituer des magasins de vivres pour les troupes prussiennes auxquels tout le département de l'Eure est obligé de contribuer. — En conséquence le maire de Vernon livrera les denrées suivantes aussitôt que possible, au plus tard d'ici en huit jours, dans le magasin d'Evreux :

» 1,680 kil. de farine, 7 bœufs ou vaches, 600 litres de cognac, 700 kil. de riz, 520 kil. de haricots ou de pois, 600 kil. de café brûlé, 100 kil. de sel, 10,000 kil. d'avoine, 8 chevaux de voiture, 4 chevaux de selle, ou 12 chevaux de voiture.

» Les capitales des cantons auront à accélérer la livraison, quant à les communes situées dans leur rayon. Si le gouvernement prussien trouve, pour l'exécution de cet ordre, de la négligence ou des mauvaises volontés, la commune résistante sera puni d'amendes en argent et forcé à la livraison par force militaire ; les suites en retourneront sur la commune elle-même. »

» *Le Préfet,*
» Von POREMBSKY.

» *Evreux, le 29 janvier* 1871.

» Par ordre du 13ᵉ corps d'armée prussien, le préfet du département de l'Eure ordonne à la commune de Vernon de lui annoncer jusqu'au 7 février et prouver par les notes statistiques officielles qui sont à sa disposition la somme des impôts mensuels payée en temps de paix au gouvernement français et de livrer la somme à la préfecture d'Évreux.

» En cas de refus on imposerait à la commune une contribution à la hauteur des impôts annuels qu'on ferait *ramasser* par force militaire.

» *Le Préfet,*
» Von POREMBSKY.

» Le maire de Vernon est mis en demeure de fournir pour le canton : 10 vaches, 23 moutons, 100 litres de cognac, 700 kil. de riz, 100 kil. de sel, 10,000 kil. d'avoine, 8 chevaux.

» Toutes ces réquisitions devront-être rendues dans les magasins d'Evreux.

» Evreux, le 9 février 1871 ».

Une partie de ces réquisitions, dont le montant s'élevait à 10,488 fr. 50 (part de Vernon 6,673 fr. 85, part des communes 3,814 fr. 65), fut livrée au chef-lieu du département le 14 février contre la délivrance d'un reçu.

En vertu d'un décret publié dans le recueil officiel du gouvernement général du nord de la France, la perception des impôts directs et indirects, à partir du 1er janvier 1871, fut mise à exécution. Les maires des chefs-lieux de canton étaient tenus, non seulement de recouvrer les sommes provenant de leur administration, mais aussi de centraliser celles apportées par les maires des communes du canton, et de les porter ou de les envoyer à Evreux pour remplir les caisses allemandes. Ils devaient percevoir le douzième des contributions directes et l'équivalent des contributions indirectes, fixé à 100 °/$_0$ de l'impôt direct. Ils étaient également chargés du soin de faire distribuer les lettres et imprimés reçus à la poste.

L'art. 6 de ce décret édictait des peines sévères :

« Les communes qui resteront en retard auront à payer une amende de 5 °/$_0$ de la somme due par la commune pour chaque jour de retard. Si le versement a été retardé au delà de huit jours, il sera mis des troupes dans les communes retardataires, qui auront l'obligation de les loger et de les nourrir sans aucune indemnité, et de payer en outre, journellement, 6 fr. à chaque officier et 2 fr. à chaque soldat, jusqu'à ce que les sommes dues soient acquittées. Le commandant des troupes sera autorisé d'employer tous les moyens qu'il jugera convenables pour faire exécuter les arrêts du gouvernement général. »

A la date du 29 janvier, cinq cuirassiers blancs entraient en ville, apportant à la mairie la notification d'une contribution de guerre de 600,000 francs sur le département de l'Eure, dans laquelle on spécifiait entre autres la fourniture de 100,000 cigares d'officiers et d'un million de cigares de soldats! Mais, le 11 février, on apprit tout à coup que la contribution imposée était élevée au chiffre fabuleux de 15 millions, ce qui équivalait à une taxe de 50 fr. par tête pour les habitants des villes et 25 fr. pour les habitants des campagnes. Vernon allait avoir à payer pour sa part 250,000 fr. environ. Dès le 16, des estafettes portèrent dans toutes les communes les sommations relatives à cet impôt.

En présence de cette demande insensée, exorbitante, quelques délégués du Conseil général de l'Eure se rendirent à Versailles pour obtenir l'annulation de cette contribution de guerre imposée au département par les autorités allemandes, mais ils n'obtinrent que la suspension provisoire des mesures de rigueur prises par les officiers prussiens et une réduction des deux tiers, ce qui fixait la contribution à 5 millions. C'était déjà quelque chose. Un cinquième de cette somme était exigible dans le délai de six jours, soit le 23 février.

Une nouvelle démarche faite par ces mêmes délégués sut amener encore un résultat satisfaisant. Le montant de la contribution fut abaissé à 3 millions, comme l'indique la lettre-circulaire ci-après, adressée à M. le maire de Vernon :

« *Evreux, le* 24 *février* 1871.

» MONSIEUR,

» Les membres du Conseil général de l'Eure, après avoir obtenu, par une première démarche à Versailles, la réduction à 5 millions de la contribution de guerre imposée aux communes du département, en ont fait une seconde qui a amené une réduction nouvelle de 2 millions, ce qui abaisse le chiffre définitif à 3 millions, sous la condition formelle d'un payement immédiat. Il en résulte que les communes n'ont à payer que les trois quinzièmes, soit le cinquième de la somme primitivement imposée.

» Nous sommes autorisés à faire connaître que le Gouvernement français, conformément aux précédents et aux antécédents, admettra cette contribution en compte dans l'indemnité de guerre, de sorte, qu'en réalité, ce versement n'est qu'une avance.

» Nous vous prions de réunir sans délai tous les maires de

votre canton, et de les inviter à verser immédiatement dans vos mains la part à la charge de chaque commune, pour éviter toute nouvelle mesure de rigueur.

» Vous voudrez bien apporter les fonds de tout votre canton le 2 mars, à une heure après midi, à la mairie d'Evreux.

» Agréez, etc.

» *Les conseillers généraux présents à Evreux :*

» Comte de Valon, Ch. Fouquet, Lefebvre-Duruflé, marquis de Blosseville, comte de Lagrange, marquis de Chambray, P. Trutat, Lereffait, Vauquelin, comte de Barrey, Join-Lambert, L. Labbé. »

La contribution réclamée pour le canton de Vernon s'éleva à 26,782 fr. 50, qui furent versés à Evreux : la part de la ville fut de 18,000 fr., celle des communes de 8,782 fr. 50. Ajoutons que cet impôt de guerre ne fut pas entièrement acquitté, car on ne versa que les deux tiers, soit environ 2,200,000 fr.

Il est probable que la perception des impôts ne rentrait pas au gré du préfet de l'Eure, car il invitait les maires des *capitales* des cantons, par la lettre-circulaire suivante, à verser immédiatement le montant des contributions indirectes du mois de janvier :

« Vu l'art. 2 du décret concernant la perception des contributions, soussigné de Fabrice, gouverneur général du nord de la France, et porté à la connaissance du département par les journaux et par affiches.

» Considérant que le montant des contributions indirectes a été fixé à 100 p. % de la somme des contributions directes.

» Nous, préfet de l'Eure,

» Ordonnons à MM. les Maires des chefs-lieux de canton du département de l'Eure de faire verser immédiatement, par MM. les Maires appartenant à leur canton, les contributions indirectes du mois de janvier et de les verser à la préfecture impériale allemande jusqu'au 28 février.

» Evreux, 21/2 1871.

» *Préfet impérial :*
» Von POREMBSKY. »

Depuis le 2 et jusqu'au 20 février, ce ne fut à Vernon qu'un défilé ininterrompu de troupes de passage se dirigeant vers Paris et retournant en Allemagne. On les voyait partir avec d'autant plus de plaisir, qu'en passant ils voulurent réquisitionner et se livrer au pillage, aidés par ces nombreux juifs allemands qu'ils traînaient à leur suite.

Le préfet *impérial* de l'Eure ne s'endormait pas pour le recouvrement des impôts. Dans une circulaire du 2 mars, il ordonnait aux maires des chefs-lieux de canton de lui faire savoir immédiatement les noms des communes qui n'auraient pas déposé chez eux jusqu'au 5 mars les impôts directs du mois de février. Il les avertissait *obligeamment* que si cet ordre n'était pas exécuté, toute la responsabilité retomberait sur eux. Mais le lendemain, à son plus grand regret, sans doute, par suite des préliminaires de la paix, il dut leur adresser la lettre suivante, qui mettait fin à ces perceptions iniques :

« Monsieur le Maire,

« Les préliminaires de paix étant signés de part et d'autre, les impôts ne sont plus perçus dès aujourd'hui par le gouvernement impérial allemand. A partir de ce moment les autorités françaises reprendront la perception des impôts.

» Veuillez faire part de cette nouvelle aux maires des communes de votre canton.

» Evreux, le 3 mars 1871.

» *Le préfet impérial,*
» Von POREMBSKY. »

En effet, le 1er mars, la paix avait été votée par l'Assemblée nationale réunie à Bordeaux par 546 voix contre 107. Aux termes des préliminaires soumis à son approbation, les Allemands devaient, aussitôt la ratification, se retirer sur la rive droite de la Seine. Une partie de l'Eure et de la Seine-Inférieure allait rester occupée par l'ennemi jusqu'au paiement du premier demi-milliard. La rive gauche fut complètement évacuée le 12, et le pont de bateaux du Petit-Andely rétabli pour permettre aux troupes allemandes de passer sur la rive droite.

Le 24 mars, un détachement de 233 hommes du 41ᵉ d'infanterie prussienne vint occuper le faubourg de Vernonnet et y resta jusqu'au 17 mai. Le lendemain, il était remplacé par un autre détachement de 190 hommes, lequel partait définitivement le 30 mai, dans la matinée. D'après le traité passé avec les Allemands, les frais de nourriture (0 fr. 60 par jour) et de logement (0 fr. 20) incombaient au Gouvernement français, lequel devait également payer 1 fr. 75 par homme et 2 fr. 50 par cheval.

Pendant la durée de cette occupation, il se passa quelques incidents dus, à n'en pas douter, à l'exaspération causée par le long contact des habitants avec les Prussiens, lesquels agissaient souvent en conquérants, malgré la conclusion de la paix.

Voici les termes d'une lettre, que le capitaine commandant le détachement de Vernonnet adressait au maire de Vernon pour se plaindre de l'attitude de quelques habitants à son égard :

« *Vernonnet, le 28 mars 1871.*

« Monsieur le Maire,

» J'ai l'honneur de vous signaler un fait arrivé hier dans le petit faubourg de Vernonnet. Après midi, dans une promenade à cheval avec deux officiers d'Ecos en reconnaissance, j'ai été insulté par les travailleurs dans la montagne ; je voudrais, Monsieur le Maire, éviter à votre pays les rigueurs de l'occupation prussienne, pour cela il faut respecter les troupes occupantes, qui sont dans votre pays avec le désir de vivre en paix avec les habitants.

» Je ne sortirai pas aujourd'hui pour vous donner le temps de prévenir votre population, et si, demain, il arrive la moindre insulte à mes soldats ainsi qu'à moi-même, j'userai de mes droits dans toute la sévérité.

» Recevez, etc.

» Von SCHACK,
» Capitaine au 41ᵉ régiment prussien d'infanterie.

» *Post-scriptum.* — Reçu de cette lettre, s. v. p. »

Dans son livre sur l'arrondissement des Andelys pendant la guerre, M. Ch. Dehais signale qu'une seule tentative criminelle fut commise à cette époque dans tout l'arrondissement.

« Deux coups de fusils furent tirés, dans la nuit du 3 au 4 avril, sur un lieutenant et un sergent-major du 41e de ligne, entre Hennezis et Pressagny-le-Val. Le lieutenant fut atteint par une balle qui lui traversa la cuisse, et qu'on retrouva plus tard dans la charrette qui le portait. Cette balle provenait probablement d'une des cartouches distribuées à la garde nationale; mais, comme elle ne dépassait pas le calibre 16, elle avait pu être envoyée par un fusil de chasse. Le parquet des Andelys fit faire une enquête. Mais après l'arrestation des sieurs Bourdon père et fils, de Pressagny-le-Val, par les Prussiens, qui ne voulurent pas remettre les prétendus coupables aux mains de l'autorité locale, la justice française ne crut pas de sa dignité de poursuivre l'affaire. Les auteurs de cet attentat restèrent inconnus... Les Prussiens relâchèrent les sieurs Bourdon lors de leur départ pour Rouen. »

Voici une deuxième lettre du capitaine « commandant les troupes de Vernonnet » :

« Monsieur le Maire,

» J'ai reçu l'ordre du général M. von Bentheim, commandant le 1er corps d'armée prussienne, de vous signaler la publication suivante, vous priant de la porter à la connaissance de votre population :

» L'ouvrier boulanger Boivil, d'Yvetot, et l'ouvrier vannier Grandin, de Routot, ont attaqué dans un guet-apens et blessé, le 1er mai, deux soldats prussiens. Ces hommes ont été condamnés le 8 mai par le conseil de guerre et fusillés après la publication.

» J'ai l'honneur, etc.

» Vernonnet, le 12 mai 1871.

» Von SCHACK,
» Le capitaine commandant les troupes de Vernonnet. »

Est-il besoin de le dire, c'est avec la plus vive satisfaction et un profond soulagement que les habitants de Vernon et en particulier ceux du faubourg de Vernonnet, virent partir le dernier Allemand le 30 mai 1871. Depuis deux mois, les mobiles, mobilisés, les gardes nationaux prisonniers en Bavière étaient rentrés dans leurs foyers. Chacun se remit au travail avec ardeur, cherchant à effacer le plus vite possible les traces profondes laissées par l'invasion. Cependant l'insurrection de Paris vint mettre encore une fois le trouble en province, et, dans les contrées de l'Eure, la population attendait impatiemment les nouvelles, protestant contre les actes de violence commis par les insurgés et adressant au Gouvernement l'expression de son dévouement.

Lorsqu'on apprit les incendies de la capitale, des trains spéciaux furent organisés et emmenèrent vers Paris un grand nombre de pompiers des départements. Pour répondre à l'appel du préfet de l'Eure, ceux de Vernon et de Saint-Marcel, auxquels se joignirent quelques volontaires, partirent le 24 mai dans l'après-midi, sous la conduite de M. Desdouis, lieutenant.

Ce détachement se composait de 43 hommes et quatre pompes.

« Le train s'arrêta à Colombes. De là, on se rendit au Trocadéro où le commandant du détachement pensait trouver des ordres et être dirigé sur un des points enflammés. Mais il n'en fut rien. La nuit était déjà avancée; le canon grondait de tous côtés; des projectiles tombaient dans les Champs-Élysées. Par mesure de prudence on attendit que le jour fût arrivé. A trois heures et demie du matin, le détachement partit en longeant les quais dans la direction des Tuileries. Il prit la rue Royale, la rue Saint-Honoré, avançant vers le Palais-Royal, où l'on disait que des secours étaient utiles. Mais là encore le feu avait accompli ses ravages. Sur la place du Palais-Royal, les pompes étaient au repos. On se battait du côté de l'hôtel de ville. Les projectiles pleuvaient et un obus venait d'éclater à peu de distance de l'endroit où la compagnie était arrêtée. Elle dut rebrousser chemin et se rendre au ministère des finances, où elle attaqua l'incendie devant l'entrée située dans la rue de Castiglione à proximité de la rue de Rivoli. Après un certain temps du jeu des pompes, un chef de division du ministère, M. Colmont, vint annoncer que des papiers extrêmement précieux avaient été oubliés dans une pièce située à gauche au rez-de-chaussée, sous la voûte du second bâtiment, dans le fond de la cour ; on enfonça la porte d'entrée et l'on procéda au sauvetage des papiers et registres signalés. Cette opération offrait les plus grands dangers. Pour sortir, il fallait traverser une cour carrée dont les bâtiments étaient enflammés dans toute leur hauteur. Des décombres en feu tombaient à la fois des quatre côtés et menaçaient de brûler ou de tuer les travailleurs. Enfin, après des efforts persévérants, on parvint à mettre en lieu sûr la valeur de quatre voitures de registres et de papiers...

» Le danger augmentait d'instants en instants et, au moment où les dernières liasses allaient être enlevées, les planchers s'effondraient en effleurant trois pompiers qui furent littéralement enveloppés de feu, couverts de cendres et à moitié asphyxiés; fort heureusement ils ne furent pas blessés. Ainsi s'accomplit ce sauvetage par les seules compagnies de Vernon et de Saint-Marcel, avec le concours de M. le chef de division des finances et de cinq à six étrangers... (1) »

Après avoir reçu de la Place de Paris les instructions nécessaires, la compagnie se dirigea vers les Champs-Elysées et se mit à la disposition de M. Carnot, maire du 8e arrondissement, qui lui assigna comme poste, le bureau télégraphique vacant situé à l'angle de la rue de Marignan. De là, elle pouvait se porter dans un certain rayon sur les

(1) *Les Pompiers et les Volontaires de l'Eure aux incendies de Paris*, par H. Pellaton.

différents points menacés. C'est ainsi que, le 26, elle dut combattre un incendie qui s'était déclaré au n° 38 de la rue de Penthièvre; que, le 27, elle coopéra à l'extinction de trois maisons de la rue Boissy-d'Anglas et que, le même jour, elle éteignit un commencement d'incendie qui s'était déclaré rue de Courcelles, n° 52.

Le dimanche 30 mai, à une heure de l'après-midi, le détachement quittait Paris et arrivait à Vernon dans la soirée.

Parmi les sapeurs ou volontaires qui se sont particulièrement distingués, signalons : MM. Delabrosse, Ménage et Bossu (de Saint-Marcel), qui ont failli être écrasés par la chute de planchers au ministère des finances; MM. Gaisneau, Dumontier, Devos et Devignevielle.

Dans le but de récompenser le détachement tout entier pour son abnégation et le dévouement dont il avait fait preuve, des médailles d'honneur furent décernées à : MM. Desdouis, lieutenant; Deshayes, sous-lieutenant; Bosquet, adjudant; Gaisneau et Ménage, sapeurs; M. Bossu, sapeur à Saint-Marcel.

De plus, des médailles destinées à être attachées à leurs drapeaux, furent remises aux compagnies de Vernon et de Saint-Marcel.

Monument de l'Ardèche.

Dans le chapitre VII de la première partie, nous avons dit que la municipalité de Vernon, désireuse de rappeler le souvenir de la lutte acharnée que soutinrent autour de cette ville les vaillants mobiles ardéchois avait, dès le mois de mai 1871, dénommé : *Avenue de l'Ardèche*, la route de la Maisonnette qui conduit à la forêt de Bizy, où s'accomplirent les brillants faits d'armes des 22 et 26 novembre (1); que ce premier acte de reconnaissance ne

(1) De son côté, la ville d'Aubenas répondit à ce témoignage rendu à la valeur de ses enfants, par la dénomination de : *Avenue de Vernon*, donnée à une voie nouvelle d'un de ses faubourgs.

parut pas suffisant pour acquitter une dette sacrée et qu'une souscription fut ouverte pour l'érection d'un monument. L'appel fait par M. Le Marchand, maire, au nom de la municipalité, fut vite entendu (1). Une somme suffisante permit d'élever un mausolée construit d'après les plans de M. Jal, architecte de la ville, qui devait s'acquitter dignement de l'œuvre qui lui était confiée.

« Ce monument fut inauguré le 26 novembre 1873, en présence d'une foule nombreuse et recueillie, entourant les délégués des mobiles de l'Ardèche, conduits par M. de Guibert, et avec le concours du clergé et de la garnison. Le maire rappela en quelques mots les services rendus au pays par les Ardéchois; M. de Guibert lui répondit au nom de ses compagnons d'armes; le préfet de l'Eure prononça également une courte allocution, et enfin, au moment où se terminait cette imposante cérémonie, les mobiles de Vernon vinrent déposer une couronne d'immortelles au pied du cénotaphe. C'était un dernier hommage qu'ils rendaient à ceux qui avaient protégé leurs mères et leurs sœurs pendant qu'eux-mêmes combattaient loin de leurs foyers (2). »

(1) Voici le texte de l'affiche relative à la souscription :

Ville de Vernon

Érection d'un monument
aux
Gardes mobiles de l'Ardèche

Souscription publique

Le vœu de tous nos concitoyens, de prouver notre reconnaissance aux bataillons de l'Ardèche, entre enfin dans la phase d'exécution. Nous sommes heureux d'en instruire le public.

Une souscription est ouverte à la Mairie à partir de ce jour, pendant 10 jours consécutifs, de 9 heures du matin à 4 heures du soir.

Le produit de cette offrande à laquelle, nous le savons, chacun brûle de s'associer, servira à élever un monument qui abritera les restes de ceux qui sont morts pour nous et sera en même temps un témoignage durable du souvenir que nous gardons de leur généreux dévouement.

Vernon, le 28 juin 1873.

Le Maire,
L. E. LE MARCHAND.

(2) *Histoire de Vernon*, par E. Meyer.

Ce monument s'élève à la jonction de l'avenue de l'Ardèche et de la rue de Chaufour, à quelques pas du parc du château de Bizy, dont les arbres lui font un ravissant décor. Il se compose d'une pyramide sur laquelle sont sculptées les armes de Vernon et de Privas et d'un socle orné de cartouches où sont gravés les noms des mobiles de l'Ardèche qui ont succombé.

Sur la face on lit :
Aux gardes mobiles de l'Ardèche.
A l'opposé :
Vernon, 22-26 novembre 1870.
Sur les côtés :
Capitaine Rouveure et les gardes Béal, Cortial, Forestier, Pourrat.
Lieutenant Leydier et les mobiles Brias, Crouzé, Morel et Tracol.

Les corps de ces braves mobiles reposent dans un même tombeau, à l'exception du capitaine Rouveure qui fut — on l'a vu précédemment — remis à sa famille et inhumé à Annonay, sa ville natale.

Ce monument rappelle et rappellera aux générations futures la lutte héroïque que soutinrent ces intrépides jeunes gens de l'Ardèche venus pour défendre un pays qu'ils ne connaissaient pas, et qui, mal armés, mal équipés, à peine vêtus, n'ont pas hésité, dans ces sombres journées de la guerre de 1870-71, à faire courageusement leur devoir. Citons à ce propos les strophes qui suivent, d'un poète vernonnais :

Ils reposent en paix, couchés sous cette pierre,
Les soldats dont les noms se voient ici gravés,
Passant, pour ces héros, adresse une prière
A Celui qui nous guide en ses desseins cachés.

Ceux qui dorment ici sont morts pour la Patrie,
Sans reproche et sans peur, tous frappés par devant ;
Leurs frères ont comme eux, en exposant leur vie,
Aux portes de Vernon retardé l'Allemand.

Vernon se souviendra des enfants intrépides,
Soldats improvisés en un jour de danger,
De l'Ardèche venus, bravant des temps arides,
A la voix du Pays, combattre l'étranger.

Intact ils ont gardé le renom de nos armes,
Et malgré nos revers peuvent lever le front,
Puisque « pieds nus, sans pain, sourds aux fausses alarmes, »
Ils ont fait au Prussien subir plus d'un affront (1).

Chaque année, le dimanche qui suit ou précède la date anniversaire du 22 novembre, un cortège composé des membres de la municipalité, des officiers de la garnison, d'une délégation des Ardéchois, des sapeurs-pompiers, sociétés musicales et de gymnastique, suivi d'une foule nombreuse, se rend au monument de l'Ardèche pour y déposer des couronnes commémoratives. Si l'on en juge par la cérémonie de plus en plus imposante, le véritable culte que les Vernonnais professent pour leurs morts vénérés n'est pas prêt de s'éteindre, car ce pèlerinage entretient dans les cœurs le souvenir toujours vivace des événements de 1870 et la haine contre l'Allemand.

Dans le courant de l'année, la jeunesse vernonnaise partant pour le service militaire, les soldats appelés pour leur période de treize ou de vingt-huit jours vont aussi déposer des couronnes au pied du monument de l'Ardèche. Il nous souvient qu'en 1879, nous fîmes partie d'un cortège de jeunes gens qui, mus par un sentiment de patriotisme, de reconnaissance, accomplirent également ce pieux pèlerinage et que, ce jour-là, nous faisant l'interprète des sentiments qui animaient tous les assistants, nous prononçâmes l'allocution suivante que le lecteur nous pardonnera de rappeler ici :

« Messieurs,

» Si l'hiver de 1870 a été néfaste pour la France, si, défaits et vaincus, nous avons reculé devant l'ennemi, lui abandon-

(1) *Gazette de Vernon*, du 25 avril 1874.

nant, la rage au cœur, nos plus belles places fortes, nos plus fertiles provinces, nous avons eu aussi quelques beaux jours, quelques jours d'espérance où le courage de quelques-uns a pu faire croire à notre patriotisme que le dernier mot n'était pas dit encore, que la Patrie pouvait être sauvée, et nous avons senti en effet qu'une armée de tels hommes la délivrerait.

» Vous vous rappelez ce que furent pour Vernon, les glorieuses journées des 22 et 26 novembre 1870. Neuf années se sont écoulées depuis et n'ont pas effacé de notre mémoire la belle conduite des mobiles de l'Ardèche, intrépides soldats improvisés venus pour défendre notre pays menacé.

» Vous les avez vus par un froid des plus rigoureux, sous la pluie, sous la neige, mal chaussés, mal équipés, à peine vêtus d'une mince vareuse, mais animés de cette foi ardente qui donne la victoire, de ce patriotisme qui vibrait dans la poitrine des volontaires de 89, oubliant tout : froid, fatigues, privations, pour courir sus aux envahisseurs.

» Ardents et braves à l'excès, ces nobles Ardéchois savaient marcher à la voix de leurs chefs, comme marchaient autrefois à Valmy, sous les ordres de Kellermann, les vaillants soldats de notre première République.

» Quel noble exemple, quelles preuves du plus courageux dévouement ne nous ont-ils pas donné les 22 et 26 novembre ?

» Leur conduite, en cette dernière journée surtout, n'a-t-elle pas été héroïque ?

» Assaillis par un ennemi huit fois plus nombreux qu'eux, ils surent lutter et mourir plutôt que de se rendre. C'est à ces morts que nous venons aujourd'hui rendre hommage.

» *Mobiles de l'Ardèche !*

« Vous êtes venus ici avec abnégation, avec ardeur, mourir pour la Patrie.

» Votre sacrifice ne s'adressait pas à des ingrats, car, tous aujourd'hui nous honorons votre mémoire.

» Quand, vieillards, nous raconterons à nos petits-enfants votre glorieuse conduite, ils éprouveront le même respect, ils honoreront de même le courage que vous avez déployé. Ils continueront à vous apporter, comme nous le faisons en ce jour, comme nous avons l'intention de le faire tous les ans, une modeste couronne, faible témoignage de notre admiration et des regrets que nous donnons à des citoyens morts en défendant le sol sacré de la Patrie, à des héros ! »

Dans un discours prononcé par M. Barette, maire de Vernon, à la cérémonie du 22 novembre 1891, nous relevons les passages suivants qui rappellent que le souvenir des mobiles ardéchois est toujours vivace dans le cœur des Vernonnais :

« Il est des souvenirs que le temps ne peut effacer, des faits qui restent gravés en traits inaltérables dans notre mémoire. Tels sont ceux qui se rapportent au drame sanglant de 1870.

» Quand, il y a vingt et un ans, le bruit se répandit dans Vernon que plusieurs soldats de l'Ardèche avaient été tués en défendant notre ville de l'invasion, une douleur profonde remplit tous les cœurs : il semblait à chaque famille que c'était quelqu'un des siens qui avait trouvé la mort dans les journées tristement mémorables des 22 et 26 novembre ; sentiment bien naturel : ceux qui meurent en défendant la Patrie ne sont-ils pas, en effet, de la famille de tout le monde !

» Et ce sentiment d'amour, de reconnaissance, loin de s'affaiblir avec le temps, n'a fait que grandir et se fortifier dans nos cœurs.

» Quelle personne, depuis 1870, a pu passer indifférente auprès de ce mausolée qui rappelle de si poignants souvenirs !

» Accomplissant chaque année le même pèlerinage patriotique, nous nous retrouvons, toujours aussi nombreux, auprès de cette tombe vénérée : nous venons penser ensemble à nos chers morts, aux valeureux enfants de l'Ardèche, au brave garde national Pantin, aux mobilisés de Vernon, à tous ceux qui sont tombés sur les champs de bataille de 1870..., à ceux, mille fois plus à plaindre, qui ont expiré sur une terre étrangère.

» Laissant alors notre pensée errer quelques instants sur les ruines de l'année terrible, nous nous plaisons à constater, chaque année, le relèvement de notre chère Patrie... »

Plus tard, à la cérémonie du 22 novembre 1896, M. Barette prononce encore une chaleureuse allocution, de laquelle nous extrayons les lignes qui suivent :

« Mesdames, Messieurs,

» En venant saluer avec respect le tombeau vénéré où reposent les mobiles de l'Ardèche tués en défendant Vernon de l'invasion allemande, nous éprouvons une émotion profonde. Dans notre pensée revivent toutes les phases douloureuses de l'année terrible : la guerre follement déclarée sans préparation, notre vaillante armée écrasée par le nombre sur divers champs de bataille, les souffrances de nos soldats pendant une saison exceptionnellement rigoureuse, la France envahie, ravagée, mutilée.

» Combien elle nous était chère, cette France désolée ! Comme nous les aimions ces chers soldats qui combattaient et mouraient pour la Patrie ! Ces francs-tireurs qui succombaient dans une lutte inégale sur la lisière d'un bois ou au fond d'un ravin !

» Oh ! ce n'est pas sans raison que nous conservons pieusement dans nos cœurs le souvenir inoubliable de ces obscurs héros, car ils sont vraiment dignes de la reconnaissance publique ceux qui meurent pour la Patrie ...

» Pères de famille qui avez connu, enfants peut-être, les douleurs de l'invasion, racontez à vos enfants les combats des 22 et 26 novembre ; dites-leur que l'étranger, par sa présence, a souillé votre foyer ; qu'il y a commandé en maître ; que vous avez dû subir ses insolences, ses caprices et ses outrages.

» Instituteurs qui avez reçu la haute mission d'instruire la jeunesse française, racontez aux enfants de nos écoles qui seront demain les soldats de la France, les faits de la guerre franco-allemande ; dites-leur l'héroïsme de nos soldats ; gravez dans leurs cœurs l'amour de la Patrie qui donne le courage de mourir pour elle, comme l'ont fait les enfants de l'Ardèche ; l'amour de la Patrie qui, dans un jour plus heureux, donne aussi la victoire.

» Vaillants soldats de l'Ardèche, franc-tireur Pantin, mobilisés vernonnais qu'une erreur coupable a envoyés mourir sur une terre étrangère, je salue encore une fois avec respect vos tombeaux vénérés et je garde dans mon cœur votre inoubliable et glorieux souvenir... »

A son tour, M. Albert Danet, avocat, président de la

Société amicale des Ardéchois de Paris, prononce l'éloquent discours suivant, que nous sommes heureux de pouvoir citer en entier :

« Monsieur le Maire,
» Mon Colonel,
» Mesdames, Messieurs,

» Si le temps a le doux et heureux privilège d'atténuer nos douleurs et de sécher nos larmes, il n'a jamais pu exercer son influence sur un double sentiment bien Français : le souvenir et la reconnaissance !

» Le souvenir, vous en êtes l'image vivante ! Depuis un quart de siècle, avec une fidélité que rien n'a pu ni ébranler ni amoindrir, vous avez honoré nos mobiles de l'Ardèche, morts face à l'ennemi, et vous les avez confondus avec vos propres enfants dans un même sentiment d'admiration et de tendresse.

» Honneur à vous et merci à tous ! Aussi votre nom est-il à jamais béni dans le plus modeste hameau de nos chères montagnes !

» A votre patriotique appel, nous serons toujours à vos côtés, ne pouvant oublier que, si dans cette forêt voisine, l'ennemi a reculé devant la vaillance des nôtres, nous revivrons avec joie, au pied de ce mausolée élevé par votre gratitude à leur héroïsme, ces journées mémorables où Ardéchois et Vernonnais mirent les Prussiens en fuite !

» Ici, plus de divisions, plus d'opinions, plus de partis ! — Une seule âme : l'âme de la Patrie ! toujours invisible et toujours présente à nos yeux, se révélant à nous par la vue de ces officiers qui ont bien voulu se joindre à nous et qui représentent la France dans ce qu'elle a de plus chevaleresque, de plus élevé et de plus noble !

» Que ces cérémonies réconfortent donc nos âmes ! Il semble qu'en descendant cette avenue, que par une délicatesse charmante vous appelez « Avenue de l'Ardèche, » nous reviendrons plus fiers de nous-mêmes, plus heureux et pleins d'espoir !

» C'est à vous, jeunes gens, à vous mes amis, qu'elles doivent inspirer les mâles réflexions et les résolutions viriles. Ne passez jamais devant cette pyramide sans la saluer avec émotion : elle vous rappelle l'hommage rendu à des héros obscurs ! —

En lisant les inscriptions qui y sont gravées, jurez en vous-mêmes de les venger un jour! N'oubliez pas qu'une grande nation comme la France ne peut jamais périr! Elle puise toute son espérance dans les leçons de son histoire et dans les ressources inépuisables de son immortel génie!

» Si l'heure attendue doit un jour enfin sonner, faites votre devoir, soyez plus heureux que nous! et marchez à l'ennemi en poussant ce cri de nos pères, celui qui a toujours fait trembler l'Europe :

» VIVE LA FRANCE ! »

A l'issue de ces cérémonies, une délégation municipale se rend au cimetière de Vernon et dépose des fleurs et des couronnes sur la tombe élevée à la mémoire de neuf mobiles qui ont succombé à l'hôpital militaire, en décembre et janvier 1871, tandis qu'une autre s'achemine vers le cimetière de Vernonnet, dans lequel — nous l'avons dit déjà — repose le corps de Clément Pantin.

Voici les noms gravés sur la pierre tumulaire :

Degros (Fern^d-Julien).   Grange (André).
Camaret (Aubin).   Bourette (Pierre-Firmin).
Bos (Henri).   Fouché (Pierre-Félix).
Perrard (Jean).   Eschalier (François-Régis).
Gautier (Eug.-Marie-Joseph).

Ces mobiles appartenaient au régiment de l'Ardèche, à l'exception de Camaret et de Fouché qui faisaient partie du 6e bataillon de la Loire-Inférieure.

A deux pas de cette tombe, une autre du même genre renferme les corps de six Allemands tués autour de Vernon ou décédés à l'hôpital des suites de leurs blessures.

En terminant, nous aurions voulu réunir ici les noms des enfants de Vernon qui ont succombé pour la défense de la Patrie, lors de la guerre de 1870-71. Espérons que, plus heureux que nous, le *Souvenir Français* voudra bien se charger de cette tâche laborieuse, comme il l'a fait avec succès pour plusieurs villes voisines, et que, bientôt, dans le cimetière, une plaque commémorative rappellera les noms de ces victimes du devoir.

CONCLUSION

En nous appuyant sur une documentation sérieuse, de nombreux témoignages et des renseignements personnels, nous avons cru devoir raconter, par le menu, les faits les plus saillants, les plus caractéristiques qui se sont produits dans nos contrées pendant l'occupation, ce qui nous a fait dépasser un peu la limite que nous nous étions fixée; et pourtant nous sommes loin d'avoir consigné ici toutes les violences, toutes les atrocités commises par les Allemands. Mais, par ce qui précède, nos lecteurs seront suffisamment édifiés; ils pourront apprécier en connaissance de cause la conduite indigne de nos adversaires, et se rendre compte de l'étendue de nos infortunes par la lecture de cette rapide conclusion.

Le tableau ci-après, constate les sommes payées à titre de contribution de guerre ou de réquisitions par les communes du canton de Vernon :

DÉSIGNATION des COMMUNES.	CONTRIBUTIONS de guerre payées antérieurement à la ratification des préliminaires de paix.	MONTANT des impôts perçus par l'autorité allemande antérieurement à la ratification des préliminaires de paix.	ESTIMATION en argent des réquisitions de toute autre nature.	ESTIMATION en argent des dégâts et pertes par suite d'incendies ou autres causes	DÉTAIL et valeur des titres, meubles et autres objets mobiliers enlevés sans réquisition.	TOTAL par COMMUNE.	OBSERVATIONS.
La Heunière.....	350f »	123f »	5.603f »	480f »	6.629f 45	13.185f 45	
Douains.........	1.200 »	400 »	22.790 94	1.414 »	1.600 »	27.464 94	
Rouvray.........	160 »	64 »	480 »	» »	995 70	1.699 70	
Saint-Just......	870 »	303 »	5.726 »	» »	6.850 70	13.749 70	
St-Vincent-des-Bois	470 »	166 »	13.715 50	282 »	338 »	14.971 50	
Saint-Marcel....	1.840 »	635 »	9.630 40	» »	1.836 40	13.941 80	
Houlbec-Cocherel	» »	375 »	4.318 60	83 »	1.381 25	6.157 95	
St-Pierre-d'Autils	1.720 »	598 »	9.656 50	» »	4.395 »	16.369 50	
Villez-sous-Bailleul	580 »	202 »	2.316 70	» »	524 »	3.622 70	
Sainte-Colombe .	255 »	112 »	628 05	» »	» »	995 05	
Chambray.......	420 »	300 »	1.589 »	3 90	229 30	2.542 20	
Mercey..........	250 0	88 »	4.585 40	220 50	1.638 95	6.782 85	
La Chapelle-Réanville	667 5»	235 »	988 50	» »	312 65	2.203 65	
Vernon........	38.000 »	6.221 »	180.204 41 (1)	52.500 »	5.144 78	282.070 19	
Total général pour le canton	46.782 50	9.822 »	262.233 »	54.982 40	31.876 28	405.697 18	

(1) Voici le détail du chiffre de 180.204 fr. 41 porté sur le tableau précédent, en ce qui concerne Vernon :

1° Réquisition cantonale (Part de la ville).....	6.565f 50
2° Réquisition en nature du 6 octobre 1870....	5.190. »
3° Fourrages	10.870 35
4° Cuirs, Cordonnerie, Sellerie, Maréchalerie et Charronnage, Vêtements................	28.377 50
5° Transports et travaux divers..............	5.657 75
6° Nourriture des troupes, Comestibles, Casernement...............................	12.012 27
70 journées de présence des troupes allemandes — Evaluation de la nourriture fournie par les habitants............... 105.000f »	
Chiffre porté par la Commission cantonale et augmenté par suite de l'occupation de Vernonnet	111.531 04
	180.204 41

Comme on a pu le remarquer plus haut, le total des pertes évaluées en argent est, en chiffres ronds, de	400.000f »
Si l'on ajoute le montant approximatif :	
1° des travaux de reconstruction du pont de pierre	520.000 »
2° des travaux de réparation du pont de fer..	90.000 »
on obtient, pour le canton de Vernon, un total de..........................	1.010.000 »

Mais, en plus de ce chiffre, il faudrait comprendre le montant des pertes éprouvées par de nombreux commerçants ou cultivateurs qui durent livrer, avec ou sans réquisitions, des marchandises, des grains ou des fourrages et ne furent jamais remboursés.

Et, pour compléter ce relevé, il faudrait indiquer aussi le nombre de personnes qui ont succombé aux atteintes de la fièvre typhoïde, de la petite vérole, ces deux terribles auxiliaires de la guerre, ainsi que le nombre de tués, blessés ou faits prisonniers.

Un fléau d'un autre genre, la peste bovine, importée par les bestiaux que l'armée ennemie traînait à sa suite, causa de grands ravages dans les fermes de nos cultivateurs, déjà fortement éprouvés. Nouvelle perte à ajouter aux autres.

On connaît la statistique générale de la guerre, le résultat de l'invasion et quelles en furent les conséquences. Au point de vue financier : le paiement de cinq milliards auxquels le département de l'Eure devait contribuer pour près de soixante millions; au point de vue matériel et moral : le nombre d'années qui furent nécessaires pour se relever d'un pareil désastre.

Dans le canton de Vernon, l'occupation allemande exerça la plus fâcheuse influence sur le commerce qui, à l'exception de celui des denrées alimentaires, fut presque anéanti.

Les industries diverses, notamment les tanneries importantes de Vernonnet, l'exploitation des carrières à pierre, les briqueteries, les fabriques eurent beaucoup à souffrir, et quelques-unes de ces dernières ne purent rouvrir leurs portes.

Les travaux agricoles furent délaissés pendant la durée de l'occupation, si bien qu'après le départ des Allemands, les fermiers n'avaient plus de graines pour ensemencer leurs terres et ne pouvaient s'en procurer. Cependant, grâce à quelques dons généreux et à la libéralité d'une Société anglaise de secours, ayant à sa tête lord Vernon, ils parvinrent à remédier à la situation. Dans sa séance du 4 juin 1871, la Société d'agriculture de l'Eure voulut reconnaître les bienfaits de lord Vernon en lui offrant le titre de membre d'honneur. Par une coïncidence assez curieuse, ce personnage serait, paraît-il, un des descendants de Richard de Vernon, lequel suivit en Angleterre Guillaume le Conquérant et y fixa sa résidence.

Dans sa séance du 6 septembre 1871, l'Assemblée nationale décidait qu'un dédommagement serait accordé aux départements ayant subi le joug de l'invasion et, dans ce but, mettait à la disposition du Ministre de l'Intérieur une première somme de cent millions à répartir entre ces départements, au prorata des pertes éprouvées. Le département de l'Eure reçut lors de cette répartition une somme de 1.528.700 fr., sur laquelle 28.953 fr. 36 furent affectés à la commune de Vernon, en conformité du tableau ci-après :

COMMUNE DE VERNON

CIRCULAIRE MINISTÉRIELLE DU 15 MAI 1873.

(Lois des 6 septembre 1871 et 7 avril 1873)

ÉTAT numérique des contributions de guerre, réquisitions en argent et en nature et dommages matériels subis pendant l'invasion

RÉPARTITION DÉFINITIVE DES INDEMNITÉS

RÉQUISITIONS en nature justifiées.			DÉPENSES relatives au logement et à la nourriture des troupes.		DOMMAGES résultant des vols, d'incendies, de faits de guerre, de l'occupation des troupes.		TOTAUX.		
Montant des réclamations.	Chiffre admis par la commission cantonale.	Sommes allouées dans la première répartition.	Montant des réclamations.	Chiffre admis.	Sommes allouées.	Montant des réclamations.	Chiffre admis.	Sommes allouées.	Total général des sommes réclamées.	Total général des chiffres admis.	Total général des sommes allouées.
68.673f 41	68.673f 41	27.960f 36	111.531f "	111.531f "	»	48.983f 18	48.983f 18	993f "	229.187f 50	229.187f 50	28.953f 36

En terminant, signalons la généreuse initiative prise par le comité de l'Œuvre des orphelins de la guerre de 1870-71, dont Mme Thiers était la présidente. Dans une séance du mois d'avril 1873, il décidait qu'une somme de 200 fr. serait placée au nom de chaque orpheline appartenant à une famille nécessiteuse et que cette somme cumulée avec les intérêts annuels lui serait remise le jour de son mariage ou de sa majorité.

Dix orphelines de Vernon furent appelées à bénéficier de cette mesure libérale.

APPENDICES

Garde nationale mobile de l'Eure

39ᵉ RÉGIMENT DE MARCHE

8ᵉ compagnie du 3ᵒ bataillon

(*Canton de Vernon*)

MM.

De la Croy, capitaine.

D'Albuféra, lieutenant. — Passé au dépôt de Cherbourg en octobre 1870 et remplacé par M. le marquis de Champigny.

Roussel, sous-lieutenant. — Nommé lieutenant fin décembre 1870 en remplacement de M. de Champigny, blessé mortellement.

Langlois, sergent-major. — Promu sous-lieutenant en remplacement de M. Roussel, passé lieutenant.

Couvrechef, sergent-fourrier. — Remis soldat, sur sa demande, pour rester au Parc d'artillerie de Vernon. Rentré en septembre à sa compagnie comme soldat et, par la suite, nommé caporal.

Etienne (Léopold), sergent. — Nommé sergent-major en remplacement de M. Langlois.

Varenne, sergent. — Nommé sergent-fourrier en remplacement de M. Couvrechef.

Thorel, sergent.
Biabaut, —
Roncerel, —
Millet, —
Gauvelet, caporal.
Blot, —
Barthe, —
Dehors, —
Morlet (Louis), caporal. — Nommé en décembre 1870.

Garde nationale sédentaire de Vernon

M. A. Bertin du Château, commandant.
M. de Belle-Isle, capitaine adjudant-major.

SAPEURS-POMPIERS

MM. Dutitre, capitaine.
    Desdouis, lieutenant.
    Deshayes, sous-lieutenant.

2ᵉ compagnie
    Vaillant, capitaine.
    Guillemard, lieutenant.
    Bordier, sous-lieutenant.

3ᵉ compagnie
    Lépouzé, capitaine.
    Merx, lieutenant.
    Défontaine, sous-lieutenant.

4ᵉ compagnie
    Delas, capitaine.
    Coussinet, lieutenant.   Section de Bizy.
    Foubert, sous-lieutenant.

5ᵉ compagnie
    Maubert, capitaine.
    Boursier, lieutenant.
    Labbaye, lieutenant.   Section de Gamilly.
    Leroy (Louis), sous-lieutenant.
    Roncerel, sous-lieutenant.

6ᵉ compagnie
    Forchy, capitaine.
    Pichou (Désiré), lieutenant.
    Lecœur (Eugène), sous-lieutenant.   Section de Vernonnet.
    Bailly, sous-lieutenant.

7ᵉ compagnie

Plus tard :

Chrysostôme, capitaine.	Ligier, capitaine.
Mille, lieutenant.	Fournier, lieutenant.
Comte, sous-lieutenant.	Comte, sous-lieutenant.
Hubert, sous-lieutenant.	Laperrine, sous-lieutenant.

Garde nationale mobilisée du canton de Vernon

1er bataillon, 8e compagnie

ÉLECTION DU 28 OCTOBRE 1870

MM.

Berger, capitaine en premier. — Promu chef du 1er bataillon en novembre 1870.

Lagarde, capitaine en second. — Passé capitaine en premier le 1er janvier 1871.

Chemin, lieutenant en premier. — Nommé capitaine en second le 1er janvier 1871.

Angot, lieutenant en second.

Brault, sous-lieutenant en premier.

Joanne, — en second. — Nommé lieutenant le 1er janvier 1871 et remplacé par M. Cravilly, sergent-major de la 4e compagnie du 1er bataillon.

Huet, sergent-major.

Duhamel (Édouard), sergent-fourrier. — Nommé sergent-major le 1er janvier 1871.

Fournier, sergent.
Cédoz, —
Jacquet (Léopold), —
Soret (Jules), —
Laurent, —
Duval (Arthur), —
Romagné, —
Duhamel (Henri), —
Dagomer, caporal.
Chauvet (Henri), — Nommé sergent le 6 janvier 1871
Picard, —
Lecanu, —
Védie, —
Labbé, —
Legendre (Charles), —
Renault (François), —
Châtel, — Nommé sergent vaguemestre du 1er bataillon le 26 déc. 1870.

MM.
Jacquet (Félix), caporal.
Delavigne (Louis), —
Lelarge, —
Trognon, — Nommé sergent le 6 janvier 1871.
Mony (Ernest), —
Blin (Alcide-Clytus), —
Lefebvre, —

Délégués pour la nomination du Chef de Bataillon

Chanoine (Gustave). — Nommé caporal le 1er janvier 1871 et
Pernelle. sergent-fourrier le 2. Remplacé par
Loyer aîné. Servin comme caporal, lequel est
Hainfray. nommé sergent le 6 janvier. A cette
Huet (Gaston). même promotion sont désignés
Jacquet. comme caporaux les gardes Sinot,
Mary et Leblond.

Liste des Prisonniers Vernonnais internés à Munich et à Ingolstadt

MM.
Manuit.
Pichou (Amand).
Mantais (Charles).
Janet (Louis).
Queudray (Jules).
Queudray (Victor).
Meslin.
Bocage, boulanger.
Duboc —
Brochard (René).
Bartholomé (Emile).
Bailly (Isidore).
Minière aîné.
Minière jeune.
Terrou père.

MM.
Terrou aîné.
Terrou jeune.
Lefebvre, cordonnier.
Tournier.
Saintard, faïencier.
Lebel.
Motteron.
Bardin.
Lavenant.
Leroy (Louis).
Lecoq (Maxime).
Langlois.
Chevin (Louis).
Philippe (Auguste).
Quéruel (Julien).

MM.
Ledoigt (Félix).
Prévost (Maxime).
Hue (Jules).
Lefebvre (Albert).
Collomb.
Lasne (Albert).
Lauclerc.
Robin (Charles).
Debot (Henry-Édouard).
Queruel (Augustin-Ernest).
Richard (Hildevert).
Bihorel (Jules).
Legendre (Alphonse).
Pichou (Théophile).
Cocherie.
Cruchet (Pierre).
Luce (Désiré).
Graïc (Julien).
Caron (Alexandre).
Jacquet (Ernest).
Viot (Etienne).
Lefebvre (Adolphe).
Bonté (Louis).
Philippe (Emile).
Cruchet (Xavier).
Adam (Louis).
Prévost (Jean).
Fleury (Constant).
Robin (Alfred).
Vimont (Casimir).
Faburel (Lucien).
Largillière.
Lacassagne (Pierre).

MM.
Duvernois.
Letellier (Edouard).
Conard.
Leroy (Gustave).
Langlois.
Milon (Henri).
Roussel, entrepreneur.
Beaucousin.
Marchand (Clément).
Bazeugeaud.
Cabot (Louis).
Delavigne (Octave).
Labbaye (Gilbert).
Morel (Lucien).
Cabot (Hilaire).
Chandellier (Emile).
Goupil.
Billaud (Désiré).
Letellier (Alphonse).
Benne.
Viel (Fortuné).
Auriau (Jean-Théodore).
Moulard.
Belhomme.
Darcy (Sosthène).
Darcy (Alfred).
Josse.
Etienne (Ferdinand).
Saintard (de Vernonnet).
Guérin (Emile).
Deux jeunes gens de Charleval.

ÉTAT nominatif des sapeurs-pompiers des compagnies de Vernon et de Saint-Marcel et volontaires qui se sont rendus à Paris, en mai 1871, pour combattre les incendies de la Commune.

NOMS	GRADE	NOMS	GRADE
Vernon		**Vernon** (*suite*)	
Desdouis	lieutenant.	Devignevielle	volontaire.
Deshayes	sous-lieut.	Devos	—
Bosquet père	adjudant.	Pointel	—
Bisson	serg.-maj.	Daubié	—
Dumontier	sergent.	Boucheron	—
Fleury	serg.-frier.	Latreille	—
Delabrosse	caporal.	**Saint-Marcel**	
Garnier	—		
Grosbois	—	Léger	capitaine.
Remoussin	—	Bigault	caporal.
Masson	sapeur.	Bossu	sapeur.
Varenne	—	Chéron (Alex dre)	—
Bosquet fils	—	Chéron (Charl.)	—
Gaisneau	—	Drouet	—
Dubourg	—	Dumoutier	—
Hérouard	—	Ficquel	—
Ménager	—	Gault	—
Aumont	—	Guillaume	—
Loubinou	—	Macaire	—
Picard	—	Volontaires, cinq personnes.	
Bréant	—		

TABLE DES MATIÈRES

PREMIÈRE PARTIE

PENDANT LA GUERRE

CHAPITRE PREMIER

Organisation de la garde mobile de l'Eure. — Son armement. — Son instruction. — Séjour du 3e bataillon à Évreux. — Le commandant Power. — Notes d'un mobile vernonnais. — Entrée en campagne (1er octobre). — Escarmouches près de Bonnières. — Les Prussiens à Pacy. — Panique à Évreux. — L'armée de l'Eure au 15 octobre. — Le 2e bataillon à Aigleville. — Dans le bois de Saint-Chéron. — Incendie de Bréval (31 octobre). — Le 1er bataillon à Bizy. — Nos forces au 17 novembre. — Abandon de Nonancourt. — Bombardement d'Évreux. — Le général de Kersalaün. — Retraite sur Gaillon et Conches (20 novembre).
Pages.......... 1 à 18

CHAPITRE II

Séjour à Conches et à Serquigny. — Le capitaine de Boisgelin. — Bernay. — Le général de Guilhermy. — Incident grave (17 décembre). — Départ pour Bourgtheroulde (27 décembre). — Le général Roy. — Attaque des hauteurs de Château-Robert et d'Orival (30 décembre). — Poursuite de l'ennemi vers Moulineaux. — Mort du lieutenant Conrad de Champigny. — Journée du 31 décembre. — La forêt de la Londe. — Combats de Château-Robert et de la Maison-Brûlée (4 janvier). — Défense de Bourgtheroulde. — Retraite des mobiles sur Brionne — Bourgachard et Pont-Audemer. — Le général Saussier. — Lisieux. — Flers. — Caen. — Désarmement de la mobile. — Son renvoi.
Pages........ 19 à 44

CHAPITRE III

Formation de la garde nationale de Vernon. — Armement. — Instruction. — Etablissement de postes. — Les volontaires de Bizy. — Dépêches du Gouvernement de Tours. — Rencontres de Gasny, de Vernonnet. — Mort de Clément Pantin. — Départ pour Bernay. — La garde nationale des cantons de Vernon et de Gaillon.
Pages........... 45 à 57

CHAPITRE IV

La garde nationale mobilisée du canton de Vernon. — Formation des cadres. — M. Berger, commandant du 1er bataillon. — Départ pour Bernay et Portbail. — Le colonel Goujon, commandant supérieur de la 1re brigade. — Séjour à Portbail. — Le capitaine Lagarde. — Travaux de défense. — Licenciement des mobilisés.
Pages.......... 58 à 70

CHAPITRE V

La Garde nationale de Rouen. — Séjour à Vernon. — Général Estancelin. — Reconnaissance dans la forêt de Bizy. — Excursion à Mantes et aux Mureaux. — Rentrée à Rouen.

Pages.......... 71 à 80

CHAPITRE VI

La mobile de l'Ardèche. — Séjour à Evreux. — Combat de Villegats-Hécourt. — Notes et impressions d'un Ardéchois. — Retraite sur Gaillon et Louviers. — Combat de Vernon. — Le commandant de Montgolfier. — Combat de Molu. — Mort du capitaine Rouveure et du lieutenant Leydier.

Pages.......... 81 à 91

CHAPITRE VII

Les mobiles de l'Ardèche se retirent sur Gaillon, Louviers et Serquigny. — Leur séjour à Bernay et Brionne. — Attaque de la Maison-Brûlée et de Château-Robert (30 décembre). — Défense de ces positions. — Combats du 4 janvier 1871. — Retraite sur Pont-Audemer et Brionne. — Lignes de défense de la vallée de la Risle et de la Touques. — Licenciement des Ardéchois. — Visite au commandant de Montgolfier.

Pages.......... 92 à 109

CHAPITRE VIII

Les corps francs. — Terreur des Prussiens. — Le 1er régiment des éclaireurs de la Seine. — Le colonel Mocquard. — Mézières. — Mantes. — Le capitaine Guillaume. — Les Alluets. — Barbarie prussienne. — Départ pour Vernon. — Combat d'Hécourt et Villegats. — Sur la rive droite. — Buchy.

Pages.......... 110 à 124

CHAPITRE IX

Administration municipale de Vernon. — Renouvellement du Conseil (6 août 1870). — Commission administrative. — Délibérations diverses. — Comités de défense. — Leurs pouvoirs. — Mesures incomplètes. — Armes et munitions.

Pages.......... 125 à 147

CHAPITRE X

Subsistances. — Service des vivres. — Ambulances. — Charité publique et privée. — Souscriptions. — Comités de secours. — Les dames de Vernon. — Bureau de bienfaisance. — Fourneaux économiques. — La crise ouvrière. — Mendiants. — Dévastation des forêts.

Pages.......... 148 à 162

CHAPITRE XI

Situation morale des populations de l'Eure. — Émigration. — Chemins de fer.

Pages.......... 163 à 180

CHAPITRE XII

Postes et télégraphes. — Incident du 3 janvier 1871. — Nos facteurs. — Journaux et nouvelles. — Espions.

Pages.......... 181 à 193

DEUXIÈME PARTIE

PENDANT L'OCCUPATION

CHAPITRE PREMIER

Après Sedan. — La défense en province. — Les Prussiens à Mantes. — Abandon de Vernon. — Son aspect au 5 octobre 1870. — Mission du capitaine Peltier. — Apparition des Prussiens à Vernon. — Premières réquisitions. — Situation militaire au 8 octobre. — Prise de Gisors. — L'ennemi sur la rive droite. — Destruction des ponts. — Les bateaux sur la Seine.
         Pages......... 195 à 213

CHAPITRE II

Sur la rive droite. — Rencontre d'Ecouis (14 octobre). — Les Prussiens aux Andelys (15 octobre). — Embuscades de Fontenay-Saint-Père (15 et 16 octobre). — Réorganisation des régions militaires. — Nominations et mutations. — Situation des troupes dans l'Eure au 20 octobre. — Combat de Villegats-Hécourt (22 octobre). — Dispositions prises par le colonel Mocquard. — Défaite des Prussiens. — Traits de courage et de dévouement. — Le commandant Guillaume. — Le maréchal des logis Fresneau, — M. Froment. — Bombardement de Vernon (22 octobre). — Déception des Allemands. — Dégâts causés par les projectiles. — Surprise désagréable à Tilly et à Saulseuse.
         Pages......... 214 à 232

CHAPITRE III

Les Prussiens à Bréval (31 octobre). — Expédition contre Mantes (3 novembre). — A Bonnières. — Départ des Mocquards. — Escarmouche à Aigleville. — Sur la rive droite. — Procédés allemands. — Le camp de Grainville. — Bombardement de Longchamps (25 octobre). — Pillage du Thil (6 novembre). — L'ennemi n'est pas poursuivi. — Embuscades de Gommecourt (1er, 4 et 6 novembre). — Bombardement de la Roche-Guyon (9 novembre). — Sac des caves du château de Beauregard. — Embuscades de Forêt-la-Folie (7 novembre). — A la ferme Campigny. — Massacre de Guitry (7 novembre). — Réquisitions au bourg d'Ecos (10 novembre). — Incendie d'Hébécourt (10 novembre). — Mort de l'abbé Hébert.
         Pages......... 233 à 249

CHAPITRE IV

Événements sur la rive gauche. — Les Prussiens à Nonancourt (18 novembre). — Tentative sur Evreux (19 novembre). — Le général de Kersalaün. — Evacuation des troupes sur Gaillon et Louviers. — Le général Briand. — Propositions de M. Froment. — Mesures prises pour arrêter la marche de l'ennemi. — Combat de Vernon (22 novembre). — Le lieutenant Merx. — Prussiens cernés dans la ville. — Sauve-qui-peut. — Poursuite dans les champs de Gamilly. — Accueil dans la forêt de Bizy. — Le commandant de Montgolfier et ses mobiles. — Déroute de l'ennemi. — Nos trophées de victoire. — Le comte von Kleist. — Baron Bodo de Rodenhaufen. — M. Bisson. — Correspondance prussienne.
         Pages......... 250 à 272

CHAPITRE V

Télégramme du Gouvernement de Tours. — Combat de Molu (26 novembre). — Conduite héroïque des Ardéchois. — Mort du capitaine Rouveure et du lieutenant Leydier. — Nos blessés et prisonniers. — Rapports des 1er et 3e bataillons. — Obsèques du capitaine Rouveure à Annonay (8 décembre).
Pages.......... 273 à 288

CHAPITRE VI

Mise en état de défense des forêts de Bizy et de Vernon. — Gardes nationaux du canton de Gaillon. — Expédition contre Gisors (29 novembre). — Division de l'armée d'Andelle en trois colonnes. — Direction suivie. — Arrêt au Thil. — Combat nocturne d'Etrépagny. — Surprise des Saxons. — Mort du capitaine Chrysostôme. — Les pertes allemandes. — La colonne de droite aux Thilliers. — Celle de gauche à Saint-Denis-le-Ferment et à Eragny. — Retraite de nos troupes. — Les Prussiens se vengent. — Incendie d'Etrépagny (1er décembre). — Monuments commémoratifs. — Evénements sous Paris. — Abandon du Vexin. — Les Allemands se dirigent sur Rouen. — Occupation de cette ville (5 décembre).
Pages.......... 289 à 307

CHAPITRE VII

Situation défensive au 1er décembre. — Rencontres de Blaru et de Réanville (5 et 7 décembre). — Retraite des troupes qui occupaient Vernon. — Abandon de la vallée de l'Eure. — Gardes nationaux vernonnais. — Rapport du lieutenant Merx. — Bernay. — Le général Briand se retire sur Honfleur (5 et 6 décembre). — Les Prussiens à Rouen. — Opérations de l'ennemi sur la rive gauche. — Occupation d'Evreux (8 décembre). — Occupation de Vernon (9 décembre). — Gardes nationaux surpris (9 et 10 décembre). — Réquisitions allemandes. — L'ennemi se retire (12 décembre).
Pages.......... 308 à 319

CHAPITRE VIII

Gardes nationaux vernonnais faits prisonniers. — Leur envoi en Bavière. Relation de voyage. — Séjour à Munich et à Ingolstadt.
Pages.......... 320 à 335

CHAPITRE IX

Le prince de Salm à Vernon. — Contribution de 20,000 fr. — Le joug prussien. — Gloutonnerie allemande. — L'armistice (28 janvier). — Les élections à l'Assemblée nationale (8 février). — Députés de l'Eure. — Réquisitions. — Perception des impôts. — Contribution de guerre. — Démarches des Conseillers généraux à Versailles. — Réduction du chiffre de 15 millions. — Passage de troupes allemandes (du 2 au 20 février). — La paix (1er mars). — Evacuation de la rive gauche. — Occupation de Vernonnet (du 24 mars au 30 mai). — Incidents. — La Commune et les incendies de Paris. — Pompiers de Vernon et de Saint-Marcel.
Pages.......... 336 à 360

CONCLUSION .... Pages.......... 361 à 366
APPENDICES .... Pages.......... 367 à 372

Oberthür, Rennes—Paris (1025-97).

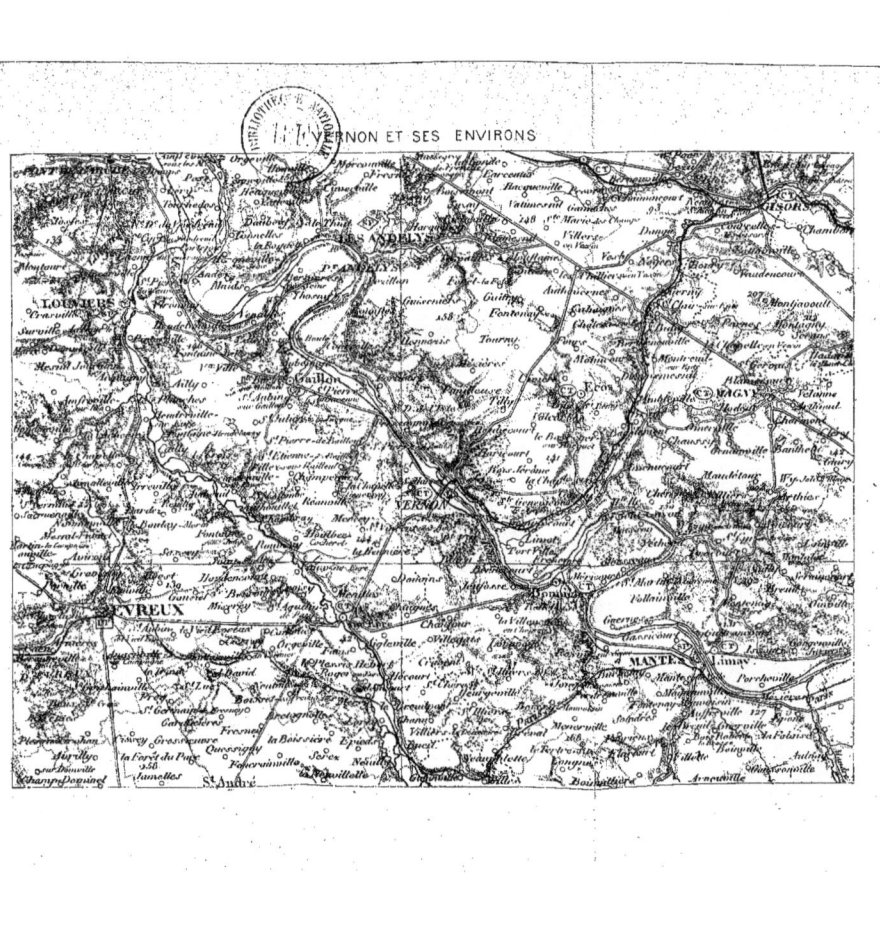

www.ingramcontent.com/pod-product-compliance
Lightning Source LLC
Chambersburg PA
CBHW060613170426
43201CB00009B/999